이자수어

성호 이익이 가려 뽑은 퇴계학의 정수

퇴계원전총서
이자수어李子粹語 — 성호 이익이 가려 뽑은 퇴계학의 정수

지은이 퇴계 이황
엮은이 성호 이익, 순암 안정복
옮긴이 이광호
펴낸이 오정혜
펴낸곳 예문서원

편 집 송경아
인 쇄 상지사
제 책 상지사

초판 1쇄 2010년 06월 15일

주 소 서울시 동대문구 용두2동 764-1 송현빌딩 302호
출판등록 1993. 1. 7 제6-0130호
전화번호 925-5913~4 · 929-2284 / 팩시밀리 929-2285
Homepage http://www.yemoon.com
E-mail yemoonsw@empas.com

ISBN 978-89-7646-258-9 93150

YEMOONSEOWON 764-1 Yongdu 2-Dong, Dongdaemun-Gu Seoul KOREA 130-824
Tel) 02-925-5914, 02-929-2284 Fax) 02-929-2285

값 30,000원

퇴계원전총서

이자수어

성호 이익이 가려 뽑은 퇴계학의 정수

퇴계 이황 지음 /
성호 이익, 순암 안정복 엮음 /
이광호 옮김

예문서원

『이자수어』를 번역하며

역자는 진리관이 없는 학문은 오래도록 지속하기 어렵다고 생각한다. 『대학』·『중용』과 퇴계의 『성학십도』를 통하여 유학이라는 학문에 발을 들여놓은 나는 유학의 진리관이 무엇인가에 대해 꾸준한 관심을 가지고 유학을 이해하기 위하여 노력하였다. 「태극도설」로 시작되는 『근사록』을 편집한 주희와 「태극도」와 「태극도설」로 시작되는 『성학십도』를 저술한 이황의 문제의식 역시 역자와 동일하다는 것을 번역을 통하여 확인할 수 있었다. 『성학십도』 역주와 『근사록집해』 역주에 이어 『근사록』과 거의 동일한 체제로 편집된 『이자수어』도 번역할 수 있게 된 것은 나에게 더없는 행운이자 영광이다. 역자는 유학의 진리관을 존중하며, 이러한 진리관에 기초를 두고 세계와 인간에 대한 인식과 실천의 완성을 위하여 노력한 유학의 학문관을 귀하게 여긴다. 이 책은 유학의 진리관과 학문관에 기초하여 진리를 인식하고 실천하는 데 한평생을 바친 퇴계 이황의 학문과 삶을 이해하기 위해서 필수로 읽어야 되는 퇴계학의 입문서이다.

유학의 진리관과 진리를 인식하는 방법은 현대 과학의 그것과는 매우 다른 것이 사실이다. 우리가 사용하는 학문學問이라는 한자 용어는 본래 유학의 진리관에 기초하여 진리를 인식하고 실천하는 체계적 이론에 대한 이름이었다. 맹자는 이렇게 말하였다. “인仁은 사람의 마음이며 의義는 사람의 길이다. 그 길을 버리고 따라가지 않으며, 그 마음을 놓아 버리고 찾을 줄 모르니 안타깝다. 사람이 개와 닭을 잃어버리면 찾을 줄 알지만, 마음을 잃어버리고는 찾을 줄 모른다. 학문의 방법은 다른 곳에 있지 않다. 그 잃어버린 마음을 찾는 것일 뿐이다."[1)]『근사록』과 『성학십도』와 『이자수어』에는 유학의 진리관과 학문론이 매우 체계적으로 서술되어 있다. 마음을 비우고 뜻을 겸손하게 지니고서 성실하게 학문에 임한다면 오늘날이라고 유학의 진리에 도달하는 것이 불가능할 리는 없다고 본다. 그렇다고 유학의 진리관과 학문관이 모든 진리를 다 포함하고 있어 다른 진리관과 진리 인식 체계에 비하여 절대적으로 우위라는 말은 아니다. 다만 진리관과 학문관에 한계가 있더라도 유학은 그 자체로 커다란 체계를 가지고 있으므로 다른 학문 체계가 가지기 어려운 장점과 특성이 있는 것은 분명하다고 확언할 수 있다는 것이다. 유학의 진리관과 학문관에 대한 정확하고 확실한 인식이 성취될 수 있을 때, 다른 진리관과 학문관을 지닌 학문과 토론하고 경쟁하며 서로 배우고 절충하는 것이 가능하다. 오늘날 유학의 진리관과 학문관에 대한 애정과 자부심을 가진 유학연구자들을 만나기 쉽지 않지만, 머지않아 두려워할 만한 후학들이 많이 배출되리라 확신한다.

이 번역서가 출판되는 데는 참으로 오랜 시간이 걸렸다. 고故 이동준李東俊 퇴계학연구원장의 특별한 배려에 의하여 '이자수어 역주'라는 제목으로 『퇴계학보』 제49집(1986)에 연재가 시작되었다. 7년 동안 24차례 연재하여 1992년에야 끝날 수 있었다. 처음에는 원고지 50매씩 연재하다가 너무

1) 『맹자』, 「告子章句 上」, 11章, "孟子曰, 仁, 人心也, 義, 人路也. 舍其路而不由, 放其心而不知求, 哀哉! 人有雞犬放, 則知求之, 有放心而不知求. 學問之道無他, 求其放心而已矣."

장기간의 연재가 될까 염려하여 중간에 100매씩 연재로 바꾸었다. 이후 단행본으로 출판할 마음은 있었지만 기회를 얻지 못하였다. 2006년 무렵 더 이상 미룰 수 없다는 생각에 강희복 박사와 정현정에게 전체 원고를 정리하게 하였다. 연재를 시작할 때는 아직 컴퓨터가 일반화되기 이전이었으므로 입력부터 다시 시작하였다. 원고를 정리하고 보니 출처가 분명하지 않은 부분이 많은 것은 물론, 주석이 빠진 것이나 오역된 부분도 많았다. 1년이 지난 뒤 대강의 원고가 정리되어, 전체를 열 세 부분으로 나누고 각각의 조목과 각 조목의 주해에 검색에 편리하도록 순열번호를 붙였다. 그러나 『이자수어』는 퇴계 선생의 문집과 제자들의 다양한 기록에서 발췌하여 편집한 책일 뿐 아니라 편집하며 문장을 축약한 곳도 많아 이해하기 어려운 부분이 많았다. 게다가 이익과 안정복이 주해를 추가하며 주희와 정호·정이의 문집에서 인용한 내용도 많아 원문의 출전을 밝히지 않으면 『이자수어』에 대한 정밀한 이해를 기대할 수 없다는 생각이 들었다. 그래서 2008년 2학기에는, 번역한 『이자수어』를 연세대학교 대학원 철학과 수업교재로 삼아 원문 출전을 확인하고, 번역에 대한 문제점도 철저하게 규명하여 바로잡기로 하였다. 당시 수업에 참여한 학생은 정현정, 전병수, 이대은, 이관호, 이주은, 호정, 강경현 등이었다. 각기 분담하여 보고서 형식으로 번역과 주석을 보완하고 출전을 최대한 찾아서 제출하였다. 이러한 작업이 없었다면 출전까지 밝힌 『이자수어』의 출판은 불가능한 일이었다. 2009년 겨울에는 예문서원을 운영하는 홍원식 교수를 만나 번역한 『이자수어』를 출판하고 싶다고 하였더니 예문서원의 출판기획 계획과 일치한다며 흔쾌히 허락하였다. 그래서 다시 검토할 팀을 만들어 작업을 분담하기로 하였다. 정현정, 이주은, 이대은, 강경현, 홍수빈, 안동섭, 오세진 등과 함께 최종 마무리 작업을 하게 되었다.

퇴계 이황의 저술과 문인들의 언행록을 검색하기 위해서는 한국고전번역원의 DB와 퇴계학연구원에서 제공한 파일을 참조하였으며 중국관련 자료들은 '사고전서'를 통하여 자유롭게 검색할 수 있었다. 컴퓨터의 도움이 아니면 이렇게 많은 자료에 대한 정확한 확인작업은 불가능했을 것이다. 각자 맡은 부분에 대하여 확인과 보충 작업을 한 다음 매주 만나서 문제점들을 토론하고 해결하는 방법으로 진행하였다. 중국에서 중국어로 번역 출판된 『이자수어李子粹語』(중국 成都의 四川대학에서 현대 중국어로 번역되어 출판된 『退溪全書今註今譯』 8권 중 제1권에 실림)가 있지만 유용하게 참고하지는 못하였다. 마무리 작업이 다 된 상태에서 중·고등학교 때 이래의 친구 오유인 사장의 격려금도 작업을 더욱 활성화할 수 있게 도와주었다. 1차작업이 끝난 원고를 예문서원에 넘겼다. 꼼꼼한 교정으로 많은 오자를 찾아내고 번역에 이의를 제기해 주었다. 재교 삼교를 거치면서 정현정과 강경현의 고생이 특히 컸다. 수업과 교정에 참여한 모든 동학들에게 고마운 마음을 품고 있으며 예문서원 관계자와 친구 오유인에게도 감사드린다.

근대 이후 전통사상과 근현대 사상을 대립적으로 바라보는 시각이 한때 우세하였다. 그러나 세계를 보다 넓고 큰 안목으로 바라볼 필요가 있다. 동아시아 사상 안에서도 전통과 현대의 단절과 대립을 극복하는 것이 중요하다. 또한 더 나아가 동아시아의 진리관·자연관에 대한 정당한 이해에 바탕을 두고 서구의 자연관·진리관과의 대융합 사상을 창조함으로써, 21세기를 인간과 인간의 조화는 물론 인간과 자연의 조화를 이룰 수 있는 새로운 시대로 열지 않으면 안 된다. 인간과 자연의 대립이 더욱 진행된다면 자연은 그 부담을 견딜 수 없게 되며, 자연의 질서가 무너지면 인간자신도 자연 안에서 평화로운 삶을 살 수 없게 될 것이다.

퇴계학의 입문서인 『이자수어』의 완역과 출판을 통하여 퇴계 이황의 학문과 사상에서 더 나아가 유학이라는 학문의 참된 의미가 이 시대에 밝혀지기를 기대한다. 유학의 진리관에 기초를 둔 자연과 인간과 사회에 대한 새로운 이해를 통해 동아시아의 정신문명과 서구 과학문명이 어우러져 21세기의 새로운 세계문화를 형성하는 데 기여할 수 있기를 기대한다.

동양철학 관련서적들을 꾸준히 출판한 예문서원에서 이 책을 출간하게 된 것을 더욱 기쁘게 생각한다. 한자가 많고 편집체계가 단순하지 않아 세심한 배려를 필요로 하는 부분이 많았다. 예문서원 편집진에게 감사드린다. 예문서원 편집진에서 꼼꼼하게 바로잡고 방향을 제시하지 않았다면 이만한 책으로 세상에 나오기 힘들었을 것이다. 그래도 남는 문제점들은 역자의 몫이다. 동양철학을 사랑하는 많은 사람들의 비판과 질정을 달게 받고자 한다.

2010년 5월 30일

문재文哉 서실에서 이광호 씀

목차

이 책의 편자인 성호星湖 이익李瀷(1681~1763)은 18세기 실학의 대표 인물이다. 실학이라고 하면 반성리학 내지는 탈성리학적인 학문을 생각하기 쉽지만 이익의 실학 성격은 이렇게 규정할 수 없다. 이익은 "동방에 퇴계가 있는 것은 주나라 말기에 성인 공자가 태어난 것과 같다"고 말할 정도로 퇴계 이황을 존경하였다. 이익은 이황에 대한 이와 같은 존경심에서 『사칠신편』을 저술하고 『이선생예설』과 『이자수어』를 편집하여 저술하였다.

이황에게서 진리는 인간사유가 만든 관념이 아닌 우주자연의 뿌리이며 생명과 가치의 근원으로 영원한 것이었다. 인간의 마음은 이와 같은 진리를 담고 있는 모든 인간의 삶의 주인이었다. 이황의 삶은 진리와, 진리가 담긴 인간의 심성을 밝히기 위한 힘들면서도 즐거운 구도求道와 득도得道의 여정이며 낙도樂道와 전도傳道의 삶이었다. 이황의 학문과 삶에는 영원한 진리를 향한 끊임없는 염원과 사랑, 그리고 헌신이 담겨 있다.

선생을 통하여 삶과 학문의 새롭고 막중한 의미를 알게 된 제자들은 선생의 말과 행동을 빠뜨림 없이 기록하기 위하여 심혈을 기울였다. 제자들이 남긴 언행록은 『이자수어』에 실린 목록만도 간재艮齋 이덕홍李德弘(1541~1596)의 『계산기선록溪山記善錄』(1571, 선조 4) 등 10종류가 되며[1], 이를 종합하여 하나의 책으로 묶으려는 시도도 그 후 몇 차례 이어졌다. 창설蒼

雪 권두경權斗經(1654~1725)이 편집한 화산간본花山刊本(화산은 안동의 옛 지명) 『퇴계선생언행통록』(1707, 숙종 33)과 청벽靑壁 이수연李守淵(1693~1748)이 편집한 도산서원간본 『퇴계선생언행록』(1733, 영조 9)이 바로 그러한 책이다.[2)]『이자수어李子粹語』 역시 언행록의 일종으로 볼 수 있다. 그러나 이 책의 저술동기와 특성은 앞의 언행록과는 구별된다. 『이자수어』의 인용서목에는 선생의 『문집』이 제일 앞에 소개되고 있다. 또한 이어서 『사서석의』, 『계몽전의』, 『리학통록』, 『연보』가 소개되었으며, 10종의 언행록이 실려 있고, 마지막으로 화산간본 언행록과 도산서원간본 언행록이 보충된 것으로 나온다. 이는 이 책이 단순한 언행록을 넘어 퇴계 이황의 학문과 사상까지 총괄하여 요약하겠다는 의도에서 저술되었다는 점을 보여 준다. 김언종 교수는 그래서 이 책의 특성을 "퇴계학의 입문서"이며 "퇴계언행록의 집대성"이라고 표현하고 있다.[3)]

---

1) 『退溪學譯註叢書 : 退溪全書』 제17권(퇴계학연구원, 1994)에 실린 김언종 교수의 「퇴계선생언행록 해제」에는 『이자수어』의 '인용서책'에 수록되지 않은 雪月堂 金富倫(1531~1598)의 『言行箚記』와 芝軒 鄭士誠(1545~1607)의 『芝軒日錄』 등이 소개되어 있다.

2) 김언종 교수는 위의 「해제」에서 퇴계언행록 발간의 역사를 자상하게 밝히고 있다. 權斗經의 『퇴계선생언행통록』, 李守淵의 『퇴계선생언행록』은 물론 책의 목록에 실리지 않은 滄溪 林泳(1649~1696)이 『퇴계어록』을 저술한 과정 등을 밝혔다.

3) 김언종 교수는 언행록의 해제에서 『이자수어』도 언행록의 하나로 소개하고 있으며, 이 책의 특색을 다음과 같이 총체적으로 압축하여 설명하였다. "앞의 세 책이 대부분 『퇴계선생문집』 이외의 기타 자료를 활용한 것과 달리 『퇴계선생문집』도 포함시켰다는 점을 들 수 있다. 선별의 폭이 그만큼 넓어졌으므로 명실상부한 언행록이자 퇴계학의 입문서라 불러도 좋을 것이다. 또한 기존의 언행록이 모두 흡수되었으므로 퇴계언행록의 집대성이라 할 수 있다."

1. 편집과정

이 책의 원본은 성호 이익이 편집한 『도동록道東錄』이다. 이익은 퇴계 이황 선생을 학문적으로 가장 존경하였다.

> 퇴계 선생이 우리나라에서 우뚝하게 일어나 낡은 책에서 진리의 단서를 찾아 두루 관통하게 이해하여 몸에 돌이켜 실천하였으니 송나라 이후 적전適傳이라는 것을 속일 수 없다.[4)]

『도동록』에서 '도동'이란 '도가 동쪽으로 오게 되었다'는 의미이니 퇴계를 우리나라의 공자로 보고 송나라 이후의 적전으로 보는 이익의 퇴계관을 반영한다. 이와 같은 이황에 대한 존경하는 마음이 『이선생예설유편李先生禮說類編』을 편찬하게 하였고 '도동록道東錄'이라는 제목을 가능하게 하였다. 이익에게서 이황을 존경하고 배우려는 마음은 평생을 일관하는 것이었다.

> 평생 동안 존경한 분은 오직 이선생인데 그 조예造詣를 감히 알지 못한다. 그 기상은 온화하고 공경스럽고 화평하고 두터웠으며, 만족할 줄 모르고 항상 허물을 줄이기 위하여 노력하셨다. 문인들이나 어린아이의 말이라도 나와 다른 사람을 구별하지 않고, 의리가 어디에 있느냐는 것만 중시하셨으니, 배우고 싶지만 배울 수 없는 분이다. 나의 벗들도 이 책에 나아가 선생의 말을 따라 그 사람됨을 얻게 된다면 좋겠다.[5)]

---

4) 『星湖先生全集』, 권49, 1쪽a, 「李先生禮說類編序」, "退陶李先生崛起於荒服之外, 尋緖於蠹簡之中, 淹貫該洽, 反躬踐實, 自宋以後適傳不可誣也."

5) 『星湖先生全集』, 권24, 22쪽a, 「答安百順」(壬申, 1752), "平生所尊仰, 惟子李子, 其造詣吾不敢知也. 其氣象溫恭和厚, 惟寡過之不足. 雖門人小子之言, 物我不形, 但視

제자들과 후인들이 존경하는 선생의 말을 통하여 선생의 사람됨을 얻기를 희망하며 『도동록』을 편집한 시기는 1710년 무렵으로 추정된다. 이는 임신년(1752, 영조 28)의 편지를 통해 알 수 있다.

> 『퇴계집』을 채록한 것은 젊을 때의 일이다. 40여 년을 놓아두었다가 지난해 병중에 갑자기 다시 생각이 나서 유장幼章에게 정리하게 해서 그가 고생하여 새로 옮긴 덕분에 지금 집에 있다. 그러나 그 가운데 산정한 부분이 매우 많다.6)

30세 무렵에 편집하여 40여 년 동안 묵혀 둔 기록을 다시 꺼내 작년 즉 신유년(1751, 영조 27)에 소남邵南 윤동규尹東奎(1695~1773, 자는 幼章)에게 정리를 부탁하였다는 것이다. 처음 정리를 부탁받은 윤동규가 새롭게 정리하여 많은 산정을 거쳐 초고를 만들었지만 이후 이 책의 제목을 바꾸고 규모를 새롭게 완성하는 데 적극적으로 노력한 사람은 순암順菴 안정복安鼎福(1712~1791, 자는 百順)이었다.

> 백순이 『도동록』을 『근사록』의 규모로 만들자고 하였다. 그러나 이것(『도동록』)은 『퇴계집』에서 고찰할 만한 것을 취하기만 한 것이지 취사取捨한 것이 아니다. 또한 젊을 때 한 일이어서 사실은 유감스러운 것도 많다. 유장과 백순이 반복하여 확정해서 간략하고 합당하게 만든다면 어찌 기쁜 일이 아니겠는가!7)

義理之所在, 此欲學而未能者也. 亦願吾友就此編中, 循其言而得其人則善矣."

6) 『星湖先生全集』, 권24, 22쪽a, 「答安百順」(壬申, 1752), "『退集』採錄, 卽少時事. 閣置四十餘年, 昨年病裏忽復思起, 託幼章有梳洗, 今荷勤劬移錄, 可以傳在家塾. 然其間極多刪定處."

7) 『星湖先生全集』, 권20, 17쪽b, 「答尹幼章」(壬申, 1752), "百順謂『道東錄』當如『近思錄』規模, 然此實取『集』中可考者, 非有取舍, 亦是少時事, 實多可憾. 惟望幼章與百順反覆商定, 期於簡當, 豈不甚歡喜事耶!"

안정복이 『도동록』의 편집순서를 바꾸고 내용 가운데서 보완할 것은 보완하고 줄일 것은 줄여 『근사록』의 규모로 만들자는 제의를 하였다는 것을 알 수 있다. 책의 제목을 '이자수어'라고 바꾸는 것에 대해서도 안정복이 제의하고 윤동규는 반대하였으나 이익의 동의로 이루어졌다. 안정복이 윤동규에게 '이선생수어李先生粹語'라고 표제를 기록한 수정본을 보내니, 윤동규는 선생의 책제목을 임의로 바꾸었다고 꾸짖었다는 기록이 보인다.

> 『도동록』의 이름을 '수어粹語'라고 고친 것은 장자長子에게 알리지 않고 먼저 표제를 감히 이렇게 바꾼 것이 아닙니다. 처음 베낄 때 원책原冊의 표지가 없어서 책이 헤어질까 두려워 휴지休紙로 임시 표지를 만들고 '이선생수어李先生粹語' 다섯 글자를 책 표면에 임의로 썼습니다. 나중에 생각해 보니 더욱 미안하지만 원래 성정이 간솔하여 그대로 보냈습니다. 지금 경솔하게 선생의 책제목을 바꾸면 안 된다는 가르침을 받으니 후회되고 허물됨을 말로 다하기 어렵습니다.[8)]

윤동규는 선생인 이익이 붙인 '도동록'이라는 제목을 안정복이 경솔하게 고친 것을 꾸짖었지만, 이익은 '이선생수어'라는 제목을 본 다음 오히려 칭찬을 하였고, 여기서 한 걸음 더 나아가 '이자수어'라는 제목을 정하여 주었다.

> '수어粹語'라는 제목은 일찍이 두 정程선생의 책에서 보았다. 이러한 제목을 사용하는 것은 진실로 마음에 맞다. 내가 생각건대 동방의 역사 이래로 퇴도退陶보다 덕이 성대한 사람은 없었으니, 바로 '이자李子'라고 불러도 나라 사람들 가운데

8) 『順菴集』, 권3, 4쪽b, 「答邵南尹丈書」(壬申, 1752), "『道東錄』改名『粹語』, 非敢不告長子而先爲此標題也. 當初謄寫時, 原冊無衣, 恐其浮弊, 以休紙爲假衣, 而信筆書以 '李先生粹語' 五字于冊面. 後來思之, 更覺未安, 而原來性情簡率, 因以奉還. 今有不當輕改長子冊面題目之敎, 奉讀, 悔咎實難容喩."

퇴도退陶를 가리킨다는 사실을 모르는 사람이 없을 것이다. 나의 이러한 생각은 어떤가?[9]

이익은 안정복이 제시한 '수어粹語'라는 제목에 만족할 뿐 아니라 '이선생李先生'보다는 바로 '이자李子'라는 제목이 어떻겠느냐는 의견을 제시하고 있다. 윤동규에게 보낸 편지에서도 이익의 이러한 생각을 읽을 수 있다.

제목은 백순의 의견에 따라 '수어粹語'라고 해도 좋다. 또 바로 '이자李子'라고 하면 어떻겠느냐? 성인의 문하에서도 증자曾子라는 말이 나온다. 우리나라에는 이자李子는 한 분뿐이니, 지극하게 존숭하더라도 의리를 해치지 않을 듯하다.[10]

장석丈席(이익을 가리킴)께서 죄로 여기지 않으시고 '이자수어'라고 제목을 고쳐주시고 도리어 칭찬까지 해 주신 것은 무아無我의 덕성에서 나왔습니다.[11]

이렇게 해서 『도동록』이라는 제목이 『이자수어』로 바뀌게 되고 체제도 『근사록』의 체제대로 바뀌게 되며, 여러 차례의 수정작업을 거치게 된다. 결점이 없는 완벽한 책을 만들기 위한 안정복의 집념은 대단하였다.

장석의 편지에서 『이자수어』의 완성을 요구하는 뜻이 심중하고 또 존장(윤동규를

---

9) 『星湖先生全集』, 권24, 21쪽a, 「答安百順」(壬申, 1752), "粹語之目, 曾於二程書中見之. 用此標題, 實所允愜. 愚謂自有東邦以來, 未有盛於退陶, 則直稱李子, 莫不知其爲退陶也, 此意如何?"

10) 『星湖先生全集』, 권20, 17쪽b~18쪽a, 「答尹幼章」(壬申, 1752), "標題依百順, 粹語亦好矣. 又若直以李子爲名何如? 聖門有言子曾子等書, 我東邦但惟子李子一人, 極其尊崇, 恐無害義."

11) 『順菴集』, 권3, 5쪽a, 「答邵南尹丈書」(壬申, 1752), "伏感丈席之不以爲罪, 改題『李子粹語』, 而反賜奬詡者, 寔出於無我之德."

> 가리킴)으로 하여금 자세하게 읽고 버릴 것은 버리고 취할 것은 취해서 책을 완성하게 하기를 바라셨습니다. 저는 이 책은 보통의 유취類聚와는 다르다고 생각합니다. 그러므로 만일 결점이 없는 책을 편집하여 만든다면 후학들의 행운이 아니겠습니까?…… 장석의 답서 두 장과 서문 한 장, 『수어』 두 권을 삼가 보내드리니 자세하게 살펴보면서 교정하여 주시기 바랍니다. 자를 것은 자르고 버릴 것은 버려서 온전한 책이 되게 한다면 행복함을 어찌 말로 다할 수 있겠습니까?[12)]

『이자수어』의 완성을 위하여 이익과 안정복과 윤동규는 여러 차례 원고를 서로 주고받으며 수정에 수정을 거듭하였다. 이익은 당시에 이미 나이가 많아 손자인 구환九煥에게 읽게 하는 경우도 많았다고 한다.

> 『이자수어』가 지금 다행히 이루어졌지만 나는 날로 정신이 어둡고 눈이 흐릿해져서 감당할 수 없으므로 어린 손자인 구환으로 하여금 여유 있게 한번 읽어보라고 하였다.[13)]

『이자수어』는 여러 차례 서로 주고받으며 산정刪定을 거쳤다. 거듭된 산정의 목표는 오직 양을 조금이라도 줄이는 것이었다. 이익은 윤동규에게 이렇게 부탁하였다.

> 편집은 오직 간요簡要를 중시해야 한다. 원본에도 쓸데없는 내용이 많지만, 새로 증대한 내용에도 마음에 흡족하지 않은 것이 많다. 반드시 함께 반복해서 버릴

---

12) 『順菴集』, 권3, 5쪽b~6쪽a, 「與邵南尹丈書」(癸酉, 1753), "丈席書中『粹語』責成之意深重, 且欲使尊丈詳玩去取, 以爲成書. 愚意此等文字, 有異於尋常類聚, 若能編定無欠, 豈不爲後學之幸哉?……丈席答書二張, 序文一張, 『粹語』二卷, 謹爲奉上, 伏乞詳加考校, 可節者節之, 可去者去之, 使爲成書, 則爲幸何喩."

13) 『星湖先生全集』, 권20, 21쪽b~22쪽a, 「答尹幼章」(癸酉, 1753), "『粹語』今幸得成, 而瀷日漸昏瞢, 無以句當. 只使小孫九煥, 一綽披閱."

> 것은 버리고 취할 것은 취해야 한다. 남기는 것은 가능하지만 버리는 것은 불가능한 것만 남겨야 한다. 남기는 것이 가능하며 버리는 것도 가능한 것은 버리는 것이 마땅하다.[14]

이익의 손자인 구환까지 참여하여 오직 간요簡要함을 얻기 위하여 여러 차례 반복해서 주고받으며 노력하였기 때문에 『이자수어』에는 원문과 문장이 다른 곳도 많다. 압축된 문장이 많아 원본을 찾아보지 않으면 정확한 이해가 어려운 곳도 많다. 현재의 『이자수어』 각 장의 시작에 보이는 ○● ◐◑⬙◆ 등의 부호는 원본대로 둔 것, 산정한 것, 보완한 것 등을 가리키는 상호 간의 약속된 부호로 보이지만 정확한 의미를 알 수는 없다. 다만 ○이 가장 많은 것으로 보아 이것은 이익의 『도동록』 원본을 그대로 둔 것을 의미하는 것으로 보인다. 그러나 나머지 부호의 의미는 이해하기 어렵다. 각 부호의 의미가 명확하게 되면 편집된 내용의 특성을 이해하는 데 도움이 될 것이다. 범례에는 이렇게만 나온다. "선생에게 상의하여 비견鄙見을 첨가한 경우는 본문의 권점으로써 구별하였다. 내가 주해한 곳은 반드시 '안按'자를 붙여 원서와 서로 혼동되지 않게 하였다."[15]

안정복과 윤동규가 내용을 줄이고 보완한 것도 많았지만 편집순서를 바꾼 것도 적지 않았던 것 같다. 『도동록』 원본에서는 문집의 순서대로 기록하였지만, 『근사록』의 체제로 편차를 바꾸면서 편집순서가 바뀌는 것은

---

14) 『星湖先生全集』, 권20, 21쪽b~22쪽a, 「答尹幼章」(癸酉, 1753), "凡纂集惟宜簡要. 元本亦多賸衍, 而新增者未必皆允愜. 須相與反覆而去取之. 惟留可去不可者留之, 留可去亦可者去之宜矣."

15) 『李子粹語』, 「凡例」, "鄙見之稟定添入者, 必於本文上圈點, 以別之. 其所註解者, 亦加按字, 不敢與原書相混."

불가피하였다.

> 『이자수어』의 편차도 혹 의심스러운 점이 있으므로 바꾸어 개정하여 올립니다. 또 장의 차례도 오로지 문집의 순서대로 해서 앞뒤의 글에 완급緩急이 질서를 잃고 있습니다. 또한 윤동규와 상의하여 차례를 고쳤으니 선생이 이미 정한 책의 내용을 분열하여 저의 공으로 삼고자 하는 것은 아닙니다. 실은 어리석음을 바치고 의심스러운 것을 바치는 뜻에서 나왔으므로, 가르침을 바랍니다.[16]

이익이 '이자수어'라는 제목을 정한 뒤에도 '수언粹言'이 좋으냐 '수어粹語'가 좋으냐에 대한 토론도 있었다. 윤동규는 '수언'이 좋지 않겠느냐는 의견을 제시하였으나 안정복은 '수어'가 타당하다는 의견을 제시하고 있다.

> '수어'라고 이름을 정한 뜻도 전일에 생각하여 보았습니다. 잠시 생각건대, 『논어』는 '語'이지만 행行이 그 가운데 있으며, 『국어』는 '語'이지만 일(事)이 그 가운데 있습니다. 『가어』와 『어류』의 경우에도 모두 그러하지 않음이 없습니다. 이 책은 여러 제자들이 기록한 노선생(퇴계 선생)의 언행에 관한 말 가운데서 순수한 것만 취하였으니, 『정자수언』의 뜻과는 조금 다릅니다. 장석께서 이렇게 이름을 정하신 뜻도 아마 여기에서 나왔을 것입니다.[17]

『이자수어』의 완성을 위하여 세 사람은 엄청난 노력을 기울였다. 특히

---

16) 『順菴集』, 권2, 6쪽a, 「上星湖先生書」, "『粹語』篇次, 儘有可疑, 故僭易改定仰稟. 且其章次, 專以文集之序編定, 故前後緩急, 或失其序, 亦與尹丈, 商量改次, 非敢分裂長子已成之書, 欲爲已功也. 實出於貢愚獻疑之意, 幷乞指教."

17) 『順菴集』, 권3, 8쪽b, 「與邵南尹丈書」(癸酉, 1753), "粹語命名之意, 前日亦嘗念及此矣. 旋思之, 『論語』語而行在其中, 『國語』語而事在其重, 至於『家語』·『語類』, 莫不皆然. 此書合諸家所記老先生言行之語, 而節其粹者, 則與『程子粹言』之意, 微有不同, 丈席之命名, 蓋出於此."

안정복은 책의 제목을 바꾸고 체제를 변화시켰을 뿐 아니라 스승인 이익이 지은 서문에 대하여도 자신의 뜻에 차지 않는 부분에 대하여 조목조목 비판을 가하며 수정을 요구하였다. 이익은 이러한 수정요구에 대하여 전혀 불만을 표시하지 않고 합당한 내용이면 수정하기를 꺼리지 않았다.

> 『이자수어』의 「서문」은 지금 다시 보니, 만족스럽지 않은 곳이 많아 다시 줄이고 고친다. 지적한 내용에 따라 베개에 엎드려 억지로 고치려니 정신은 흐릿하고 손이 피곤하여 제대로 되지 않는다. 다만 초고에서 잘못된 내용은 제거하는 것이 합당하므로, 이제 완성하여 보낸다.[18]

이처럼 세 사람이 오랜 시간에 걸쳐 노력과 정성을 기울여 『이자수어』가 완성되니, 안정복은 "윤동규尹東圭씨와 왕복하며 참고하고 교정하여 세 번 원고를 바꾼 뒤에 책이 이루어졌다"[19]고 말하였다. 1710년경 이익에 의하여 『도동록』으로 일차 편집되었다가 40여 년이 지난 1753년에야 안정복과 윤동규의 열성에 의하여 『이자수어』로 완성되었다. 이 책의 편집과정으로 보면 『근사록』보다도 훨씬 긴 시간과 정력이 투여되었다. 이 책의 완성도는 그만큼 높고 가치 또한 고귀하다고 하지 않을 수 없다.

범례에서는 "거가편居家篇 아래에 대인관계(接物)를 붙이고, 정사편政事篇 아래에 '변화에 대처하는 법'(處變)을 붙였으니, 선생의 언행을 빠뜨리지 않기 위해서이다"[20]라고 하였으나 거가편의 접물接物과 정사편의 처변處變

---

18) 『星湖先生全集』, 권25, 20쪽a, 「答安百順」(乙亥, 1755), "『粹語』之「序」, 今復省閱, 意多未安, 更加刪改. 依教强筆, 伏枕之餘, 神瞢手茶, 不成貌樣. 只亂草欠敬, 固合割除, 旣寫故呈去."
19) 『李子粹語』, 안정복의 「跋文」, "與尹丈東奎氏往復參校, 凡三易稿而書成."
20) 『李子粹語』, 「凡例」, "於「居家」篇下, 附以接物, 「政事」篇下, 附以處變, 蓋欲使其

을 발견할 수 없다. 그 이유를 알기 어렵다. 범례를 만든 이후에도 수정작업이 계속된 것이 아닌가 짐작할 뿐이다.[21]

그리고 『이자수어』에는 주해도 많다. 고사를 인용한 경우나 해석에 도움이 되면 주해를 달았다고 범례에 밝히고 있다. 이익이 직접 작업한 것이거나 안정복이 붙인 주에는 '자주自註' 또는 '안按'이라고 표시되어 있다.

2. 편집체제

편집과정을 통하여 이 책은 『도동록』에서 『이자수어』로 바뀌며 『근사록』의 체제를 따르게 되었음을 고찰하였다. 『근사록』은 주희朱熹(1130~1200)와 여조겸呂祖謙(1137~1181)이 송나라(960~1269) 효종 2년(1175)에 송대 성리학의 선구자들인 주돈이周敦頤(1017~1073) · 정호程顥(1032~1085) · 정이程頤(1033~ 1107) · 장재張載(1020~1077) 네 선생의 저술을 읽고 그것들 가운데서 '학문의 대체와 관련이 있고 일상생활에 절실한' 글들을 채록하여 초학자들을 위한 입문서로서 편찬한 책이다. 『근사록』과 『이자수어』의 각 권과 편의 제목과 조목 수를 표로 만들어 비교하여 보자.

言行無所遺闕也."

21) 국립중앙도서관에 소장되어 있는 필사본 『李子粹語』(한古朝17-21)에는 거가편에 接物篇, 출처편에 事君篇이 덧붙여 있다. 또한 정사편의 편명이 臨政處事이며, 處變篇이 덧붙여져 있다. 다만, 그 조목을 살펴보면 1920년에 간행된 『이자수어』의 내용을 벗어나지 않는다. 참고로 이 필사본에는 간행된 『이자수어』에 실려 있지 않은 黃運大의 「題李子粹語跋語後」(甲戌, 1754)가 있다.

『근사록』의 각 권 제목과 조목 수	『이자수어』의 각 편 제목과 조목 수
1. 道體, 51조	1. 道體, 77조
2. 爲學, 111조	2. 爲學, 39조
3. 致知, 78조	3. 窮格, 91조
4. 存養, 70조	4. 涵養, 50조
5. 克己, 41조	5. 力行, 49조
6. 家道, 22조	6. 居家, 86조
7. 出處, 39조	7. 出處, 34조
8. 治體, 25조	8. 治道, 27조
9. 治法, 27조	
10. 政事, 64조	9. 政事, 23조
11. 教學, 21조	10. 教導, 24조
12. 警戒, 33조	11. 警戒, 61조
13. 異端, 14조	12. 異端, 17조
14. 聖賢, 26조	13. 聖賢, 69조

네 선생의 저술에서 채록한 『근사록』의 구성은 총 14권 622조목인데, 『이자수어』는 이황 선생의 언행만을 채록하였지만 13편 647조목이다. 『근사록』에서 치체治體와 치법治法이 각 1권으로 되어 있지만 『이자수어』에는 치도治道 1편으로 되어 있어, 『근사록』이 14권인 것과 달리 『이자수어』는 13편이다. 그러나 이를 제외하고 나면 각 편의 제목이 용어는 조금 바뀌었지만 의미하는 내용은 일치한다. 『근사록』의 체제로 만들었다는 것이 형식적인 말이 아님을 알 수 있다. 편수로는 하나가 적지만 채록한 조목은 『이자수어』가 오히려 25조목이 더 많다.

『근사록』에는 정치와 관련된 조목이 치체治體와 치법治法과 정사政事를 합하면 116조목인데 『이자수어』에는 치도와 정사를 합한 50조목에 지나지 않는다. 그러나 경계와 성현은 『이자수어』가 훨씬 많다. 그리고 위학은 『근사록』은 111조목인데 『이자수어』는 39조목에 지나지 않는다. 또한 『근사록』은 네 선생의 글 가운데서 622조목을 채록한 데 비하여, 『이자수어』는 이황 선생만의 언행에서 647조목을 뽑아 기록하였으니, 대단히 많은 조목으로 이루어져 있다고 보지 않을 수 없다.

『이자수어』를 출판하며 김용희는 "동방 학자의 소원은 이자李子를 배우는 것이다. 이자를 배우려면 이 책만큼 정밀하게 요약되어 있으면서도 고루 다 갖추고 있어 익히기에 좋은 책이 없다"[22]고 하였으며, 김언종 교수는 "퇴계학의 입문서"이며 "퇴계언행록의 집대성"이라고 하였다. 이황과 관련된 논문에서 인용된 인용문의 대부분이 여기에 수록되었다고 말할 수 있을 정도로 이 책은 이황과 관련된 핵심적인 내용을 망라하고 있다. 『이자수어』가 이황의 학문과 삶을 이해하는 데 이렇게 중요한 책이지만 이 책의 출간은 1920년에야 겨우 이루어졌다. 이 책이 편집되던 18세기 이후 우리나라의 근대사는 영원한 진리가 무엇인지 고민할 정신적 여유를 가질 수 없었다. 격변하는 세계사에 적응하며 생존을 도모하는 것 자체가 어려운 시대였다. 그리고 번역하여 출판하는 데도 다른 책과는 달리 오랜 시간이 걸렸다. 이 책은 세상과의 인연을 만나기에 아직도 이른 것인지 모르겠다. 역자로서는 2004년 6월 『근사록집해』 I·II (대우학술총서 568·569, 아카넷)를 번역하여 출판한 데 이어 『근사록』의 체제로 편집된 『이자수어』마저 번역하여 출판할 기회를 가지게 된 것에 적지 않은 감회를 느낀다. 이는 성리학

22) 『李子粹語』, 김용희의 「跋文」, "欲學李子, 精約備至而便於服習者, 莫此書若也."

과 유학의 진리관과 학문관에 대한 현대적 이해의 초석을 놓는다는 자부심과 사명감에서 비롯된다고 말할 수 있다.

역자는 『근사록집해』 해제에서 이렇게 말하였다.

> 오늘날 학계에서 성리학性理學이라고 하면 '공리공담空理空談을 일삼는 학문'과 동일시한다. 이는 17~18세기의 실학자들이 이미 비판하였듯이 당시의 성리학자들이 성리학을 지나치게 관념적으로 이해한 데 상당한 책임이 있다. 그러나 보다 큰 원인은 모든 것을 대상화시켜 연구하는 과학적 세계관에만 익숙한 현대 학자들이 주체적 삶에 기초를 둔 세계 이해라는 성리학의 정신을 근본적으로 오해하는 데 있다. 성리학의 문제의식은 일상생활에 대한 깊은 이해를 통하여 진리의 인식에로 향상되어 나아간다는 공자의 '하학상달下學上達'이라는 유학의 특수한 학문정신의 실현에 있었다.
>
> 성리학이나 유학의 인간과 자연에 대한 이해에는 시대적 한계가 있겠지만, 과학만능과 물질만능에 빠져 인간이 주체성을 상실하고 삶의 방향을 정립하지 못하는 오늘날, 주체적 삶에 기초를 둔 성리학은 자연과 인간에 대한 새로운 이해의 관점과 경험을 제공할 수 있으리라 생각한다.

『근사록집해』가 중국의 선현들의 학문과 삶에 대한 기록이라면 『이자수어』는 이황의 삶과 학문에 대한 기록인 만큼 『이자수어』에 대한 기대는 보다 크다. 한국사상사에서 성리학과 유학이 차지하는 비중을 생각하면 성리학과 유학에 대한 바른 이해는 한국사상사를 제대로 정립하기 위해서도 필수적인 과정이다. 역자는 유학뿐 아니라 불교와 도교 사상도 고유한 세계관과 학문관을 가지고 있으며, 각각의 자연과 인간에 대한 이해는 인류문화의 다양화와 과학 중심의 물질문명이 초래하는 제반 문제들을 상쇄하고 보완하기 위해서 그 정체성과 문제의식이 있는 그대로 해명되어야 한다고 생각한다. 과학이 획득한 진리는 과학적 관점에 의한 과학적 진리이지 그것만이 우주와 자연을 이해하는 유일한 방법에 의한 유일한 답변은 아니라는 말이다.

『근사록집해』 해제에서 밝힌 이러한 입장에는 변함이 없다. 지금은 여기서 한 단계 더 나아가서 과학적 진리와 인문학적 진리의 차이에 대한 상호비교에 흥미를 느끼고 있다. 이는 유물론적 진리관과 유심론적 진리관의 비교일 수도 있다. 역자는 두 가지 진리관이 공존할 수 있다고 보며, 공존할 수 있을 뿐 아니라 공존해야만 한다고 생각한다. 하나의 자연이지만 과학적 시각에서 이해되는 자연이 있는가 하면, 성인에 의하여 이해되는 자연도 가능하다는 것이다. 과학자가 이해하는 진리와 성인이 이해하는 진리는 매우 다른데 과연 두 진리는 어떻게 다르며, 두 진리는 과연 어떻게 상호 공존할 수 있는가? 삶이 마음과 몸의 공존이며, 그 중에서도 마음이 몸의 주인이 되어 사는 삶이 정상적인 삶이라면 성인의 진리관이 주인이 되고 과학적 진리관은 그에 상보적으로 되는 것이 인간의 정상적인 문화일 수 있다는 생각이 든다. 모든 물체에 구심력과 원심력이 있으며 이 두 힘의 조화에 의하여 물체의 운동과 존속이 가능하다면 인간의 삶도 성인의 마음의 관점과 과학의 물질의 관점이 서로 조화를 이룰 때 조화로운 삶이 가능하다고 생각한다. 마음은 관념이 아니라 관념의 창조자이며 몸의 주인이다. 마음을 무시하고 몸만 중시하는 삶은 맹목적인 삶이다.

3. 『이자수어』에 나타난 퇴계학문의 특성

퇴계 이황의 진리관은 유학의 진리관이며 성리학의 진리관이다. 현대

학문의 진리관과는 너무나 다르다. 현대 학문의 진리관은 대체로 과학적 진리관이다. 과학적 진리관은 현상을 대상으로서 전제하고, 그러한 현상에 대한 인식이 정당한가에 대한 진위 문제를 탐구하는 진리관이다. 이황은 유학과 성리학의 진리관에 따라, 진리를 우주와 존재의 영원한 근거로서 우주와 모든 생명을 창조하는 창조적 진리로 이해하였다. 성리학의 진리관을 계승한 이황에게 진리는 '진실무망眞實无妄'하고 '무성무취無聲無臭'한 '무극이태극無極而太極' 곧 '리理'이다. 이황은 자신의 이러한 진리관에 기초하여 진리를 실증하고 진리와 하나가 되는 삶과 학문을 성취하였다. 『근사록』이 북송 성리학자들의 언행에 기초를 두고 성리학의 진리관과 학문관을 밝히고자 하였다면, 성호 이익과 순암 안정복은 이황의 삶과 학문에 기초를 두고 이황의 진리관과 학문관을 밝히고자 시도하였다. 두 책의 목차가 거의 동일한 제목으로 동일한 순서에 따라 편집될 수 있었던 것은 북송의 성리학자들과 이황의 진리관과 학문관이 매우 유사하였기 때문이다.

다만, 『근사록』은 14권인 데 반하여 『이자수어』는 13편으로 구성되어 있다. 『근사록』에는 정치와 관련된 내용이 (8) 치체治體, (9) 치법治法, (10) 정사政事 세 편이지만 『이자수어』에는 (8) 치도治道, (9) 정사政事 두 편뿐이다. 정치와 관련된 편목에서 『이자수어』가 한 편 적은 것을 제외하면 나머지 편목은 글자만 약간 다를 뿐 가리키는 내용에는 거의 차이가 없음을 알 수 있다. 이제 각 편의 내용을 간단히 살펴보자.

(1) '도체'편은 우주자연과 인간 그리고 만물의 궁극적 진리인 도, 나아가 이러한 도와 우주와 만물의 관계, 특히 도와 인간의 심성과의 관계를 설명하는 부분이다. 『근사록』과 『이자수어』 두 책은 도를 궁극적 진리로 이

해하는 진리관을 공유하고 있다. 책의 제1편에 도체를 위치시킨 것은 이 두 책에서 지향하는 학문이 진리인 도에 기초를 두고 있으며, 나아가 도의 인식과 실천을 목표로 삼고 있음을 드러낸다. 도체편은 『이자수어』가 『근사록』보다 26조목이 더 많다. 이는 이황의 학문이 진리인 도를 밝히는 데 주력하고 있음을 보여 준다. 도체편을 통하여 이황은 우주를 커다란 생명세계로 이해하였음을 알 수 있다. 태극太極과 도道와 리理와 천天과 상제上帝는 이름은 다르지만 모두 모든 생명의 근원인 영원한 절대 진리에 대한 명칭이라는 것을 알 수 있다. 궁극적이고 절대적인 진리는 모든 존재에 내재하는 개별 존재들의 삶의 원리이며 인간에게는 생명의 원천이며 도덕성의 근원으로 심성 안에 살아 활동하는 능동적인 원리이다.

(2) '위학'편에서는 유학의 학문은 자기 안에 있는 리理를 체인하고 실현함으로써 자기 완성의 삶을 지향하는 학문인 위기지학이라는 것을 설명하고 있다. "군자의 학문은 자기 자신의 인격수양을 위할 뿐이다. 자기 자신의 인격수양을 위한다는 것은 장경부가 말한 '다른 목적이 없이 그 자체를 위한 것'을 말한다. 깊은 산골짜기 무성한 숲속에 있는 난초가 종일토록 향기를 발산하지만 자신은 향기를 발하는지도 모른다"(2-13)라는 말은 이황의 학문정신을 가장 잘 드러내고 있다. "오늘날 사람들은 문장의 뜻만 비슷하게 대충 이해되면 나는 이미 알았다고 생각하고 다시는 그것에 대하여 의심하지 않는다. 옛날 현명한 사람의 학문은 저렇게 둔하고 오늘날 사람의 학문은 이렇게 민첩한 이유는 무엇인가?"(2-6)라는 말은 이황의 학문에 대한 철저성을 잘 보여 준다. 『근사록』은 네 선생의 학문이 가지는 요체를 뽑은 것이지만 『이자수어』는 이황의 자료에서만 발췌한 것이므로 111조목과 39조목이라는 숫자상의 커다란 차이가 있다.

(3) '궁격'편은 성리학의 텍스트인 『대학』 8조목의 제일조인 격물치지를 가리킨다. 격물치지는 인간이 관계적 삶을 통하여 실현해야 하는 도道, 즉 지선至善이 무엇이며 어디에 있는지를 밝게 인식하는 것이다. 지선의 근원은 인간의 본성이다. 도의 인식과 실천을 통하여 수기치인修己治人의 삶을 성취하는 것이 유학의 전체 강령이라면 궁리窮理 격물格物은 바른 실천을 위한 전제인 인식에 관한 것이다. 선현들이 남긴 경전, 특히 사서四書를 통하여 도를 궁구하고, 관계적 삶을 통하여 도의 인식을 추구하는 유학의 첫 관문이 격물치지이다. 이황은 천년만년 뒤에 진리를 알아볼 사람을 기다리며 학문을 하였다. "천년만년 뒤에 성현이 나와서 나의 결점을 지적하고 나의 숨은 병통을 엿보지 않으리라고 어떻게 확신할 수 있겠는가? 그래서 군자는 뜻을 겸손하게 가져서 남의 말을 살피고 의義에 복종하고 선을 따르기를 급하게 여기며, 감히 일시적으로 한 사람을 이기고자 하는 계책을 내지는 않는다."(3-14) 천년만년을 기약해야 하는 진리에 대한 학문은 보통 사람들이 감당하기 어려운 지극히 어려운 일이었다. "고금古今 인물의 학문과 도술이 차질이 생기는 것은 리理가 알기 어렵기 때문이다. 리理를 알기 어렵다는 것은 대강 알기가 어렵다는 것이 아니라 참으로 알고 오묘하게 이해하여 완전한 경지에 도달함이 어렵다고 함이다."(3-3) 이황의 학문은 지선至善을 밝게 인식하는 것을 첫 관문으로 하여 이 리理를 참으로 아는 경지로 나아가고자 한다.

(4) '함양'편은 인간 본성에 대한 함양을 설명한다. 인간의 본성이 곧 진리라고 하지만 도는 은밀하고 미미해서 쉽게 드러나지 않는다. 그러므로 평소에 마음을 고요하게 하고 마음이 삶의 주인이 되도록 하는 노력을 통하여 함양하지 않으면 안 된다. '경敬의 철학자'라고 불릴 정도로 경敬을 중시

하는 퇴계철학에서 경敬의 일차적 의미는 함양에 있으며 이는 학문의 가장 중요한 방법이었다. "학문을 함에 있어서는, 일이 있고 없고 뜻이 있고 없고를 막론하고 경敬을 중심으로 하여 움직일 때나 고요할 때나 경敬을 잃지 않아야 한다. 사려가 싹트지 않았을 때는, 심체心體가 허명虛明하여 마음의 본령이 깊고 순수하게 될 것이다. 그리고 사려가 이미 발發해서는, 의리義理가 밝게 드러나 물욕이 물러나 마음이 어지럽게 되는 병통이 점차 줄어들 것이다. 이러한 정도가 점차 쌓이고 쌓여서 완성에 이르게 되는 것, 이것이 학문의 요법要法이다."(4-14)

(5) '역행'편은 수신의 실천에 속한다. 도는 아는 것으로 멈추면 의미가 없다. 도는 창조적인 것이며 실천적인 것이다. "배우는 자가 성현의 말에 대하여 참되게 공부할 수 있다면 한 마디 말도 넉넉한 도움이 되겠지만, 힘써 실천하지 않는다면 많이 보아도 아무런 도움이 없을 것이다."(3-13) 실천이 없이는 성인의 천만 마디의 말을 외워도 아무런 소용이 없다. 개인적이고 이기적인 자아를 넘어서서 보편적이며 공적公的인 도를 자득하려면 꾸준한 실천의 과정을 쌓지 않으면 안 되며 때로는 죽을힘을 다하여 혈전을 하듯이 통렬하게 해야 된다고 한다. "사람에게 요堯·순舜과 같이 될 수 있는 본성本性이 있더라도, 도道에 뜻을 세우고 학문함에 있어서 반드시 분발하고 용기를 내어 의지를 굳세게 하여 스스로 맡아서 죽을힘을 다하여 마치 혈전血戰을 하듯이 통렬하게 이해하여야 얻을 수 있다. 그러하지 아니하고 대충대충 한가하게 지낸다면 끝내 얻을 수 있는 이치가 없다."(5-27) 궁격이 『대학』의 격물치지에 해당한다면 역행은 성의誠意 정심正心 수신修身에 해당한다.

(6) '거가'편은 『대학』의 제가齊家에 해당된다. 학문을 통하여 수신이 이

루어지면 제일 먼저 접하게 되는 장소가 가정이다. 가정에서 도를 어떻게 실천할 것인가 하는 것이 자신이 얻은 도를 사회화하는 제1단계이다. 제자인 이평숙에게 보낸 편지 가운데 나오는 다음 구절은 이황이 부부 사이의 금슬을 중시하며 나아가 이를 위하여 필요한 남편의 도리를 자신의 경험에 비추어 헤아리고 있음을 보여 준다. "대체로 옛날 쫓겨난 부인들은 그나마 다른 곳으로 시집갈 수 있는 길이 있었으므로, 칠거지악七去之惡으로 쫓겨나더라도 쉽게 재가할 수 있었다. 그러나 오늘날 부인들은 모두 한 남편만 따르다가 죽으니, 어찌 정情과 뜻이 맞지 않는다고 하여, 길가는 사람처럼 상대하거나 원수처럼 여길 수 있겠는가?…… 나는 두 번째 장가를 들어서는 한결같이 매우 불행하였다. 그러나 그렇다고 감히 마음을 박하게 지니지는 않고 열심히 선하게 처신한 것이 거의 수십 년이 되었다."(6-27)

(7) '출처'편은 학자가 관직에 나가고 물러나는 도리를 설명하고 있다. 유교 사회는 사농공상士農工商의 사회였다. 사는 학문을 하는 계층으로 학문이 성취되면 관로에 진출하여 국가를 경영하게 된다. 그러나 선비가 관로에 어떤 때 나가고 어떤 때 물러나느냐는 것은 선비가 도를 실천함에 있어서 매우 중시하는 바였다. 이황은 학문의 완성과 후학의 양성을 중시하여 관직에 나아가는 것을 매우 어렵게 여겼다. 명종이 이황을 몇 차례 불러도 오지 않자, '현자를 불러도 오지 않는 데 대한 탄식'을 제목으로 삼아 독서당讀書堂 유신儒臣들에게 각자 근체시近體詩 한 수씩 지어 바치게 하고, 또 선생이 사는 도산의 그림을 그리고 그림 위에 『도산기陶山記』와 『잡영雜詠』을 쓰게 하여 병풍으로 만들어 바치게 하여 침실에 펼쳐 두었다는 얘기는 임금과 신하 사이의 미담이다.(7-16)

(8) '치도'편은 정치의 근본에 대한 설명이다. 이황은 선조에게 『성학십

도』를 올리기 전에 「무진육조소」를 올렸다. 「무진육조소」에는 "셋째는 성학聖學을 돈독히 하여 정치의 근본을 세울 것이고, 넷째는 도술道術을 밝혀 인심을 바로잡을 것이다"[23]라고 하여 정치에서 가장 중요한 것은 '성학'과 '도술'이라고 말하였다. 이황에게 '도술'은 도를 실현하는 것이며, 도는 하늘에 근본을 둔 것이므로 '경천敬天 · 외천畏天 · 사천事天'을 강조하고 하늘의 뜻을 삼가는 의미에서 재이와 관련된 경계의 내용이 많다. 『성학십도』는 치도의 차원에서 '성학'을 위하여 저술된 이황의 대표적 저술이다.

(9) '정사'편은 정치와 관련된 구체적인 일에 대한 언급이다. 이황은 은둔을 통하여 진리의 인식과 실천의 학문을 완성하는 데 뜻을 두었기 때문에 자신이 정치에 종사한 일을 후회하였으며 정사에 대한 구체적인 언급을 즐기지 않았다. 진리의 학문을 정립하는 일을 정치보다 선행되는 가장 중요한 것이라고 생각하였다.

(10) '교도'편은 교육과 관련된 내용이다. 이황의 학문 중시는 당연히 학문을 수행할 학교의 중시로 이어진다. 이황은 "학교는 교화의 근원으로서 선善을 가장 중요시해야 하는 곳이며, 선비는 예의의 으뜸으로서 원기元氣가 깃드는 곳이다"(10-5)라고 생각하였다. 그러나 국학과 향교라는 공교육기관이 과거시험 준비의 장소가 되었기 때문에 이황은 사설교육기관인 서원의 교육을 특별히 중시하게 된다. "문장과 과거와 이록利祿을 추구하는 습성이 사람의 마음을 무너뜨려 미친 지경으로 내달리게 하는데도 돌이키지 않는다. 서울의 국학과 지방의 향교가 모두 무엇을 가르쳐야 할 것인가를 깜깜하게 모르고 학문에 전혀 힘쓰지 않는다. 이러하기 때문에 뜻이

---

23) 『退溪先生文集』, 권6, 42쪽a~46쪽b, 「戊辰六條疏」, "其三曰, 敎聖學, 以立治本,…… 其四曰, 明道術, 以正人心."

있는 선비는 산이나 들판으로 숨어 들어가 함께 들은 것을 강구하고, 도道를 밝혀 자기를 완성하고 남을 완성시키니, 후세에 서원이 만들어지게 된 것은 형편상 어쩔 수 없이 그렇게 된 것이다."(10-1-2) 입시 중심의 교육이 된 오늘날 우리의 교육이 교도편에서 얻어야 할 교훈은 매우 크다.

(11) '경계'편은 학자가 삶과 학문을 닦으며 경계해야 하는 일들에 대한 것이다. 학문은 평생토록 고생스럽게 힘써야만 겨우 성취할 수 있는 것이라고 생각하며 실없는 명성이 일찍 퍼져 공부에 지장을 주는 것을 매우 경계하였다. 남의 비판에 화를 내는 데 대해서는 이렇게 경계하였다. "사람이 학문을 제대로 하지 않으므로 자신의 부족함을 모르고, 자신의 부족함을 모르기 때문에 남이 자신의 단점을 얘기하는 것을 들으면 화를 낸다."(11-5) 자신의 문인에 대한 남명 조식의 '기세도명欺世盜名'이라는 비판에 대하여 퇴계는 우리들이 약석藥石으로 삼아야 하는 말이라고 수용하였다. 『근사록』의 경계편은 33조목인 것에 반하여 『이자수어』의 경계편은 61조목이나 된다. 자세한 경계의 말을 통하여 실천궁행實踐躬行하는 이황의 진실한 삶의 면모를 엿볼 수 있다.

(12) '이단'편은 유학의 학문정신과 어긋나는 학문에 대해 비판하는 이황의 말을 싣고 있다. 학문과 일상적인 삶이 분리된 불교를 비판하였으며, 학문을 소홀하게 여기고 마음의 내면에 치중하는 양명학에 대해서도 비판하였다. 이황의 관심은 유학을 보편적인 진리인식의 학문으로 정립하는 것이었다. 공자와 맹자를 거쳐 주희로 이어지는 학문은 거경居敬과 궁리窮理, 박문博文과 약례約禮, 인식과 실천, 민이民彝와 물칙物則 등 양 측면을 함께 중시하는 바른 학문이라고 생각하였다.

(13) '성현'편은 주희 이후의 중국 학자들에 대한 평가 및 우리나라 유

학자에 대한 평가와 관련된 내용이다. "주자는 정자程子가 밝히지 못한 것을 밝혔으나 문인들이 득력得力한 수준은 정자의 문인에 미치지 못하였다. 맹자가 이전의 성인이 밝히지 못한 것을 밝혔으나 만장萬章·공손추公孫丑 등이 자유子游와 자하子夏 등에 미치지 못한 것과 마찬가지이다"(13-13)는 훌륭한 스승이 되는 길은 업적보다도 덕성에 있음을 강조한 것으로 보인다.

「조정암행장」에 나오는 다음의 내용은 하늘을 대신하여 조광조를 질책하는 듯이 들린다. "하늘이 이 사람에게 커다란 임무를 내리고자 하였으니, 어찌 젊어서 학문을 한 번 이룬 것으로 곧 충분할 수 있었겠는가? 반드시 중년과 만년이 되도록 덕을 쌓아 덕이 충만한 뒤에야 크게 갖추어졌을 것이다. 선생이 당시에 갑자기 등용되지 않고 편안히 집에서 먹고 살며, 가난한 집안에 숨어 지내는 가운데 이 학문을 더욱 크게 힘써 연마하고 침잠·함양하여 여러 해를 쌓았다고 가정하자. 그래서 연마하고 궁구한 것은 관철되어 더욱 고명高明하고, 쌓고 기른 것은 높고 깊어져 더욱 박후博厚해져서 정자程子와 주자의 학문 근원을 환하게 알고 공자와 맹자의 말소리를 들었다고 하자. 이렇게 되었다면 한때 임금과 뜻이 맞아서 뜻이 행해졌어도 좋고 행해지지 않아도 좋으니, 그 기회에 이 도道와 인간을 위하여 할 수 있는 것은 말을 세워 후세에 전하는 한 가지 일뿐이었을 것이다. 지금 선생은 그렇지 않았다. 첫째는 불행하게도 너무 급하게 발탁되었으며, 두 번째는 불행하게도 물러나려던 뜻을 이루지 못하였고, 세 번째는 불행하게도 유배되던 즉시 죽음의 명령을 받아, 앞에서 말한 중년과 만년에 이르도록 덕을 쌓아 덕을 충만하게 할 겨를이 없었으니 말을 세워 후세에 전하는 일도 이미 미칠 수 없게 되었다. 하늘이 이 사람에게 커다란 임무를 내리고자 한 뜻이 결국 어떻게 되었는가! 이 때문에 오늘날 그가 남긴 것을 통하여 사람의 마음을 착하게 하고 바른 학문을 여는 도道로 삼고자 하면, 단적으로 근거를 둘 만한 곳을 거의 찾을 수 없다. 말다툼하는 무리와 한가하게 잡담이나 하는 자들이 도리어 화와 복, 성공과 실패 사이를 넘어서지 못하여 세상의 도道가 더욱 투박偸薄하게 되니, 함부로 서로 지목하며 시끄럽게 비난한다. 몸조심하는 자는 꺼리는 바가 있게 되었고, 자식을 가르치는 자는 훈계로 삼으며, 선량한 사람을 해치는 자는 효시로 삼아, 우리 도道의 병통을 더욱 심하게 하였다."(13-31) 이황은 조광조가 하늘이 준 책임을 다하지 못하였다고 질책함을 통하여 자신은 하늘이 자신에게 부여한 책임을 다하리라 다짐하고 있다. 이황의 삶은 진리를 위한 헌신의 삶이라고 하기에도 부끄러움이 없을 정도로 진리를 위하여 평생을 바쳤다. 그리고 진리의 영원함을 확신하였기 때문에 도가 무너진 세상이 근심스럽기도 하였지만 언젠가 도가 실현될 날에 대한 믿음을 가지고 즐겁게 죽음을 맞이할 수 있었다.

4. 『이자수어』의 전승

퇴계학의 입문서인 『이자수어』는 이익에서 시작되어 윤동규와 안정복에 이르러 완성되었다. 윤동규에 비하여 적극적인 안정복은 성호학을 계승하고 후학에게 전승하려는 의식이 강하였다.[24] 때문에 책의 편집이 마무리된 이후 이 책이 광범하게 유포되지 않았음에도, 안정복의 문인들에게서는

24) 강세구, 『성호학통연구』(혜안, 1999), 27쪽 참조. '4. 『이자수어』의 전승' 부분은 이 책의 내용을 정리한 것이다.

퇴계학의 입문서로서 전승되었던 것 같다. 안정복의 학통은 황덕일黃德壹(1748~1800, 호는 拱白堂)·황덕길黃德吉(1750~1827, 호는 下廬) 형제를 거쳐 허전許傳(1797~1886, 호는 性齋) 그리고 노상직盧相稷(1855~1931, 호는 小訥)에게로 이어졌다.

1773년(癸巳), 황덕일은 덕곡德谷으로 안정복을 처음 방문하였을 때의 상황을 이렇게 기록하고 있다.

> 배우는 자의 법도는 마땅히 주자를 주로 삼아야 한다. 주자를 배우려는 자는 먼저 퇴계를 배워야 한다. 이어서 『이자수어』를 가르쳐주며 '공맹의 말은 왕조의 법령과 같으며 정주의 말은 엄한 스승의 꾸짖음과 같으며, 퇴계의 말은 사랑하는 아버지의 훈계와 같아 사람을 감발시킴이 더욱 절실하다. 나는 스승에게서 가르침을 받았다'고 하셨다.[25]

안정복은 이익에게서 이황의 학문에 대한 가르침을 받아서 황덕길에게 전하였으며, 황덕길도 자신의 제자 허전을 가르칠 때, 『이자수어』를 전하며 거의 동일한 말을 하였다는 사실이 확인된다.[26] 이러한 사실을 통하여 『이자수어』가 안정복 계열 성호학통에서 필독서였다는 것을 알 수 있다. 그러나 『이자수어』의 발문에 의하면 이 책은 1920년 경상북도 청도군의 자계서당紫溪書堂에서 처음 출간되었다. 발문에서 김용희가 "용희容禧가 이자李子의 문손聞孫인 세 어른(三丈老)이 교감하여 정리한 책을 한 권 얻고, 또

---

25) 『拱白堂先生文集』, 권4, 「雜著·德谷記聞」, "先生曰, '學者繩尺, 當以朱子爲主. 欲學朱子, 先學退溪.' 因授以『李子粹語』曰, '孔·孟之言, 如王朝之法令, 程·朱之言, 如嚴師之勑厲, 退翁之言, 如慈父之訓戒, 其爲感發於人者, 是書爲尤切. 吾有所受矣.'" 이 인용문은 강세구의 『성호학통 연구』(혜안, 1999), 109쪽에서 재인용하였다.
26) 강세구, 『성호학통 연구』(혜안, 1999), 178쪽 참조.

사문斯文 노상직에게서 한 권을 얻어 서로 참고하고 바로잡아 판각하는 사람에게 맡겨 석 달이 지난 뒤에 일을 마치게 되었다"고 하였다. 노상직은 안정복 계열의 마지막 학자이므로 『이자수어』를 소장하고 있는 것이 당연하지만 퇴계 이황 집안의 세 어른이 누구인지는 아직 모른다. 강세구의 『성호학통 연구』에 의하면 성호학통과 경상도의 이상정 계열과는 교유관계가 있었으며 허전은 경상도 지역의 유림과 교유하며 성호학통을 전국적인 규모로 성장시켰다고 한다. 『이자수어』의 보급과 전승과정에 대해서는 보다 자세한 연구를 필요로 한다.

이황은 자신의 시에서는 물론 제자들에게 보낸 편지에서도 천재天載, 천년千年, 만고萬古 등 영원을 상징하는 숫자를 무척 자주 사용하였다. 그는 영원한 진리를 배우고 깨닫고 전하는 일에 한평생을 바친 학자로 보인다. 「자찬묘갈명自撰墓碣銘」의 끝부분에 나오는 말은 자신의 삶에 대한 총평으로 읽힌다.

> 내가 옛사람을 생각하니 옛사람은 실로 나의 마음을 얻었도다. 어찌 후세 사람이라고 내 마음을 몰라줄까? 근심 가운데 즐거움 있고, 즐거움 가운데 근심 있네. 조화를 타고 돌아가 다하니 다시 무엇을 더 구하리오.
> 我思古人, 實獲我心. 寧知來世, 不獲今兮. 憂中有樂, 樂中有憂. 乘化歸盡, 復何求兮.

퇴계학의 입문서인 『이자수어』를 통하여 퇴계의 학문이 진리의 인식과 실천을 위한 보편적 학문이라는 사실이 드러나고, 이 책의 보급이 유학과 도교사상과 불교사상을 아우르는 동아시아의 도학적 학문과 서구의 과학적 학문이 상호 이해에 바탕을 두어 대융합을 시도하는 새로운 변혁의 계기가 마련되기를 기대한다. 서구의 새로운 학문과 사상에 대하여 깊은 관심을 가지고 창의적 수용을 위하여 능동적 노력을 한 실학자 성호 이익이 『이자수어』를 편집한 의도도 바로 여기에 있었다고 생각한다. 반계 유형원과 성호 이익, 순암 안정복과 다산 정약용의 실학 학맥의 정신은 도덕과 과학을 분리하여 동아시아적 도덕정신에 바탕을 두고 서구의 과학사상을 수용함으로써 새로운 시대정신을 개척하는 데 있었다. 그들은 동서융합사상의 선구자들이다.

※『역주 이자수어』를 이해하는 데 도움이 되는 내용을 다음과 같이 정리해 보았다.

1. 『이자수어』

① 『(증보)퇴계전서』 5(성균관대학교 대동문화연구원, 1978)에 실려 있는 『이자수어』를 대본으로 하였다. 4권 2책 13편 647조목이다.

② 이는 1920년 경상북도 청도에 위치한 자계서당紫溪書堂에서 간행한 것이다.

③ 이 판본에는 맨 앞에 이익의 서序(계유, 1753)가, 뒷부분에는 안정복의 글(계유, 1753), 윤동규의 글(갑술, 1754), 이충호의 글(경신, 1920), 김용희의 글(기미, 1919)이 실려 있다.

2. 『역주 이자수어』의 편집

① 『이자수어』 원전 텍스트를 따라 체제를 구성하였다.

② 『이자수어』 원전의 편 순서와 각 조목에 표시되어 있는 '○', '◐' 등을 기준으로 편수 및 조목 번호를 붙였다.(예를 들어, 첫 번째 편인 '道體'에 처음 나오는 조목 앞에는 '1-1'이라 표기하였다)

③ 『이자수어』 원전 각 조목에 이어져 있는 주해註解에 대해서도 해당 조목의 번호에 이어 번호를 붙였다.(예를 들어, 도체편의 첫 조목에 덧붙여져 있는 첫 번째 주해 앞에는 '1-1-1'이라 표기하였다)

④ 『이자수어』 원전 텍스트에 밝혀져 있는 출처를 표기하면서, 현재 찾아볼 수 있는 출처도 함께 밝혀 적었다. 이는 한국고전번역원의 한국고전종합DB 및 퇴계학연구원의 한글파일을 사용하였다.(즉 『退溪先生文集』 卷25, 22쪽b, 「書·與鄭子中別紙」이라 표기한 경우, 이는 『退溪先生文集』 卷之二十五, 二十二張의 두 번째 面에 있는 書인 「與鄭子中別紙」에 해당 내용이 보인다는 뜻이다)

⑤ 『이자수어』에는 『이자수어』에서 인용한 서적과 퇴계의 문인목록을 밝혀 적고 있다. 편집과정에서는 가능한 이를 기준으로 출처 등을 표기하였다.

『이자수어』에 언급된 문헌 목록

1. 경전 및 제자서

『논어論語』

『맹자孟子』

『대학大學』

『중용中庸』

『주역周易』

『시경詩經』

『서경書經』

『예기禮記』

『좌전左傳』

『순자荀子』

『장자莊子』

『춘추번로春秋繁露』

『공자가어孔子家語』

『법언法言』

『설원說苑』

2. 송~명대 성리학 문헌

「태극도설太極圖說」·『통서通書』: 주돈이周敦頤(1017~1073)

『정몽正蒙』, 『경학리굴經學理窟』, 『성리습유性理拾遺』: 장재張載(1020~1078)

『이정유서二程遺書』·『이정외서二程外書』·『이정문집二程文集』·『이천역전伊川易傳』: 정호程顥(1032~1086) · 정이程頤(1033~1107)

『오봉집五峰集』: 호굉胡宏(1105~1161)

『주자어류朱子語類』·『주자대전朱子大全』·『주역본의周易本義』·『역학계몽易學啓蒙』·『사서장구집주四書章句集註』·『사서혹문四書或問』·『근사록近思錄』·『소학小學』·『연평답문延平答問』·『송명신언행록宋名臣言行錄』:주희朱熹(1130~1200)

『남헌집南軒集』: 장식張栻(1133~1180)

『홍범황극내편洪範皇極內篇』 : 채침蔡沈(1167~1230)

『곤지기困知記』 : 나흠순羅欽順(1465~1547)

『전습록傳習錄』 : 왕수인王守仁(1472~1529)

『성리대전性理大全』 : 호광胡廣(1370~1418) 편찬

『심경부주心經附註』 : 정민정程敏政(?~1499) 부주附註

3. 역사서

『사기史記』

『후한서後漢書』

『남제서南齊書』

『송사宋史』

4. 그 외 언급된 문헌

『창려선생집昌黎先生集』 : 당 한유韓愈(768~824)

『통전通典』 : 당 두우杜佑(735~812)

『문헌통고文獻通考』 : 송 마단림馬端臨(1254~1323)

『예기집설禮記集說』 : 원 진호陳澔(1261~1341)

『학부통변學蔀通辨』 : 명 진건陳建(1497~1567)

『사문류취事文類聚』 : 송 축목祝穆

주나라(BC 1123~BC 256)가 쇠퇴함에 주나라의 전례典禮가 노나라(BC 1117~BC 249)에 있었다. 성인이 돌아가서 술작述作하니[1] 통서統緖의 전함이 있게 되었다. 천 오백여 년이 지나 자양紫陽[2] 자주자子朱子[3]가 태어나서 선왕의 도道를 크게 밝혔다. 중국과 변방 나라들도 모두 높이고 친하게 여기니 주례周禮가 다시 행해지게 되었다.

동방[4]은 은나라 태사[5]가 나라를 세운 곳이다. 유풍遺風이 사라지지 아니하였음을 흰색을 숭상함과 정전井田의 경계에서 징험하기에 충분하니, 『곤건』[6]에 나타난 일부분에 비교할 정도가 아니다. 우리나라에 어진 풍속이 남아 있으니 모두가 은나라의 유민遺民인 것이다.

2천여 년을 지나 퇴계退溪 자이자子李子가 태어나 육경[7]을 익히며 자양

---

1) 공자(BC 552~BC 479)가 만년에 노나라로 가서 "敍書, 傳禮記, 删詩, 正樂, 序易,……作春秋"(『論語集註』, 「論語集註序說」) 한 일을 말한다.
2) 주희(1130~1200)의 별호이다.
3) 子朱子는 주희에 대한 존칭이다. '子'는 선생이란 의미로 보통 뒤에만 붙이나 앞뒤에 다 붙이기도 한다.
4) 東方은 우리나라를 가리킨다.
5) 은나라 太師는 箕子를 말한다. 최근에는 기자동래설의 허위성을 주장하는 논의가 지배적이다.
6) 『坤乾』은 책 이름이다. 은대의 음양서인 『禮記』 「禮運」에 "我欲觀殷道, 是故之宋而不足徵也. 吾得坤乾焉"이라는 내용이 나온다.
7) 『詩經』·『書經』·『禮記』·『樂記』·『易經』·『春秋』를 말한다.

을 의지처로 삼았다. 은나라의 바탕에 주나라의 예문을 갖추었으니, 아름답게 대성하셨다. 지금 천하가 어지러워 예악이 사라졌으나, 우리나라만은 선왕의 옛 의관을 보존하여 지키고 있으니, 아마도 하늘의 뜻인가? 다행하게도 지금 이 땅에 태어난 사람으로서 어찌 퇴계의 언행을 말하고자 하지 않을 수 있겠는가? 퇴계의 언행은 사문斯文의 맥脈을 부지扶持하였도다!

나 익瀷(1681~1763)은 늦게 태어나서 그의 문도門徒가 될 수 없었으니, 한갓 그의 글을 읽고 즐거워할 수밖에 없다. 그의 유훈遺訓을 모두 다 기억하지 못함을 매우 부끄럽게 생각하여, 중요한 내용만 뽑아 기록해서 『도동편道東編』이라고 하였다. 그 뒤 40여 년이 지났으나 간행하지 못하였다. 나의 친우 백순百順 안정복安鼎福(1712~1791)이 다시 첨산添刪하여 자양의 『근사록近思錄』[8]의 예例에 따라 친구들과 함께 간행하고자 하니 이는 내가 바라는 일이다. 그러나 나는 정혼精魂이 다하여 이렇게 할 힘이 없다. 드디어 백순과 유장幼章 윤동규尹東奎(1695~1773)에게 거듭 생각하여 함께 도모하라고 부탁하였다. 책이 완성되니 제목을 바꾸어 『이자수어李子粹語』라고 하였을 뿐이다.

계유(1753) 동짓날 후학 여주 이익이 손을 씻고 공경스러운 마음으로 쓴다.

---

8) 주희와 여조겸이 편찬한 책 이름이다. 濂溪 周敦頤(1017~1073), 橫渠 張載(1020~1078), 明道 程顥(1032~1086), 伊川 程頤(1033~1107)가 가르친 요점을 내용별로 편찬하였다.

周衰, 典禮在魯. 聖人歸而述之, 統緖有傳. 歷千五百有餘年, 而紫陽子朱子生, 大明先王之道. 薄海內外, 莫不尊親, 是周禮之復行也. 東方乃殷太師肇基之鄕. 遺風未泯, 尙白晝疆, 往往足徵, 不比『坤乾』之一端, 則一區仁賢之俗, 莫非殷之遺民也. 歷二千有餘年, 而退溪子李子生, 步趨六經以紫陽爲依歸. 實因殷之質, 用周之文, 彬彬乎大成也. 今天下貿貿, 禮樂掃地, 獨我邦保守先王衣冠之舊, 或者天意歟? 今幸而生此域中者, 豈不欲言退溪言行? 退溪行有以持扶一脈斯文也哉! 瀷生也後, 不得爲其徒, 徒能讀其書而悅之. 竊自以不克該識其遺訓爲大羞吝, 輒採其要而錄之, 名以『道東編』. 爾來四十有餘年, 未及刊正. 吾友安百順鼎福欲更可添刪, 一遵紫陽之『近思』定例, 與朋友共之, 是吾望也. 然瀷精魂剝盡, 自無力可以及此. 遂託百順與尹幼章東奎, 反覆商量而共圖之. 書成易其目曰, 『李子粹語』云爾.

時昭陽作噩陽復之日, 後學驪州李瀷, 盥手敬識.

이자수어범례李子粹語凡例

하나, 퇴계 선생의 문집·저술과 문인들이 편집한 언행록 등은 이미 간행되어 집집마다 간직하고 있지만, 권수가 많아서 배우는 사람들은 다 읽지 못함을 걱정한다. 성호 선생은 순수하고 아름다운 말들을 뽑아서 이 책을 만들었다. 처음에는 『도동록道東錄』이라고 이름하였다가 뒤에 『이자수어』로 바꾸었다.

하나, 이 책은 『근사록』의 편목을 모방하였지만 언어·문자뿐 아니라 평일의 일도 아울러 채록하였다. 또 거가편居家篇 아래에 대인관계(接物)를 붙이고, 정사편政事篇 아래에 '변화에 대처하는 법'(處變)을 붙였으니, 선생의 언행을 빠뜨리지 않기 위해서이다.

하나, 『근사록』은 치도治道와 치법治法을 각각 1편으로 하였지만, 이 책은 치도 1편으로 포괄하였다. 퇴계 선생이 평일 정치에 관하여 의논한 문자가 매우 적기 때문이다.

하나, 모든 조목의 절산節刪은 성호 선생이 정한 것이지만 각 편장의 차례는 종류별로 나열하여 보기에 편리하도록 하였다.

하나, 한 마디 말이라도 뜻을 밝힘에 도움이 되는 내용이면 종류별로 나누어 주註로써 기록하였다.

하나, 각 조목마다 문인의 성명과 서명을 밝히고 고사를 인용한 경우에는 모두 주해를 달았다. 이것은 모두 성호 선생이 기록한 것이다. 선생에게 상의하여 비견鄙見을 첨가한 경우는 본문의 권점으로써 구별하였다. 내가 주해한 곳은 반드시 '안按'자를 붙여 원서와 서로 혼동되지 않게 하였다.

一, 退溪李子文集著述, 及門人所輯言行錄等, 書刊行, 域中固皆家藏, 而卷帙浩穰, 學者病不能究. 星湖李先生嘗節其粹美之語爲此. 書初名『道東錄』, 後改以是名云.

一, 此書雖倣『近思』篇目, 而言語文字之外, 兼採平日行事以實之. 又於「居家」篇下, 附以接物, 「政事」篇下, 附以處變, 蓋欲使其言行無所遺闕也.

一, 『近思錄』則「治道」「治法」各爲一篇, 而此書則只著「治道」一篇以包之. 蓋李子平日論治文字, 絶少故也.

一, 此書諸條節刪, 皆李先生所定, 而各篇章次, 皆以類從, 以便觀覽.

一, 一語而意相發明者, 則各以類附而註書之.

一, 各條下必著門人姓名及書名, 又其引用古事者, 皆有註解, 此皆李先生所筆, 而鄙見之稟定添入者, 必於本文上圈點, 以別之. 其所註解者, 亦加按字, 不敢與原書相混.

이자수어목록李子粹語目錄

『문집文集』(『退溪先生文集』)

『삼경석의三經釋義』

『사서석의四書釋義』

『계몽전의啓蒙傳疑』

『리학통록理學通錄』

『연보年譜』 : 서애西厓 유성룡柳成龍(1542~1607)

『계산기선록溪山記善錄』 : 간재艮齋 이덕홍李德弘(1541~1596)

『언행총록言行總錄』 : 월천月川 조목趙穆(1524~1606)

『언행습유言行拾遺』 : 학봉鶴鳳 김성일金誠一(1538~1593)

『언행실기言行實記』 : 학봉 김성일

『언행록言行錄』 : 문봉文峯 정유일鄭惟一(1533~1576)

『언행통술言行通述』 : 문봉 정유일

『행략行略』 : 사암思庵 박순朴淳(1523~1589)

『언행록言行錄』 : 몽재蒙齋 이안도李安道(1541~1584)

『언행록言行錄』 : 추연秋淵 우성전禹性傳(1542~1593)

『언행록言行錄』 : 농은聾隱 조진趙振(1543~?)

■■■ 보충하여 넣음(補入)

『화산간본 언행록花山刊本言行錄』 : 창설蒼雪 권두경權斗經(1654~1726) 집輯

『도산서원간본 언행록陶山書院刊本言行錄』 : 영조 9년(1733) 계축 도산서원에서 개간한 언행록

■■■ 답문지구문인록答問知舊門人錄(본문에 실린 사람만 기록함)

심통원沈通源 경상도 관찰사로 지낼 때 퇴계가 보낸 편지가 있다.

홍퇴지洪退之 이름은 섬暹. 호는 인재忍齋. 본관은 남양. 영의정을 지냈다.

조건중曹楗仲 이름은 식植. 호는 남명南冥. 신유(1501)생. 본관은 창녕. 주부를 지내고 영의정을 추증받았다. 시호는 문정공文貞公.

이중구李仲久 이름은 담湛. 호는 정존재靜存齋. 경오(1510)생. 본관은 용구. 문과로 참지를 지냄.

백사위白士偉 이름은 인걸仁傑. 호는 휴암休菴. 정사(1497)생. 본관은 수원. 우참찬을 지냈다.

홍응길洪應吉 이름은 인우仁祐. 호는 치재恥齋. 을해(1515)생. 본관은 남양. 진사로서 서울에 살았다.

이달李達 자는 익지益之. 호는 손곡蓀谷. 본관은 홍주.

송과우宋寡尤 이름은 언신言愼. 호는 호봉壺峯. 임인(1482)생. 본관은 여산. 문과로 이조판서를 지냈다.

남시보南時甫 이름은 언경彦經. 호는 정재靜齋 또는 동강東岡. 무자(1528)생. 본관은 의령. 부윤府尹을 지냈다.

이대성李大成 이름은 문량文樑. 호는 벽오碧梧. 본관은 영천. 찰방을 지냈다.

김계진金季珍 이름은 언거彦琚. 호는 풍영정風詠亭. 본관은 광주. 문과로 판교를 지냈다.

기명언奇明彦 이름은 대승大升. 호는 고봉高峯 또는 존재存齋. 정해(1527)생. 본관은 덕양. 문과로 대사간을 지냈고, 광주에 살았다.

이강이李剛而 이름은 정楨. 호는 구암龜巖. 임신(1512)생. 본관은 사천. 문과로 부제학을 지냈고, 사천에 살았다.

정자중鄭子中 이름은 유일惟一. 호는 문봉文峯. 계사(1533)생. 본관은 동래. 문과로 대사간을 지냈고, 안동에 살았다.

김돈서金惇敍 이름은 부륜富倫. 호는 설월당雪月堂. 신묘(1531)생. 본관은 광주. 현감을 지냈고, 예안에 살았다.

김이정金而精 이름은 취려就礪. 호는 정암整菴. 정축(1517)생. 본관은 안산. 판사를 지냈다.

김신중金愼仲 이름은 부의富儀. 호는 읍청정挹淸亭. 을유(1525)생. 본관은 광주. 참봉을 지냈고, 예안에 살았다.

조사경趙士敬 이름은 목穆. 호는 월천月川. 갑신(1542)생. 본관은 횡성. 공조참판을 지냈고, 예안에 살았다.

황중거黃仲擧 이름은 준량俊良. 호는 금계錦溪. 정축(1517)생. 본관은 평해. 문과로 성주목사가 되었고, 풍기에 살았다.

박상사朴上舍 이름은 광전光前. 자는 현재顯哉. 호는 죽천竹川. 병술(1526)생. 본관은 진원. 익위翊衛를 지냈고 이조판서를 추증받았다. 시호는 문강文康이며, 보성에 살았다.

윤안동尹安東 이름은 복復. 자는 원례元禮. 호는 졸재拙齋. 본관은 해남.

윤수재尹秀才 이름은 흠중欽中. 자는 복자復子. 호는 석문石門.

이숙헌李叔獻 이름은 이珥. 호는 율곡栗谷. 병신(1536)생. 본관은 덕수. 문찬성을 지냈고, 시호는 문성文成이며, 서울에 살았다.

김사검金思儉 이름은 희우希禹. 호는 적송헌赤松軒.

이전인李全仁 자는 경부敬夫. 호는 잠계潛溪. 회재晦齋 이언적(1491~1553)의 서자. 정正을 지냈다.

박택지朴澤之 이름은 운雲. 호는 용암龍巖. 계축(1493)생. 진사로 본관은 밀양이다.

유인중柳仁仲 이름은 희춘希春. 호는 미암眉巖. 계유(1513)생. 본관은 선산. 부제학을 지냈고, 좌찬성을 추증받았다. 시호는 문절文節이며, 해남에 살았다.

노과회盧寡悔 이름은 수신守愼. 호는 소재穌齋 또는 이재伊齋. 을해(1515)생. 본관은 광주. 영의정을 지냈고, 시호는 문간文簡이며, 상주에 살았다.

박화숙朴和叔 이름은 순淳. 호는 사암思庵. 계미(1523)생. 본관은 충주. 문과로 영의정을 지냈다. 시호는 문충文忠.

권상權相 이름은 철轍. 자는 경유景由. 본관은 안동. 영의정을 지냈다. 시호는 문강文康.

풍기수豊基守 김경언金慶言.

성호원成浩源 이름은 혼渾. 호는 우계牛溪. 을미(1535)생. 본관은 창녕. 좌참찬을 지냈고, 영의정을 추증받았다. 시호는 문간文簡.

정정이鄭靜而 이름은 지운之雲. 호는 추만秋巒. 기사(1509)생. 본관은 경주.

박자진朴子進 이름은 점漸. 호는 복암復庵. 본관은 고령. 문과로 감사를 지냈다.

이경소李景昭 이름은 문규文奎. 이자중의 할아버지이며 홍양의 증손. 참봉을 지냈고, 안동에 살았다.

허태휘許太輝 이름은 엽曄. 호는 초당草堂. 정축(1517)생. 본관은 양천. 문과로 경상도 관찰사를 지냈고, 서울에 살았다.

허미숙許美叔 이름은 봉篈. 호는 하곡荷谷. 엽曄의 아들. 임자(1552)생. 문과로 전한典翰을 지냈고, 서울에 살았다.

김백순金伯淳 이름은 극일克一. 호는 약봉藥峯. 사성司成을 지냈다. 본관은 의성. 안동에 살았다.

김사순金士純 이름은 성일誠一. 호는 학봉鶴峯. 무술(1538)생. 이조판서를 추증받았다. 시호는 문충文忠. 안동에 살았다.

이굉중李宏仲 이름은 덕홍德弘. 호는 간재艮齋. 신축(1541)생. 본관은 영천. 현감을 지냈고, 이조참판을 추증받았으며, 예안에 살았다.

배여우裵汝友 이름은 삼익三益. 호는 임연臨淵. 갑오(1534)생. 본관은 홍해. 문과로 감사를 지냈다.

구여응具汝應 이름은 찬록贊祿. 본관은 능주.

유희범柳希范 이름은 중엄仲淹. 본관은 풍산. 안동에 살았다.

조기백趙起伯 이름은 진振. 호는 농은聾隱. 본관은 한양. 공조판서를 지냈고, 서울에 살았다.

정도가鄭道可 이름은 구逑. 호는 한강寒岡. 계묘(1543)생. 본관은 청주. 대사헌을 지냈고, 영의정을 추증받았다. 시호는 문목文穆이며 성주에 살았다.

우경선禹景善 이름은 성전性傳. 호는 추연秋淵. 임인(1542)생. 본관은 단양. 대사성을 지냈다.

정자명鄭子明 이름은 사성士誠. 호는 지양芝陽. 을사(1545)생. 본관은 청주.

참봉을 지냈고, 안동에 살았다.

금문원琴聞遠 이름은 난수蘭秀. 호는 성성재惺惺齋. 경인(1530)생. 본관은 봉화. 현감을 지냈고, 예안에 살았다.

이평숙李平叔 이름은 함형咸亨. 호는 대축재大畜齋. 본관은 완산. 서울에 살았다.

신계숙申啓叔 이름은 옥沃. 본관은 고령.

김언우金彦遇 이름은 부필富弼. 호는 후조당後凋堂. 병자(1516)생. 본관은 광산. 참봉을 지냈고, 예안에 살았다.

권장중權章仲 이름은 호문好文. 호는 송암松巖. 임진(1532)생. 본관은 안동. 교관을 지냈고, 안동에 살았다.

구경서具景瑞 이름은 봉령鳳齡. 호는 백담栢潭. 병술(1526)생. 본관은 능주. 안동에 살았다.

김응순金應順 이름은 명원命元. 호는 주은酒隱. 갑오(1534)생. 본관은 경주. 문과로 좌의정을 지냈고, 시호는 충익忠翼이며, 서울에 살았다.

오자강吳子强 이름은 건健. 호는 덕계德溪. 신사(1521)생. 본관은 함양. 문과로 전한을 지냈고, 산음에 살았다.

이비언李棐彦 이름은 국필國弼. 서울에 살았다.

홍반洪胖

이공호李公浩 이름은 양중養中. 본관은 완산.

정자정鄭子精 이름은 탁琢. 호는 약포藥圃. 병술(1526)생. 본관은 청주. 문과로 좌의정을 지냈고, 시호는 정간貞簡이며, 예천에 살았다.

정경석丁景錫 이름은 윤희胤禧. 호는 고암顧菴. 본관은 나주. 감사를 지냈다.

김지숙金止叔 이름은 기圻. 호는 북애北厓. 정미(1547)생. 본관은 광산.

이대용李大用 이름은 숙량叔樑. 호는 매암梅巖. 본관은 영천. 왕자의 사부.

임중성林仲成 이름은 훈薰. 호는 갈천葛川. 경신(1500)생. 본관은 은진. 판결사를 지냈다.

최견숙崔見叔 이름은 응룡應龍. 호는 송정松亭. 갑술(1514)생. 본관은 완산. 문과로 형조참판을 지냈다.

이천기李天機

한영숙韓永叔 이름은 수脩. 호는 석봉石峯. 갑술(1514)생. 본관은 서원. 도정을 지냈고, 서울에 살았다.

금협지琴夾之 이름은 응협應夾. 봉화에 살았다.

유응현柳應見 이름은 운룡雲龍. 호는 겸암謙庵. 기해(1539)생. 본관은 풍산. 안동에 살았다.

유이현柳而見 이름은 성룡成龍. 호는 서애西厓. 임인(1542)생. 본관은 풍산. 영의정을 지냈고, 시호는 문충文忠이며, 안동에 살았다.

이공간李公幹 이름은 중량仲樑. 본관은 영천. 문과로 감사를 지냈다.

오천제군烏川諸君

교寯 자는 군미君美. 신묘(1531)생. 현감을 지냈고, 예안에 살았다. 이황의 조카이다.

완完 자는 자고子固. 호는 요산樂山. 예안에 살았다. 이황의 조카이다.

준寯 자는 정수廷秀. 계미(1523)생. 첨정僉正을 지냈고, 예안에 살았다. 이황의 맏아들이다.

안도安道 자는 봉원逢原. 호는 몽재蒙齋. 신축(1541)생. 직장直長을 지냈고, 예안에 살았다. 이황의 손자이다.

■■■ 덧붙임(아래 세 사람은 퇴계 선생의 언행을 기록했고 이 책에도 이름이 실려 있음)

김수金睟　자는 자앙子盎. 호는 몽촌夢村. 본관은 안동. 판중추를 지냈고, 서울에 살았다.

김명일金明一　자는 언순彦純. 호는 운암雲巖. 안동에 살았다.

오운吳澐　자는 태원太源. 호는 죽유竹牖. 본관은 고창. 함안에 살았다.

이자수어목록李子粹語目錄 종終

제1편

도체 道體

* 77조목이다.

○ 1-1 진실무망眞實無妄[1]함으로 말하면 천하에 리理보다 알찬(實) 것이 없고, 소리와 냄새가 없음(無聲無臭)[2]으로 말하면 리理보다 텅 빈(虛) 것이 없다. "무극이태극無極而太極"[3] 한 구절만 봐도 알 수 있다. 【「정자중에게 준 글」】

○ 1-1 自其眞實無妄而言, 則天下莫實於理, 自其無聲無臭而言, 則天下莫虛於理, 只"無極而太極"一句, 可見. 【「與[4]鄭子中」】 *『退溪先生文集』, 卷25, 22쪽b, 「書·與鄭子中別紙」*

○1-1-1 이덕홍이 사물事物이 생성生成하는 근본에 대하여 물었다. 선생은 말하

1) 주희는 『中庸』의 誠을 眞實無妄으로 주해하였다. 이황이 理를 誠으로 파악함을 볼 수 있다.

2) 『詩經』「大雅·文王」에서 "하늘의 일함은 소리가 없고 냄새가 없다"(上天之載, 無聲無臭)라고 하였다. 이황은 理를 天과 같이 파악하고 있음을 알 수 있다.

3) 주돈이의 「太極圖說」 머리말이다. 주희와 육구연은 해석을 달리하였다. 주희는 無極을 太極의 無形한 측면을 설명한 것으로 보아 "無極而太極"을 "형체는 없고 理는 있다"(無形而有理)는 태극 자체의 두 측면이라고 하였다. 육구연은 태극 위에 무극은 있을 필요가 없다고 하고, 이 도설은 道家의 것으로 유학 이론과는 맞지 않는다고 하여 도설 자체를 무시하였다. 이황은 물론 주희의 설을 따른다.

4) 『이자수어』에는 '答'로 되어 있으나 『퇴계선생문집』에는 '與'으로 되어 있다. 이러한 예는 뒤에서도 가끔 보인다. 번역본에서는 『문집』에 따라 바로잡는다.

였다. "주자朱子가 '무극이태극無極而太極'을 풀이하여 '하늘의 일함은 소리가 없고 냄새도 없다. 그러나 사실은 조화造化의 지도리이며, 모든 사물의 뿌리이다'[5]라고 하였다. 리理는 형체가 없지만 지극히 텅 빈 가운데 지극히 알찬 체體가 있다. 그러므로 하나가 둘을 낳고 둘이 넷을 낳고 넷이 여덟을 낳고 여덟이 열 여섯을 낳고 열 여섯이 서른 둘을 낳고 서른 둘이 예순 넷을 낳으니 사물을 생성하는 근본이자 만사의 뿌리가 아니고 무엇이겠는가?"

○1-1-1 李德弘問生物之本. 先生曰, "朱子訓無極而太極曰, '上天之載, 無聲無臭, 而實造化之樞紐, 品彙之根柢.' 蓋理雖無形, 而至虛之中, 有至實之體. 故一生二, 二生四, 四生八, 八生十六, 十六生三十二, 三十二生六十四, 則非生物之本, 萬事之根柢而何?" *『艮齋先生文集』, 卷5, 1쪽a, 「溪山記善錄上」*

○1-2 리理는 텅 비었기 때문에 상대가 없고 더할 것이 없으며 줄일 것도 없다. 【「기명언에게 답한 글」】

○1-2 理虛, 故無對而無加無損. 【「答奇明彦」】 *『退溪先生文集』, 卷16, 19쪽a, 「書·答奇明彦」*

○1-3 리理 자체는 기氣에 갇히지 않으며, 사물에 국한되지 않는다. 그러므로 사물에 있는 것이 작고 편벽되게 보인다 하여 혼륜渾淪한 전체를 이지러뜨리지는 못한다. 【「이굉중에게 답한 글」】

○1-3 理之爲體, 不囿於氣, 不局於物, 故不以在物者之小偏, 而虧其渾淪之大全也. 【「答李宏仲」】 *『退溪先生文集』, 卷35, 25쪽a, 「書·答李宏仲」*

5) 「太極圖說解」에 나오는 말이다.

○ 1-4 리理가 움직이면 기氣는 따라서 생긴다. 기氣가 움직이면 리理는 따라서 드러난다. 렴계濂溪가 "태극太極이 움직여서 양陽을 낳는다"[6)]라고 하였으니, 이것은 리理가 움직이면 기氣가 생김을 말한 것이다. 『주역』에서는 "복괘復卦에서 천지의 마음을 본다"[7)]라고 하였으니, 이것은 기氣가 움직이면 리理가 드러나므로 알 수 있음을 말한 것이다. – 마음(心)이라고 말하는 경우에는 모두 리理와 기氣를 겸한 것으로 보아야 한다 – 두 가지는 모두 조화造化에 속하여 두 갈래(二致)가 아니므로, 연평延平[8)]은 "복괘에서 천지의 마음을 본다 함은 리理가 움직여서 양을 낳음이다"[9)]라고 하였다. 【「정자중에게 답한 글」】

○ 1-4 理動則氣隨而生, 氣動則理隨而顯. 濂溪云"太極動而生陽", 是言理動而氣生也. 『易』言"復其見天地之心", 是言氣動而理顯, 故可見也. 凡言心者, 皆兼理氣看. 二者皆屬造化而非二致, 故延平以"復見天地之心, 爲動而生陽."【「答鄭子中」】 *『退溪先生文集』, 卷25, 34쪽a, 「書 · 答鄭子中別紙」*

○ 1-5 리理는 본래 기氣와 서로 섞이지 않으며, 서로 떨어지지도 않는다. 나누지 않고 말하면 덩어리진 하나의 물건이 되어서 서로 섞이지 않음을 알 수 없다. 합하지 않고 말하면 나누어진 두 개의 물건이 되어서 서로 떨어지지 않음을 알 수 없다. 【이덕홍의 『계산기선록』】

---

6) 주돈이의 「太極圖說」에 나오는 말이다. 「태극도설」은 주희 이후 성리학에서 형이상학의 골간을 이루게 된다.
7) 『周易』 '復卦' 「彖傳」에 나온다.
8) 延平은 주희의 스승인 李侗(1093~1163)이다. 주희는 스승 이통을 만나면서 禪의 영향에서 벗어나 儒로 방향을 굳힐 수 있었다.
9) 『延平答問』 제42조에 나오는 말이다.

○ 1-5 理之與氣本不相離, 而亦不相離. 不分而言, 則混爲一物而不知其不相離也. 不合而言, 則判然二物而不知其不相離也. 【李德弘『溪山記善錄』】 *『艮齋先生文集』, 卷5, 1쪽a, 「溪山記善錄上」*

○ 1-5-1 어떤 사람이 주자에게 물었다. "반드시 리理가 있은 뒤에 기氣가 있다고 함이 어떻습니까?" 주자가 말하였다. "리理와 기氣는 본래 선후를 말할 수 없다. 그러나 기氣가 어디서 왔는가(所從來)를 미루어 생각해 보면 리理가 먼저 있다고 말해야 한다. 그러나 리理가 별도로 하나의 물건으로 있지 않으니 곧 기氣 안에 있다. 기氣가 없으면 리理가 걸쳐 있을 곳이 없다."

○ 1-5-1 或問於朱子曰, "必有理然後有氣, 如何?" 曰, "此本無先後之可言. 然必欲推氣之所從來, 則須說先有是理, 然理非別有一物, 卽存乎氣之中. 無是氣, 理無掛搭處." *『朱子語類』, 卷1, 제11조*

○ 1-6 리理에는 정해진 양量이 없다. 기氣에만 정해진 양이 있으니, 형체가 있기 때문이다. 【이함형의 『심경질의』】

○ 1-6 理無限量, 惟氣有限量, 有形故也. 【李咸亨 『心經質疑』[10]】

○ 1-7 「분수포」 시詩에 대하여 어떤 사람이 한 마디 설명을 요청하였다. 나는 생각없이 함부로 이렇게 말하였다. "기氣로 말미암아 만 가지 구별이 있지만, 근원이 되는 리理는 같지 않음이 없다." 【「유희범에게 답한 글」】

---

10) 『心經質疑』는 간재 이덕홍이 퇴계 이황 선생의 『심경』 강의를 받아 기록한 책이다. 이함형이 기록한 것은 『心經講錄』인데 뒤에 이 둘을 함께 편집한 책과 이덕홍의 필사본이 함께 유행하여 필자를 밝힐 때 약간의 혼동이 있다.

○ 1-7 「分水鋪」詩, 觀者請下一轉語, 滉不揆妄下語云, "由氣而有萬別, 原理則無不同."【「答柳希范」】*『退溪先生文集』, 卷37, 8쪽b, 「書 · 答柳希范」*

○ 1-7-1 주자의 「분수포」시는 이렇다. "물의 흐름에 피차彼此가 없다가 지세로 말미암아 동서東西로 나누어졌네. 물이 나누어졌을 때에 다르다는 것을 안다면, 곧 합친 곳에서는 같다는 것을 알리라."

○ 1-7-1 朱子「分水鋪」詩云, "水流無彼此, 地勢有西東, 若識分時異, 方知合處同." *『朱子大全』, 卷4, 「分水鋪壁間 讀趙仲績留題二十字 戲續其後」*

○ 1-8 정情이 없고 의意가 없는 것은 본연本然의 체體이며, 발發하기도 하고 낳기도 함은 지극히 묘妙한 용用이다. 리理에는 그 자체로 용用이 있기 때문에 자연스럽게 양陽을 낳고 음陰을 낳는다.11)【「이공호에게 답한 글」】

○ 1-8 無情無意, 本然之體, 能發能生, 至妙之用. 理自有用, 故自然而生陽生陰也.【「答李公浩」】*『退溪先生文集』, 卷37, 26쪽b, 「書 · 答李公浩」*

○ 1-8-1 주자가 말하였다. "리理에는 정情 · 의意도 없고 조작도 없다."

○ 1-8-1 朱子曰, "理無情意 · 無造作." *『朱子語類』, 卷1, 제11조*

○ 1-9 담일湛一함은 기氣의 본래 상태이다. 기氣가 주관하지 않을 때는 리理가 주인이므로 순수하게 선善할 뿐이다.【위와 같음】

○ 1-9 湛一, 氣之本. 氣未用事時, 理爲主, 故純善耳.【上同】*『退溪先生文*

11) 이황은 理에도 體와 用이 있다고 하였다. 그러므로 이황은 四端七情을 논할 때 理發을 주장한다.

集』, 卷37, 26쪽b, 「書 · 答李公浩」

○1-9-1 장자張子[12])가 말하였다. "담일함은 기氣의 본래 상태이고 공격하여 취함은 기의 욕망이다. 입과 배는 먹고 마실 것에 대하여, 코와 혀는 향기롭고 맛있는 것에 대하여 공격해서 취하려는 성질이 있다."

○1-9-1 張子曰, "湛一, 氣之本. 攻取, 氣之欲. 口腹於飮食, 鼻口於臭味, 皆攻取之性." *『正蒙』, 「誠明」*

◐[13])1-10 기氣가 시초에 선하지 않음이 없다고 함은, 기氣가 생겨난 원두처源頭處를 말하는 것이지, 품수받은 처음 상태를 말하는 것이 아니다. 【정자중에게 답한 글】

◐1-10 氣之始無不善, 乃氣生源頭處, 非稟受之初也. 【「答鄭子中」】 *『退溪先生文集』, 卷24, 6쪽a, 「書 · 答鄭子中別紙」*

○1-11 '리理'자에 대하여 물었더니 선생이 말하였다. "알기 어려운 듯하지만 사실은 쉽다. 선유先儒[14])의 '배를 만들어 물에서 다니고 수레를 만들어 육지에서 다닌다'는 설을 자세히 생각해 보면 나머지는 다 미루어 볼 수 있다. 무릇 배는 마땅히 물에서 다녀야 하고 수레는 마땅히 육지에서 다녀야 하니, 이는 리理이다. 배가 육지에서 다니고 수레가 물에서 다니는 것은 리理가 아니다. 임금은 어질어야 하고 신하는 공경해야 하며, 아버지는 사랑해야 하고 자식은 효도해야 하는 것은

12) 張子는 張載(1020~1078)를 말한다. 그의 호는 橫渠, 자는 子厚이다. 대표적인 저술에는 『正蒙』과 「東銘」, 「西銘」이 있다.
13) 安鼎福 자신이 첨가한 부분은 권점을 달리하고 있다.
14) 여기에서 先儒는 주희를 말한다.

리理이다. 임금이 어질지 않고 신하가 공경하지 않으며, 아버지가 사랑하지 않고 자식이 효도하지 않는 것은 리理가 아니다. 천하에서 행해야 마땅한 것은 모두 리理이고, 행해서 마땅하지 않은 것은 리理가 아니다. 이것으로 미루어 보면 리理의 참된 곳을 알 수 있다."【김성일의『언행습유』】

○ 1-11 問理字之說, 曰, "知之似難而實易. 若從先儒造舟行水, 造車行陸之說, 仔細思量, 則餘皆可推也. 夫舟當行水, 車當行陸, 此理也. 舟而行陸, 車而行水, 非其理也. 君當仁臣當敬, 父當慈子當孝, 此理也. 君而不仁臣而不敬, 父而不慈子而不孝, 則非其理也. 凡天下所當行者, 理也, 不當行者. 非理也. 以此而推之, 則理之實處, 可知也."【金誠一『言行拾遺』】*『鶴峯先生文集續集』, 卷5, 12쪽a, 「退溪先生言行錄」*

◐1-11-1 주자가 말하였다. "사물에서 이해해야만 실체實體[15]를 알 수 있으니, 배를 만들어 물에서 다니고 수레를 만들어 육지에서 다니는 것과 같다. 지금 시험 삼아 여러 사람이 힘을 모아 육지에서 배를 밀어 보면 반드시 나아가게 할 수 없으니, 그제야 배로는 뭍에서 다닐 수 없음을 알 수 있다. 이것을 실체라고 한다."

◐1-11-1 朱子曰, "就事物上理會, 方見得實體, 如作舟行水, 作車行陸. 今試以衆力共推一舟於陸, 必不能行, 方見得舟不可行陸也. 此謂之實體." *『朱子語類』, 卷15, 제31조*

○ 1-12 일에는 크고 작음이 있으나 리理에는 크고 작음이 없다. 곳곳마다 충

---

15) 주희는 實體라는 말을 여러 가지 의미로 사용한다. 여기서는 실제 모습이라는 의미이므로 우리말로는 실상에 가깝다.

분하고 만족스러워서 각각 하나의 태극太極을 갖추고 있으니, 모자라거나 남는 것이 있는 곳을 본 적이 없다. 【위와 같음】

○ 1-12 事有大小, 而理無大小. 隨處充足, 各具一極, 未見有欠剩處. 【上同】 *『鶴峯先生文集續集』, 卷5, 12쪽a, 「退溪先生言行錄」*

○ 1-12-1 또 『언행록』에서 우성전에게 말하였다. "리理에는 형체가 없으니 어찌 피차彼此로 나눌 수 있겠느냐? 자사子思[16)]는 대본大本[17)]을 말하였다. 여기에 앉아 있는 사람은 모두 대본을 가지고 있다. 저 사람이 나에게 빌릴 필요가 없고, 내가 저 사람에게서 빌릴 필요도 없다. 형체가 있는 경우에는 저 사람이 많이 가지고 있으면 이 사람은 부족하고, 내가 가지고 있으면 그대는 가지지 못한다. 리理는 형체가 없는 것이니, 어찌 저것과 이것, 상대와 나의 구분이 있겠는가? 그러나 보존하면 잃지 않고, 보존하지 않으면 잃게 된다. 주자는 리理를 물에 비유하여 '쏘가리 뱃속에 있는 물도 물이며, 잉어 뱃속에 있는 물도 물이다'[18)]라고 하였다. 이것은 저것과 이것의 구별이 없음을 말한 것이다. 나는 오히려 이 비유도 정밀하지 못하다고 생각한다. 물은 모양이 있고 리理는 모양이 없기 때문이다."

○ 1-12-1 又『言行錄』謂禹性傳曰, "理無形, 何嘗分彼此? 子思言大本, 凡此坐中, 皆有大本, 彼不借於我, 我不借於彼. 若有形, 則彼多此不足, 我得君不得. 此無形底物, 豈有彼此物我之分乎? 但存則不失, 否則失之. 朱先生以理比水云, '鱖魚肚裏有水, 此亦水也, 鯉魚肚裏有水, 此亦水也',

---

16) 子思는 공자의 손자이다. 『중용』을 지었다고 하나 『중용』의 저작자에 관하여 異說이 많다.

17) 『중용』 제1장에서 "희노애락이 드러나지 않은 마음의 상태를 중이라 하고, 드러나서 節度에 다 들어맞음을 화라고 하니, 중은 천의 대본이며 화는 천하의 달도이다"(喜怒哀樂之未發, 謂之中, 發而皆中節, 謂之和. 中也者, 天下之大本也. 和也者, 天下之達道也)라고 하였다.

18) 『朱子語類』 권3 제21조에 나오는 말이다.

此言無彼此也. 某則猶以此譬爲未精, 蓋水有形也, 理無形也." *『退溪先生言行錄』, 卷4, 「論理氣」*

○ 1-13 음양陰陽과 오행五行[19]의 기운이 서로 뒤섞여 움직이고, 올라가고 내려오고, 왔다 갔다 하며 어지럽게 혼합하니, 그 단서가 만 가지 천 가지가 된다. 묘하게 엉기어 사물을 이룰 때의 기氣는 순수하고 잡박雜駁함과 바르고 사邪함의 차이가 없을 수 없다. 자연의 조화造化도 이것을 어떻게 할 수가 없을 뿐이다. 【「조기백에게 답한 글」】

○ 1-13 二五之氣, 運行交錯, 升降往來, 紛綸雜糅, 其端萬千. 其於妙凝成物之際, 所値之氣, 自不能無純駁邪正之不齊, 雖天地造化, 亦不柰佗何耳. 【「答趙起伯」】 *『退溪先生文集』, 卷38, 6쪽b, 「書 · 答趙起伯大學問目」*

◑ 1-14 오행 가운데서 양陽에서 생긴 것은 음陰이 이루어 주고 음陰에서 생긴 것은 양陽이 이루어 준다.[20] 그러므로 오행을 음양에 나누어 소속시킴은 모두 서로 바꿀 수도 있다. 그러나 기氣의 상태에서 떠나지 않은 물과 불에 대해서 말한다면 음양의 소속됨을 서로 바꾸어도 모두 합당하지만, 나무나 쇠와 같이 이미 일정한 형질形質이 있는 경우는 나무는 양陽이고 쇠는 음陰일 뿐이다. 【『계몽전의』】

◑ 1-14 五行生於陽者陰成之, 生於陰者陽成之, 故其分屬陰陽, 皆可以互易也. 然自水火未離乎氣者言之, 互易而皆當矣, 若木若金已有定

19) 五行은 金 · 水 · 木 · 火 · 土를 말한다.

20) 『啓蒙傳疑』에서 오행의 생성을 설명할 때, 水 · 木 · 土는 陽이 낳고 陰이 이루어 주는 것이라 하고, 火 · 金은 음이 낳고 양이 이루어 주는 것이라 한다.

質, 則木但爲陽金但爲陰. 【『啓蒙傳疑』】

◐1-15 음양이 오행을 낳는 것을 사람에 비유하면 부모가 다섯 자식을 낳는 것과 같다. 자식의 기氣가 곧 부모의 기氣라고 하더라도, 자식은 이미 각자의 몸을 가지고 있으니, 다섯 자식이 각기 하나의 기氣를 지니고 있고 또 각각 하나의 성性을 지녔을 따름이다. 【「우경선에게 답한 글」】

◐1-15 陰陽之生五行, 譬諸人, 猶父母之生五子也. 子之氣雖曰卽是父母之氣, 然子旣各有其身, 則其實五子各一其氣, 亦各一其性而已. 【「答禹景善」】 *『退溪先生文集』, 卷35, 25쪽a, 「書 · 答李宏仲」*

○1-16 "도道가 기器이고 기器가 도道이다"(道卽器, 器卽道)[21]라고 함은 '텅 비고 고요한 가운데'(沖漠之中) 모든 사물의 상象이 이미 갖추어져 있는 것이지 도道를 곧 기器라고 여기는 것이 아니며, 리理가 사물을 벗어나지 않고 거기에 있다는 것이지 사물을 곧 리理라고 여기는 것이 아니다. 【「기명언에게 답한 글」】

○1-16 "道卽器, 器卽道", 沖漠之中萬象已具, 非實以道爲器, 卽物而理不外是, 非實以物爲理也. 【「答奇明彦」】 *『退溪先生文集』, 卷17, 3쪽a, 「書 · 答奇明彦」*[22]

21) 『周易』 「繫辭上」 제12장에서 "형이상을 道라고 하고, 형이하를 器라고 한다"(形而上者, 謂之道. 形而下者, 謂之器)라고 하였다. 道와 器의 개념은 『주역』 「계사」에 근원을 두고 있다.

22) 『이자수어』와 『문집』의 기록이 다르다. 해당 내용은 현재 문집에선 이굉중에게 답한 것으로 기록되어 있다.

○1-16-1 정자程子[23]가 말하였다. “기器 또한 도道이고, 도 또한 기이다.”

○1-16-1 程子曰, “器亦道, 道亦器.” *『二程遺書』, 卷1, 제15조*

○1-17 육합六合[24] 안에 가득 찬 모습과 현상, 형체와 기운이 있는 모든 것은 기器이다. 그것이 갖춘 리理가 곧 도道이다. 도道는 기器를 떠나지 않지만, 가리킬 수 있는 형체와 그림자가 없으므로 ‘형이상形而上’이라고 말한다. 기器는 도道를 떠나지 않지만, 말로 표현할 수 있는 형체와 현상이 있기 때문에 ‘형이하形而下’라고 말한다. 태극太極이 음양 가운데 있으면서 음양을 떠나지 않으므로 ‘상上’이라고 말하였을 뿐이지, 음양의 위에 있다는 말은 아니다. 음양이 태극을 벗어나지 않지만 여전히 형체와 기운이 있으므로 ‘하下’라고 말하였을 뿐이지, 태극의 아래에 있다는 말은 아니다. 【「이굉중에게 답한 글」】

○1-17 凡有貌象形氣而盈於六合之內者, 皆器也, 而其所具之理, 卽道也. 道不離器, 以其無形影可指, 故謂之形而上也, 器不離道, 以其有形象可言, 故謂之形而下也. 太極在陰陽中而不離乎陰陽, 故云上耳, 非謂在其上也. 陰陽不外於太極而依舊是形氣, 故云下耳, 非謂在其下也. 【「答李宏仲」】 *『退溪先生文集』, 卷35, 24쪽a, 「書·答李宏仲」*

○1-17-1 주자가 말하였다. “천지에는 리理가 있고 기氣가 있다. 리理라는 것은 형이상의 도道이고 기氣라는 것은 형이하의 기器이다. 도道는 사물을 낳는 근본이고 기器는 사물을 낳는 데 갖추어야 하는 물건(具)이다. 사람과 사물이 생겨남에 이러한 리理를 받은 뒤에야 성性이 있으며, 이러한 기氣를 받은 뒤에야 형체가 있게 된다. 성性과 형체는 한몸을 벗어나지

23) 여기에서 程子는 程明道(1032~1085)이다. 그의 이름은 顥, 자는 伯淳이다.
24) 六合은 上下와 四方을 통틀어 말하는 것이다.

않지만 도道와 기器로 나누어짐은 분명하여 어지럽힐 수 없다."

○ 1-17-1 朱子曰, "天地之間, 有理有氣. 理也者, 形而上之道也, 氣也者, 形而下之器也. 道者, 生物之本也, 器者, 生物之具也. 故人物之生, 必稟此理然後有性, 必稟此氣然後有形. 其性其形雖不外一身, 然道器之間分際甚明, 不可亂也." *『朱子大全』, 卷58, 제7, 「答黃道夫」*

○ 1-18 공자가 말하였다. "역易에는 태극太極이 있고 태극이 양의兩儀를 낳는다."[25] 리理와 기氣가 본래 하나라고 한다면 태극이 바로 양의인데 어떻게 낳을 수 있겠는가? 주자周子[26]는 말하였다. "태극이 움직여 양陽을 낳고 고요해져서 음陰을 낳는다." 또 말하였다. "무극無極인 진眞과 음양陰陽 오행五行의 정精이 묘하게 합하여 엉긴다." '진眞'이라고 하고 '정精'이라고 함은 그것이 서로 다르기 때문이다. 그러므로 묘하게 합하여 엉긴다고 한 것이다. 만일 똑같은 것이라면 어떻게 묘하게 합하여 엉길 수 있겠는가? 명도明道는 말하였다. "형이상은 도道이고 형이하는 기器이다. 반드시 이와 같이 말해야 한다. 기器도 또한 도道이고, 도道 또한 기器이다."[27] 리理와 기氣가 과연 같은 것이라면 공자가 왜 반드시 형이상과 형이하로 도道와 기器를 나누었겠으며, 명도가 왜 "반드시 이와 같이 말해야 한다"라고 하였겠는가? 명도는 기器를 떠나서 도道를 찾을 수 없으므로 "기器도 또한 도道이다"라고 한 것이지, 기器가 곧 도道라는 말은 아니다. 도道를 벗어나서 기器가 있을 수 없으므로 "도道 또한 기器이다"라고 한 것이지 도

25) 『周易』 「繫辭上」 제11장에 나오는 말이다. 兩儀는 음양을 말한다.
26) 周子는 주돈이를 말한다. 이하 인용문은 그의 「太極圖說」이다.
27) 『二程遺書』 권1 제15조에 나오는 말이다.

道가 곧 기器라는 말은 아니다. 【「리와 기는 하나이다는 말을 비판하는 변증」】

○ 1-18 孔子曰, "易有太極, 是生兩儀." 若曰理氣本一物, 則太極卽是兩儀, 安有能生者乎? 周子曰, "太極動而生陽, 靜而生陰." 又曰, "無極之眞, 二五之精, 妙合而凝." 曰眞曰精, 以其二物, 故曰妙合而凝. 如其一物, 寧有妙合而凝者乎? 明道曰, "形而上爲道, 形而下爲器, 須着如此說, 器亦道, 道亦器." 理氣果是一物, 孔子何必以形而上下分道器, 明道何必曰須着如此說乎! 明道以其不可離器而索道, 故曰器亦道, 非謂器則是道也. 以其不能外道而有器, 故曰道亦器, 非謂道則是器也. 【「理氣辯」】 *『退溪先生文集』, 卷41, 20쪽b, 「雜著 · 非理氣爲一物辯證」*

○ 1-18-1 스스로 단 주에서 "도道와 기器의 나누어짐은 곧 리理와 기氣의 나누어짐이다"라고 하였다.

○ 1-18-1 自註云, "道器之分卽理氣之分." *『退溪先生文集』, 卷41, 20쪽b, 「雜著 · 非理氣爲一物辯證」*

○ 1-19 주자가 유숙문에게 대답하였다. "리理와 기氣는 결단코 서로 다른 것이다."[28] 또 말하였다. "성性이 비록 기氣 안에 있더라도 기氣는 기氣이고 성性은 성性이어서 서로 섞이지 않는다. 정밀한 기氣를 성性이라고 생각하고, 거친 성性을 기氣라고 생각해서는 안 된다."[29] 주자가 평소에 두 가지-리理와 기氣-가 같은 것이라고 말한 적이 없었는데,

28) 『朱子大全』 권46, 제38번째 편지 「答劉叔文」에 나온다.
29) 『朱子大全』 권46, 제39번째 편지 「答劉叔文」에 나온다.

이 편지에서 곧 리理와 기氣는 결단코 서로 다르다고 하였다. 【위와 같음】

○ 1-19 朱子答劉叔文曰, "理氣決是二物." 又曰, "性雖其方在氣中, 然氣自氣性自性, 亦自不相夾雜. 不當以氣之精者爲性, 性之粗者爲氣也." 朱子平日, 未嘗有二者理氣也爲一物之云, 至於此書, 則直謂之理氣決是二物. 【上同】 *『退溪先生文集』, 卷41, 20쪽b, 「雜著 · 非理氣爲一物辯證」*

○ 1-20 비費와 은隱[30]은 도道에 대한 설명이니 곧 형이상의 리理이다. 【「정자중에게 답한 글」】

○ 1-20 費隱, 以道言, 乃形而上之理也. 【「答鄭子中」】 *『退溪先生文集』, 卷26, 28쪽a, 「書 · 答鄭子中」*

○ 1-20-1 또 말하였다. "비費와 은隱은 자사와 주자가 이미 도道에 대한 설명이라고 말하였으니, 모두 형이상의 리理이다. 흩어져서 넓고 많은 것으로 말하면 비費라 하고, 볼 수 있는 형상이 없음으로 말하면 은隱이라 하니, 두 가지가 있는 것이 아니다. 만약 형이하를 비費라고 한다면, 도道를 나누어 둘로 하고 그 한쪽을 기器라고 생각하여 해당시킨 것이니, 가능하겠는가?"

○ 1-20-1 又曰, "費隱, 子思朱子旣以道言, 皆是形而上之理也. 以散之廣且多言, 則謂之費, 以無形象可見言, 則謂之隱, 非有二也. 若以形而下者爲費, 則是分道爲二, 而認其一端以器當之, 其可乎?" *『退溪先生文集』, 卷27, 21쪽a, 「書 · 答鄭子中」*

---

30) 『中庸』 12장에서 "군자의 도는 費하고 隱하다"라고 하였다. 주희는 "비는 用의 넓음이고 은은 體의 隱微함이다"라고 주해한다.

○1-20-2 또 우경선에게 답하였다. "비費·은隱을 형이상과 형이하로 말하는 것도 그럴듯한 점이 있기 때문에 주자의 문인도 그렇게 말한 일이 있다. 어떤 사람이 '이李 아무개는 비費가 사물의 소이연所以然이라고 하였는데, 제 생각에 비費는 사물을 가리켜 말한 것이고 은隱은 사물의 리理를 가리켜 말한 것입니다'라고 하였다. 선생이 말하였다. '이는 억지로 단정하여 말할 수 없으니, 반드시 마음으로 이해해야 한다. 사물과 리理를 상대하여 말해도 그렇고, 오직 리理로써만 말해도 그렇다. 보건대, 비費는 도道의 용用이고, 은隱은 도道의 소이연이어서 볼 수 없는 것이다.'[31] 지금 이에 의거하면, 선생의 뜻은 결국 리理로써 말한 것을 옳게 여겼던 것임을 알 수 있다. 이미 도道라고 말하였으니, 어찌 형이하를 거기에 해당시킬 수 있겠는가?"

○1-20-2 又答禹景善曰, "費隱, 以形而上下爲言, 亦有近似者, 故朱門亦有此說. 或曰, '李丈謂費是物之所以然, 某謂費指物而言, 隱指物之理而言.' 先生曰, '這箇也硬殺裝定說不得, 須是意會可矣. 以物與理對言之, 是如此, 只以理言之, 是如此. 看來費是道之用, 隱是道之所以然而不可見處.' 今據此, 可知先生之意終以以理言之者爲是矣. 既謂之道, 安得以形而下者當之耶?" *『退溪先生文集』, 卷32, 9쪽a, 「書·答禹景善問目」*

○1-21 천지가 움직이지 않는 것은 아니다. 움직이지만 그 자취가 드러나지 않을 뿐이다. 그러나 사계절은 자연히 운행되고 만물은 자연히 생겨나니, 이것은 움직이지 않으면서 변화하는 것이다. 성인聖人이 움직이지 않으면서 변화시키는 것도 이와 같다. 【「이굉중에게 답한 글」】

○1-21 天地非無動, 動而不見其跡耳. 然而四時自行, 萬物自生, 是不動而變也. 聖人之不動而變, 亦猶是. 【「答李宏仲」】 *『退溪先生文集』, 卷35, 20쪽b, 「書·答李宏仲」*

---

31) 『朱子語類』 권63 제55조에 나오는 말이다.

○ 1-22 물었다. "하나의 양陽이 다시 돌아옴[32]에 하찮은 풀 한 포기도 모두 살아날 뜻을 품습니다. 사람은 만물의 영장인데 홀로 오늘 생기生氣가 자라남이 없겠습니까?" 선생이 말하였다. "사람은 형기形氣의 구속을 받아 천지의 조화와 서로 관계가 없는 듯하지만, 감응感應하고 소장消長하는 이치는 실로 천지와 서로 유통流通이 된다. 그러므로 선왕은 구괘와 복괘의 날(하지와 동지)에 '문을 닫고 몸을 숨긴다'는 경계警戒가 있었다. 그렇다면 사람이 이날 홀로 생기가 솟아나는 단서가 없겠는가? 이뿐만이 아니다. 잠시 사이에 선善의 단초가 돋아나는 것은 모두 양陽이 회복되는 날이다." 【『습유』】

○ 1-22 問, "一陽來復, 一草之微, 皆含生意. 人爲萬物之靈, 獨無藹然於今日乎?" 先生曰, "人爲形氣之拘, 雖與天地之化似不相干, 而感應消長之理, 實與天地相爲流通. 故先王於姤復之日, 有閉關掩身之戒. 然則人於此日, 獨無藹然之端乎? 非特此也. 凡介然之頃, 善端之萌, 皆陽復之日也." 【『拾遺』】 *『鶴峯先生文集續集』, 卷5, 12쪽a, 「雜著 · 退溪先生言行錄」*

○ 1-22-1 『주역』 '복괘復卦'의 상象에서 "선왕은 동짓날에 관문을 닫는다"라고 하였다. 『전傳』에서는 "양陽은 처음 생기면 매우 미약하다. 안정安靜한 뒤에야 자랄 수 있다. 선왕은 천도에 순응하여 그것을 안정해서 길러야 하므로 관문을 닫는다. 개인의 경우도 그러하니, 그 양陽을 안정해서 길러야 한다"라고 하였다.

○ 1-22-1 『易』復之象曰, "先王以至日閉關." *『周易』, '復卦', 「象傳」* 『傳』曰, "陽始生, 甚微. 安靜而後能長. 先王順天道, 安靜而養之, 故閉關. 在

32) 중국의 역법에서는 동짓날에 陽 즉 따뜻한 기운이 싹트기 시작한다고 보았다.

一人之身亦然, 當安靜以養其陽也." 『伊川易傳』

○ 1-22-2 『예기』 「월령」에서 "군자가 재계齊戒하여 머무름에 반드시 몸을 숨긴다"라고 하였는데, 주註에서 "재계해서 마음을 안정시키고, 몸을 숨겨 자신을 방비防備한다"라고 하였다.

○ 1-22-2 『記』「月令」曰, "君子齊戒, 處必掩身." 『禮記』, 「月令」 註曰, "齊戒以定其心, 掩閉以防其身." 『禮記集說』

○ 1-23 신神[33]에는 세 가지 구별이 있으니, 하늘에 있는 신, 사람에게 있는 신, 제사의 대상인 신이다. 세 가지 신이 비록 다르지만, 신인 것은 마찬가지이다. 서로 다른 점을 알고 같은 점도 알면 이에 신의 이치(道)를 말할 수 있을 것이다. 【「김이정에게 답한 글」】

○ 1-23 神之別有三, 有在天之神, 在人之神, 祭祀之神. 三者雖異, 其所以爲神則同. 知其異, 又知其同, 斯可以語神之道矣. 【「答金而精」】『退溪先生文集』, 卷29, 24쪽a, 「書 · 論李仲虎碣文示金而精」

○ 1-24 주자는 귀신의 신령神靈 현상을, 기氣가 굽히는(屈) 가운데도 펼침(伸)이 있다는 것으로 생각하였다.[34] 그러나 귀신의 신령 현상이 이미 굽힌 기氣가 다시 돌아와서 형체로 드러난다고 함은 아닐 것이다. "굽히는 중에 있는 기氣라도 신령함이 있으니, 그 신령한 점을 들어 굽

---

33) 많은 중국 철학자는 자연계의 생성 소멸 현상을 氣의 屈伸으로 설명하였다. 기가 펼쳐지면 존재세계가 생성되고, 굽히게 되면 소멸한다고 보았다. 굽힌다는 말은 '본래의 상태로 돌아감'이라 하여 '歸'로도 표현된다. 鬼神이란 개념의 鬼와 神은 歸와 伸 곧 屈伸의 의미를 지니고 있다.

34) 『朱子語類』 권98 제28조에 나오는 말이다.

히는 가운데 있는 펼침이라고 할 수 있다"라고 말한 것에 지나지 않을 것이다. 어찌 얼음과 물이 얼었다 풀렸다 하며 마치 기가 수레바퀴처럼 두루두루 돈다는 설(輪廻說)과 같이 생각할 수야 있겠는가? 나는 지난날 기氣는 흩어지면 곧 없어진다고 생각하였다. 이것도 편벽된 것이니 온전한 생각이 아니다. 음양의 왕래往來·소식消息함은 모두가 점차적으로 이루어지니, 기氣가 이르러 펼쳐짐이나, 돌아가 굽힘이 모두 그러하다. 그러므로 사람이 죽은 뒤의 귀신은 갑자기 없어지는 것이 아니라 점차적으로 없어지는 것이다. 이미 죽은 사람을 섬기되 살아 있는 사람처럼 하고 이미 없어진 사람을 섬기되 앞에 있는 사람처럼 한다고 함은, 아무런 이치도 없는데 잠시 이러한 말로써 효자의 마음이나 위로하려고 하는 말이 아니라 이치가 바로 그러하기 때문에 하는 말이다. 불이 꺼진 뒤에도 화로 가운데 훈훈한 기운이 남아 있다가 오래된 뒤에야 다 없어짐과, 여름에 해가 진 뒤에도 더위가 여전히 남아 있다가 밤이 되어 음기陰氣가 성한 뒤에야 다 없어지게 됨도 모두 같은 이치이다. 다만 오래되어도 항상 존속되는 기氣는 없으며, 이미 굽힌 기氣가 다시 펼쳐지는 경우는 없을 뿐이다. 【「남시보에게 답한 글」】

○ 1-24 朱子以屈中又有伸, 爲鬼之有靈, 非必謂鬼以旣屈之氣, 轉回來形現爲靈也. 但言"方屈之氣而亦有靈, 其靈處謂之屈中之伸, 可也."云爾, 豈可與氷水凝釋, 如輪周轉之說, 比而同之哉? 滉前以爲氣散卽無. 此亦偏而未盡. 凡陰陽往來消息, 莫不有漸, 至而伸, 反而屈, 皆然也. 故凡人死之鬼, 其初不至遽亡, 其亡有漸. 古者, 事死如事生, 事亡如事存, 非謂無其理, 而姑說此以慰孝子之心, 理正如此故

也. 火旣滅, 爐中猶有薰氣, 久而方盡, 夏月日旣落, 餘炎猶在, 至夜陰盛而方歇, 皆一理也. 但無久而恆存, 亦無將旣屈之氣, 爲方伸之氣耳. 【「答南時甫」】 *『退溪先生文集』, 卷14, 7쪽b, 「書 · 答南時甫」*

○ 1-25 우리들이 민이[35]와 천현[36]에 대하여도 제대로 이해하지 못하면서, 어찌 멀고 아득한 귀신鬼神을 말할 수 있겠는가? 다만 사물을 궁구하는 학문(格物之學)은 유명[37]을 둘로 나누어 편벽되게 어느 한 가지를 그만두고 전혀 연구하지 않아서는 안 될 뿐이다. 정자[38]가 말한 "(귀신이) 있다고 말해 주면 네가 가서 찾게 될 것이다"[39]는 의미는, 참으로 있다고 함은 아니다. 대개 있다고 생각하여도 안 되며 없다고 생각하여도 안 되니, 있음과 없음의 사이로 생각하여야 한다는 뜻일 뿐이다. 그러나 화담[40]은 진실로 그러한 물物이 있어서, 그것이 모이면 사람과 물건이 되고, 흩어지면 공중에 머물면서 사물로 되었다 부서졌다 하지만, 이 물物은 영원히 없어지지 않는 것이라고 생각하였다. 이것이 윤회설輪廻說과 무엇이 다르겠는가? 【위와 같음】

○ 1-25 吾輩於民彝天顯, 有多小未了處, 那堪眇眇茫茫, 說鬼說神? 但格物之學, 亦不可判幽明爲二途, 而偏廢其一, 專莫之講. 程子所謂"道有來, 但去尋討"者, 其意非謂眞有, 蓋以爲有亦不可, 以爲無亦不可, 當付之有無之間之意耳. 而花潭則以爲眞有, 其物聚則爲人, 物

35) 民彝란 사람의 변하지 않는 마음 또는 사람이 지켜야 할 떳떳한 도리를 뜻한다.
36) 天顯은 하늘의 밝은 道이니, 尊卑 上下의 구별을 말한다.
37) 幽明은 來世와 現世 곧 죽음과 삶이다.
38) 여기에서 程子는 程顥를 말한다.
39) 『二程外書』 권12 제34조에 나오는 말이다.
40) 花潭은 徐敬德(1489~1546)의 호이다. 그는 氣一元論者이다.

散則在空虛, 迭成迭壞, 而此物終古不滅. 此與一箇大輪回之說何擇歟? 【上同】 *『退溪先生文集』, 卷14, 7쪽b, 「書·答南時甫」*

○ 1-26 귀신의 정상情狀은 황홀하고 유원幽遠하여, 알 듯 모를 듯한 사이에 있는데, 사람에게 의지하고 있는 것은 그 가운데서도 사망邪妄한 귀신이다. 귀신을 가탁하여 사람을 속이는 무격巫覡은 모두 요상하고 괴이한 일을 날조하여 귀신의 영이함을 자랑한다. 점을 치러 가는 사람은 길흉과 화복禍福에 대한 생각을 품고 먼저 자신의 마음을 어지럽게 한 뒤에 나아가서 그들의 말을 들으니, 쉽게 미혹되어 깊게 믿게 됨은 이상할 것이 없다. 사람의 길흉과 화복은 모두 하늘에 달린 것이니, 사람에게 의지하고 있는 사귀邪鬼가 알 수 있고 마음대로 할 수 있는 것이 아님은 분명하다. 형벌을 내림과 벼슬을 주는 일에 비유한다면, 하늘은 옥관의 우두머리이며 임금이요, 요사한 방법으로 재주를 자랑하는 무격은 길거리 사람 중에 재화로 남을 속이는 자이다. 이것을 안다면 무당이 믿을 만한 것이 못됨을 알 수 있을 것이다. 【「이굉중에게 답한 글」】

○ 1-26 鬼神之情狀, 恍惚幽遠, 在可知不可知之間, 而其憑於人者, 又是其中邪妄之鬼. 其爲巫覡假此而欺人者, 率皆造妖揑怪, 以衒其靈異. 彼求問之人, 旣有吉凶禍福之念先蠱其心, 而就聽其說, 亦無怪其易惑而深信也. 夫人吉凶禍福, 皆係於天, 非憑人邪鬼所知所擅, 亦明矣. 如以刑人爵人事譬之, 天是士師也君相也, 巫覡之託妖衒術, 塗人之利賂誑人者. 知此則知巫之不足信也. 【「答李宏仲」】 *『退溪先生文集』, 卷35, 27쪽b, 「書·答李宏仲」*

○ 1-27 정성精誠과 공경恭敬이 지극하냐 아니냐에 따라서 신神의 흠향歆饗함과 흠향하지 않음이 결정된다. 이 이치는 분명하니 매우 두렵게 여길 만하다. 【「오자강에게 답한 글」】

○ 1-27 誠敬之至不至, 而神之歆不歆, 係焉. 此理昭顯, 甚可畏也. 【「答吳子强」】 *『退溪先生文集』, 卷33, 15쪽a, 「書·答吳子强問目」*

○ 1-28 어느 날 다음과 같이 말씀하셨다. "내가 완락재玩樂齋에서 혼자 잠자다가, 한밤중에 일어나 앉아 있었다. 달은 밝고, 별은 풍치가 있으며, 끝없이 넓은 강산은 얼어붙은 듯이 조용하여 천지가 나누어지기 전의 홍몽鴻濛한 분위기와 같았다. 암서헌巖栖軒으로 나오니, 눈앞에 별로 다른 물건은 없었다. 그때 갑자기 큰 망치 소리가 앉은자리 앞에서 일어났다. 마음으로 이상하게 생각하였으나, 조금도 놀라지 않았다. 그 이유를 생각하여 보니, 음양陰陽의 기운이 꽉 막혀 서로 부딪히고 순조롭게 유행流行하지 못하기 때문일 것이다. 사람들은 매번 집안에 울리는 물건이 있으면 놀라고 미혹되어, 여러 가지 방법으로 점을 치기도 하는데, 이는 매우 우스운 일이다." 【『기선록』】

○ 1-28 嘗言, "某獨寢玩樂齋, 中夜而坐, 月明星槪, 江山寥廓, 凝然寂然有未判鴻濛底意思, 乃出巖栖, 眼前無別樣底貌象, 忽有大槌聲起於坐前. 心雖怪之, 畧不驚動, 思其所以, 則必是陰陽之氣壅鬱相激, 不能順行故也. 凡人每於家中, 若有鳴底物, 便驚惑, 多般問卜, 極可笑." 【『記善錄』】 *『艮齋先生文集』, 卷5, 1쪽a, 「溪山記善錄上」*

○ 1-29 옛말에 "사슴은 산에서 뛰어 놀지만, 본래 정해진 운명이 있다"라고

하였다. 주자가 말하기를 "산에서 자란 나무가 사람에게 취해져서, 어떤 것은 귀하게 마룻대나 들보가 되고, 어떤 것은 천하게 뒷간의 재료가 된다. 모든 것은 태어날 때 받은 기氣의 분수에 의해서 이와 같이 정해진다"[41]라고 하였다. 이것으로 본다면, 짐승이 잡히거나 나무가 잘라짐은 모두 처음 운명을 부여받을 때 정해진 것임을 알 수 있다. 사람의 경우에 그렇게 기약하지도 않았는데 그렇게 되며 오게 하지도 않았는데 그렇게 되는 것 또한 어찌 태어날 때 정해진 것이 아니겠는가? 그러나 이것도 일률적으로 잘라 말할 수는 없다. 어떤 사람이 주자에게 물었다. "여러 학설 중 강절康節[42]의 설에서는 '모든 것이 일정하여 바꿀 수 없다'고 하는데 어떻습니까?" 주자가 답하였다. "음양陰陽이 번성 · 쇠퇴 · 소멸 · 생성하는 이치는 대체로 알 수 있지만, 성인과 현인은 이러한 설을 주장하지 않았다."[43] 채구봉蔡九峯[44]도 말하였다. "기氣에 순박함과 잡됨이 있기 때문에 운수가 잘되고 잘못됨이 있지만, 한 번 운수가 정해지면 천지는 그것을 바꿀 수 없다. 바꿀 수 있는 자는 사람뿐이다."[45] 그렇다면 사물의 운명은 바꿀 수 없지만 사람의 운명은 바꿀 수 있는 이치가 있다는 것이다. 도道를 다하고서도 면하지 못한 뒤에야 운명으로 돌릴 수 있다. 그러므로 맹자의 '바른 운명'(正命)과 '바른 운명이 아니다'(非正

41) 『朱子語類』 권4 제100조에 나오는 말이다.

42) 康節은 邵雍(1011~1077)의 호이다. 자는 堯夫이다. 그는 周易의 數理에 특히 밝아 『皇極經世書』를 지었다.

43) 『朱子語類』 권4 제93조에 나오는 말이다.

44) 蔡九峯은 蔡沈(1167~1230)이다. 구봉은 그의 호이다. 그는 주희의 문인이며 蔡元定의 아들로서 『書集傳』과 『洪範皇極』을 지었다.

45) 『洪範皇極內篇』 권2에 나오는 말이다.

命)[46]라는 말과, "본성이 있으므로 운명이라고 말하지 않는다"[47]는 주장이 있게 된 것이다. 【이굉중에게 답한 글】

○ 1-29 古語云, "麋鹿走山林, 其命固有所懸." 朱子曰, "木生於山取之, 或貴而爲棟樑, 或賤而爲厠料, 皆其生時所稟氣數, 如此定了." 以此觀之, 獸之被獲, 木之見伐, 皆定於稟命之初, 可知. 其於人事, 事之不期然而然, 莫之致而至, 亦豈不定於初乎? 然此亦不可以一槩槪斷置. 或問於朱子曰, "如數家之學, 康節之說, 謂皆一定而不可易, 如何?" 答曰, "也只是陰陽盛衰消長之理, 大數可見, 然聖賢不曾主此說." 蔡九峯亦曰, "氣有醇漓, 故數有得失. 一成乎數, 天地不能易之, 能易之者人也." 然則命之在物, 固不可易, 其在人也, 有可易之理, 至盡其道而不免, 然後始可委之於命, 故孟子有正命非正命之說, 又有有性不謂命之論也. 【「答李宏仲」】*『退溪先生文集』, 卷35, 27쪽b, 「書·答李宏仲」*

○ 1-30 물었다. "천지는 운명을 바꿀 수 없는데, 사람은 바꿀 수 있다는 것은 왜 그런가?" "천지는 조작하지 않고 운행에 맡기지만, 인도人道는 선을 쌓아 하늘의 뜻을 바꿀 수 있기 때문이다." 【위와 같음】

○ 1-30 問, "命之在天地則不可易, 而在人則可易者, 何也?" 曰, "天地無爲而任運, 人道積善以回天." 【上同】*『退溪先生文集』, 卷35, 27쪽b, 「書·答李宏仲」*

---

46) 『孟子』「盡心上」 제2장에서 "도를 다한 뒤에 죽는 것은 正命이나, 감옥에 갇혀 죽는 것은 정명이 아니다"(盡其道而死者, 正命也. 桎梏死者, 非正命也)라고 하였다.
47) 『孟子』「盡心下」 제24장에 나오는 말이다.

○ 1-31 사람은 어머니의 태胎 안에 10개월 머물면서 형질形質과 심성心性이 다 갖추어진 뒤에 태어난다. 어찌 처음 포태胞胎할 때는 오행五行이 갖추어지지 않아서 맑고 탁하며 순수함과 박잡함, 수명壽命과 행운과 불운의 징조가 전혀 정해지지 않다가, 태어나는 날짜와 시각에 갑자기 엄습하여 들어와 이전에 받은 것을 모두 변화시키고 지금 받은 것으로 이 사람의 현명하고 어리석음과 귀하고 천함과 수명의 길고 짧음을 정할 수 있겠는가? 이러한 이치는 없을 듯한데도 예로부터 음양가陰陽家의 설은 모두 태어날 때의 연·월·일·시로써 점을 치고서 태법胎法으로 만족스러워하였으니 참으로 알 수 없는 일이다. 혹 처음 포태할 때 받은 맑고 탁하고 순수하고 잡박한 종류가 태어나는 연·월·일·시의 맑고 탁하고 순수하고 잡박한 종류와 마침 서로 똑같아서 이것과 저것을 한꺼번에 점쳐도 같지 않음이 없기 때문인가? 【「이평숙에게 답한 글」】

○ 1-31 人之在母十月, 形質心性靡不該具而後生出, 是豈初受胞胎時, 五行未備, 淸濁粹駁壽命通塞之兆, 都未有定, 至於生出日時俄頃之間, 方始來値襲入, 都變換了他前所稟得底, 以今所襲換者, 爲此人賢愚貴賤脩短之所定乎? 似無此理, 而自古陰陽家之說, 皆以所生年月日時爲占, 而足音走以胎法, 誠有不可曉者. 將非初所受淸濁粹駁之類與所生年月日時之淸濁粹駁之類, 恰有相符相應, 故彼此合占而無不同耶? 【「答李平叔」】 *『退溪先生文集』, 卷37, 22쪽a, 「書·答李平叔」*

○ 1-31-1 또 조기백趙起伯에게 답하였다. "'천지의 큰 덕이 생성生成이다'[48]라는 입장에서 말하면, 사邪가 있다고 말할 수 없다. 그러나 음양·오행이 가

지런하기 어렵고 한결같지 않다는 입장에서 말하면, 정正만 있고 사邪가 전혀 없을 수는 없다. 형세상 반드시 그러하다. 그러므로 사람이 태어나 기질을 품수받을 때 그때의 년·월·일·시가 가지런하기 어렵고 한결같지 않기 때문에, 맑기도 하고 탁하기도 하며 순수하기도 하고 잡되기도 하며 편벽되기도 하고 바르기도 하며 다행하기도 하고 불운하기도 하여 천 가지 만 가지로 가지런하기 어렵고 한결같지 않으니, 서로 다름을 어찌 이상하게 여길 것인가?"

○1-31-1 又答趙起伯曰, "以天地之大德曰生言之, 雖不可謂有邪, 以二五之難齊不一處言之, 其不能但有正而都無邪, 亦勢所必至也. 是以人物之生, 稟受之際, 因其所値年月日時之難齊不一, 而或淸或濁或粹或駁或偏或正或通或塞, 亦有千萬之難齊不一, 何足怪哉?" *『退溪先生文集』, 卷38, 6쪽b, 「書·答趙起伯大學問目」*

◐1-32 마음이 태극太極이니, 이것이 곧 인극人極이라는 것이다. 리理는 남과 나, 바깥과 안의 구별이 없고, 나눌 수 없고, 일정한 모양이 없다. 고요할 때는 모든 것이 온전하게 다 갖추어져 있으니 하나의 근본이다. 본래 마음에 있거나 사물에 있거나 하는 구분이 없다. 움직여서 일을 처리하고, 남과 사귈 때는 사물의 리理가 곧 내 마음에 본래 갖추고 있는 리理이다. 다만 마음이 주재主宰가 되어, 각각의 법칙에 따라 응할 뿐이다. 어찌 내 마음으로부터 끌어낸 뒤에야 사물의 리理가 되겠는가? 【「정자중에게 답한 글」】

◐1-32 心爲太極, 卽所謂人極者也. 此理無物我, 無外內, 無分段, 無方體. 方其靜也, 渾然全具, 是爲一本, 固無在心在物之分. 及其動而應事接物, 事事物物之理, 卽吾心本具之理, 但心爲主宰, 各隨其則而應

48) 『周易』「繫辭下」 제1장에 나오는 말이다.

之, 豈待自吾心推出而後爲事物之理? 【「答鄭子中」】 *『退溪先生文集』, 卷24, 1쪽b, 「書 · 答鄭子中」*

◐1-33 태극太極은 동정動靜의 오묘함을 지니고 있지만, 동動은 정靜에 근본을 두고 있다. 성인聖人은 동정動靜의 덕을 온전히 갖추고 있지만, 동動은 정靜을 주主로 한다. 일반 사람들은 동정動靜의 리理를 갖추었지만, 정靜의 리理가 항상 동動에 의해서 어지럽게 된다. 【「정재기」】

◐1-33 太極有動靜之妙, 而其動也本於靜. 聖人全動靜之德, 而其動也主乎靜. 衆人具動靜之理, 而靜之理常汨於動. 【「靜齋記」】 *『退溪先生文集』, 卷42, 21쪽a, 「記 · 靜齋記」*

○1-34 사람이 처음 태어나서 사물에 감응하지 않을 때는 마음이 참되고 고요하다. 일을 잘 성찰하는 사람은 사물에 감응하지 않을 때의 마음이 참되고 고요하므로, 사물과 접하기 이전의, 발發하지 않은 상태의 중(未發之中)은 곧 처음 태어날 때의 본래 그대로의 성(本然之性)이다. 이것은 전후의 시간과 크고 작음의 구별 없이 관통된 하나의 리理일 뿐이다. 사물과 감응한 뒤에 그것을 잃는 자는 사람 자신일 뿐이다. 【「황중거에게 답한 글」】

○1-34 人始生未感物時, 固眞而靜, 其省事之人, 當其未感物也, 亦眞而靜矣. 故未與物接之前未發之中, 卽降生之初本然之性也. 此事無前無後, 無小無大, 貫通只一理, 只是纔感物後喪之者, 人耳. 【「答黃仲擧」】 *『退溪先生文集』, 卷20, 27쪽a, 「書 · 答黃仲擧問目」*

○ 1-35 성性은 사람과 사물이 품수한 공공公共의 깊고 미묘한 리理이다. 명덕明德은 사람이 타고난, 신령하고 밝으며 모든 것을 갖추었다는 의미의 이름이다. 리理는 같지만 이름을 얻게 된 이유는 약간의 차이가 없지 않다. 【『사서석의』】

○ 1-35 性者, 人物所稟公共淵微之理, 明德乃指人之所得靈昭該括之名, 則理雖本同, 而所以得名者, 則不無少異. 【『四書釋義』】*『四書釋義』, 「中庸釋義」*

○ 1-36 천지의 성(天地之性)은 당연히 리理만을 가리킨 것인데, 이때에는 리理만 있고 기氣는 없는 것인가? 천하에 기氣가 없는 리理는 없으니, 리理만 있는 것은 아니다. 그러나 리理만을 가리켜 말하기도 한다. 기질의 성(氣質之性)이 리理와 기氣가 뒤섞인 것이라고 하여 어찌 기氣만 가리켜 말할 수 없겠는가? 【「기명언에게 답한 글」】

○ 1-36 天地之性, 固專指理, 不知此際只有理, 還無氣乎? 天下未有無氣之理, 則非只有理, 然猶可以專指理言, 則氣質之性, 雖雜理氣, 寧不可指氣而言之乎? 【「答奇明彦」】*『退溪先生文集』, 卷16, 19쪽a, 「書·答奇明彦」*

◑ 1-37 리기理氣를 겸하고 선악이 있는 것은, 정情만 그러한 것이 아니라 성性도 역시 그러하다. 【위와 같음】

◑ 1-37 兼理氣, 有善惡, 非但情爾, 性亦然矣. 【上同】*『退溪先生文集』, 卷16, 19쪽a, 「書·答奇明彦」*

◇1-37-1 스스로 단 주에서 리理가 기氣 안에 있다는 입장에서 말하므로, 성性도 그러하다고 한다.

◇1-37-1 自註, 從理在氣中處言, 故云性亦然矣. *『退溪先生文集』, 卷16, 19쪽a, 「書·答奇明彦」*

◆1-37-2 또 정자중에게 답하였다. "타고난 기氣가 악한 것도 성性의 리理이다. 이 말은 놀라운 듯하지만 정자程子 이래로 이러한 이치를 논한 것이 여러 번이었다. 성性을 물에 비유하여 보자. 맑고 편안하게 내려가는 것은 물의 성性이다. 찌꺼기를 만나 흐리고 탁하게 됨이나, 험한 곳을 만나 파도가 거칠게 일어남은 물의 성性은 아니지만, 이것이 물이 아니라고 할 수 없다. 만난 상황이 다를 뿐이다. 그렇다면 타고난 기氣가 악한 것도 성性의 본래 모습은 아니지만 성性의 리理라고 말할 수 없겠는가?"

◆1-37-2 又答鄭子中曰, "稟氣之惡, 亦性之理也. 此語似可駭, 然程子以來, 論此理非一. 蓋性比於水, 淸而安流, 水之性也. 其遇潚滓而汚濁, 遇險而波濤洶洶, 非其性也, 然不可不謂之水, 特所値者異耳. 然則稟氣之惡, 雖非性之本然, 豈不可謂性之理乎?" *『退溪先生文集』, 卷24, 6쪽a, 「書·答鄭子中別紙」*

◑1-38 하늘에서 운행되는 것은 기氣이고, 땅에 갖추어진 것은 질質이다. 기질氣質 가운데는 반드시 그렇게 된 까닭인 리理가 있으니 이것이 성性이다. 축축하고 뜨거운 것 등은 기질의 성性이다. 그러나 달리 하나의 성性이 있는 것은 아니고, 리理가 기氣 가운데 있어서 이 물건의 성性이 되니, 기氣에 따라서 다르게 되지 않을 수 없다. 그러므로 각각 하나의 성性을 지녔다고 한다. 【「이공호에게 답한 글」】

◑1-38 行於天者是氣, 具於地者是質. 氣質中必有所以然之理, 是性也. 潤炎等是氣質之性, 然非別有一性, 只是理在氣中, 而爲此物之性, 則

不能不隨其氣而有異, 所以各一其性. 【「答李公浩」】 *『退溪先生文集』, 卷39, 26쪽b, 「書 · 答李公浩」*

◈1-38-1 또 이굉중에게 답하였다. "성性에 두 가지가 있는 것이 아니다. 기질氣質을 섞지 않고 말하면 본연의 성性이고, 기질氣質에 나아가서 말하면 기질의 성性이다. 그러므로 지금 두 가지의 성性이 있는 것으로 안 것은 잘못이다."

◈1-38-1 又答李宏仲曰, "性非有二, 只是不雜乎氣質而言, 則爲本然之性, 就氣質而言, 則爲氣質之性. 今認作二性看, 誤矣." *『退溪先生文集』, 卷35, 27쪽b, 「書 · 答李宏仲」*

◑1-39 기氣는 속언俗言의 기운氣運과 같고, 질質은 속언의 형질形質과 같다. 사람과 사물이 처음 생겨날 때에는 기氣로써 질質을 이루지만 태어난 뒤에는 기氣가 질質 안에서 유행流行한다. – 기氣는 양陽이고 질質은 음陰이다. 기氣로써 알고 질質로써 실천한다 – 숨 쉬고 활동함은 기氣이며, 이는 모든 사람이 지니고 있다. 성인聖人은 도道를 알 수 있지만 보통 사람은 알 수 없음은 기氣의 맑고 흐림이 다르기 때문이다. 귀와 눈과 몸은 질質이며, 이는 모든 사람이 지니고 있다. 성인은 도道를 실천할 수 있지만 보통 사람은 실천할 수 없음은 질質의 순수하고 잡박함이 똑같지 않기 때문이다. 【「이굉중에게 답한 글」】

◑1-39 氣如俗言氣運, 質如俗言形質. 人物稟生之初, 氣以成質, 有生之後, 氣行於質之中. 氣陽而質陰, 氣以知, 質以行. 夫呼吸運動, 氣也. 人皆有之, 聖人能知而衆人不能知, 氣之淸濁不同故也. 耳目形體, 質也. 人皆有之, 聖人能行而衆人不能行, 質之粹駁不齊故也. 【「答李宏仲」】 *『退溪先生文集』, 卷35, 18쪽a, 「書 · 答李宏仲」*

◆1-39-1 또 이공호에게 답하였다. "'질質'자의 뜻은 진실로 형질을 말함이니 주자가 말한 '이 모양을 이룬 것'[49]이다. 그러나 이러한 의미에 머물고 만다면 문제가 있다. 사람에 따라서는 체질과 모양이 매우 아름다우면서도 심성이 악한 자가 있다. 한자[50]가 말한 '벌어진 가슴과 아름다운 피부에 불그레한 좋은 낯빛을 하고도 사나운 자'[51]가 바로 그러한 자이다. 또 체모體貌는 종명[52]이나 담대멸명[53]처럼 못생기고 누추하면서도 성질과 행동이 아름다운 사람이 있으니, 형질로써 이 글자의 뜻을 단정할 수 없음은 확실하다. 물건으로 비유하여 보자. 사람에게 질質이 있는 것은 질그릇에 날그릇이 있고 목재에 통나무가 있는 것과 같다. 형체를 갖춘 질그릇 중에는 잘 만들어지고 흙의 품질도 좋아 사용하기 좋은 것도 있고, 잘 만들어지긴 하였으나 흙의 품질이 푸석하거나 걸차거나 너무 강하거나 너무 부드럽거나 하여 사용할 수 없는 것도 있다. 또 형체는 좋지 않아도 흙의 품질이 좋아 푸석하지 아니하고 걸차지 아니하며 너무 강하거나 너무 부드럽지도 않아 쓸 만하여 버리지 않는 것도 있다. 목재의 형체와 나무질과의 관계도 마찬가지이다. 그러므로 사람의 질이 아름답고 추함도 형체만으로 정할 수는 없다. 다만 순수하거나 박잡하거나 강하거나 부드러운 품질이 이 형체 안에 담겨 질質이 되므로, 나누지 아니하고 형질이라고 칭할 뿐이다."

◆1-39-1 又答李公浩曰, "質字之義, 固是以形質言, 如朱子所謂'成這模樣子底'也. 然若止此而已, 則人有體質形貌甚美而心性惡者. 如韓子所謂'平脅曼膚, 顏如渥丹, 美而狠者', 又有體貌寢陋如鬷明·澹臺滅明之倫而

49) 『朱子語類』 권14 제55조에 나오는 말이다.
50) 韓子는 韓愈(768~824, 호는 昌黎, 자는 退之)의 존칭이다. 唐宋八大家의 한 사람으로 불교를 배척하고 유학을 흥기시키기 위하여 노력하였다.
51) 『昌黎先生集』 「雜說」 제3이다.
52) 鬷明은 춘추시대 정나라 대부로서 鬷蔑이라고도 불린다. 얼굴은 추악하였으나 政事에 밝아 정나라의 유명한 재상인 子產의 칭송을 받았다.
53) 澹臺滅明은 공자의 제자로 자는 子羽이다. 『論語』 「雍也」 제12장에 그에 대한 칭찬이 보인다.

性行美者, 則不可以形質而斷此字之義, 明矣. 故試以物比喩, 人之有質, 猶瓦之有坯, 木之有樸. 坯之形模, 有打造盡善, 而土品適中, 用無不宜者. 有打造甚好, 而土品或疏或墳, 或太剛或太軟, 不中用者. 有形模未善, 而土品得宜, 不疏不墳, 不太剛不太軟, 用亦不廢者. 樸之形模與木品亦然, 然則人之質美質惡, 不可以形模定矣. 但其爲粹爲駁爲剛爲柔之品, 寓此形模而爲之質, 故渾淪而稱之曰形質云爾." *『退溪先生文集』, 卷39, 26쪽b, 「書 · 答李公浩」*

○ 1-40 본래부터 선善한 마음을 양심良心이라 하고, 본래부터 지닌 선한 마음을 본심本心이라 하며, 순수하게 한결같아 거짓이 없는 마음을 갓난아이의 마음(赤子之心)이라 하고, 순수하게 한결같아 거짓이 없으면서 모든 변화에 통달한 마음을 대인의 마음(大人之心)이라 하였다. 【「이숙헌에 답하여 정임은[54]의 〈심학도〉를 논한 글」】

○ 1-40 以其本然之善, 謂之良心. 本有之善, 謂之本心. 純一無僞而已, 謂之赤子之心. 純一無僞而能通達萬變, 謂之大人之心. 【「答李叔獻論程林隱心學圖」】 *『退溪先生文集』, 卷14, 34쪽a, 「書 · 答李叔獻」*

○ 1-41 사람의 마음은 체體와 용用을 갖추고, 고요함(寂)과 감응(感)을 겸하며, 동정動靜을 관통한다. 그러므로 사람의 마음이 사물에 감응하기 전에는 고요하여 움직이지 않지만 모든 이치가 다 갖추어져 마음의 온전한 체體가 보존되지 않음이 없다. 사물이 가까이 오면 감응하여 드디어 통하고, 품위와 절도가 잘못됨이 없어 마음의 커다란 용用을

---

54) 林隱은 程復心의 號로서 그는 원나라 때의 理學者이다. 『聖學十圖』 중의 「第六心統性情圖」의 上圖와 圖說, 「第八心學圖」의 圖說은 그가 지은 것이다.

행하지 못함이 없다. 【「황중거에게 답한 글」】

○ 1-41 人心備體用, 該寂感, 貫動靜. 故其未感於物也, 寂然不動, 萬理咸具, 而心之全體無不存. 事物之來, 感而遂通, 品節不差, 而心之大用無不行. 【「答黃仲擧」】 *『退溪先生文集』, 卷19, 37쪽a, 「書·答黃仲擧」*

○ 1-42 가슴 밖에 있는 것이 어떤 것인가 하면 이것이며, 이것이 무엇인가 하면 역시 가슴에 가득 찬 것이다. 그렇다면 측은하게 여기는 마음이 밖에도 있는 것일까? 가슴으로부터 천지와 만물에 이르기까지 다만 하나의 리理일 뿐이다. 리理가 하나이고 기氣도 둘이 아니므로 "한 사람의 마음이 천지의 마음이다"[55]라고 하니 – 정자程子의 말이다 – 가슴 밖에 다시 어떤 것이 있겠는가? 일정한 모양을 말할 수 없고, 안과 밖을 나눌 수 없는 하나의 리理일 따름이다. 이 때문에 어진 자는 천지만물과 일체가 되어, 측은하게 여기는 마음이 사해四海 안에 두루 미치고 육합六合에 가득 찰 수 있다. 그러나 리理가 공중에 매달려 있는 물건은 아니다. 사람에게는 가슴이 있어서, 이것이 추뉴樞紐가 되고 총뇌처總腦處가 되므로, 리理가 이곳에 가득 차서 천하 모든 일의 커다란 근본이 된다. 일정한 모양이나 안팎이 없기 때문에, 여기에 가득 찬 마음이 만물의 줄기(體)가 되고, 또 사해에 두루 미치는 마음이 된다. 가슴 밖에 따로 만물의 줄기가 되고 사해에 두루 미치는 마음이 있는 것이 아니다. 그러므로 가슴 밖에 있는 것도 이것이라고 함이 가능한 것은, 밖에 있는 것이 바로 안에 있는 것이

55) 『二程遺書』 권2上 제3조에 나오는 말이다.

기 때문이다. 그리고 측은하게 여기는 마음이 밖에 있다고 하면 안 되는 이유는 마음이 밖에 있는 것이 아니기 때문이다. - 마음은 본디 내외의 구별이 없다. 선현들이 마음을 논할 때 혹 내외를 나누어 말한 것은 각각 그래야만 하는 이유가 있었다. 정자程子는 "마음이 어찌 나고 들어옴이 있겠는가? 잡고 놓음으로써 말한 것일 따름이다"[56]라고 하였다. 주자가 어느 날 남헌[57]에게 답한 글에 발發하지 않았을 때는 안에 있다가 발하면 밖에 있다는 이치를 논하고, 마지막 부분에서 다음과 같이 말하였다. "그러나 이러한 의미는 더욱 자세히 살펴야 한다. 이 마음은 넓고 텅 비었으니 어찌 안과 밖의 구분이 있겠는가? 다만 발하기 이전과 발한 이후로 나누면 이와 같이 말해야 하니 잡음과 놓음, 보존함과 잃어버림, 나가고 들어옴이라고 말함과 같을 뿐이다."[58] 이 두 분의 말에서, 마음은 안과 밖이 없지만, 안과 밖을 나누어 말할 수 있을 때도 있음을 알 수 있다. 지금 나는 가슴 밖에 있는 것을 논하므로, 발하기 이전과 발한 이후로 나누어 논함과는 다르기 때문에 안과 밖이 없다고 말하였을 뿐이다- 가슴 바깥에 있는 것도 이것일 뿐이라면, 어느 곳에 가더라도 이것 아님이 없는데, 정자程子는 무엇 때문에 "다른 사람이 먹고 배불러도, 그대는 배고프지 아니한가?"[59]라고 말하고, 주자도 "가슴 밖을 향하여 찾는다면, 넓고 아득하여 관계할 수 없다"[60]고 말하였겠는가? 리理

56) 『二程遺書』 권18 제105조에 나오는 말이다.
57) 南軒은 張栻(1133~1180)의 호이다. 그는 주희의 친구로서 두 사람이 편지로 주고받은 中和論辯은 주희의 후기 사상 형성에서 중요한 계기가 된다.
58) 『朱子大全』 권31, 제10번째 편지 「答張敬夫」에 나오는 말이다.
59) 『二程外書』 권11 제37조에 나오는 말이다.

로써 말하면 일체一體이지만 나누어진 것으로 말하면 다르지 않을 수 없기 때문이다. 나에게 있어서는 나에게 있는 것이 커다란 근본(大本)이고, 당신에게 있어서는 당신에게 있는 것이 도리어 커다란 근본이다. 진경정[61]이 "나는 천지 사이의 만물이 모두 나의 성性이라고 생각하지, 내 몸만이 나라고는 생각하지 않는다"[62]라고 하였으니, 이것은 리理가 하나임은 알았으나 그 나누어짐이 다름은 알지 못한 것이며, 나를 위주로 함이 커다란 근본을 세우는 방법임을 모르고 한 말이다. 그러므로 정자程子가 이러한 말로 깨우쳐 주었다. 주자가 황의연[63]에게 "하늘이 명령한 성性은 이곳에만 있는 것이 아니라 곳곳에 있다. 단지 찾을 때는 먼저 자기 자신으로부터 찾기 시작해야 한다"[64]고 하였다. 사람이 만일 자기 자신에게서 찾지 않고 가슴 밖에서 찾는다면, 이것은 추뉴樞紐와 커다란 근본이 있는 곳을 버리고 다른 곳으로 달려가 찾음이니, 나의 성性과 어떤 관계가 있겠는가? 【위와 같음】

○ 1-42 腔子外是甚底, 亦只是這箇物事, 這箇物事是甚底, 卽滿腔子底物事. 曰, 然則惻隱之心, 亦在外耶? 曰, 自這一箇腔子, 通天地萬物, 只此一理. 理一, 氣亦非二, 故曰, "一人之心, 卽天地之心." 程子語 腔子外更別有甚? 只是這箇無方體可言, 無內外可分. 此仁者所以與天地萬物爲一體, 惻隱之心, 足以普四海彌六合也. 然這也不是

60) 『朱子大全』 권32, 제10번째 편지 「答張敬夫問目」에 나오는 말이다.
61) 陳經正은 정이의 문인이다.
62) 『二程外書』 권11 제37조에 나오는 말이다.
63) 黃毅然은 주희의 문인인 黃義剛이다. 毅然은 그의 자이다.
64) 『朱子語類』 권116 제4조에 나오는 말이다.

懸空底物事. 人有腔子, 乃其爲樞紐總腦處, 故這箇物事, 充塞在這裏, 爲天下之大本. 由其無方體無內外, 故充塞在這裏底心, 卽是體萬物普四海底心. 非外腔子而別有箇體萬物普四海底心也. 故謂腔子外亦只是這箇, 則可以其外底卽是內底也. 謂惻隱之心在外則不可, 以心非在外之物也. 心本無分於內外, 而先賢論心, 或有分內外說處, 蓋言各有攸當故也. 程子曰, "心豈有出入, 亦以操舍而爲言耳." 朱子嘗答南軒書, 論未發時在中, 已發時在外之理, 而其末云, "然此義又有更要仔細處, 夫此心廓然, 初豈有中外之分, 但以未發已發分之, 則須如此, 亦若操舍存亡出入之云爾." 此兩語, 可見心無內外, 有可分內外之時. 今滉就腔子外, 論其所有, 非如論未發已發之義, 故以無內外者言之耳. 旣云腔子外亦只是這箇, 則無所往而非這箇, 何故, 程子却云, "他人食飽, 公無餒乎?" 朱子亦云, "向腔子外尋, 則莽蕩無交涉." 曰, 以理言之, 固爲一體, 以分言之, 則不能不殊. 在我則我底爲大本, 在你則你底却爲大本. 陳經正乃云, "我見天地萬物, 皆我之性, 不復知我之所爲我", 是知理一, 而不知其分之殊, 是不知主我爲立大本底道理. 故程子以是曉之, 朱子語黃毅然曰, "天命之性, 不只是這處有, 處處皆有. 只是尋討, 先從自家尋起"云云. 若人不於自家身上求, 却去腔子外尋覓, 是舍樞紐大本之所在, 而向別處馳走求索, 如吾性分, 有何交涉耶? 【上同】 *『退溪先生文集』, 卷19, 37쪽a, 「書·答黃仲擧」*

○1-42-1 주자가 임택지65)에게 보낸 글에서 말하였다. "'가슴 안에 가득 찬 것이 측은하게 여기는 마음이다'라고 하였더니, 강민표66)가 '가슴 바깥에 있는 것은 무엇인가?'라고 하였다. 여러 사람에게 대답하라고 하였더니 각기 한 말이 있다. 다시 택지에게도 한 마디 하기를 청한다. 그러면 대답

65) 林擇之는 주희의 문인인 林用中이다. 擇之는 그의 자이다
66) 江民表는 북송 때 사람인 江公望이다. 民表는 그의 자이다.

을 통하여 깨우친 점을 일찍이 알아볼 수 있을 것이다."

○1-42-1 朱子與林擇之曰, "適因擧滿腔子是惻隱之心, 江民表云, '腔子外是甚底?' 請諸公下語, 已各有說. 更請擇之亦下一語, 便中早見諭也." *『朱子大全別集』, 卷6, 제15, 「林擇之」*

○1-42-2 또 장경부에게 답하였다. "'가슴 안에 가득 찬 것이 측은하게 여기는 마음이다'라고 함은, 사람의 몸에 이 리理가 가득 찬 것을 가장 친절하게 지적한 말이다. 만일 이 가슴에서 이해한다면, 만물이 일체가 되어 안과 밖의 구별이 없게 될 것이다. 이것을 이해하지 못하고 가슴 밖으로 나가서 찾는다면, 넓고 아득하여 아무런 관계도 찾지 못할 것이다. 진경정이 '나는 천지 사이의 만물이 모두 나의 성性이라고 생각하지, 내 몸만이 나라고는 생각하지 않는다'라고 하니 이천 선생께서 '다른 사람이 먹고 배불러도 그대는 배고프지 않은가?' 하였다. 이것은 바로 이러한 병통을 설파한 것이다. 『지언知言』에서도 '석씨釋氏는 허공虛空한 세계가 자기 자신이라 하여, 부모가 낳은 몸을 공경할 줄을 알지 못한다'라고 하였으니 역시 이러한 병통을 말한 것이다."

○1-42-2 又答張敬夫曰, "'滿腔子是惻隱之心', 此是就人身上指出此理充塞處, 最爲親切. 若於此見得, 卽萬物一體, 更無內外之別. 若見不得, 却去腔子外尋覓, 卽莽莽蕩蕩無交涉矣. 陳經正云, '我見天地萬物皆我之性, 不復知我身之所爲我也.' 伊川先生曰, '他人食飽, 公無餒乎?' 正是說破此病. 『知言』亦云, '釋氏和虛空沙界爲已身, 而不敬其父母所生之身.' 亦是說此病也." *『朱子大全』, 卷32, 제10, 「答張敬夫問目」, 제41*

○1-43 정자程子가 "마음이 본래 선하다"라고 한 말에 대하여 주자는 "약간 온당하지 못한 점이 있다"고 생각하였다.[67] 그 이유는 이와 같을 것

---

67) 『朱子語類』 권95 제89조에 나오는 말이다.

이다. 마음이라고 말하면, 이것은 이미 리理와 기氣를 겸유하고 있다. 기氣가 그 가운데 섞여 있다면 생각과 행동으로 드러나기를 기다릴 필요가 없이 불선不善의 뿌리가 이미 마음속에 있음을 알 수 있으니, 어떻게 마음이 선하다고 말할 수 있겠는가? 그러므로 정자의 말이 온당하지 못하다고 생각하였다. 그러나 마음의 처음 상태에 대하여 말한다면, 마음이 아직 작용하지 않아서 기氣가 아직 주관하지 않고 마음의 본체本體가 허명虛明한 때는 마음이 선하지 않음이 없다. 그러므로 주자가 다른 날 정자의 이 말에 대하여 설명할 때는, 마음의 본체를 가리켜 정자의 뜻을 드러내어 밝혔으니, 끝까지 온당하지 않다고 생각한 것은 아님을 알 수 있다. 【「정자중에게 답한 글」】

○ 1-43 程子心本善之說, 朱子以爲微有未穩者. 蓋旣謂之心, 已是兼理氣. 氣便不能無夾雜在這裏, 則人固有不待發於思慮動作, 而不善之根株已在方寸中者, 安得謂之善? 故謂之未穩. 然本於初而言, 則心之未發, 氣未用事, 本體虛明之時, 則固無不善. 故他日論此, 又謂指心之本體以發明程子之意, 則非終以爲未穩, 可知矣. 【「答鄭子中」】 *『退溪先生文集』, 卷24, 6쪽a, 「書 · 答鄭子中別紙」*

○ 1-44 마음은 사물에 대하여 아직 나타나지 않았을 때는 맞이하지 않고, 나타나면 다 비추며, 이미 응하고 난 뒤에는 머무르게 하지 않는다. 【「김돈서에게 답한 글」】

○ 1-44 心之於事物, 未來而不迎, 方來而畢照, 旣應而不留. 【「答金惇敍」】 *『退溪先生文集』, 卷28, 2쪽b, 「書 · 答金惇敍」*

○ 1-45 마음이 작용함(動)은 성性에 '그렇게 될 수 있는 원리'(所以然)가 있기 때문이며, 성性이 작용함은 마음에 '작용할 수 있는 능력'(所能然)이 있기 때문이다. 【「김이정에게 답한 글」】

○ 1-45 心之動, 卽性之所以然也. 性之動, 卽心之所能然也. 【「答金而精」】 *『退溪先生文集』, 卷29, 4쪽a, 「書·答金而精」*

○ 1-45-1 또 말하였다. "성性은 스스로 발하고 스스로 일할 수 없다. 그 주재主宰와 운용運用은 실은 마음에 있다. 마음을 기다려서 발하기 때문에 성性이 먼저 움직인다고 할 수 없다. 성性에 말미암아 움직이기 때문에 마음이 먼저 움직인다고 할 수도 없다."

○ 1-45-1 又曰, "性不能自發而自做. 其主宰運用, 實在於心. 以其待心而發, 故不可謂性先動. 以其由性而動, 故不可謂心先動." *『退溪先生文集』, 卷29, 5쪽b, 「書·答金而精」*

○ 1-46 기氣가 마비되어 통하지 않게 되면 아프고 가려움을 알지 못하게 된다. 마음이 돌처럼 완고하게 되면 감응感應을 이해하지 못하게 된다. 두 가지는 매우 비슷하다. 【『심경질의』】

○ 1-46 氣痺不痛, 不知痛痒. 心頑如石, 不解感應. 二者正相似也. 【『心經質疑』】 *『艮齋先生續集』, 卷3, 1쪽a, 「心經質疑」*

○ 1-47 이미 작용하면 인심人心이라는 설에 대하여 선생(朱子)이 잘못된 주장임을 알고서 고쳤는데도 지금 『주자서절요』에 뽑아 넣은 이유는 선생의 도道가 진보한 순서를 보이기 위해서일 뿐이다. 【「이강이에게 답한 글」】

○ 1-47 已發則人心, 先生旣知其非而改其說. 今幷抄於『節要書』者, 欲見先生進道次第故耳.【「答李剛而」】*『退溪先生文集』, 卷21, 20쪽a, 「書·答李剛而問目」*

○ 1-47-1 또 허태휘에게 답하였다. "'마음이라는 말은 모두 이미 발한 것을 가리킨다'는 말에 대하여 정자程子도 그렇게 말한 적이 있었지만 곧 자신의 잘못됨을 말하였다. 주자도 처음에는 그렇게 생각하다가 나중에는 잘못됨을 깨달았다."

○ 1-47-1 又答許太輝曰, "'凡言心者, 皆指已發而言.' 程子嘗有是言, 而旋自道其非是. 朱子亦初取前說, 而後悟其非." *『退溪先生文集』, 卷15, 1쪽b, 「書·答許太輝」*

○ 1-48 신령한 것은 본래 기氣이다. 그러나 기氣가 어찌 스스로 신령할 수 있겠는가? 리理와 합하였기 때문에 신령하다.【「정자중에게 준 글」】

○ 1-48 靈固氣也, 然氣安能自靈? 緣與理合, 所以能靈.【「與[68]鄭子中」】*『退溪先生文集』, 卷25, 22쪽b, 「書·與鄭子中別紙」*

○ 1-49 불은 기름이 있어야 빛을 발하여 어두움을 없앨 수 있고, 거울은 수은이 있어야 이와 같이 밝아서 사물의 아름답고 추함을 비출 수 있다. 리理와 기氣가 합하여 마음이 되어 이처럼 허령虛靈하고 헤아릴 수 없기(不測) 때문에 사물이 나타나면 지각知覺할 수 있다.【위와 같음】

○ 1-49 火得脂膏, 而有許多光焰, 故能燭破幽暗. 鑑得水銀, 而有如許精明, 故能照見姸媸. 理氣合而爲心, 有如許虛靈不測, 故事物纔來,

68) 『이자수어』에는 '答'으로 되어 있으나 『문집』에 따라 '與'로 바로잡는다.

便能知覺.【上同】『退溪先生文集』, 卷25, 24쪽b,「書·答鄭子中別紙」

○1-49-1『어류』에서 제자가 물었다. "지각하는 것은 마음입니다. 마음의 신령함은 본래 이와 같은데 기氣가 그렇게 합니까?" 주자가 대답하였다. "전적으로 기氣만은 아니다. 먼저 지각할 수 있는 리理가 있었다. 리理는 지각하지 못한다. 기氣가 모여 형체를 이룰 때 리理와 기氣가 합해서 곧 지각할 수 있다. 비유하자면 이 등불이 기름을 얻어야 빛을 발함과 같다."

○1-49-1『語類』問, "知覺是心, 心之靈固如此, 抑氣爲之耶?" 朱子曰, "不專是氣, 是先有知覺之理. 理未知覺, 氣聚成形, 理與氣合, 便能知覺. 譬如這燭火, 是因得這脂膏, 便有許多光焰." 『朱子語類』, 卷5, 제24조

○1-49-2 또 말하였다. "깨닫게 되는 것은 마음에 리理가 있어서이며 깨닫는 능력이 있는 것은 기氣의 신령함이다."

○1-49-2 又曰, "所覺者, 心之理, 能覺者, 氣之靈也." 『朱子語類』, 卷5, 제27조

○1-50 성性을 정情과 상대적인 것이라고 해서는 안 된다. 성性은 마음의 온전한 체體가 갖추고 있는 리理를 두고 하는 말일 뿐이다.【「이굉중에게 답한 글」】

○1-50 性不可云對情而言. 只是就心之全體所具之理而言.【「答李宏仲」】『退溪先生文集』, 卷36, 15쪽a,「書·答李宏仲問目」

○1-51 리理와 기氣가 합해서 마음이 되니 저절로 허령지각虛靈知覺의 오묘함이 있게 되었다. 고요히 모든 리理를 갖추고 있는 것이 성性이며, 이러한 성性을 모두 갖추어 간직하고 있는 것이 마음이다. 작용하여 만가지 일에 응하는 것이 정情이며 이러한 정을 베풀어 드러나게 하는

것도 마음이다. 그러므로 마음은 성性과 정情을 통괄統括한다고 말한다. 【「기명언에게 답한 글」】

○ 1-51 理氣合而爲心, 自然有虛靈知覺之妙. 靜而具衆理, 性也. 而盛貯該載此性者, 心也. 動而應萬事, 情也. 而敷施發用此情者, 亦心也. 故曰心統性情. 【「答奇明彦」】 *『退溪先生文集』, 卷18, 11쪽a, 「書·答奇明彦」*

○1-51-1 장자는 "마음은 성性과 정情을 통괄한다"고 말하였다.

○1-51-1 張子曰, "心統性情者也." *『性理拾遺』, 제8조*

○ 1-52 리理는 형체와 그림자가 없는데, 마음에 갖추어 담겨 있는 것이 성性이다. 성性은 형체와 그림자가 없는데, 마음을 통하여 베풀어져서 드러나는 것이 정情이다. 정情의 드러남을 통하여 이렇게 하려고 주장하기도 하고 저렇게 하려고 주장하기도 하는 것이 의意이다. 선유先儒가 정情은 저절로 드러나므로 성발性發이라 하고 의意는 이렇게 하려고 주장한다 하여 심발心發이라고 생각하였으니 각각 중요한 점을 취하여 한 말이다. 맹자는 이러한 의미를 알았기 때문에 "측은惻隱하게 여기는 마음이 인仁의 단서이다"[69]라고 말하였다. 측은하게 여기는 것은 정情이지만 마음이라고 생각한 이유는 정情이 마음을 통하여 드러나기 때문이다. 【「이굉중에게 답한 글」】

○ 1-52 理無形影, 而盛貯該載於心者, 性也. 性無形影, 而因心以敷施發用者, 情也. 因情之發, 而經營計度, 主張要如此, 主張要如彼者, 意

69) 『孟子』 「公孫丑上」 제6장에 나오는 말이다.

也. 先儒以情是自然發出, 故謂之性發, 意是主張要如此, 故謂之心發, 各就重處言之. 惟孟子知此意, 故曰, "惻隱之心, 仁之端." 惻隱情也, 而謂之心者, 情因心而發故也. 【「答李宏仲」】 *『退溪先生文集』, 卷36, 15쪽a, 「書·答李宏仲問目」*

◑1-53 물었다. "어떤 사람이 저에게 '마음이 성性과 정情을 통괄한다고 함을 어떻게 이해하느냐?' 하고 물었습니다. 저는 '마음은 그릇과 같고 성性은 물과 같고 정情은 물이 흐르는 것과 같다'고 대답하였습니다. 옳게 대답하였는지 모르겠습니다." 선생께서 말씀하셨다. "이 말이 방해됨은 없다. 다만 정情은 성性이 발한 것이기는 하지만 사실은 마음이 발한 것인데 그릇은 물과 함께 흐를 수 없으니, 여기에 비유함은 만족스럽지 못한 점이 있다. 주자가 말한 '마음은 성性을 모두 간직해서 베풀어 드러나게 한다'[70]는 것만 못하다." 【『기선록』】

◑1-53 問, "或問於德弘曰, '心統性情, 何以看得?' 答曰, '心如器也, 性猶水也, 情則猶水之流也.' 未知是否." 先生曰, "此言似無妨. 但情雖性之發, 而實爲心之所發也, 器則不得與水流, 以此爲譬, 少有未安者. 莫若朱夫子'心便是盛貯該載敷施發用底'語也." 【『記善錄』】 *『艮齋先生文集』, 卷5, 1쪽a, 「溪山記善錄上」*

◑1-54 임금[71]께서 물으셨다. "「심통성정도」[72] 안에서 '허령虛靈' 두 글자는 위에 있고 '지각知覺'은 아래 있는 이유는 무엇인가?" 선생이 대답

70) 『朱子語類』 권16 제51조에 나오는 말이다.

71) 임금은 宣祖(1567~1608년 재위)를 의미한다.

72) 「心統性情圖」는 이황이 68세에 선조에게 올린 『聖學十圖』 중 여섯 번째 그림이다.

하였다. "허령은 마음의 본체本體이며 지각은 사물을 응접應接하므로 이와 같습니다." 【『연보』】

◑1-54 上曰, "「心統性情圖」內, '虛靈'二字在上, 而'知覺'在下, 何也?" 對曰, "虛靈, 心之本體. 知覺, 乃所以應接事物者也, 故如此." 【『年譜』】 *『退溪先生年譜』, 卷2, 16쪽a, 「(穆宗隆慶)三年己巳」*

◑1-55 염念 · 려慮 · 사思 · 지志 · 의意의 구별은 다음과 같다. 공公이 어렵고 위험함을 무릅쓰고 이렇게 멀리까지 온 것은 지志이다. 마음이 일마다 생각을 일으켜 어떻게 하고자 하는 것이 의意이다. 어느 때에나 그 때그때 지닌 마음이 염念이고, 염念에 의하여 어떻게 하고자 도모함이 려慮이다. 의리와 문장을 꼬치꼬치 따지고 사물을 처리할 때 새로운 것을 살피고 옛 것을 기억해 내는 것이 사思이다. 그 가운데서 지志 · 의意 · 사思 세 가지가 더 중요하다. 지志는 크고 바르며 성실하고 확실해서 변하지 않기를 바라므로 공자는 '학문에 뜻을 둠'(志學)[73], '도道에 뜻을 둠'(志道)[74], '인仁에 뜻을 둠'(志仁)[75] 등을 가르치고, 맹자는 '뜻을 고상하게 함'(尙志)[76], '뜻을 바르게 지님'(持志)[77]를 가르쳤다. 의意는 선악의 기미幾微가 되니 조금만 잘못되어도 구덩이에 빠지게 되므로 증자曾子가 "뜻을 삼가야 한다"[78]라고 하고 주자는 "뜻을 지키기를 성城 지키듯이 해야 한다"[79]라고 하였다. 생각하면 알

73) 『論語』 「爲政」 제4장에 나오는 말이다.
74) 『論語』 「述而」 제6장과 「里仁」 제9장에 나오는 말이다.
75) 『論語』 「里仁」 제4장에 나오는 말이다.
76) 『孟子』 「盡心上」 제33장에 나오는 말이다.
77) 『孟子』 「公孫丑上」 제3장에 나오는 말이다.
78) 『大學』 傳 6장에 나오는 말이다.

고 생각하지 않으면 모르므로 기자箕子는 "생각하면 지혜롭게 되고 지혜롭게 되면 성인聖人이 될 수 있다"80)고 말하였다. 그리고 공자는 "군자는 아홉 가지 생각하는 것이 있다"81)고 말하고 "생각하지 않음이지 어찌 멀어서 못 만나겠는가?"82)라고 말하였다. 【「김이정에게 답한 글」】

◑1-55 念·慮·思·志·意之辨. 如公之不計艱險, 作此遠遊, 志也. 此心隨事發一念, 要如何爲之, 意也. 時時刻刻今頃所在之心, 念也. 因而有所圖虞, 慮也. 文字義理, 渺綿尋繹, 事物酬應, 新舊省記, 思也. 而其中志意思三者尤重. 志欲其正大誠確而不變, 故孔子有志學志道志仁之訓, 孟子有尙志持志之敎. 意爲善惡之幾, 毫釐之差, 已陷於坑塹, 故曾子云"必謹其獨", 朱子云"防意如城." 思則得之, 不思則不得, 故箕子曰, "思曰睿, 睿作聖", 孔子曰, "君子有九思", "未之思也, 夫何遠之有?" 【「答金而精」】 *『退溪先生文集』, 卷29, 10쪽a, 「書·答金而精」*

⬙1-55-1 또 『기선록』에서 선생은 말하였다. "의意는 사사로운 지혜로 남모르게 이렇게 저렇게 생각함이며, 지志는 줄곧 계속함이며, 려慮는 교정하고 검토하는 것이다. 주자가 말한 이 세 가지가 의미를 가장 잘 표현하였다."

⬙1-55-1 又『記善錄』先生曰, "意者, 私智潛行, 經營往來底. 志者, 一直去底. 慮者, 對同磨勘底. 晦庵此三說, 最善名象." *『艮齋先生文集』, 卷5, 1쪽a, 「溪山記善錄上」*

---

79) 『朱子大全』 권85 「敬齋箴」에 나오는 말이다.
80) 『書經』 「洪範」에 나오는 말이다.
81) 『論語』 「季氏」 제10장에 나오는 말이다.
82) 『論語』 「子罕」 제30장에 나오는 말이다.

◑1-56 공자는 인仁·의義를 말하였으나 네 가지 덕(四德)을 모두 말하지는 않았다. 맹사가 비로소 네 가지 덕을 말하였다. 자사는 네 가지 정情을 말하였으나 칠정七情을 다 말하지는 않았다. 『예기』에 처음으로 칠정七情이 나온다.[83] 이것은 공자나 자사가 글을 생략해서 그러한 것이 아니라 그 가운데 의리義理가 다 포함되어 있기 때문이다. 기쁨은 성냄(怒)과 반대가 되지만 슬픔과 반대일 수는 없으며 즐거움은 슬픔과 반대가 되지만 성냄과 반대일 수는 없다. 그러므로 기쁨과 즐거움은 중첩된 것이 아님을 알 수 있다. 【「조카 교에게 답한 글」】

◑1-56 孔子言仁義, 而不備擧四德, 至孟子而始言之. 子思言四情, 而不備擧七情, 至禮記始言之. 非省文也, 義理渾然於其中故也. 喜對怒而不可以對哀, 樂對哀而不可以對怒, 則喜樂之不爲重疊, 可知矣. 【「答𡢃姪」】*『退溪先生文集』, 卷40, 9쪽b, 「書·答𡢃姪問目」*

◑1-57 기쁨·사랑·바람(欲)은 모두 뜻대로 되는 경우여서 평탄하고 조용하며 앞으로 나아가는 의미와 기상이 있으니 양陽이 드러남이다. 성냄·슬픔·두려움·미워함은 모두 뜻대로 되지 않는 경우이니 절박하고 오그라들며 안으로 거두어들이고 상하게 하는 의미와 기상이 있으므로 음陰의 드러남이다. 【「이강이에게 답한 글」】

◑1-57 喜愛欲, 皆順境, 有平舒進爲底意象, 故爲陽之發. 怒哀懼惡, 皆逆境, 有切蹙收損底意象, 故爲陰之發. 【「答李剛而」】*『退溪先生文集』, 卷22, 32쪽a, 「書·答李剛而」*

83) 『禮記』「禮運」에 나온다.

◆1-57-1 장락진씨는 말하였다. "기쁨 · 사랑 · 바람은 양陽의 정情이고, 성냄 · 슬픔 · 두려움 · 미워함은 음陰의 정情이다."

◆1-57-1 長樂陳氏曰, "喜愛欲者, 陽之情. 怒哀懼惡者, 陰之情也." *『禮記集說』, 「禮運」*

◑1-58 성性이 드러나서 정情이 된다면 성性은 다섯 가지인데 정情은 일곱 가지인 것은 왜 그러한가? 사단四端의 정情은 순수한 리理이므로 전체가 오성五性이고 거기에 더하거나 줄일 것이 없지만 칠정七情은 기氣와 함께 드러나므로 순수하지 못하여 더함이 있다. 【「논어석의」】

◑1-58 問, "性發爲情, 則性則五而情之爲七, 何歟?" 曰, "四端之情純理, 故通五性而無加減. 七情兼氣發, 故雜而有加." 【「論語釋義」】 *『四書釋義』, 「論語釋義 · 雍也」*

◑1-59 「천명도설」은 바람(欲)을 토土에 소속시켰다. 바람(欲)은 칠정의 모두에 깔려 있다고 생각할 수 있을 듯하다. 【「이강이에게 답한 글」】

◑1-59 「天命圖說」以欲屬土. 欲之於七情, 似可謂無所不在故耳. 【「答李剛而」】 *『退溪先生文集』, 卷22, 16쪽b, 「書 · 答李剛而」*

◇1-59-1 또 말하였다. "선생(朱子)께서 칠정七情을 측은惻隱과 수오羞惡 두 가지로 나눈 때가 있었지만 결국은 칠정七情을 사단四端에 나누어 해당시킬 수는 없다고 생각하였다. 하나씩 나누어 해당시키고자 한다면 억지로 끌어다가 맞추는 병통을 면하지 못할 것이다. 지금 선생의 설에 나아가 대략 이해하면 되니, 선생의 설에 대하여 너무 깊게 생각하지 말라."

◇1-59-1 又曰, "先生雖嘗以七者, 分之惻隱羞惡兩端, 畢竟以爲七情不可分配四端. 蓋欲一一分配, 則不免有牽合之病, 今當只就先生說中, 畧綽領

會了, 毋深求考索."『退溪先生文集』, 卷22, 16쪽b, 「書 · 答李剛而」

◇1-59-2 또 말하였다. "칠정七情이 일어나는 곳과 소속되는 곳은 별개의 것이다. 슬픔(哀)은 마음이 매우 아픈 것이고 두려움(懼)은 매우 걱정스러운 것이니 두 가지는 측은惻隱의 마음에서 일어난 것임을 알 수 있다. 그러나 비통하게 슬퍼함과 두려워서 벌벌 떠는 것은 그 기상에 의하여 소속시킨다면 수水에 소속시켜야 할 것이다. 만일 목木에 소속시킨다면 전혀 합당하지 않을 것이다."

◇1-59-2 又曰, "七情所發與所屬, 自是兩項事. 哀爲傷怛之極, 懼是怵惕之甚, 故知二者爲惻隱之發. 然哀之慘切, 懼而寒慄, 以其象類而分隸, 則固當屬之水矣. 若屬之木則全不相類."『退溪先生文集』, 卷22, 32쪽a, 「書 · 答李剛而」

◆1-59-3 김이정이 물었다. "『어류』에서 제자가 물었습니다. '기쁨 · 성냄 · 슬픔 · 두려움 · 사랑 · 미움 · 바람은 논한 바에 의하면 성性에서 일어난 것입니다. 성냄만이 수오羞惡에서 일어난 듯하며, 기쁨 · 성냄 · 슬픔 · 바람이 모두 측은惻隱에서 일어난 것 같기도 합니다.' 주자가 말하였습니다. '슬픔과 두려움이 일어난 곳을 보면 측은에서 일어났다. 두려움도 매우 걱정하는 것이지만 칠정七情을 사단四端에 나누어 합치시켜서는 안 된다. 칠정은 사단을 가로로 꿰뚫어 버렸다.'[84] 그러니 「천명도」에서 칠정을 사단에 나누어 해당시킨 것은 옳지 않은 듯합니다." 선생은 답하기를 "가르쳐 주니 매우 고맙다"라고 하였다.

◆1-59-3 金而精問, "『語類』問, '喜怒哀懼愛惡欲, 論來亦自性發. 只是怒自羞惡發出, 喜怒哀欲, 恰都自惻隱上發.' 朱子曰, '哀懼是那箇發看來, 也只是惻隱發. 蓋懼亦是怵惕之甚者, 但七情不可分配四端. 七情自於四端橫貫過了.' 「天命圖」七情分配四端, 恐爲不可." 答曰, "蒙示甚荷."

84) 『朱子語類』 권87 제85조에 나오는 말이다.

『退溪先生文集』, 卷30, 14쪽a, 「書 · 答金而精」

◆1-59-4 기명언의 「사칠총론」에서 말하였다. "어떤 사람이 주자에게 말하기를 '살펴보건대 기쁨 · 성냄 · 사랑 · 미워함 · 바람은 인의仁義와 비슷한 듯 합니다'라고 하니 주자가 '본디 서로 비슷한 점이 있다'고 하였습니다.[85] 본디 서로 비슷한 점이 있다고만 말하고 서로 비슷한 점을 확실하게 말하지 않은 의도가 있을 것입니다."

◆1-59-4 奇明彦「四七總論」曰, "或問, '看得來喜怒愛惡欲, 却似近仁義.' 朱子曰, '固有相似處.' 其曰固有相似處, 而不正言其相似, 則意固有在也."
『退溪先生文集』, 卷17, 25쪽b, 「書 · 重答奇明彦 · 附奇明彦四端七情後說」

○ 1-60 리理는 본래 존귀하여 상대가 없다. 사물에게 명령을 하지만 사물에게서 명령을 받지는 않으니 기氣가 이길 수 있는 것이 아니다. 다만 기氣로써 형체를 이룬 다음에는 도리어 이 기氣가 리理의 터전이 되고 재료가 되므로 감정을 일으키고 사물을 응접할 때 대개 기氣가 권세를 부림이 많다. 기氣가 리理에 따를 수 있을 때 리理가 스스로 드러나니 이것은 기氣가 약해서가 아니라 기氣가 따르기 때문이다. 기氣가 리理를 어길 때는 리理가 도리어 숨으니 이것은 리理가 약해서 그러한 것이 아니라 형세상 그렇다. 비유하면 다음과 같다. 임금은 본래 존귀하여 상대가 없다. 강한 신하가 발호跋扈하여 도리어 임금이 그와 다투게 된다면 이것은 신하의 죄이니 임금도 어떻게 할 수 없는 것과 같다. 그러므로 군자의 학문은 편벽된 기질氣質을 바르게 하고 물욕을 막아 덕성德性을 높여 크고 지극한 중정中正의 도道로 돌

85) 『朱子語類』 권53 제83조에 나오는 말이다.

아간다. 【「이달 · 이천기에게 답한 글」】

○ 1-60 理本其尊無對, 命物而不命於物, 非氣所當勝也. 但氣以成形之後, 却是氣爲之田地材具, 故凡發用應接, 率多氣爲用事. 氣能順理時, 理自顯, 非氣之弱, 乃順也. 氣若反理時, 理反隱, 非理之弱, 乃勢也. 比如王者本尊無對, 及强臣跋扈, 反與之或爲勝負, 乃臣之罪, 王者無如之何. 故君子爲學, 矯氣質之偏, 禦物欲而尊德性, 以歸於大中至正之道. 【「答李達李天機」】*『退溪先生文集』, 卷13, 16쪽a, 「書 · 答李達李天機」*

○ 1-61 리理가 드러나고 기氣가 따르면 선하게 되고, 기氣가 가려지고 리理가 숨게 되면 악하게 된다. 【「정자중에게 답한 글」】

○ 1-61 理顯而氣順則善, 氣揜而理隱則惡. 【「答鄭子中」】*『退溪先生文集』, 卷25, 19쪽a, 「書 · 答鄭子中講目」*

○ 1-62 사단四端의 일어남은 순수한 리理이므로 선하지 않음이 없다. 칠정七情의 일어남은 기氣를 겸하므로 선하거나 악함이 있다. 【「기명언에게 답한 글」】

○ 1-62 四端之發純理, 故無不善. 七情之發兼氣, 故有善惡. 【「答奇明彥」】*『退溪先生文集』, 卷16, 8쪽a, 「書 · 答奇明彥 · 論四端七情第一書」*

○ 1-62-1 『논어석의』에서 말하였다. "사단의 정情은 순수한 리理이므로 모두 오성五性이며 더하거나 줄임이 없다. 칠정은 기氣를 겸하여 일어나므로 순수하지 못하여 더함이 있다."

○ 1-62-1 『論語釋義』曰, "四端之情純理, 故通五性而無加減. 七情兼氣發, 故雜而有加." *『四書釋義』, 「論語釋義 · 雍也」*

○ 1-63 사단四端이 일어남을 맹자가 이미 마음이라고 하였으니 마음은 본디 리理와 기氣가 합한 것이다. 그러나 리理를 주로 하여 말한 이유는 무엇일까? 인의예지仁義禮智인 성性이 마음속에 순수하게 갖추어 있는데 사단은 그것의 단서이기 때문이다. 칠정七情이 일어남을 정자程子가 이미 "마음 안에서 움직인다"86)라고 하고, 주자가 "각각 마땅함이 있다"87)라고 하였으니, 칠정도 리理와 기氣를 겸한 것이다. 그러나 기氣를 주로 하여 말한 이유는 무엇일까? 바깥 사물과 관계할 때 형기形氣처럼 느끼기 쉬워 먼저 작용하는 것은 없는데 칠정은 그것의 싹(苗脉)이기 때문이다. 【위와 같음】

○ 1-63 四端之發, 孟子旣謂之心, 則心固理氣之合也. 然而所指而言者則主於理, 何也? 仁義禮智之性, 粹然在中, 而四者其端緖也. 七情之發, 程子謂之"動於中", 朱子謂之"各有攸當", 則固亦兼理氣也. 然而所指而言者則在乎氣, 何也? 外物之來, 易感而先動者, 莫如形氣, 而七者其苗脉也. 【上同】 *『退溪先生文集』, 卷16, 8쪽a, 「書 · 答奇明彥 · 論四端七情第一書」*

○ 1-64 사단四端도 사물에 감응感應해서 작용하는 점은 진실로 칠정七情과 다를 것이 없다. 다만 사단은 리理가 일어나자 기氣가 따른 것이고 칠정은 기氣가 일어나자 리理가 탄 것일 뿐이다. 【위와 같음】

○ 1-64 四端感物而動, 固不異於七情, 但四則理發而氣隨之, 七則氣發而理乘之耳. 【上同】 *『退溪先生文集』, 卷16, 19쪽a, 「書 · 答奇明彥 · 論四端七情第二書」*

---

86) 『二程遺書』 권18 제91조에 나오는 말이다.

87) 『中庸或問』 권1 제9조 및 『中庸或問』 권1 제13조에 나오는 말이다.

○ 1-65 옛날 사람은 사람이 말을 타고 출입하는 것을 가지고 리理가 기氣를 타고 유행流行함에 비유하였으니 매우 좋은 비유이다. 사람은 말이 아니면 출입하지 못하고 말은 사람이 아니면 궤도를 잃고 만다. 사람과 말은 서로 필요하며 서로 떨어지지 않는다. 한꺼번에 지적하여 간다고 할 때는 사람과 말이 모두 포함되어 있다. 사단四端과 칠정七情을 뒤섞어 말하는 경우가 이러하다. 사람이 간다고만 말한 경우에는 말은 말할 필요가 없지만 말이 가는 것도 그 가운데 포함되어 있다. 사단의 경우가 이러하다. 혹 말이 간다고만 할 경우에는 사람을 말할 필요가 없지만 사람이 가는 것도 그 가운데 포함되어 있으니 칠정의 경우가 이러하다.【위와 같음】

○ 1-65 古人以人乘馬出入, 比理乘氣而行, 正好. 蓋人非馬不出入, 馬非人失軌道. 人馬相須不相離. 或汎指而言其行, 則人馬皆在其中, 四七混淪而言者是也. 或指言人行, 則不須幷言馬, 而馬行在其中, 四端是也. 或指言馬行, 則不須幷言人, 而人行在其中, 七情是也.【上同】*『退溪先生文集』, 卷16, 19쪽a, 「書·答奇明彦·論四端七情第二書」*

○ 1-65-1 주자가 말하였다. "리理가 음양陰陽을 타고 있는 것은 사람이 말을 타고 있는 것과 비슷하다." "말은 사람을 태우고 있고 사람은 말을 타고 있다. 말이 나가고 들어오면 사람도 말과 함께 나가고 들어온다."

○ 1-65-1 朱子曰, "理搭在陰陽上, 如人跨馬相似." *『朱子語類』, 卷94, 제41조* "馬所以載人, 人所以乘馬. 馬之一出一入, 人亦與之一出一入." *『朱子語類』, 卷94, 제50조*

○ 1-66 맹자의 기쁨, 순舜의 성냄, 공자의 슬퍼함과 즐거움은 기氣가 리理에

순종하여 일어나서 조금도 장애가 되지 않으므로 리理의 본체가 온전하다. 보통 사람이 부모를 보고 기뻐하고 상喪을 당하여 슬퍼함도 기氣가 리理에 순종하여 일어난 것이다. 다만 그의 기氣가 가지런하지 못하여 리理의 본체도 순수하고 온전할 수 없다. 【위와 같음】

○ 1-66 孟子之喜, 舜之怒, 孔子之哀與樂, 氣之順理而發, 無一毫有碍, 故理之本體渾全. 常人之見親而喜, 臨喪而哀, 亦是氣順理之發. 但因其氣不能齊, 故理之本體亦不能純全. 【上同】 *『退溪先生文集』, 卷16, 19쪽a, 「書·答奇明彦·論四端七情第二書」*

○ 1-67 물었다. "'일어난 감정이 절도에 맞아 어떤 상황에서도 선하지 않음이 없다'고 할 때의 선善과 사단四端의 선善은 같은 것인가? 다른 것인가?" 말하였다. "기氣에서 일어났다고 하더라도 리理가 타서 주인이 되었으므로 선한 것은 마찬가지이다." 【위와 같음】

○ 1-67 問, "發而中節, 無往不善之善, 與四端之善同歟異歟?" 曰, "雖發於氣, 而理乘之爲主. 故其善同也." 【上同】 *『退溪先生文集』, 卷17, 3쪽a, 「書·答奇明彦·論四端七情第三書」*

○ 1-68 사단四端의 정情은 리理가 발현하여 기氣가 따르므로 순수하게 선하여 악함이 없다. 반드시 리理의 발현이 이루어지기 전에 기氣에 의하여 가려진 다음 잘못되어 불선不善으로 된다. 칠정七情도 기氣가 발현하여 리理가 여기에 타면 선하지 않음이 없다. 기氣의 발현이 절도에 맞지 않아 리理를 멸하면 방종하게 되어 악이 된다. 【「심통성정도설」】

○ 1-68 四端之情, 理發而氣隨之, 自純善無惡. 必理發未遂, 而揜於氣, 然

後流爲不善. 七者之情, 氣發而理乘之, 亦無有不善. 若氣發不中, 而滅其理, 則放而爲惡也. 【「心統性情圖說」】*『退溪先生文集』, 卷7, 4쪽b, 「箚 · 進聖學十圖箚」*

○ 1-69 측은하게 여김은 기氣이고 측은하게 여길 수 있는 까닭은 리理라는 것은 본래 북계北溪의 설이다. 스승에게 질문해서도 배척당하지 않았다.[88] 그러나 나는 "측은하게 여김은 기氣이다"라는 말은 기를 너무 강조하여 리理의 경계를 침범한 점이 없지 않나 하고 의심하였다. 【「이굉중에게 답한 글」】

○ 1-69 惻隱, 氣也. 其所以能是惻隱, 理也. 此固北溪說也. 質之師門不見斥, 然滉亦嘗疑'惻隱氣也'一語, 太主張氣字, 不無侵過理界分了. 【「答李宏仲」】*『退溪先生文集』, 卷36, 1쪽a, 「書 · 答李宏仲問目」*

○ 1-70 신神은 양陽의 영靈이니, 곧 한몸에 두루 가득 찬 혼기魂氣로서 헤아릴 수 없는 오묘함을 지닌 것이다. 정精은 음陰의 영상[89]이니, 곧 응정凝定한 체백(魄)으로 신혼神魂을 싣고 있는 것이다. 【「노이재에게 준 글」】

○ 1-70 神者, 陽之靈, 卽魂氣之充周一身而有不測之妙者也. 精者, 陰之英爽, 卽體魄之凝定而載神魂者也. 【「與盧伊齋」】*『退溪先生文集』, 卷10, 6쪽a, 「書 · 與盧伊齋寡悔」*

○ 1-71 신神은 양혼陽魂의 드러나고 작용하는(發用) 오묘함을 말하며 정精은

88) 『朱子大全』 권57, 제11번째 편지 「答陳安卿」에 나오는 말이다.
89) 英은 빼어남을 의미하고 爽은 밝음을 의미하니 英爽은 아주 밝은 陰의 기운이다.

음백陰魄이 응정한 영英을 말한다. 【위와 같음】

○ 1-71 神者, 陽魂發用之妙. 精者, 陰魄凝定之英. 【上同】 *『退溪先生文集』, 卷10, 12쪽b, 「書·答盧伊齋」*

○1-71-1 또 이공호에게 답하였다. "정精은 기氣의 진상眞爽이니 이것을 바탕으로 사물을 이룬다. 백魄은 음의 영靈이다. 신神은 리理와 기氣의 오묘한 합일合一로써 헤아릴 수 없는 발용發用을 지니고 있다."90)

○1-71-1 又答李公浩曰, "精是氣之眞爽, 所資以成此物者. 魄是陰之靈也, 神是理氣之妙而發用不測者." *『退溪先生文集』, 卷39, 26쪽b, 「書·答李公浩」*

○ 1-72 주자는 "신神은 리理가 기氣를 타고 출입하는 것이다"91)라고 하였다. 내가 생각건대 신명神明이라고 할 때의 신神은 이렇게 보아야만 그 오묘함을 이해할 수 있다. '기氣'자에만 의지하면 좀 거칠다. 【「정자중에게 답한 글」】

○ 1-72 朱子曰, "神是理之乘氣而出入者." 滉謂神明之神, 須作如此看, 方得其妙. 全靠氣字, 便麤了些子. 【「答鄭子中」】 *『退溪先生文集』, 卷25, 24쪽b, 「書·答鄭子中別紙」*

○1-72-1 또 주자의 「감흥시」에, "사람의 마음은 오묘하여 헤아릴 수 없으니, 기기氣機92)를 타고 출입한다"라고 하였다.

○1-72-1 又朱子「感興詩」曰, "人心妙不測, 出入乘氣機." *『朱子大全』, 卷4, 「齋居*

90) 이황은 모든 현상을 理와 氣의 妙合에 의한 것으로 파악한다. 하물며 陽의 靈이라는 神에 대해서야!

91) 『朱子大全』 권62, 제24번째 편지 「答杜仁仲」에 나오는 말이다.

92) '機'자를 많이 사용하지만 번역하기 어려운 경우가 많다. 틀·계기·기틀·실마리 등 다양한 뜻이 있다. 영어로 mechanism이라고 번역한 것을 보았는데 적합하다고 생각되는 때가 많았다. 장치라고 할 수 있다.

感興二十首」

○ 1-73 기품氣稟의 기氣와 혼백魂魄의 백魄을 합하여 기백氣魄이라고 한다. 백魄은 음의 영靈인데 음陰의 성질은 일정하게 간직하여 지키는 것이다. 그러므로 모든 사람이 복록福祿을 누리고 사업을 담당하고 하는 것 등은 모두 기백 때문이다. 기백이 성대한 사람은 복록과 사업도 따라서 성대하다. 또 신혼神魂을 간직하고 총명함이 있어 지나간 일을 기억하는 것 등은 모두 백魄에 달려 있다.[93) 【이평숙에게 답한 글」】

○ 1-73 氣稟之氣, 魂魄之魄, 合而命之曰氣魄. 魄是陰之靈, 陰性能持載守得定. 故凡人所以享守福祿擔當事業之類, 皆氣魄之爲也. 故氣魄盛大者, 福祿事業亦從而盛大也. 且凡藏神魂有聰明記往事之類, 皆在於魄也.【「答李平叔」】*『退溪先生文集』, 卷37, 22쪽a, 「書·答李平叔」*

○ 1-74 덕德은 이미 얻은 것을 일컬으니 음陰이다. 도道는 이제 막 행하는 것을 일컬으니 양陽이다.【「이강이에게 답한 글」】

○ 1-74 德者, 已得之名, 故爲陰. 道者, 方行之名, 故爲陽.【「答李剛而」】*『退溪先生文集』, 卷22, 16쪽b, 「書·答李剛而」*

○ 1-75 충서忠恕에 나아가서 충서의 리理를 다하면 충서가 곧 도道이며, 인의예지仁義禮智에 나아가서 그 리理를 다하면 인의예지가 곧 도道가 된

93) 認識 행위도 陽이 하는 일과 陰이 하는 일을 나누어 설명함을 알 수 있다. 대상을 직접 인식하는 능력은 陽에 속하지만 그것을 기억하는 일은 陰이 한다.

다.【「김사검에게 답한 글」】

○ 1-75 卽忠恕而盡其理, 則忠恕卽道. 卽仁義禮智而盡其理, 則仁義禮智卽道.【「答金思儉」】*『退溪先生文集』, 卷13, 18쪽b, 「書·答金思儉」*

○ 1-76 중中과 인仁이 정적靜的이어서 체體가 된다는 입장에서 말하면, 정正과 의義는 동적動的이어서 용用이 된다. 정正과 의義가 정적이어서 체體가 된다는 입장에서 말하면 중中과 인仁이 동적이어서 도리어 용用이 된다. 4가지는 모두 체體와 용用이 있으므로 또 서로 체體와 용用이 되기도 한다.[94)]【「이강이에게 답한 글」】

○ 1-76 自中與仁靜處爲體而言, 則正與義動處便是用. 自正與義靜處爲體而言, 則中與仁動處却又爲用. 蓋四者皆有體用, 故又互相爲體用.【「答李剛而」】*『退溪先生文集』, 卷21, 20쪽a, 「書·答李剛而問目」*

○ 1-76-1 「태극도설」에서 "성인聖人은 중中·정正·인仁·의義로써 모든 일을 바로잡지만, 정靜을 주로 한다"라고 하였다. 주자는 해석하기를 "행함이 중中을 얻고, 처리함이 바르며(正), 마음 씀이 어질며(仁) 일을 결정함이 의롭다(義). 대개 움직이거나 고요히 있거나 모든 생활에 저 태극太極의 도道를 온전하게 유지하지 않음이 없다"[95)]라고 하였다. 이것은 중中과 인仁을 동적인 용用으로 여기고 정正과 의義를 정적인 체體로 여긴 것이다.

○ 1-76-1 「太極圖說」曰, "聖人定之以中正仁義而主靜." 朱子解曰, "行之也中, 處之也正, 發之也仁, 裁之也義. 蓋一動一靜, 莫不有以全夫太極之道." 此以中仁爲動爲用, 正義爲靜爲體也. *『退溪先生文集』, 卷21, 20쪽a, 「書·答李剛而問目」*

---

94) 이황은 體와 用을 고정적인 것으로 보지 않는다. 설명하는 입장에 따라서 서로 바뀔 수 있는 것으로 본다.

95) 「太極圖說解」에 나오는 말이다.

○1-76-2 주자가 장경부[96]에게 답하기를, "정正과 중中을 대비시키면 중中이 중요하며, 의義와 인仁을 짝 지으면 인仁이 근본이 된다"[97]라고 하였다. 또 여백공[98]에게 답하기를 "아직 드러나지 않은 것(未發)을 가리켜 중中이라 하고, 온전한 체體를 가리켜 인仁이라고 함은 모두 정靜을 말한 것이다. 사물을 마땅하게 처리함을 의義라 하고, 처리함이 합당한 자리를 얻은 것을 정正이라고 한 것은 모두 사물에 감응感應하여 동動할 때를 두고 말한 것이다"[99]라고 하였다. 이것은 모두 중中과 인仁을 정靜과 체體로 여기고 정正과 의義를 동動과 용用으로 여긴 것이다.

○1-76-2 朱子答張敬夫曰, "以正對中, 則中爲重. 以義配仁, 則仁爲本." 又答呂伯恭曰, "指其未發而謂之中, 指其全體而謂之仁, 則皆未離乎靜者而言之. 處物之宜謂之義, 處得其位謂之正, 則皆以感物而動之際爲言矣." 此皆以中仁爲靜爲體, 正義爲動爲用也. *『退溪先生文集』, 卷21, 20쪽a, 「書·答李剛而問目」*

○1-76-3 선생은 위의 모든 설을 합하여 서로서로 체와 용이 된다고 하였다.

○1-76-3 先生合上諸說, 爲互爲體用之論.

○1-77 맥박이 계속해서 뛰는 것을 통하여 충만하여 끊임없이 발산되는 인仁의 쉬지 않는 생명의지를 볼 수 있다. 병아리를 보고 불쌍하게 여기는 마음이 생기는 것을 통하여 생명의 리理인 인仁의 불쌍하게 여기는 자애로운 뜻을 볼 수 있다.[100] 【위와 같음】

---

96) 張敬夫는 주희의 친우인 張栻(1133~1180)이다.
97) 『朱子大全』 권32, 제18번째 편지 「答張欽夫」에 나오는 말이다.
98) 呂伯恭은 주희의 친우인 呂祖謙(1137~1181)이다. 伯恭은 그의 자이며 호는 東萊이다. 그는 주희와 육구연의 장점을 동시에 취하려고 하였다. 주희와 육구연 사이의 논변으로 유명한 '鵝湖의 모임'은 그의 주선에 의한 것이었다.
99) 『朱子大全』 권33, 제8번째 편지 「答呂伯恭」에 나오는 말이다.
100) 주희는 仁을 '자연이 만물을 낳는 마음' 곧 생명의지라고도 정의한다.

○ 1-77 按脈之流動相續, 而見仁之憤盈融洩, 生生不息意思. 觀雞之稚嫩可憐, 而識仁之生理藹然惻怛慈愛意思. 【上同】 *『退溪先生文集』, 卷21, 10쪽b, 「書 · 答李剛而問目」*

○ 1-77-1 정자가 "맥박을 짚어 보면 인仁을 가장 잘 체득할 수 있다"라고 하였다. 또 "병아리를 보면 인仁을 알 수 있다"라고 하였다.

○ 1-77-1 程子曰, "切脈最可體仁." *『二程遺書』, 卷3, 제2조* 又曰. "觀雞雛, 此可觀仁." *『二程遺書』, 卷3, 제3조*

○ 1-77-2 주자가 임택지에게 말하기를 "맥박을 짚어서 혈기血氣가 주류함을 알고 병아리를 보고 생의生意가 드러남을 알 수 있다. 이러한 말로써 보여주는 의미는 의학醫學에서 '손발이 마비된 것을 불인不仁이라 한다'라고 하는 말을 인용하거나 주자周子가 정원의 풀을 제거하지 않았다는 일을 예로 드는 것과 같다"라고 하였다.

○ 1-77-2 朱子答林擇之曰, "因切脈而見血氣之周流, 因觀雞雛而見生意之呈露. 故即此指以示人, 如引醫家手足頑痺之語, 擧周子不去庭草之事, 皆此意耳." *『朱子大全』, 卷43, 제38, 「答林擇之」, 제16*

○ 1-77-3 절맥切脈이라고 할 때의 절切은 손가락으로 물건을 짚어서 아는 것이다.

○ 1-77-3 切, 以指按物而知之也.

○ 1-77-4 주자가 말하기를 "인仁은 마음의 정리正理이며 저절로 그러한 기틀이어서 잠시도 쉬지 않고 충만하게 발산發散되어 닿는 곳마다 관통貫通한다"라고 하였다.

○ 1-77-4 朱子曰, "仁是心之正理, 自然之機, 無頃刻停息, 憤盈發洩, 觸處貫通." *『延平答問』, 제53조*

제2편

위학爲學1)

* 39조목이다.

○ 2-1 학문은 공부를 절실하고 엄밀하게 함에 달려 있을 뿐이다. 독서를 정밀하고 익숙하도록 하며, 깊이 완미하고 오래도록 노력하면, 저절로 유학儒學의 문호가 정당하고 학문의 단서가 분명함을 차츰 알 수 있을 것이다. 【「조기백에게 답한 글」】

○ 2-1 爲學只在用功密切. 讀書精熟玩味之深積久之餘, 自當漸見門戶正當端緒分明. 【「答趙起伯」】 *『退溪先生文集』, 卷38, 1쪽a, 「書 · 答趙起伯」*

○ 2-2 사람이 학문을 함에는 방향이 정당하고 입지立志가 굳세고 확고한 것을 귀하게 여긴다. 어지러운 세속世俗에 의하여 뜻을 바꾸거나 빼앗기지 않고 열심히 노력을 계속한다면 어찌 성공하지 못할까를 걱정하겠는가? 【「이굉중에게 답한 글」】

○ 2-2 人之爲學, 趨向正當立志堅確爲貴. 不爲澆俗所移奪, 刻苦用工久而不輟, 何患無成? 【「答李宏仲」】 *『退溪先生文集』, 卷35, 17쪽a, 「書 ·*

---

1) 『李子粹語』의 권1은 「道體」와 「爲學」 두 편으로 되어 있다. 爲學이란 학문을 말하지만 내용상으로는 오늘날의 학문과 커다란 차이가 있다. 이황은 특히 爲己之學 곧 자기 자신의 인격완성을 위한 학문을 강조한다. 위기지학이란 유학의 기본 정신이라고 해도 좋을 것이다.

答李宏仲」

○2-2-1 또 조사경에게 답하였다. "뜻(志)이 독실하지 아니한 것이 선비의 걱정이다. 뜻이 독실하지 못하기 때문에 자신을 수립함이 견고하고 확실하지 못할 따름이다. 방법을 잘 선택하고 뜻을 굳게 세운다면 모든 사람들이 비웃어도 걱정하지 아니한다. 하물며 열 사람 가운데서 아홉 사람쯤이 웃는대야. 그러므로 남이 비웃는 것을 걱정해서 더욱 힘쓰는 것은 좋지만, 남이 비난하고 헐뜯는다고 하여 그만둔다면 선비가 되기에 부족할 것이다."

○2-2-1 又答趙士敬曰, "士患志不篤. 所以自樹立者不堅確耳. 苟擇術審而植志固, 擧世而非笑之猶不恤. 況十九人者乎! 故慮人之譏笑而加勉則善矣, 憂人之非毁而自沮, 則恐不足以爲士也." *『退溪先生文集』, 卷23, 1쪽a, 「書 · 答趙士敬」*

○2-2-2 또 금협지에게 답하였다. "선비가 크고 높은 뜻이 있은 뒤에야 세상에서 굳게 설 수 있다."

○2-2-2 又答琴夾之曰, "士須有嘐嘐激昂之志氣然後, 可以樹立於世." *『退溪先生文集』, 卷27, 38쪽b, 「書 · 與琴夾之」*

○2-3 김수가 물었다. "배우는 자가 무엇을 먼저 하여야 합니까?" 선생은 대답하였다. "먼저 뜻을 세워야 한다. 그러나 뜻을 둘 목표가 무엇인가도 잘 살펴야 한다." 【김수의 기록】

○2-3 金晬問, "學者之初何者爲先?" 先生曰, "立志爲先. 然觀其所志者亦何事." 【金晬錄】 *『退溪先生言行錄』, 卷1, 「敎人」*

○2-4 정곤수가 기질氣質을 변화시키는 방법에 대하여 물었다. 선생은 말하

기를 "『논어』의 '충신을 주로 하라'(主忠信[2])와 같은 것이 가장 자신에게 절실하다"라고 하였다. 【정구 『한강집』】

○ 2-4 鄭崑壽問氣質變化之法. 先生曰, "如論語中'主忠信'三字最爲切己." 【鄭逑 『寒岡集』】 *『寒岡先生文集』, 卷14, 1쪽a, 「行狀」*

○ 2-5 선생이 김명일에게 말하였다. "도道는 가까운 곳에 있는데 사람들이 스스로 살피지 못할 따름이다. 날마다 생활하는 일을 벗어나서 별다른 어떤 도리道理가 어떻게 따로 있을 수 있겠는가?" 【김명일의 기록】

○ 2-5 先生謂金明一曰, "道在邇而人自不察耳. 豈日用事物之外別有一種他道理乎?" 【金明一錄】 *『退溪先生言行錄』, 卷1, 「敎人」*

○ 2-6 인仁이라는 한 글자에 대하여 번지樊遲가 공자에게 세 번이나 물었으나[3] 오히려 이해하지 못하였다. 물러나서 자하子夏에게 물어본 뒤에야 알았다.[4] 중화中和 두 글자에 대하여 주자는 연평에게 물어서 분별하고 또 남헌과 편지로 주고받으며 토론하였으나 마음에 맞지 않았었다. 만년晩年이 되어 의義가 정밀해지고 인仁이 완숙된 뒤에야 확실하게 되었다. 오늘날 사람들은 문장의 뜻만 비슷하게 대충 이해되면 나는 이미 알았다고 생각하고 다시는 그것에 대하여 의심하지 않는다. 옛날 현명한 사람의 학문은 저렇게 둔하고 오늘날 사람의 학문은 이렇게 민첩한 이유는 무엇인가? 【「책문」】

---

2) 『論語』「學而」 제8장에 나오는 말이다.
3) 樊遲의 仁에 대한 물음은 『論語』「雍也」 제20장과 「顔淵」 제22장, 「子路」 제19장에 나온다.
4) 『論語』「顔淵」 제22장에 해당 내용이 나온다.

○ 2-6 仁之一字, 樊遲三問於夫子而猶未達. 退質於子夏而後始知. 中和兩字 朱子旣問辨於延平, 又往復究論於南軒而猶未契. 至於晩年義精仁熟而後方信. 今人粗窺文義之髣髴, 便自謂予已知之矣, 更不復致疑於其間. 是何昔賢之學 如彼其鈍, 而今人之學如是其敏歟? 【「策問」】 *『退溪先生文集』, 卷41, 40쪽a, 「雜著 · 策問」*

○ 2-7 묻기를 "주자는 늘 배우는 자에게 평이하고 명백한 일을 통하여 공부하라고 하였는데 이것은 곧 어버이를 섬기고 형을 따르는 등의 일상적인 일을 말합니까?"라고 하자 대답하기를 "그렇다. '공손하게 처신하고 일을 조심스럽게 처리하며 남을 충심忠心으로 대하는 일'[5] 등은 모두 평이하고 명백한 것이다"라고 하였다. 【『습유』】

○ 2-7 問, "朱子常令學者於平易明白處用工, 夫乃事親從兄日用常行之事乎?" 曰, "然. '居處恭 · 執事敬 · 與人忠'皆是平易明白處也." 【『拾遺』】 *『鶴峯先生文集續集』, 卷5, 12쪽a, 「雜著 · 退溪先生言行錄」*

○ 2-7-1 또 김이정에게 답하기를, "반드시 뚜렷하고 명백하며, 평이하고 실제적인 의리義理에서부터 공부해 나아가야 한다"라고 하였다.

○ 2-7-1 又答金而精曰, "須從義理顯然明白平實處做將去." *『退溪先生文集』, 卷29, 24쪽a, 「書 · 論李仲虎碣文示金而精」*

○ 2-8 위기지학爲己之學은, 우리가 알아야 하는 것은 도리道理이고 우리가 행해야 하는 것은 덕행德行이라고 생각하여, 일상생활을 통하여 공부하며 마음으로 이해하고 몸소 실천하기를 기약하는 학문이다. 위인지

---

5) 『論語』 「子路」 제19장에 나오는 말이다.

학爲人之學은 마음으로 이해하고 몸소 실천함을 힘쓰지 아니하고 없는 것을 있는 것처럼 꾸며 외부의 상황에 맞추어 명예를 얻고자 하는 학문이다. 【김부륜의 기록】

○ 2-8 爲己之學以道理爲吾人之所當知, 德行爲吾人之所當行, 近裏着工期在心得而躬行者是也. 爲人之學則不務心得躬行而飾虛徇外以求名取譽者是也. 【金富倫錄】 *『雪月堂先生文集』, 卷4, 8쪽a, 「雜著·退溪先生言行箚錄」*

○ 2-9 일상생활 가운데 충만해 있는 리理는 다만 동정動靜·어묵語默의 사이와 일상적으로 대인관계를 맺는 가운데 있어서 평이하고 실제적이며 명백하다. 세미한 곡절曲折은 그렇지 않은 때가 없고 그렇지 않은 곳이 없어 눈앞에 훤하게 드러나지만, 이 리理는 오묘하여 들어가고자 하면 아무런 조짐도 없다. 초학자가 이것을 버리고 갑자기 높고 깊고 원대한 것에 종사하여 지름길을 통하여 급하게 얻으려고 하지만 이것은 자공子貢도 할 수 없는 일이었다. 우리들이 그렇게 할 수 있겠는가? 【「남시보에게 답한 글」】

○ 2-9 此理洋洋於日用者, 只在作止語默之間, 彝倫應接之際, 平實明白. 細微曲折, 無時無處無不然, 顯在目前, 而妙入無眹. 初學舍此, 而遽從事於高深遠大, 欲徑捷而得之, 此子貢所不能. 而吾輩能之哉? 【「答南時甫」】 *『退溪先生文集』, 卷14, 7쪽b, 「書·答南時甫」*

○ 2-10 때와 장소에 따라 능력껏 공부하고, 항상 의리義理로써 물을 주고 길러 쓰러지게 하지 않는다면, 연평이 말한 "이 도리道理가 항상 마음의 눈앞에 있다"[6]고 하는 경지를 나 자신에게서도 직접 체험할 수

있을 것이다. 대개 인仁을 실천함은 자신에게 달린 것이어서 남과는 관계가 없다. 근본이 되는 마음 바탕이 없다면 스승이나 친구와 날마다 함께 지낸다고 하더라도 결국 아무런 이익이 없는 데로 귀착될 뿐이다. 【「유이현에게 답한 글」】

○ 2-10 但隨時隨處, 量力加工, 常以義理, 澆灌栽培, 勿令廢墜, 則如延平所謂"此箇道理時常在心目之間"者, 庶幾於吾身親見之矣. 蓋爲仁在己, 無與於別人. 若無此根本田地, 則雖日與師友相從, 亦終歸於無益耳. 【「答柳而見」】 *『退溪先生文集』, 卷35, 13쪽b, 「書·答柳而見」*

○ 2-11 공부의 선후를 말하자면 『소학』을 먼저 배운 다음에 『대학』을 배워야 한다. 공부의 규모와 절차 및 조목은 이 두 책에 각각 갖추어져 있으므로 우리가 마음과 힘을 다해서 추구해야 한다. 【「이굉중에게 답한 글」】

○ 2-11 工夫先後, 須先『小學』後『大學』. 而規模節目各具於其書, 在吾盡心盡力而求之耳. 【「答李宏仲」】 *『退溪先生文集』, 卷35, 17쪽a, 「書·答李宏仲」*

○ 2-12 "(성현은) 인간의 본분에서 벗어난 것을 조금도 행하지 않았다. 그들이 말한 것을 보면 곧 인간의 도리道理에 관한 것이다." 배우는 자들을 위하여 늘 이 말씀을 하셨다. 【『기선록』】

○ 2-12 "本分之外不加毫末. 見成說底, 便是道理." 此說, 每爲學者言之. 【『記善錄』】 *『艮齋先生文集』, 卷5, 1쪽a, 「溪山記善錄上」*

---

6) 『延平答問』 제22조에 나오는 말이다.

○ 2-13 군자의 학문은 자기 자신의 인격수양을 위해서 할 뿐이다. 자기 자신의 인격수양을 위한다는 것은 장경부가 말한 '다른 목적이 없이 그 자체를 위한 것'[7]을 말한다. 깊은 산골짜기 무성한 숲속에 있는 난초가 종일토록 향기를 발산하지만 자신은 향기를 발하는지도 모른다. 이것이 군자가 자신의 인격수양을 위한다는 의미와 꼭 부합한다. 【위와 같음】

○ 2-13 君子之學, 爲己而已. 所謂爲己者, 卽張敬夫所謂'無所爲而然'也. 如深山茂林之中有一蘭艸, 終日薰香, 而不自知其爲香. 正合於君子爲己之義. 【上同】 *『艮齋先生文集』, 卷5, 1쪽a, 「溪山記善錄上」*

○ 2-14 보통 사람들은 학문이 진보하여도 스스로의 경지를 알지 못한다. 이것은 자신을 재량裁量할 줄 모르는 것이다. 성인[8]은 15세에서 70에 이르기까지 점차적으로 진보하여 극치에까지 이르렀으니 끊임없는 변화를 하였다고 할 수 있다. 그러나 그러는 가운데 '입立'·'불혹不惑'·'지천명知天命'·'이순耳順'·'불유구不踰矩'의 경지를 구별하여 알았으니[9] 자신을 재량할 줄 안 사람이다. 【「오자강에게 답한 글」】

○ 2-14 常人之學雖益而不自知. 是不知所裁者也. 惟聖人自十五至七十漸進而至極, 所謂化也. 而能就其中知其立, 知其不惑, 知其知天命, 知其耳順, 知其不踰矩. 所謂知裁也. 【「答吳子强」】 *『退溪先生文集』, 卷33, 15쪽a, 「書·答吳子强問目」*

---

7) 『南軒集』 권14 「孟子講義序」에 나오는 말이다.

8) 여기에서 聖人은 공자이다.

9) 『論語』 「爲政」 제4장에 해당 내용이 나온다.

○ 2-15 연평延平은 세상을 끊고 정좌靜坐하였으니, 오로지 연평만을 표준으로 삼는다면 한쪽으로 치우치는 폐단이 있게 될 것이다. 모든 잡된 것을 떨쳐 버리고 한결같이 박문약례博文約禮[10]의 가르침과 충신忠信·독경篤敬[11]의 교훈에만 전념하고, 법도로써 자신을 다스린다면 바로 공경스러운 태도가 넘치게 될 것이니, 게으른 태도가 몸에 밸까 걱정할 것이 없게 된다. 이러한 태도가 순수하고 익숙하게 되면 덕德의 경지로 나아가게 될 것이다. 어떻게 어지러운 덕德으로 귀착된다고 말할 수 있겠는가?【「송과우에게 답한 글」】

○ 2-15 延平絶世靜坐. 若專以爲標準, 亦或有流於一偏之弊. 惟掃除百雜, 一意專事於博文約禮之誨忠信篤敬之訓, 能以規矩自治, 則正所以敬勝, 何患於怠勝. 能至於純熟, 則正所以入德. 何以云歸於亂德耶?【「答宋寡尤」】*『退溪先生文集』, 卷13, 19쪽a, 「書·答宋寡尤」*

○ 2-16 조금 이해하였다고 기뻐하지 말고 또 중단하게 됨을 깊이 경계하여라. 경박한 세속에 의하여 마음을 빼앗기거나 세속 때문에 뜻을 바꾸지 말고 오래도록 공부를 쌓아 간다면 어찌 얻지 못할까 걱정할 필요가 있겠는가? 그렇게 하지 않는다면 지난날 남의 행동이 말에 미치지 못함을 심한 병통으로 여겼는데 갑자기 그러한 상황이 도리어 자기 자신에게 있게 되니, 매우 두려운 일이다.【「김백순에게 답한 글」】

○ 2-16 無以得少爲足, 亦深以作輟爲戒. 勿爲澆俗所遷奪, 積之以久, 何憂

10)『論語』「子罕」제10장에 나오는 말이다.
11)『論語』「衛靈公」제5장에 나오는 말이다.

於卒無得耶? 苟爲不然, 前日見人之行不掩言以爲甚病者, 忽反在我, 是尤可懼也.【「答金伯純」】*『退溪先生文集』, 卷13, 9쪽a, 「書·答金伯純」*

○ 2-17 보통 사람이 학문을 성취하지 못하는 이유는 한 번 어렵다고 생각되면 그만두고 하지 않기 때문이다. 성공을 의심하지 않고 그만두지도 않으며, 빨리 달성하려고 지나치게 박절하게 하지도 말고 후회하여 뜻을 굽히거나 빼앗기지도 말며, 오래도록 강구하고 실천하여 점점 완숙하게 되면, 의미가 마음에 배어들고 안목이 명쾌해짐을 깨닫게 될 것이다. 그렇게 되면 책을 읽고 리理를 완미하여 때와 장소에 관계없이 항상 공부할 수 있을 것이다.【「이굉중에게 답한 글」】

○ 2-17 常人之學所以每至於無成者, 只緣一覺其難遂輟而不爲. 若能不疑不輟, 毋以欲速而過於迫切, 毋以多悔而至於撓奪, 講究踐履久久漸熟, 則自當見意味浹洽, 眼目明快. 凡讀書玩理, 隨時隨處, 皆可以用工矣.【「答李宏仲」】*『退溪先生文集』, 卷35, 20쪽b, 「書·答李宏仲」*

○ 2-17-1 주자는 일찍이 "매우 괴롭고 쾌활하지 못한 단계에 이르러 바야흐로 좋은 소식이 온다"라고 하였다.

○ 2-17-1 朱子嘗曰, "做到極辛苦不快活處, 方是好消息來." *『朱子語類』, 卷117, 제51조*

○ 2-18 하늘에서 나와 사람의 마음에 갖추어진 도道의 큰 근원이 지혜로운 자에게는 많이 부여되고 어리석은 자에게는 적게 부여된 것은 아니

다. 성현聖賢이 사람을 가르쳐 서적에 기록된 말씀이 옛날에는 시작에 지나지 않았지만 오늘날에는 모든 것이 다 갖추어졌다. 구하지 않는 것이 걱정일 뿐이지 구한다면 알지 못할 이유가 없다. 실천하지 않는 것이 걱정일 뿐이지 실천하고자 한다면 모든 가르침이 실천할 만한 도道일 것이다. 【「역동서원기」】

○ 2-18 道之大原出於天而具於人心者, 知非豐愚非嗇. 聖賢之言諭諸人而布在方策者, 昔始至而今悉備. 人病不求耳, 求則無不知之理. 人病不踐耳, 踐則皆可行之道. 【「易東書院記」】*『退溪先生文集』, 卷42, 45쪽a, 「記·易東書院記」*

○ 2-19 이 학문에 뜻을 둔 사람을 얻기 어렵다. 뜻을 두게 되면 너무 지나치게 노력하여 괴로워하게 되고 괴로워하게 되면 등지고 떠나 버린다. 모두가 그러하여 세상에 맹주가 될 만한 진유眞儒가 없다. 학문이 정당한 문門을 찾아서 들어가지 못하기 때문에 이러하다. 【「정자중에게 답한 글」】

○ 2-19 此學有志者難得. 才有志, 便過於用力而有所苦, 才有苦, 便背馳而去. 箇箇皆然, 世無眞儒之主盟. 學不得其門而入故如此. 【「答鄭子中」】*『退溪先生文集』, 卷24, 29쪽b, 「書·答鄭子中」*

○ 2-20 반드시 항상 빼앗을 수 없는 의지와 굴복시킬 수 없는 기백氣魄과 흐리게 할 수 없는 식견識見이 있어야 한다. 게다가 학문의 힘으로 날마다 단련한 뒤에야 뿌리를 굳게 내려 세속의 명예·이익·위엄·풍속에 꺾이지 않을 수 있다. 그렇지 않으면 맛을 보아도 맛이 없어

이해하지 못하게 되고, 뚫어도 더욱 단단하게 느껴져 들어가지 못하게 된다. 잠시 사이에 마음이 게을러지고 뜻이 쇠퇴해지며, 생각이 흔들리게 됨을 면하지 못하게 된다. 게다가 세속의 이해利害·화복禍福의 설이 계속 위협하고 공갈치며 점점 녹이게 되면, 처음에 하던 공부를 바꾸어 세상과 어울려, 잘 보이고 도道를 배반하고 이익을 좇음을 잘하는 짓이라고 생각하지 않는 사람이 드물다. 【「기명언에게 답한 글」】

○ 2-20 必常有不可奪之志, 不可屈之氣, 不可昧之識見. 而學問之力, 日淬月鍛, 然後庶可以牢着脚跟, 不爲世俗聲利威風所掀倒也. 不然, 味無味而無得, 鑽彌堅而不入. 少間不免心懶意闌, 志慮回撓. 而世俗利害禍福之說, 又從而怵迫恐喝, 寖銷寖鑠, 則其不變其初服而以諧世取容, 背道趨利爲得計者, 鮮矣. 【「答奇明彦」】 *『退溪先生文集』, 卷16, 2쪽a, 「書·答奇明彦」*

○ 2-21 사람 가운데는 모르면서 아는 체하고, 거짓을 사실인 것처럼 속이고, 허명虛名을 노략질하고, 거짓을 지어내서 명예를 얻는 자가 있다. 이러한 사람이 화禍와 실패를 당하는 것은 본래 스스로 취한 것이다. 또 참(實)이 쌓여 꽃이 피고, 그릇이 커서 소문이 크고, 덕德이 가득 차서 명성이 나는 사람도 있다. 명성이 있는 곳에는 비방도 따르는 법이어서 혹 비방을 면하지 못하는 경우도 있으니, 이것을 모두 그 사람의 죄로 돌릴 수 있겠는가? 옛날 사람의 말에 "명성을 피하고자 하면 선을 행할 수 있는 길이 없다"라고 한다. 오늘날 사람들이 남에게 대하여 그 사람이 선을 행한다고 드러내어 놓고 배척하고, 공부

하는 것에 대해서도 "명성을 취하고자 함을 싫어한다", "환난을 불러일으킬까 걱정된다"고 하며 공개적으로 배척한다. 선善을 행하다가 게을러지고, 공부하다가 중도에 그만둔 자도 그러한 식으로 변명해 버린다. 풍속이 온통 휩쓸려 날로 퇴폐한 상태로 치닫는다. 아! 누가 병을 다스리는 약[12]을 도리어 사람을 미혹시키는 독毒이라 하는가? 【「노이재에게 답한 글」】

○ 2-21 人有飾智矯情掠虛造僞以得名者. 其陷於禍敗, 固所自取. 其有實積而華發, 形大而聲宏, 德充而譽溢者. 名之所歸, 謗亦隨之, 或因而不免焉, 斯可盡以爲其人之罪乎. 古之人有云 "苟欲避名, 無爲善之路." 今人之於人, 顯斥其爲善, 公排其向學曰 "惡近名也", "戒召患也." 至於爲善而自怠, 向學而中廢者, 其自諉亦然. 擧俗靡靡, 日趨於頹壞. 嗚乎, 孰謂治病之劑, 而反爲迷人之毒乎? 【「答盧伊齋」】 *『退溪先生文集』, 卷10, 12쪽b, 「書 · 答盧伊齋」*

○ 2-21-1 범충선[13]은 말하기를 "사람이 만일 명성을 좋아한다는 오해를 피하려고 하면 선을 행할 수 있는 길이 없다"라고 하였다.

○ 2-21-1 范忠宣曰 "人若避好名之嫌, 則無爲善之路矣." *『宋名臣言行錄』, 後集 권11*

○ 2-22 배우는 자는 먼저 몸과 마음을 수렴해서 집안 살림에는 냉담하게 하고 고생스러운 공부를 해야 한다. 오래도록 파헤치고 씹기를 계속하면 비로소 맛이 좋다는 것을 참으로 알게 되어 힘을 얻게 된다. 이미

---

12) 병을 다스리는 약(治病之劑)은, 올바른 학문을 의미한다.

13) 范忠宣은 范純仁으로 忠宣은 그의 시호이다. 송나라 사람으로서 范仲淹(989~1052)의 둘째 아들이다.

과거를 준비하는 자가 과거에 합격하기 위하여 공부하는 것과 같은 이익을 추구하는 마음이 없어지고, 창문을 부수며 권력에 아부할 필요(斲牕之需)[14]도 없는 학자가 된다. 오늘날 공부하는 자는 훈고訓詁와 송설誦說에 어려움을 당하거나, 문사文詞를 수식함에 현혹되어 있다. 학문에 머리를 숙이고 마음을 억제하여 몸속에 있는 더러운 피를 씻고, 남이 맛보지 못하는 참된 맛을 보려는 사람이 어찌 몇 사람이라도 있겠는가? 【「황중거에게 답한 글」】

○ 2-22 學者先須收斂身心, 以冷淡家計, 作辛苦工夫. 鑽硏咀嚼久久不輟, 方始眞知其味之可悅而得其力也. 旣非擧子決科之利, 又無學士斲牕之需. 且今人爲學, 不困於訓詁誦說, 則必眩於文詞繪繡. 其能俯首抑心於此, 滌腸胃之葷血, 味衆人之所不味者, 寧有幾人. 【「答黃仲擧」】 *『退溪先生文集』, 卷19, 11쪽b, 「書·答黃仲擧」*

○ 2-23 알지 못해서 행하지 않는 것은 그 사람의 죄가 아니다. 안다고 하면서 행하지 않는다면 참된 앎(眞智)이 아니다. 행하되 스스로 노력하지 않는 사람은 스스로 포기하는 자와 마찬가지이다. 노력하되 자신의 생각을 고집하는 사람은 도道를 해치는 자와 다름이 없다. 명예를 피한다는 이유로 남에게 양보하는 사람은 재산의 감퇴減退를 달게 여기는 자와 같다. 세상의 환난을 걱정해서 낮은 수준에 머물기를 좋아하는 자는 방탕하게 술 마시는 데 자신을 의탁하는 사람과 같다. 【「이대용의 연경서원기 뒤에 씀」】

---

14) 이는 당나라의 陽滔가 中書舍人이 되어 칙령을 제작하라는 급한 명령을 받고, 서고의 열쇠가 없어 창문을 부수고 들어갔다는 고사에서 나온 말이다.

○ 2-23 不知而不爲者, 非其人之罪也. 知而不爲之者, 其知也非眞知矣. 爲而不自力者, 同歸於自棄者也. 力而執私見者, 無異於賊道者也. 避名而讓與他人, 自伏退產之類也. 慮患而甘處下流, 詭託荒酗之比也. 【「書李大用硏經書院記後」】 *『退溪先生文集』, 卷43, 25쪽a, 「跋·書李大用硏經書院記後」*

○ 2-24 옛사람들은 현실에서 등용되지 못하면 반드시 은자隱者로서 하는 공부가 있었다. 오늘날 사람들이 세상에서 버림받으면 공부도 그만두는 것과는 달랐다. 【「이중구에게 답한 글」】

○ 2-24 古人不見用於時者, 必有隱工夫. 非如今人廢於世則亦自廢也. 【「答李仲久」】 *『退溪先生文集』, 卷10, 26쪽b, 「書·答李仲久」*

○ 2-25 나는 벼슬하지 않으니 다른 사람은 주나라의 법을 따르는 것이 옳지만, 선비는 옛 것을 상고詳考함을 귀하게 여기므로 나의 경우 옛날로 돌아가도 해로울 것이 없다. 두 가지 입장을 다 취해도 서로 모순되지 않는다. 【「기명언에게 답한 글」】

○ 2-25 吾非居位, 故於人或可從周, 士貴稽古, 故於己不害返古. 兩行而不相悖. 【「答奇明彦」】 *『退溪先生文集』, 卷17, 13쪽b, 「書·答奇明彦」*

○ 2-26 책상에 의지해서 하는 공부가 중요하고, 능력을 발휘해서 하는 사업은 덜 중요한 것임을 모르는 것은 아니다. 그러나 너무나 쇠약해서 들은 것을 존중하고 아는 것을 실천하는 데 힘쓰지 못하는 것을 항상 부끄럽게 여기며 두려워하고 있다. 나 자신에게서는 효과를 거두지 못하더라도 남이 효과를 거두는 것이라도 보게 되면 다행이라고

항상 생각하고 있다. 【「황중거에게 답한 글」】

○ 2-26 非不知隱几工夫大, 揮戈事業卑. 而特地衰惙, 不能自力於尊所聞行所知, 以是恆自愧懼. 每思縱不能收效於吾身, 得見人之收效於此事, 亦一幸也. 【「答黃仲擧」】 *『退溪先生文集』, 卷20, 5쪽b, 「書·答黃仲擧」*

○ 2-26-1 "책상에 의지해서 하는 공부가 중요하고 능력을 발휘해서 하는 정치는 덜 중요하다"는 말은 소자[15]의 「천도음」[16]에 나온다.

○ 2-26-1 "隱几工夫大, 揮戈事業卑", 邵子「天道吟」.

○ 2-27 우리나라의 선비 가운데서 도의道義를 실현하려는 뜻을 조금이라도 가진 사람은 세상의 환난患難을 당한 경우가 많다. 이것은 땅이 좁아 인정이 박한 때문이지만, 스스로 도모함도 미진해서 그렇게 된 것이다. 【「기명언에게 답한 글」】

○ 2-27 吾東方之士稍有志慕道義者, 多罹於世患. 是雖由地褊人澆之故, 亦其所自爲者有未盡而然也. 【「答奇明彦」】 *『退溪先生文集』, 卷16, 2쪽a, 「書·答奇明彦」*

○ 2-28 세태가 변하였다고 해서 참된 공부를 어찌 바꿀 수 있겠는가? 여러 분들이 확고하게 뜻을 세우지 못하는 것을 보면 나를 답답하게 한

15) 邵子는 邵雍(1011~1077)을 가리킨다.

16) 「天道吟」은 다음과 같다. "天道는 알기 어렵지 않으나 인정은 엿보기 쉽지 않으니, 말을 듣고서 행동까지 보아야 하네. 책상에 의지해서 하는 공부가 중요하지 능력을 발휘하는 정치는 덜 중요하네. 봄가을에 흥이 일어나면 조그마한 수레로 바람을 쐬리."(天道不難知, 人情未易窺. 雖聞言語處, 更看作爲時. 隱几工夫大, 揮戈事業卑. 春秋賴乘興, 出用小車兒)

다. 【「이강이에게 답한 글」】

○ 2-28 若爲學實地工夫, 豈可因世變, 而有所改耶? 見諸人立脚不定, 令人氣悶. 【「答李剛而」】 *『退溪先生文集』, 卷22, 7쪽a, 「書 · 答李剛而」*

○ 2-29 부지런히 도道를 지향하는 정성으로 서둘러 바깥 세계로 달리는 마음과 바꾸고, 본성本性에 근본을 두고 서적에서 도道를 찾는다면, 옛날 성현聖賢의 말과 행동을 모두 본받을 수 있을 것이다. 【「영봉서원기」】

○ 2-29 以其孶孶向道之誠, 易其汲汲馳外之心, 本之於性分, 而求之於方冊, 則凡古聖賢一言一行, 皆可師法. 【「迎鳳書院記」】 *『退溪先生文集』, 卷42, 31쪽b, 「記 · 迎鳳書院記」*

○ 2-30 선비가 의리義理를 논하는 것은 농부가 뽕과 삼을 말하고, 목공이 먹줄을 말하는 것과 같으니 각자에게 마땅한 일이다. 그런데 그대가 농부에게 "이것은 신분에 넘치게 신농[17]을 모방한 것이다"라고 허물하고, 목공에게 "이것은 함부로 공수자[18]를 모방한 것이다"라고 허물한다고 해 보자. 신농과 공수자를 따라가기는 참으로 쉽지 않다. 그러나 이 사람들을 버리고 누구에게서 농업과 목공의 기술을 배울 것인가? 【「천명도설후서」】

17) 神農은 중국 전설 중의 제왕이다. 백성에게 농경을 가르쳤으며, 시장을 개설하여 교역의 길을 열었다고 한다. 농업의 신, 의약의 신, 易의 신, 불의 신으로 숭앙되며, 炎帝라고도 한다.

18) 公輸子의 이름은 班으로, 춘추시대 魯의 細工이다. 『孟子』 「離婁上」 제1장에 등장한다.

○ 2-30 士之論義理, 如農夫之說桑麻, 匠石之議繩墨, 亦各其常事也. 子從而尤農夫曰, “是僭擬爲神農也”, 尤匠石曰, “是妄擬爲公輸子也.” 夫神農, 公輸, 誠不易及矣. 然舍是, 又安從學爲農工耶? 【「天命圖說後敍」】 *『退溪先生文集』, 卷41, 1쪽a, 「雜著 · 天命圖說後敍」*

○ 2-31 오늘날 학문하는 사람은 도道를 일상생활 중의 마음에 적합함(至善)에서 찾지 않고, 도리道理에 어긋나는 어려운 데서 출발한다. 끝내는 순서에 따라 도道에 들어갈 희망은 없게 되어 도리어 은미한 것을 찾고 괴이한 행동을 하게 되는 자가 많으니, 매우 탄식할 일이다. 그렇게 되는 이유는 이러하다. 세속을 따라 그릇된 일에 습관이 되고 일상적인 것에 안주하여 뜻을 세움이 없는 자는 아예 공부를 하려고 하지 않는다. 공부를 하려는 자는 대개가 부끄러움을 알고 자신을 사랑하며 세속적인 것을 싫어하고 남다른 것을 추구하는 사람이므로 공부를 시작하자 곧 이러한 병폐에 빠지지 않는 자가 드무니, 매우 지혜롭지 못하도다. 자신의 인격수양을 추구하지 않고 외면을 수식하여 좋게 하고자 하니 그 병폐를 살펴보면 학문을 이해하지 못하는 사람보다도 심하다. 어찌 두려워하지 않을 수 있겠는가? 【「이평숙에게 답한 글」】

○ 2-31 今之向學之人, 不知求道於平常中恰好處, 輒先揷脚於乖異中嶢崎處. 竟致無望於循序入道, 而反歸於索隱行怪者多, 甚可歎也. 所以然者. 士之徇俗習非, 安常無立者, 必不肯向學. 其向學者. 大率皆知恥自好, 憎俗求異之人也, 故其初蹊徑. 鮮不墮落於此, 殊不知. 不求爲己, 務飾外圖好, 看其弊病, 反有甚於不知學之人也. 豈不可懼哉! 【「答李平叔」】 *『退溪先生文集』, 卷37, 30쪽a, 「書 · 答李平叔」*

○ 2-32 서재에서 선생을 모시고 앉아 있었다. 선생께서 자리에 앉아 있는 모든 사람에게 "유가儒家의 의미는 저절로 구별이 된다. 문장을 잘 짓는 사람이 유자는 아니며 과거에 합격한 자가 유자는 아니다"라고 하시고 탄식하며 말씀하셨다. "세상의 많은 영재가 속학俗學에 빠져 있으니 어떤 사람이 이러한 함정에서 벗어날 수 있을 것인가?" 【정사성의 기록】

○ 2-32 侍坐於書齋. 先生謂在座諸人曰, "儒家意味自別. 工文藝非儒也. 取科第非儒也", 因嘆曰, "世間許多英才, 混汨俗學, 更有甚人能擺脫得此科臼耶." 【鄭士誠錄】 *『芝軒先生年譜』, 1쪽a*

◑ 2-33 표지標識를 걸어 두고 자신을 경계할 때, 자신이 좋아하는 내용을 걸어 두기도 하고 자신의 단점으로 자신을 바로잡고자 하기도 한다. 이것은 다른 사람이 간섭할 수 있는 일은 아니다. 그러나 한때 감정이 발하여 이러한 좋은 생각이 있다가도, 시간이 지나가고 상황이 바뀌면 문득 잊어버리게 될까 두렵다. 습관적으로 되고 게을러져서 경계하지 않게 되면 한갓 벽 위의 표방에 지나지 않게 되어 실제 공부에는 도움이 없을 것이다. 【「김이정의 잠재설」】

◑ 2-33 揭號自警, 或以所樂寓意, 或以所短自規. 非他人所能與於其間也. 但恐一時感發, 雖有此好意思, 或時移事遷, 忽然而忘之. 因循怠廢, 則徒爲牆壁標榜, 而無益於實得也. 【金而精「潛齋說」】 *『退溪先生文集』, 卷41, 35쪽b, 「雜著 · 金而精潛齋說」*

○ 2-33-1 『습유』에서 "잠箴과 경警 등을 써서 좌우에 걸어 두고 살핌은 어떻습니까?" 하고 묻자 말씀하셨다. "옛사람들은 반盤과 그릇 · 지팡이 · 책상에

도 모두 명銘이 있었다. 그러나 마음에 경계하고 반성하는 참된 뜻이 없다면 잠箴과 경警이 벽에 가득 차 있더라도 눈에 들어오지 않을 것이니 무슨 도움이 되겠는가? 학문은 장횡거와 같이 해야 한다. '낮에는 노력함이 있고 밤에는 얻음이 있으며 말에는 가르침이 될 만함이 있으며 행동에는 일정함이 있고, 눈 깜짝할 사이에도 보존함이 있으며, 숨 쉬는 사이에도 기름(養)이 있어야 한다.'[19] 그러면 이 마음이 항상 보존되어 흩어지지 않을 것이니 어찌 좌우에 걸 필요가 있겠는가?"

○2-33-1 拾遺問, "書箴警之言, 揭左右觀省, 如何?" 曰, "古人盤盂杖, 几皆有銘. 但心無警省之實, 則箴書滿壁, 亦將視而不見, 固何益哉? 爲學如張橫渠. '晝有爲夜有得, 言有敎動有常, 瞬有存息有養.' 則此心常存而不放矣, 何待於揭座右也?" *『鶴峯先生文集續集』, 卷5, 12쪽a, 「退溪先生言行錄」*

◐2-34 세속에 물들어 의지가 꺾이거나 조금만 얻어도 마음에 만족한다면, 성현의 바른 말을 날마다 좌우에 걸어 두더라도 쓸데없는 말이 될 것이다. 【「남계헌[20]의 잠경 뒤에 씀」】

◐2-34 染俗而壞志, 得少而自足, 則雖聖賢格言, 日陳左右, 亦空言也. 【「題南季憲箴警後」】 *『退溪先生文集』, 卷43, 15쪽a, 「跋 · 題南季憲箴銘後」*[21]

◇2-35 나는 기묘년(1519)에 선비들이 화를 당하는 것을 보고 흠모함을 금할 수 없었다. 그러나 시골에 살며 배운 것이 없다고 생각되어 22살이 되어 모든 사람이 참혹한 화를 당한 뒤에 분발하여 서울로 올라가

---

19) 『正蒙』 「有德」에 나오는 말이다.
20) 南季憲은 南時甫의 동생이다.
21) 『이자수어』에는 남계헌의 箴警이라고 되어 있으나, 『문집』에는 箴銘이라고 되어 있다.

성균관의 서재에 있었다. 마음속에 있는 생각이 바깥으로 드러나지 않을 수 없었다. 많은 사람들이 싫어하여 계속 속이고 비방하여 서로 용납할 수 없는 형세가 되었다. 두 달을 머물다가 돌아왔는데 그때의 비방이 지금까지 끊어지지 않고 있다. 【『질의』】

◇ 2-35 某見己卯之人見敗, 當時雖欽慕不能已, 而自念鄉居無所學問, 故年二十二當諸人慘禍之後, 奮然上京居館下齋. 中心所存不能不見於外. 人多惡之, 誣謗不已, 勢難相容. 居二朔而出來, 其謗至今不絕. 【『質疑』】

◑ 2-36 선생께서 말씀하셨다. "내가 늙도록 도道를 깨닫지는 못하였지만 어려서부터 성현의 말씀을 독실하게 믿어 남의 비난과 칭찬, 영광과 욕됨에 구애되지 않았다. 또한 이상한 것을 주장하여 사람들이 괴이하게 여긴 일도 없다. 배우는 자가 비난과 칭찬, 영광과 욕됨을 두려워한다면 자신의 뜻을 세울 수 없다. 또 안으로 공부가 없으면서 갑자기 이상한 주장을 하여 사람들이 괴이하게 여긴다면 자신을 지킬 수 없다. 요컨대 배우는 자는 단단하고 확실해야 근거해서 지킬 바가 있게 된다." 【김부륜의 기록】

◑ 2-36 先生曰, "余雖老而無聞, 但自少篤信聖賢之言, 而不拘於毁譽榮辱. 亦未曾立異而爲衆所怪. 若爲學者畏其毁譽榮辱, 則無以自立矣. 且內無工夫, 而遽然立異, 爲衆所怪, 則無以自保矣. 要之, 學者須是硬確, 方能有所據守." 【金富倫錄】 *『雪月堂先生文集』, 卷4, 8쪽a, 「雜著 · 退溪先生言行箚錄」*

◐ 2-37 선생의 학문은 한결같이 정자程子와 주자朱子를 표준으로 삼아 경敬

과 의義를 함께 지니고, 지知와 행行을 함께 발전시키고 겉과 안을 하나로 하였으며, 근본과 말단을 모두 실행하였다.【정유일의 기록】

◐2-37 先生學問 一以程朱爲準, 敬義夾持, 知行幷進, 表裏如一, 本末兼擧.【鄭惟一錄】*『文峯先生文集』, 卷5, 1쪽a,「閑中筆錄」*

○2-38 퇴계 선생 학문의 대강을 들어 보자. 경敬을 주로 함은 공부의 시종始終을 일관하고 동정動靜을 겸하였지만, 깊숙한 곳에 홀로 있어 함부로 하기 쉬운 곳에서는 더욱 엄격하였다. 이치를 탐구하는 공부는 체體와 용用을 하나로 하고 본말本末을 포괄하여 참으로 알고 참으로 얻는 경지에까지 깊이 나아갔다. 말하고 침묵하는 일상생활에서 공부하고, 터럭 같은 기미도 잘 살폈다. 평이하고 명백한 것을 도道로 하였지만 남들이 알지 못하는 오묘함이 있었으며, 겸허함과 물러나고 사양함을 덕德으로 삼았지만 사람들이 넘을 수 없는 알맹이가 있었다. 규모가 매우 커서 성인聖人을 배우다가 이루지 못할지언정 한 가지 잘하는 것으로 이름을 이루기를 바라지 않았다. 공부를 매우 용기 있게 하여 자신의 재주를 다해도 미치지 못하는 한이 있을지언정 늙고 병들었다고 게을리 하지는 않았다. 질서 있게 차례대로 공부하여 빨리 이루려고 급박하게 하는 병통이 없었다. 말 없는 가운데 공부하여 어리석은 듯하지만 날로 드러나는 아름다움이 있었다. 여러 성인들의 글을 널리 읽었지만 말단적인 언어와 문자에 머물지 않았다. 지극한 요점을 말하지만 유심幽深하고 현요玄窅한 뜻은 아니었다. 도道가 이미 높았지만 아직 도道를 보지 못한 것처럼 우러러보았다. 덕德이 이미 높았으나 얻지 못한 것처럼 부족하게 여겼다. 심성

心性을 보존해서 기르는 공부는 날로 더욱 순수하고 확실하여지며 실천하는 공부는 날로 두터워졌다. 공부가 쉬지 않고 계속 향상되어 죽을 때까지 하루도 변함이 없었다. 선생의 독실하게 믿고 배우기 좋아하며 무거운 책임을 지고 죽을 때까지 감이 이와 같았다.【김성일『실기』】

○ 2-38 試擧其學之大槪. 則主敬之工貫始終兼動靜, 而尤嚴於幽獨得肆之地. 窮理之工, 一體用該本末, 而深造於眞知實得之境. 用工於日用語默之常, 致察於幾微毫忽之間. 以平易明白爲道, 而有人不及知之妙, 以謙虛退讓爲德, 而有人不可踰之實. 規模甚大, 寧學聖人而不至, 不欲以一善成名. 進修甚勇, 寧竭吾才而不逮, 未嘗以老病自懈. 循循有序無欲速急迫之病. 默默加工有闇然日章之美. 博極羣聖之書, 而非言語文字之末也. 說到至約之中, 而非幽深玄窅之旨也. 道已高矣, 望之若未見. 德已尊矣, 歉然若無得. 存養日益純固, 踐履日加敦篤. 向上之功進進不已, 至死如一日. 其篤信好學任重致遠如此.【金誠一『實記』】*『鶴峯先生文集續集』, 卷5, 1쪽a,「雜著·退溪先生史傳」*

○ 2-39 문장은 육경六經[22]을 근본으로 하고 고문古文[23]을 참조하였다. 외관과 내용을 겸하고 형식과 실질이 적중함을 얻어, 힘이 있고 원숙하면서도 바르고 고상하며, 맑고 씩씩하면서도 화평하여 모든 것이 순수하게 바른 데서 나왔다. 서법書法은 처음에는 진법[24]을 따랐으나

---

22) 육경은『詩經』·『書經』·『禮記』·『樂記』·『易經』·『春秋』이다.『樂記』는 秦火에 없어지고 오경만 남아 있으나 상투적으로 육경이라고 한다.

23) 여기서의 古文은 唐代 고체의 散文을 말한다.

24) 晋法이란 王羲之(307~365)의 서체를 말한다.

나중에는 여러 체를 두루 취하였다. 대개 강하고 씩씩하며 방정하고 엄함을 주로 하였다. 시문詩文의 아름다움과 서법의 묘함을 온 세상이 본받았다. 이것을 통해서도 덕이 있으면 반드시 훌륭한 말이 있고, 사리에 통달한 사람은 못하는 것이 없음을 알 수 있지만 이것은 선생의 본업 밖의 일이니 이것으로 어찌 선생을 평가할 수 있겠는가? 【정유일의 『통술』】

○ 2-39 爲文本諸六經, 參之古文. 華實相兼, 文質得中, 雄渾而典雅, 清健而和平, 粹然一出於正. 筆法初踵晋法, 後又雜取衆體. 大抵以勁健方嚴爲主. 詩文之美, 書法之妙, 擧世靡不師法. 亦可見有德必有言, 通才無不能, 而此則先生之餘事, 烏足爲輕重哉? 【鄭惟一『通述』】 *『文峯先生文集』, 卷4, 18쪽b, 「雜著 · 退溪先生言行通述」*

제3편

궁격窮格

*91조목이다.

○ 3-1 학문은 이치를 탐구함(窮理)을 귀하게 여긴다. 이치에 밝지 못하면 책을 읽거나 일을 당하거나 어떤 경우에도 막히지 않음이 없다. 【우성전의 기록】

○ 3-1 學貴窮理, 理有未明, 則或讀書, 或遇事, 無所往而不礙. 【禹性傳錄】 *『退溪先生言行錄』, 卷1, 「敎人」*

○ 3-2 이치를 탐구함에는 여러 가지 단서가 있다. 탐구하는 대상이 복잡하고 처리하기 어려운 일이며 사물의 핵심이 되는 것이어서 힘써 찾아도 통할 수 없거나 또는 나의 성품이 우연히 이 방면에는 어두워 억지로 밝히기 어려운 경우가 있다. 이때는 우선 이 일은 제쳐 두고 다른 일에 나아가서 탐구해야 한다. 이와 같이 계속 탐구하여 쌓이고 깊어지고 익숙하게 되면 자연스럽게 마음이 점차 밝아져 의리義理의 실상이 눈앞에 점차 드러나게 된다. 그때 다시 지난날 탐구할 수 없었던 것을 집어내어 자세히 풀어 보고, 이미 알게 된 도리에 비추어 참조하고 징험하다가 보면 자신도 모르는 사이에 이전에 알지 못하던 것까지도 한꺼번에 깨닫게 된다. 이것이 궁리窮理의 활법活法

이다. 【「이숙헌에게 답한 글」】

○ 3-2 窮理多端. 所窮之事, 或值盤錯肯綮, 非力索可通, 或吾性偶闇於此, 難强以燭破. 且當置此一事, 別就他事上窮得, 如是窮來窮去, 積累深熟, 自然心地漸明, 義理之實, 漸著目前. 時復拈起向之窮不得底, 細意紬繹, 與已窮得底道理參驗照勘, 不知不覺地, 並前未窮底, 一時相發悟解, 是乃窮理之活法. 【「答李叔獻」】 *『退溪先生文集』, 卷14, 17쪽a, 「書 · 答李叔獻」*

○ 3-3 고금古今 인물의 학문과 도술道術이 차질이 생기는 것은 리理가 알기 어렵기 때문이다. 리理를 알기 어렵다는 것은 대강 알기가 어렵다는 것이 아니라 참으로 알고 오묘하게 이해하여 완전한 경지에 도달하기가 어렵다고 함이다. 여러 이치를 궁구窮究하여 완전히 꿰뚫게 되면, 리理는 지극히 텅 비어 있으면서 지극히 알찬 것이고 지극한 없음이면서 지극한 있음이며, 움직이되 움직임이 없고 고요하되 고요함이 없으며, 깨끗하고 맑아 터럭만큼이라도 보탤 수 없고 조금이라도 줄일 수도 없으며, 음양오행과 만물만사의 근본이 되지만 음양오행만물만사 가운데 갇히지 않는 것을 간파하게 된다. 그러면 어찌 기氣와 섞어 일체一體로 인식하여 일물一物로 볼 수 있겠는가? 【「기명언에게 답한 글」】

○ 3-3 古今人學問道術之所以差者, 只爲理字難知故耳. 所謂理字難知者, 非略知之爲難, 眞知妙解到十分處爲難耳. 若能窮究衆理到得十分透徹, 洞見得此箇物事至虛而至實, 至無而至有, 動而無動, 靜而無靜, 潔潔淨淨地, 一毫添不得一毫減不得, 能爲陰陽五行萬物萬事之本, 而不囿於陰陽五行萬物萬事之中, 安有雜氣而認爲一體, 看作一

物耶? 【「答奇明彦」】 『退溪先生文集』, 卷16, 19쪽a, 「書·答奇明彦」

○ 3-4 리理는 비록 두 가지가 아니지만 이름과 뜻이 가리키는 바가 다른데 억지로 갖다 붙여서 서로 짝 짓는 것은 속유俗儒들의 잘못이다. 【「황중거에게 답한 글」】

○ 3-4 理雖無二, 名義異指, 附會相配, 俗儒之陋也. 【「答黃仲擧」】 『退溪先生文集』, 卷19, 21쪽a 「書·答黃仲擧論白鹿洞規集解」

○ 3-5 체體와 용用은 곳에 따라 활용해 보아야지 억지로 일정하게 말해서는 안 된다. 【「정자중에게 답한 글」】

○ 3-5 體用, 當隨處活看, 不可硬定說. 【「答鄭子中」】 『退溪先生文集』, 卷25, 4쪽b, 「書·鄭子中與奇明彦論學」

○ 3-6 진실하게 힘써 연구하고 실천하여 오래 쌓다 보면 그러는 사이에 매우 기뻐함을 얻게 되기도 하고, 매우 의심스러운 점도 있을 것이다. 이것을 지적해 내어 동지들과 그러한 내용을 주고받으며 토론한 뒤에야 아마도 서로 간에 유익함이 있을 것이다. 【「박자진에게 답한 글」】

○ 3-6 眞實著力硏窮, 著脚推行, 積漸積久, 其間必有所深喜, 亦必有所深疑, 可指出以與同志往復論難, 然後庶乎有益於彼此. 【「答朴子進」】 『退溪先生文集』, 卷15, 27쪽b, 「書·答朴子進」

● 3-7 학문을 연구함에 있어서 분석을 싫어하고 합쳐서 한 가지 이론으로 만들기를 힘쓰는 것을 옛사람들은 '대추를 통째로 어물어물 삼킴'

(鶻圇呑棗)이라고 하였다. 그 병통이 적지 아니하다. 【「기명언에게 답한 글」】

● 3-7 講學而惡分析, 務合爲一說, 古人謂之'鶻圇呑棗', 其病不少. 【「答奇明彦」】 *『退溪先生文集』, 卷16, 8쪽a, 「書 · 答奇明彦」*

○ 3-8 마음으로 일치됨을 느끼지 않으면서 입으로 서로 그렇다고 동의함은 학문을 강구함에 있어서 커다란 금기禁忌이다. 【「신계숙에게 답한 글」】

○ 3-8 心有未契, 而口相然諾, 講學之大忌. 【「答申啓叔」】 *『退溪先生文集』, 卷38, 27쪽b, 「書 · 答申啓叔」*

○ 3-9 의리義理는 본래 하나의 동일한 근원에서 나온 것이다. 만일 서로 비슷하고 닮은 점을 취하여 합해서 같은 것처럼 말한다면 합하지 못할 것이 무엇이 있겠는가? 【「중용석의」】

○ 3-9 義理本同一源,[1] 若取其依俙相近者而合說之[2], 則何所不合. 【「中庸釋義」】 *『四書釋義』, 「中庸釋義」*

○ 3-10 물었다. "사람이 방의 한 모퉁이에서 어떻게 푸른 하늘을 마주할 수 있는가?" 대답하였다. "땅 위는 모두 하늘이다. '그대와 함께 노닌다'(及爾遊衍)[3]라고 하니 어디 간들 하늘이 아니리요. 하늘은 곧 리理이

1) 『四書釋義』에는 '原'으로 되어 있으나 『퇴계선생언행록』에는 '源'으로 되어 있다.
2) 『四書釋義』와 『퇴계선생언행록』 두 곳에 다 '說合之'라고 되어 있으나 '合說之'가 자연스러워 바로잡았다.
3) 『詩經』 「大雅 · 板」의 마지막 구절에 나온다. "하늘은 밝아서 그대와 함께 있으면서 그대가 하는 일을 모두 살핀다"라고 하는 내용이다.

다. 리理가 없는 물건이 없고, 리理가 그렇지 않을 때가 없음을 안다면 상제上帝를 잠시도 떠날 수 없음을 알 수 있을 것이다."【『질의』】

○ 3-10 問, "人在屋漏, 如何對蒼蒼之天?" 曰, "地上皆天. '及爾遊衍', 安往而非天乎? 蓋天卽理也. 苟知理之無物不有, 無時不然, 則知上帝之不可須臾離也."【『質疑』】*『艮齋先生續集』, 卷3, 31쪽a, 「問目 · 上退溪先生」*

○ 3-11 마음은 가슴에 갖추어져 있는 지극히 텅 비고 지극히 신령한 것이다. 리理는 도서圖書[4]에 나타나 있는 지극히 드러나고 지극히 알찬 것이다. 지극히 텅 비고 지극히 신령한 마음으로 지극히 드러나고 지극히 참된 리理를 찾는다면 마땅히 얻지 못할 사람이 없을 것이다.【「성학십도를 올리는 차자」】

○ 3-11 心具於方寸, 而至虛至靈. 理著於圖書, 而至顯至實. 以至虛至靈之心, 求至顯至實之理, 宜無有不得者.【「進聖學十圖箚」】*『退溪先生文集』, 卷7, 4쪽b, 「箚 · 進聖學十圖箚」*

○ 3-12 성현의 책은 읽기가 쉽지 않고, 의리義理는 정밀하고 미묘하여 궁구하기 쉽지 않다. 서로 전승한 종지宗旨는 경솔하게 고칠 수 없으니, 주장을 새로 세워 사람을 가르치는 일은 경솔하게 시작해서는 안 된다. 학문을 함에는 높고 기이하고 현묘한 생각을 일으키지 말고 자기 본분에 맞는 명분과 도리에 의거하여 매우 현실에 가깝고 평이하

4) 여기서 圖書는 「河圖」와 「洛書」를 가리키는지, 『聖學十圖』의 圖說들을 가리키는지 분명하지 않다. 역자는 후자의 의미로 이해한다.

고 명백한 공부를 해야 한다. 오래도록 연구하고 체험하다 보면 저절로 하루하루 높고 크고 깊고 멀어서 궁구할 수 없는 것도 이해할 수 있을 것이다. 【「심무체용변」】

○ 3-12 聖賢之書未易讀, 義理精微未易窮, 相傳宗旨未可輕改, 立論曉人未可輕發. 爲學, 莫把作高奇玄玅想, 且當依本分名理上做切近低平明白底工夫, 研窮體驗, 積之之久, 自然日見其高深遠大而不可窮處. 【「心無體用辨」】 *『退溪先生文集』, 卷41, 16쪽a, 「雜著 · 心無體用辯」*

○ 3-13 배우는 자가 성현의 말에 대하여 참되게 공부할 수 있다면 한 마디 말도 넉넉한 도움이 되겠지만, 힘써 실천하지 않는다면 많이 보아도 아무런 도움이 없을 것이다. 【「박택지에게 준 글」】

○ 3-13 學者於聖賢之言, 苟能用工, 一言有餘, 苟不用力, 雖多無益. 【「與[5]朴澤之」】 *『退溪先生文集』, 卷12, 21쪽b, 「書 · 與朴澤之」*

○ 3-13-1 조카 교寯에게 스스로 경계하게 하는 병명屛銘을 지어 주었다. 그 가운데 "생각하고 실천할 수 있다면 한 마디 말도 오히려 남음이 있을 것이다. 생각하지 아니하고 실천하지 않는다면 만 가지 말인들 어디에 쓸 것인가?"라는 말이 있다.

○ 3-13-1 又題寯姪自警屛銘曰, "能思能行, 一言猶贏. 不思不爲, 萬言奚施." *『退溪先生文集』, 卷44, 2쪽a, 「箴銘 · 題寯姪自警屛銘」*

○ 3-14 성현의 말에 대하여 자기 생각과 일치하면 취하고, 자기 생각과 같

---

5) 『이자수어』에는 '答'으로 되어 있으나 『문집』에 따라 '與'로 바로잡는다.

지 아니하면 혹 억지로 같게 만들거나 배척해서 잘못된 것이라고 한다. 비록 당시에는 천하의 모든 사람 가운데 나와 시비를 겨룰 자가 없게 할 수 있다고 하자. 천년만년 뒤에 성현이 나와서 나의 결점을 지적하고 나의 숨은 병통을 엿보지 않으리라고 어떻게 확신할 수 있겠는가? 그래서 군자는 뜻을 겸손하게 가져서 남의 말을 살피고, 의義에 복종하고 선善을 따르기를 급하게 여기며, 감히 일시적으로 한 사람을 이기고자 하는 계책을 내지 않는다. 【「기명언에게 답한 글」】

○ 3-14 苟於聖賢之言, 同於己者則取之, 不同於己者則或强之以爲同, 或斥之以爲非. 雖使當時擧天下之人無能與我抗其是非者, 千萬世之下, 安知不有聖賢者出, 指出我瑕隙, 覰破我隱病乎? 此君子之所以汲汲然遜志察言, 服義從善, 而不敢爲一時蘄勝一人計也. 【「答奇明彦」】 *『退溪先生文集』, 卷16, 19쪽a, 「書·答奇明彦」*

◑ 3-15 옛날 사람이 말하기를, "감히 자기 자신을 믿지 못하고 스승을 믿는다"라고 하였다. 오늘날 스승을 믿기에 부족하다면 성현에게서 취한 말을 믿어야 한다. 성현은 반드시 사람을 속이지 않는다. 【「이굉중에게 답한 글」】

◑ 3-15 古人云, "不敢自信而信其師", 如今師不足信, 須信取諸聖賢之言, 聖賢必不欺人. 【「答李宏仲」】 *『退溪先生文集』, 卷35, 27쪽b, 「書·答李宏仲」*

○ 3-15-1 『언행록』에서 말하였다. "성인의 경전을 읽고 자기 자신에게 반성하여 밝게 이해되지 않는 점이 있다면 이렇게 생각해야 한다. '성현은 사람이 알 수 있고 실천할 수 있는 것에 대하여 교훈을 내리셨다. 성현의 말씀

이 저러한데 나의 소견이 이러한 것은 나의 공부가 정밀하지 못하기 때문이다. 성현이 어찌 알기 어렵고 행하기 어려운 내용으로 나를 속이겠는가?' 그래서 성현의 말씀을 더욱 믿고 마음을 비우고 추구한다면 장차 이해하게 됨이 있을 것이다."

○3-15-1 『言行錄』曰, "讀聖經, 反諸已, 有不通曉處, '須思聖賢垂訓, 必就人可知可行者立言, 而聖賢之言如彼, 我之所見如此, 則是自我著力不精之故也. 聖賢豈以難知難行者欺我哉?' 益信聖賢之言, 而虛心求之, 則將有見得處." *『退溪先生言行箚錄』, 卷1, 「讀書」*

○3-16 옛날 어진 사람들의 저술 가운데서 의리義理가 크게 잘못되어 후인을 오도誤導하는 내용이 있으면 논변해서 바르게 하지 않을 수 없다. 잘 이해가 안 된다면, 억지로 의론해서 버리거나 취하려고 해서는 안 된다. 미묘한 문장과 정밀한 뜻을 이쪽저쪽으로 나누어 소속시켜 어긋나지 않는 경우는 그대로 두고 바꾸지 말아야 한다. 그리고 그 내용을 자기 자신이 스스로 그렇게 할 수 있나 없나를 점검한 뒤에 날마다 더욱 힘써야 한다. 이것이 중요하고 절실하다. 【「이숙헌에게 답한 글」】

○3-16 前賢著述之類, 如或有義理大段乖謬誤後人底, 不得不論辨而歸於正矣. 若我見未到, 固不宜强作議論而欲去取之. 或微文精義, 分屬彼此之間, 兩行不悖處, 且當從其見成底, 毋爲動著, 仍須把來點檢得此件事於自家這裏有無能否如何, 而日加策勵之, 是爲要切. 【「答李叔獻」】 *『退溪先生文集』, 卷14, 34쪽a, 「書·答李叔獻」*

○3-16-1 또 말씀하시기를 "숙헌의 지금가지의 논변은 선유先儒들의 학설 가운데서 먼저 옳지 아니한 점을 찾아서 폄하하고배척하기에 힘써서 다른

사람으로 하여금 말도 못하게 하고 만다. 옳은 점을 찾아서 명백하고 평이하고 실제적이며 정당한 도리로부터 소박하게 공부해 나가는 뜻은 매우 보가 힘들다. 오래도록 이렇게 하다 보면 올바른 지견과 참된 실천에 매우 장애됨이 있을까 두렵다"라고 하셨다.

○3-16-1 又曰, "叔獻前後論辨, 每把先儒說, 必先尋其不是處, 務加貶斥, 使你更不得容喙而後已. 至於尋究得箇是處, 要從這明白平實正當底道理, 朴實頭做將去意思, 殊未有見得. 或恐久遠, 深有礙於正知見實踐履." *『退溪先生文集』, 卷14, 34쪽1, 「書答李叔獻」*

○3-17 알 수 있는 것에서부터 시작해서 차츰 알 수 없는 묘한 이치를 찾아야 한다. 아마도 그럴 듯한 내용을 끌어다가 붙여서 선사先師의 학설이 잘못되었다고 증명해서는 안 될 것이다.【「남시보에게 답한 글」】

○3-17 當因其所可知, 以漸求其不可知之妙, 恐不當援其近似, 附會以證師門之差說.【「答南時甫」】*『退溪先生文集』, 卷14, 5쪽b, 「書·答南時甫」*

○3-18 사람은 자질에 따라서 각각 병통이 있다. 문장의 뜻을 쉽게 이해하는 자는 본디 깨닫기 어려운 것은 없다고 생각하고 깊이 탐구하고 공부를 쌓아서 실제로 체득하는 학문을 함에는 뜻을 두지 않는 듯하다. 여기에 미치지 못하는 자는 문장의 뜻에 얽매여 벗어날 수 없으니 마음으로 융합하고 정신으로 이해하여 참된 실천으로 나아가기 쉽지 아니한 듯하다. 혹은 이미 읽어서 뜻을 안다고 생각하는 사람은 또한 스스로를 믿음이 이미 독실하다. 바른 지견知見에 대하여 이와 같이 독실하게 믿는다면 매우 좋다. 때로는 잘못된 지견에 대해

서도 너무 지나치게 주장하며 남의 말에 더 이상 귀를 기울이지 않으니, 이것도 작은 병통이 아니다. 【「구여응에게 답한 글」】

○ 3-18 人之資質, 各有病痛. 其易達文義者, 以爲本無難曉, 似不復留意於深求積功, 以爲實得之學. 其不及此者, 繳繞於文義, 而不能超脫, 似未易到得心融神會, 以趍於眞踐履處. 其或曾經看讀而知其說者, 又自信已篤. 其於正知見處, 如此篤信, 固爲甚好, 往往有所誤看處, 亦主張太過, 不復聽諸人說話, 此亦非小病. 【「答具汝膺」】 *『退溪先生文集』, 卷36, 22쪽b, 「書·答具汝膺」*

○ 3-19 지난번 익힌 것을 익히고자 하면서 지금 독서함에 방해가 된다고 생각하는 것은 급하게 이루고자 하는 마음에 부림을 당하는 것이므로 이것이 걱정이다. 급하게 이루고자 하기 때문에 지난번에 배운 것을 익숙하게 할 여유가 없을 뿐 아니라, 지금 읽는 책에 대해서도 정밀하게 익힐 여유가 없다. 뜻이 분주하여 항상 무엇에 쫓기고 있는 듯하다. 여러 책을 넓게 읽고자 해서 거칠게 읽고 내용을 잊어버리게 되면 결국은 애초에 한 권도 읽지 않은 것과 다름이 없게 된다. 오늘날의 학자들을 보면 모두 이런 병에 걸려 있으니 끝내 어떤 일을 성취할 수 있겠는가? 【「김돈서에게 답한 글」】

○ 3-19 常習舊學, 則於方讀書有妨者, 此爲欲速之心所使, 故以此爲患也. 欲速故不惟不暇溫故, 而方讀之書, 亦不暇精熟, 意緖悤悤, 常若有所迫逐. 本欲廣讀諸書, 而鹵莽遺忘, 厥終與初不讀一書者無異. 觀今日學者每坐此病, 畢竟成就得甚麽事業? 【「答金惇敍」】 *『退溪先生文集』, 卷28, 16쪽b, 「書·答金惇敍」*

○ 3-20 윤언명[6]은 정이천의 문하에서 반년을 머문 뒤에야 『대학』과 「서명西銘」[7]을 볼 수 있었다. 주자의 문하에서 사람을 가르칠 때에도 독서를 매우 느리게 하도록 하였으니 하루의 과제는 1장이나 2장에 지나지 않았다. 늘 말씀하기를, "학자가 책을 읽을 때는 앞으로 나아가지 못함을 걱정할 것이 아니라 퇴보退步하지 못함을 걱정해야 한다"고 하셨다. 그 이유는 정자와 주자의 문하에서 가르치는 학문은 오로지 침잠沈潛하여 반복하며, 정밀하게 생각하고 익숙하게 음미하는 데에 달려 있어서, 오래도록 그렇게 한 뒤에야 점차 학문의 문로門路를 얻을 수 있으며, 많이 읽음에 욕심을 내고 얻음에 힘써 바쁘게 나아가는 것은 학문과 관계가 없기 때문이다. 오늘날 두 선생의 문하에서 가르치던 방법과 똑같이 할 수는 없다고 하더라도 능력을 생각하여 조절함이 좋을 것이다. 열흘이나 한 달 사이에 몇 권의 책을 완전히 이해하고자 마음먹으면 안 되니 스스로 분주하면 마침내 한 가지도 얻지 못한다. 【「김이정에게 답한 글」】

○ 3-20 尹彦明在程門半年, 方得『大學』·「西銘」看. 朱門教人看書, 極是遲鈍, 日課不過一二章. 每云, "學者之於書, 不患不進前, 患不能退步." 所以然者, 此學專在於沈潛反復, 精思熟翫, 久而後漸得其門路. 其貪多務得, 悤悤趁逐, 自不干學問事故也. 今者, 雖不能盡如兩夫子門法, 亦當量力裁省爲佳, 不當期以旬月之間了得幾件書爲心, 而自作倥偬, 終無一得也. 【「答金而精」】*『退溪先生文集』, 卷28, 32쪽a, 「書·與金而精」*

---

6) 尹彦明(1071~1142)은 程頤의 문인으로 이름은 焞, 자는 彦明, 호는 三畏齋이다. 왕으로부터 和靖處士라는 호를 받아 和靖先生으로 불린다.

7) 張載(1020~1077)가 지은 글로 『聖學十圖』의 「第二西銘圖」와 함께 실려 있다.

○3-20-1 『연보』에 말하기를, "퇴보退步란 물러나서 아무것도 하지 않음이 아니라 지난날 배운 것을 항상 생각하여 잊지 않음이다"라고 하였다.

○3-20-1 『年譜』曰, "退步云者, 非謂退而不爲也, 舊日所學, 常念不忘之謂也." *『退溪先生年譜』, 卷2, 6쪽b, 「年譜·(穆宗隆慶)二年戊辰」*

○3-21 "책을 반드시 외워야 한다"는 것은 장자張子의 가르침이지만 천하의 모든 책을 다 외울 것을 말한 것은 아니다. 학문에 절실한 성현의 책을 외워야 한다는 말이다. 외운다는 것도 오늘날 시험에 응시하는 자가 입술이 트고 이가 솟도록 입으로만 외우는 것을 말한 것이 아니다. 【「송과우에게 답한 글」】

○3-21 "書須成誦", 張子之格言, 非謂天下諸書盡欲其成誦也. 聖賢之書切於吾學者誦之, 而其誦也, 又非若今之應講學者脣腐齒落之爲耳. 【「答宋寡尤」】 *『退溪先生文集』, 卷13, 19쪽a, 「書·答宋寡尤」*

○3-21-1 장자가 말하였다. "책은 반드시 외워야 한다. 정밀한 생각은 한밤중에 하는 경우가 많다. 또는 고요히 앉아 있는 가운데 깊은 뜻을 이해하게 되기도 한다. 기억하지 않으면 그때에 생각나지 않을 것이다."

○3-21-1 張子曰, "書須成誦, 精思多在夜中, 或靜坐得之, 不記則思不起." *『經學理窟』, 卷6, 제40조*

○3-22 책을 읽을 때 마음을 피로하게 하지 말아야 한다. 너무 많이 읽지 말고 뜻을 따라 그 맛을 즐겨야 한다. 이치를 궁구함도 반드시 일상생활의 평이하고 명백한 데서 간파하여 익숙하게 하고, 이미 아는 것을 여유 있게 함양해야 한다. 【「남시보에게 답한 글」】

○3-22 看書勿至勞心, 切忌多看, 但隨意而悅其味, 窮理須就日用平易明

白處看破教熟, 優游涵泳於其所已知. 【「答南時甫」】『退溪先生文集』, 卷14, 1쪽a, 「書 · 答南時甫」

○ 3-23 독서를 할 때에는 반드시 통렬하게 궁구해서 의심스러운 점이 마음에 가득 차게 해야 한다. 그렇게 되면 스승을 만나서 질문을 하고 싶지만 만날 수 없어 한탄스러운 마음이 있게 된다. – 이것이 공자가 말한 '분憤'이다 – 이러한 분발된 마음을 쌓아 간직하였다가 서로 만난 뒤에 지난날 의심스러웠던 점을 질문하려고 하면 마음은 절실하지만 말로 표현할 수가 없어서 3일이나 5일이 되도록 마음과 입이 상응하지 못하게 된다. – 이것이 공자가 말한 '비悱'이다 – [8] 학자가 반드시 이와 같은 분憤 · 비悱의 마음을 가진 뒤에야 가르쳐서 자라고 나아가게 할 수 있다. 【「이강이에게 답한 글」】

○ 3-23 看書須痛加窮究, 令其有滿腹疑難處, 則必有欲相見質問, 而恨不得相見之心. 孔子所謂'憤'也. 積此憤懷而及其相見之後, 欲將向來疑難處說出質問, 心雖甚切, 而不能形於言, 至於三五日之久, 心與口尚不相應. 孔子所謂'悱'也. 學者必有如此憤悱之心, 然後能授敎而可長進也. 【「答李剛而」】『退溪先生文集』, 卷21, 20쪽a, 「書 · 答李剛而問目」

○ 3-24 단정하게 앉아 마음을 수렴하여 소리 내어 읽고 외우기를 여러 번 거듭하여 난숙爛熟하게 되면 의리가 저절로 이해될 것이니 이것이 익히는 것(習)이다. 혹 이해되지 아니하면 때때로 소리 내어 읽기를 멈추고 정신을 모아 고요히 생각하고 마음을 가라앉혀 그 뜻을 찾고

8) '憤' · '悱'에 관한 내용은 『論語』 「述而」 제8장에 나온다.

맛을 음미해야 하니, 이것이 생각함(思)이다. 이 두 가지는 다 익숙하도록 해야 한다. 【『질의』】

○ 3-24 端坐收心, 出聲讀誦, 多積遍數, 爛熟之餘, 義理自至於融釋, 是爲習之之事. 如或不能, 宜有時且止聲讀, 凝神靜慮, 沈潛翫索旨味, 是爲思之之事. 二者皆在於熟. 【『質疑』】

○ 3-25 "맛과 의미가 정밀하다는 것은 무엇을 말함입니까?" 하고 물었더니 한참 뒤에 말씀하셨다. "이것은 언어로 표현할 수 없다. 자신에게서 깊이 맛을 보고 실제로 체험해서 스스로 얻기를 구해야 한다. 그대는 물어서 안 되는 것을 묻고 있는 것이니, 다른 사람에게 음식 맛이 어떠냐고 묻는 것과 같다. 반드시 그가 먹는 것을 먹어 보고 그가 맛본 것을 맛본 뒤에야 알 수 있다. 자신은 전혀 먹어 보지도 않고 남에게 맛을 묻는다면 되겠는가? 학자는 그 맛을 깊게 체험하지 않으면 안 된다." 【위와 같음】

○ 3-25 問, "所以旨意精密者, 何也?" 良久而敎曰, "如此處, 言語形容不得, 在自家深味而實體以求自得也. 子不當問而問之也, 如問別人食味如何, 必食其食味其味, 而後可知之也. 自家本不曾食, 而問味於他人可乎? 學者不可不深驗之也." 【上同】 *『雪月堂先生文集』, 卷5, 1쪽a, 「讀書箚記 · 心經」*

○ 3-26 독서는 부지런히 무르익힘을 최고로 삼는다. 자세하고 밝게 따지더라도 문장이 기억 되어 마음에 배어 있지 않으면 끝내 자기의 것이 안 되니 무슨 도움이 있겠는가? 【「이굉중에게 답한 글」】

○ 3-26 凡讀書, 勤苦爛熟爲上. 質疑雖詳明, 文不上口洽心, 則終不爲己有, 何益之有? 【「答李宏仲」】 *『退溪先生文集』, 卷35, 35쪽a, 「書·答李宏仲」*

○ 3-27 때와 장소에 따라서 열심히 힘쓸 수만 있다면 책을 읽고 학문을 하는 것이 어디선들 불가능하겠는가? 왜 반드시 산에 들어가야만 공부할 수 있겠는가? 【위와 같음】

○ 3-27 苟能隨時隨處, 勤勵自强, 則讀書進學, 何所不可? 何必待入山, 然後能做工耶? 【上同】 *『退溪先生文集』, 卷35, 25쪽a, 「書·答李宏仲」*

○ 3-28 책을 읽으면 막히는 것이 많고 질문을 하려고 해도 어떻게 물어야 할까도 알지 못하니 초학자들은 본래 이렇다. 고생을 참고 번민을 견디며 더욱 읽고 생각하며 오래도록 차츰 나아가다 보면 점차로 열리는 곳도 있고 갑자기 확 트이는 곳도 있으며 또 반드시 질문할 곳도 있게 된다. 급하게 서둘러서는 안 된다. 【「홍반에게 답한 글」】

○ 3-28 讀書多礙, 欲問而不知所以爲問, 初學固如此. 惟能忍辛耐煩, 愈讀愈思, 積久浸漸之餘, 有漸開發處, 有忽通透處, 又必有可問難處, 正欲速不得也. 【「答洪胖」】 *『退溪先生文集』, 卷39, 23쪽b, 「書·答洪胖」*

○ 3-29 독서의 방법을 물었더니, "익숙하게 하는 것이다. 책을 읽는 자가 문장의 뜻을 이해하더라도 익숙하게 익히지 않으면 금방 읽고 금방 잊어버리니 마음에 보존할 수가 없다"고 하셨다. 【『습유』】

○ 3-29 問讀書之法, 曰, "只是熟, 凡讀書者, 雖曉文義, 若未熟則旋讀旋忘, 未能存之於心." 【『拾遺』】 *『鶴峯先生文集續集』, 卷5, 12쪽a, 「雜著·退溪先生言行錄」*

○ 3-30 낮에 읽은 것을 밤에 생각하고 풀이해 보아야 한다. 【위와 같음】

○ 3-30 書之所讀, 夜必思繹. 【上同】 *『鶴峯先生文集續集』, 卷5, 12쪽a, 「雜著·退溪先生言行錄」*

○ 3-31 책을 읽을 때에는 특이한 뜻을 깊게 추구할 필요가 없다. 다만 본문에 드러나 있는 뜻만을 구하면 된다. 【김부륜의 기록】

○ 3-31 讀書不必深求異意, 只就本文上求見在之意. 【金富倫錄】 *『雪月堂先生文集』, 卷4, 8쪽a, 「雜著·退溪先生言行箚錄」*

○ 3-32 연평의 "묵묵히 앉아서 마음을 맑게 하여 천리天理를 체인한다"[9]는 설은 학자가 책을 읽고 이치를 궁구하는 방법에 있어서 가장 중요한 것이다. 【『습유』】

○ 3-32 延平"默坐澄心, 體認天理"之說, 最關於學者讀書窮理之法. 【『拾遺』】 *『鶴峯先生文集續集』, 卷5, 12쪽a, 「雜著·退溪先生言行錄」*

○ 3-33 자기 자신을 버리고 남을 따르지 못함은 학자들의 큰 병통이다. 세상의 의리義理는 끝이 없는데 어떻게 자신을 옳다 하고 남을 그르다고 할 수 있겠는가? 【우성전의 기록】

---

9) 『延平答問』 제71조에 나오는 말이다.

○ 3-33 不能舍己從人，學者之大病. 天下之義理無窮，豈可是己而非人?【禹性傳錄】*『退陶先生言行通錄』, 卷2,「學問」*

○ 3-34 그대의 질문에 의해서 놀라고 깨우침이 많을 뿐이다.【「금문원에게 답한 글」】

○ 3-34 賴問難之至，或多有警發處耳.【「答琴聞遠」】*『退溪先生文集』, 卷36, 35쪽b,「書·答琴聞遠」*

○ 3-35 얼굴을 맞대고 의논함도 좋지만 상대의 감정을 일으키면 뜻을 다할 수 없게 된다. 의논할 조목을 뽑아서 편지로 보여 주면 뜻을 다하여 세밀하게 고찰하고 토론하여 가르침과 도움을 받을 수 있으니 후자가 낫다.【「정자중에게 답한 글」】

○ 3-35 面論雖好，或値他撓，恆未盡意. 不如抄出所論之條寄示，則可以專意細加考論，以承誨益也.【「答鄭子中」】*『退溪先生文集』, 卷24, 17쪽b,「書·答鄭子中」*

○ 3-36 학자와 강의하고 토론하다가 의심스럽고 어려운 부분에 이르면 자신의 견해를 주장하지 않고 여러 사람의 의견을 두루 받아들였다. 장구章句나 따지는 보잘 것 없는 유자儒者의 말이라도 반드시 관심을 가지고 들었다. 텅 빈 마음으로 이해하고, 반복해서 참고하고 증명하여 끝내 바른 데로 돌아가게 하고야 말았다. 논변할 때에는 기운이 온화하고 말이 시원하며 의리가 밝고 분명하다. 여러 사람이 한꺼번에 주장을 펼치더라도 뒤섞여 자신의 의견을 말하지 않고, 그들의 말이 안정된 뒤에야 천천히 조리를 따져 분석하였다. 그러나 스

스로 자신이 옳다고 하지는 않고 나 자신의 견해는 이렇다고 말할 뿐이었다. 【『습유』】

○3-36 與學者講論到疑難處, 不主己見, 必博採衆論. 雖章句鄙儒之言, 亦且留意聽之. 虛心理會, 反覆參證, 終歸於正而後已. 其論辨之際, 氣和辭暢, 理明義正. 雖羣言并起, 而不爲參錯說話, 必待彼言之定, 然後徐以一言條折之. 然亦不自爲是, 第曰己見如此. 【『拾遺』】 *『鶴峯先生文集續集』, 卷5, 12쪽a, 「雜著 · 退溪先生言行錄」*

○3-36-1 정유일이 말하기를, "선생의 말은 의리가 명백하고 합당하다. 깊고 현묘한 말씀을 하신 일이 없다"라고 하였다.

○3-36-1 鄭惟一曰, "先生論說義理, 明白的當, 未嘗爲幽深玄窅之言." *『文峯先生文集』, 卷5, 1쪽a, 「閑中筆錄」*

○3-36-2 우성전이 말하기를, "남과 논변하다가 의견이 맞지 않을 때는 곧 '틀렸다'라고 말하지 않고 '의리義理가 아마도 그렇지 않은 듯하다'라고 하셨을 뿐이다"라고 하였다.

○3-36-2 禹性傳曰, "與人論辨未契處, 亦不遽曰'不是', 但云'義理恐不如是耳.'" *『退陶先生言行通錄』, 卷2, 「學問」*

○3-37 선생은 책을 읽을 때 바르게 앉아서 엄숙한 음성으로 읽으며 글자의 의미와 문장의 뜻을 추구하였다. 거친 마음으로 대담하게 읽지 아니하고 한 자 한 획의 미묘한 뜻도 지나쳐 버리지 않았다. '노魯'를 '어魚'로 하거나 '해亥'를 '시豕'로 하는 등의 잘못된 활자가 있으면 반드시 바로잡았다. 그러나 책에 있는 글자를 오려 내거나 고치는 일은 없고 반드시 지면의 윗부분에 '아무개 글자는 아마도 아무 글자로 바꿈이 마땅하다'고 주를 달았으니 그의 자상하고 신중하며 정밀한 점

이 이와 같았다. 상사[10] 조목趙穆이 『심경부주』[11]를 교정하며 잘못된 글자는 바로 오려 내어서 바로잡고, 주를 달지 않으면 안 된다고 생각하는 경우에는 각주를 첨가하고 보충하였다. 선생이 꾸짖기를 "선유先儒가 만든 책에 대하여 어떻게 자기 마음대로 이처럼 버리고 취할 수 있단 말인가? 금은거金銀車에 대한 책망을 잊었는가?"라고 하셨다. 【위와 같음】

○ 3-37 先生讀書, 正坐莊誦, 字求其訓, 句尋其義. 未嘗以麤心大膽讀之, 雖一字一畫之微, 不爲放過, 魚魯豕亥之訛, 必辨乃已. 未嘗割改舊字, 必註紙頭曰"某字疑當作某字", 其詳愼精密如此. 趙上舍穆, 嘗校讎『心經附註』, 字畫之訛者, 直割正之, 註脚之不當刪節者, 卽添補之. 先生責之曰, "先儒成書, 何可一任己見, 去就之太快如此乎? 獨不思金銀車之誚乎?" 【上同】 *『鶴峯先生文集續集』, 卷5, 12쪽a, 「雜著·退溪先生言行錄」*

○ 3-37-1 어떤 사람이 편지의 글자가 마멸되어서 '해亥'자를 '시豕'로 읽고 '노魯'자를 '어語'로 읽었다. 한퇴지의 아들 창昶이 집현전 교리가 되어 '금근거金根車'를 잘못 알고 '금은거金銀車'라고 고쳤다. 금근거金根車는 바로 천자가 직접 농사지으러 갈 때 타는 수레이다.

○ 3-37-1 有人簡牘磨滅, 讀亥爲豕, 魯爲魚, 韓退之子昶爲集賢校理, 以金根車爲誤, 改爲金銀. 金根乃天子親耕時所乘車也.

○ 3-38 사서四書 이외의 공자 언행에 관한 기록은 전국시대에 거리낌 없는

---

10) 上舍는 생원이나 진사를 말한다. 趙穆(1524~1606)은 1552년(명종 7)에 생원시에 합격하였다.

11) 眞西山이 편찬한 『心經』에 程敏政이 주를 붙인 책이다. 이황은 『심경』을 神明처럼 받들었으나 정민정에 대해서는 비판적이었다.

간사한 사람들이 가탁假託하여 자랑한 데서 나온 것이 많다. 의리에 어두운 진秦·한漢의 바르지 못한 선비들이 들은 사실을 전하면서 서로 자랑하였으므로 그 내용 가운데는 믿을 만하지 못한 것이 많다. 『좌전』·『사기』·『예기』 등에 실린 내용도 그러한데 하물며 『가어』[12)]·『설원』[13)] 등의 잡서이랴! 【「박택지에게 준 글」】

○ 3-38 四書之外, 所記孔子之言行, 多出於戰國姦人無忌憚者之假託以自逞. 秦漢曲士昧義理者之傳聞以相誇, 故其說多不足信. 雖如『左傳』·『史記』·『禮記』所載猶然, 況於『家語』·『說苑』等雜書乎? 【「與[14)]朴澤之」】 *『退溪先生文集』, 卷12, 21쪽b, 「書·與朴澤之」*

○ 3-39 배우는 자가 공부할 때에는 몸과 마음보다 절실한 것이 없다. 그러므로 『대학』에서는 마음을 말하였다. 가르치는 자가 도道를 논할 때 성리性理보다 앞서는 것이 없다. 그러므로 『중용』에서는 성性을 말하였다. 주자가 『대학』에 서문을 적으며 성性을 논한 것은 『대학』의 정심正心이 사실은 선한 본성을 따라서 성의 처음 상태를 회복하기(復性初) 위한 것이기 때문이다. 『중용』에 서문을 적으며 마음을 논한 것은 『중용』에서 말하는 성性이 본래 마음속에 있는 것을 드러나게 하여 심법心法을 밝히는 것이기 때문이다. 【「조카 교에게 답한 글」】

○ 3-39 學者用工, 莫切於身心, 故『大學』言心. 教者論道, 莫先於性理, 故『中庸』言性. 朱子序『大學』而論性者, 『大學』之正心, 實爲因性善

---

12) 『家語』는 魏의 王肅이 지은 책으로, 공자의 언어 행사와 문인들과의 논의를 기록하고 있으나 僞書로 인정된다.
13) 『說苑』은 漢의 劉向이 지은 책으로, 여러 가지 잡다한 이야기가 실려 있다.
14) 『이자수어』에는 '答'으로 되어 있으나 『문집』에 따라 '與'로 바로잡는다.

而復性初故也. 序『中庸』而論心者, 『中庸』之說性, 本以發心蘊而明心法故也. 【「答審姪」】 *『退溪先生文集』, 卷40, 9쪽b, 「書·答審姪問目」*

○ 3-40 덕성을 기르고 근본을 세움은 『소학』에 달려 있고 규모를 넓히고 줄기와 가지에 통달하게 함은 『대학』에 달려 있다. 삼서오경으로 확충시키고 제자백가로써 넓게 하여야 한다. 바른 학문은 이 밖에 있지 않고, 바른 도道는 여기에 있다. 【「개령향교중수기」】

○ 3-40 養德性而立根本, 在乎『小學』, 廣規模而達幹支, 在乎『大學』. 充之以三書五經, 博之以諸子百家, 正學不外於是, 而正道其在於斯. 【「開寧鄕校重修記」】 *『退溪先生文集』, 卷42, 39쪽b, 「記·開寧鄕校聖殿重修記」*

○ 3-41 성학聖學은 사서四書에 지나지 않는다. 학문에 뜻을 둔 선비가 이 책을 버리고 무슨 책으로 할 것인가? 그러나 오늘날 사람들은 사서를 읽지 않는 것은 아니지만 다만 과거에 합격하기 위해서만 공부하여 몸과 마음과는 전혀 관계가 없다. 이렇게 된 지가 이미 오래되어 깨우치기가 어렵다. 주자의 편지(朱書)에는 이미 그러한 폐단이 없어서 그것을 읽으면 사람으로 하여금 쉽사리 감동하고 분발하게 한다. 그러므로 주자의 편지를 오래 공부한 뒤에 사서를 돌아본다면 성현의 말씀이 구절마다 맛이 있어서 몸과 마음에 받아들일 것이 있을 것이다. 【『습유』】

○ 3-41 聖學不過四書. 士之志學者, 舍是書何以哉? 但今人非不讀之, 而

只以決科爲業, 於身心上了不關, 陷溺旣久, 難以啓發. 若朱書, 旣無其弊, 而讀之令人易以感發興起, 故積習旣久, 然後回看四書, 則聖賢之語, 節節將有味, 於身心上方有受用處. 【『拾遺』】*『鶴峯先生文集續集』, 卷5, 12쪽a, 「雜著·退溪先生言行錄」*

○ 3-42 『역』은 리理와 수數의 연원이 되는 책이므로 진실로 읽지 않으면 안 된다. 그러나 『논어』·『맹자』·『중용』·『대학』처럼 배우는 자의 일상 공부에 절실하지는 아니하다. 그러므로 어떤 선유들은 급하게 공부할 필요가 없다고 생각하였다. 사실은 리理를 궁구하고 성을 다하는(窮理盡性) 학문보다 급한 것은 없다. 당신의 편지에서 "배운 것을 실천하지 못한다면 안다고 하더라도 무엇이 귀하겠는가?"라고 한 말은 참으로 절실한 말이다. 『역』을 읽을 때 이러한 뜻을 소홀히 한다면 점차 의리義理와 관계가 없게 되어 의리와 날로 멀어지게 될 것이다. 【「정자중에게 답한 글」】

○ 3-42 『易』乃理數淵源之書, 誠不可不讀, 但不如『語』·『孟』·『庸』·『學』之切於學者日用工夫, 故先正或以爲非學之急, 其實莫急於窮理盡性之學也. 所喩"學不踐履, 雖有所知, 奚貴?", 此眞切至之言. 讀『易』時, 苟忽此意, 寖與義理不相交涉而日遠矣. 【「答鄭子中」】*『退溪先生文集』, 卷25, 10쪽a, 「書·答鄭子中」*

○ 3-43 『대학』은 사람을 가르치는 법이므로 학문은 이렇게 해야만 한다고 말한다. 『중용』은 도道를 전하는 책이므로 도道는 이와 같은 것이라고 말한다. 두 책의 주된 내용이 본래 같지 않기 때문에 말이 각기 다르다. 【「이숙헌에게 답한 글」】

○ 3-43 『大學』是教人之法, 故言爲學當如是如是. 『中庸』傳道之書, 故言此道如此如此. 二書主意本不同, 故言各有攸當.【「答李叔獻」】*『退溪先生文集』, 卷14, 26쪽b, 「書 · 答李叔獻問目」*

○ 3-44 『대학』은 정치를 하는 근본을 마음에 두기 때문에 제도와 예악법도에는 미치지 않는다.【「황중거에게 답한 글」】

○ 3-44 『大學』一書, 爲存心出治之本, 而未及乎制度文章.【「答黃仲擧」】*『退溪先生文集』, 卷19, 28쪽a, 「書 · 重答黃仲擧」*

○ 3-45 『대학』 한 권을 반복해서 익혀 문자의 뜻이 앞뒤가 두루 관통하게 하고 한 구절 한 구절이 가슴속에 분명하게 새겨지게 한 뒤에야 비로소 도리에 대해 이해하는 곳이 있게 되며 또한 반드시 크게 의심스러운 곳도 있을 것이다. 이렇게 된 뒤에 앞뒤의 내용과 견주어 다시 생각한다면 체득한 바가 있다고 말할 수 있게 될 것이다.【「김이정에게 준 글」】

○ 3-45 『大學』一部書, 反復溫繹, 令其文義首尾, 貫通浹洽, 一一分明歷落於胸中, 然後方始於其道理有悟解處, 亦必有大疑處. 如此更與商量, 乃可謂有得也.【「與[15]金而精」】*『退溪先生文集』, 卷28, 30쪽a, 「書 · 與金而精」*

○ 3-46 주자는 『대학』이 공부의 절차에 관한 책이라고 하였다.[16] 그러나 공부해야 할 긴요처가 각각 그 안에 있다. '밝은 덕을 밝히는 것'(明明

15) 『이자수어』에는 '答'으로 되어 있으나 『문집』에 따라 '與'로 바로잡는다.
16) 『朱子語類』 권14 제12조에 나오는 말이다.

德)은 '이 밝은 천명을 돌아보라'(顧諟明命)에, '백성을 새롭게 함'(新民)은 '날마다 새롭게 하고 또 새롭게 함'(日新又新)에, '지선에 머무름'(止至善)은 '절차탁마切磋琢磨'와 '계속 빛나게 하여 공경스럽게 머물러야 할 곳에 머무는 것'(緝熙敬止)에 있으니, 이것은 삼강령[17]을 위하여 긴요하게 공부해야 할 내용이다. '사물의 이치를 궁구해서 앎을 투철하게 함'(格物致知)은 '이미 아는 것을 바탕으로 하여 더욱 추구하여 지극한 곳에 도달하는 것'(因其所知益窮至極)에 있다. '뜻을 성실하게 함'(誠意)은 '자신을 속이지 아니함'(無自欺)과 '자신만이 아는 마음을 삼감'(愼其獨)에 있다. '마음을 바르게 하여 몸을 닦음'(正心修身)은 '4가지가[18] 마음에 있나'를 살피고 '3가지 없음'[19]을 있도록 함에 있다. '몸을 닦아 집안을 가지런하게 함'(修身齊家)은 '5가지 편벽됨'[20]을 살피고 '2가지 편견'[21]을 제거함에 있다. '집안을 가지런하게 해서 나라를 다스림'(齊家治國)은 '효孝·제弟·자慈'와 '인仁·사양辭讓·충서忠恕'에 있다. '나라를 다스려 천하를 고르게 함'(治國平天下)은 '혈구

---

17) 明明德·新民·止於至善을 주희는 『大學』의 三綱領이라 하였다.

18) 4가지는 『大學』 傳 7장의 忿懥(성냄)·恐懼(두려움)·好樂(좋아함)·憂患(걱정)을 말한다. 마음은 텅 빈 상태여야 하는데, 네 가지 가운데 하나라도 마음에 자리 잡고 있으면 마음이 바르게 되지 못한다는 것이다.

19) '3가지 없음'이란 『大學』 傳 7장의 "보아도 보지 못하고 들어도 듣지 못하며 먹어도 맛을 알지 못함"(視而不見 聽而不聞 食而不知其味)을 말한다. 마음은 몸의 主宰여서 마음이 제자리에 있지 않으면 감각 기능도 제대로 발휘되지 않는다는 것이다.

20) '5가지 편벽됨'이란 『大學』 傳 8장의 親愛·賤惡·畏敬·哀矜·敖惰를 말한다. 이 장은 편견을 가지고 사람을 대하면 편벽되어 집안을 가지런하게 다스릴 수 없다고 하는 내용이다.

21) '2가지 편견'이란 『大學』 傳 8장의 "자기 자식의 악함을 아는 사람이 없고, 자기 집의 묘가 남의 묘보다 잘 자람을 아는 사람이 없다"(人莫知其子之惡 莫知其苗之碩)를 말한다.

絜矩'22)에 있으니 이것은 팔조목23)을 위하여 긴요하게 공부해야 할 곳이다. 【「이평숙에게 답한 글」】

○ 3-46 『大學』一書, 朱子以爲行程節次. 然論其用工處, 則各有緊要. '明明德', 在'顧諟明命', '新民', 在'日新又新', '止至善', 在'切磋琢磨'·'緝熙敬止', 此三綱領緊要處. 至於'格物致知', 在因其所知, 益窮至極. '誠意', 在'無自欺'·'愼其獨'. '正心'·'修身', 在察四有存三無. '修身'·'齊家', 在察五辟去二偏. '齊家'·'治國', 在孝弟慈與仁讓忠恕. '治國'·'平天下', 在絜矩. 此八條目緊要處. 【「答李平叔」】 *『退溪先生文集』, 卷37, 25쪽a, 「書·答李平叔問目」*

○ 3-47 몸을 닦아 덕德에 들어가는 학문(『大學』, "修身入德之學")이 아니면, 도道를 밝히고 심법心法을 전하는 가르침(『中庸』, "明道傳心之教")을 실시할 수 없다. 도道를 밝히고 심법을 전하는 가르침이 아니면 몸을 닦아 덕德에 들어가는 학문을 추구할 수 없다. 이와 같이 『대학』과 『중용』은 서로 표리관계이다. 【「조카 교에게 답한 글」】

○ 3-47 非修身入德之學, 無以施明道傳心之教. 非明道傳心之教, 無以究修身入德之學. 此『庸』·『學』之相爲表裏. 【「答寯姪」】 *『退溪先生文集』, 卷40, 9쪽b, 「書·答寯姪問目」*

○ 3-48 '물격物格'과 "물리物理의 극처極處가 도달하지 않음이 없다"(物理之極處

22) 絜矩는 '헤아리는 자'라는 뜻으로 가치판단의 기준을 말한다. 『大學』에서는 자신의 입장을 통해서 남을 헤아리는 '恕'를 그 기준으로 제시한다.

23) 팔조목은, 格物·致知·誠意·正心·修身·齊家·治國·平天下를 말한다. 격물에서 수신까지는 明明德이며, 제가에서 평천하까지는 新民에 해당된다. 명명덕·신민의 지향처는 至善에 머무름이다.

無不到[24]는 설은 도리道理가 사물에 있지만 도리의 작용은 마음에 있다는 것이다. "도리가 만물에 있지만 그 작용은 실제로 한 사람의 마음에서 벗어나지 않는다"[25]고 하니, 도리는 스스로 작용할 수 없고 반드시 마음에 의지해야만 하는 듯하다. 그래서 도리가 스스로 도달한다고는 말할 수 없는 듯하다. 그러나 "도리는 반드시 작용이 있으니 하필 마음의 작용이라고만 말해야 할 것인가?"[26]라고도 말하였다. 도리의 작용은 사람의 마음에서 벗어나지 않지만, 작용하게 되는 오묘한 까닭은 발현發現되는 도리가 사람의 마음이 다다르는 곳에 따라 도달하지 않음이 없고 다하지 않음이 없기 때문이다. 내가 사물을 궁구함이 지극하지 못함이 두렵지 도리가 스스로 도달할 수 없음은 걱정할 것이 못된다.[27] 【「기명언에게 답한 글」】

○ 3-48 '物格'與"物理之極處無不到"之說, 蓋理雖在物, 而用實在心也. 其曰, "理在萬物, 而其用實不外一人之心." 則疑若理不能自用, 必有待於人心, 似不可以自到爲言. 然而又曰, "理必有用, 何必又說是心之用乎?" 則其用雖不外乎人心, 而其所以爲用之妙, 實是理之發見者, 隨人心所至, 而無所不到, 無所不盡. 但恐吾之格物有未至, 不患理不能自到也. 【「答奇明彦」】*『退溪先生文集』, 卷18, 29쪽 b, 「書·答奇明彦」*

○3-48-1 '물격物格'과 '물리지극처무부도物理之極處無不到'의 설[28]에 대하여 선생

24) 『大學章句』 經 1장, 주희의 주석에 나오는 말이다.
25) 『大學或問』 권5 제2조에 나오는 말이다.
26) 『朱子語類』 권18 제97조에 나오는 말이다.
27) 이것은 이황의 理發說 내지는 理到說을 설명한 내용으로 그의 사상에 중요한 위치를 차지하는 편지이다.

은 처음에는 주자의 '리理는 감정이나 의지가 없고 헤아림도 없으며 작위함도 없다'(理無情意, 無計度, 無造作)[29]는 설을 따랐다. 그래서 내가 물리物理의 극처에 궁구하여 도달할 수는 있지만 도리가 어떻게 스스로 극처에 도달할 수 있겠느냐 하고 생각하였다. 그러므로 '물격'의 '격格'과 '무부도無不到'의 '도到'에 대하여 모두 자기가 격格하고 자기가 도到한다고 보았다. 나중에 깨닫고서 위와 같이 말하였다.

○3-48-1 物格與物理之極處無不到之說, 先生初守朱子理無情意無計度無造作之說, 以爲我可以窮到物理之極處, 理豈能自至於極處, 故硬把物格之格無不到之到, 皆作已格已到看, 後來覺悟有是云. *『退溪先生文集』, 卷18, 29쪽b, 「書 · 答奇明彦」*

○3-48-2 정자중에게 말하였다. "내가 어려서 성균관에 들어갔을 때, 대사성 윤탁[30] 선생에게 극처 다음에 붙일 토吐에 대하여 물었다. 윤선생은 '이(是)토를 붙여야 한다'고 하였다. 판서 원혼[31]이 말하기를, '지난날에 대사성 김식[32]은 욕기극처欲其極處[33]와 물리지극처物理之極處 다음에 모두 이(是)토를 붙여 읽었다. 뒤에 표도인瓢道人 박광우[34]는 김식의 설을 주장하고, 회재 이언적[35]은 두 곳 모두에 에(厓)토로 읽어 박광우의 설이 옳지 않다고 하였으나 광우도 승복하지 아니하고 열심히 변론하였

28) 『大學』 經文의 物格을 주해하며 주희는 "물리의 극처가 도달하지 않음이 없음"(物理之極處無不到)이라고 하였다. 주희는 理를 '그래야만 하는 이유'(所以然之故)와 '그렇게 하는 것이 마땅한 법칙'(所當然之則)의 두 가지로 설명한다. 여기서 말하는 물리는 '그렇게 하는 것이 마땅한 법칙' 곧 道理를 가리키며 그 극처란 곧 至善이다.

29) 『朱子語類』 권1 제13조에 나오는 말이다.

30) 尹倬(1472~1534)의 자는 彦明, 호는 平窩이다.

31) 元混(1505~1588)의 자는 太初이다.

32) 金湜(1482~1520)의 자는 老泉, 호는 沙西 · 東泉 등이다.

33) 『大學』 經文의 格物을 주하여 "사물의 도리를 궁구하여 그 극처에 도달하지 않음이 없기를 바람이다"(窮至事物之理, 欲其極處無不到也)라고 하였다.

34) 朴光佑(1495~1545)의 자는 國耳, 호는 草齋이다.

35) 李彦迪(1491~1553)의 호는 晦齋이다.

다'고 하였다. 내가 성균관지관사[36]가 되었을 때 신광한[37] 선생은 에(厓)토가 맞다고 하였다."

○3-48-2 又與鄭子中曰, "滉少時入成均, 時尹先生倬爲大司成, 問極處吐. 尹公曰, '當云是.' 元判書太初爲余言, '昔金大司成老泉, 讀欲其極處與物理之極處, 皆曰是. 後朴瓢道人光佑主金說, 而李晦齋復古, 則兩處皆讀曰厓. 深以朴說爲不可, 朴亦不服, 辨爭甚力'云云. 滉忝爲成均日, 知館事駱峯申先生論此以厓辭爲是." *『退溪先生文集』, 卷26, 34쪽a, 「書·格物物格俗說辯疑答鄭子中」*

○3-48-3 『기선록』에서 선생이 이굉중에게 말하기를, "고봉이 '도리의 작용이 나에게 도달한다'는 의미를 알지는 못하지만, 앎이 여기에까지 이르렀으니 매우 다행이다"라고 하였다.

○3-48-3 『記善錄』先生謂李宏仲曰, "高峯雖未知此理之用到我之義, 知得至此, 幸甚." *『艮齋先生文集』, 卷5, 1쪽a, 「溪山記善錄上」*

○3-48-4 조사경의 『언행총록』에 "비로소 지난날의 주장이 잘못된 것을 깨닫고 정론定論을 세웠지만 선생은 이미 병이 나서 글을 쓸 수 없었다. 그래서 이들에게 원고를 작성해서 지난날 논변하던 사람들에게 보내게 하였다"고 기록되어 있다.

○3-48-4 趙士敬『言行總錄』曰, "始悟前說之差, 更爲定論, 而先生已病矣, 不能修書, 只令子弟脫稿, 以送於諸所嘗與論辨處." *『退溪先生年譜』, 卷3, 1쪽a, 「附錄·言行總錄」*

○3-48-5 시是는 '이'토이며 애厓는 '에'토이다.

○3-48-5 是諺吐이, 厓諺吐에.

---

36) 知館事는 知春秋館事의 약칭이다. 조선시대 시정의 기록을 관장하던 춘추관의 정2품 관직으로 다른 관서의 관원이 겸직하였던 춘추관의 차관급이다.

37) 申光漢(1484~1555)의 자는 漢之, 호는 企齋이다.

○ 3-49 사물의 도리가 궁구되지 않았을 때는 뜻(意)이 정성스럽게(誠) 됨이 확실히 어렵다. 그러나 이 두 가지(誠意와 格物)를 서로 번갈아 가며 공부하면 서로 의지하고 서로 도움을 주며 점차적으로 나아가게 될 것이다. 내가 사물의 도리를 궁구하지 못하였으므로 뜻을 정성스럽게 할 겨를이 없으니 격물格物을 다 한 뒤에야 성의誠意 공부를 하겠다고 생각해서는 안 된다. 【「조기백에게 답한 글」】

○ 3-49 物未格時, 意固難誠, 然此事當更互用工, 則相資相益而漸進. 不可謂吾未格物, 未暇誠意, 須了格物, 然後方做誠意工夫也. 【「答趙起伯」】 *『退溪先生文集』, 卷38, 6쪽b, 「書 · 答趙起伯大學問目」*

○ 3-50 『소학』은 터전(基祉)을 닦아 바로잡고 재목材木을 갖추는 것이다. 『대학』은 그 터전 위에 커다란 집을 짓는 것이다. 이 밖에 다른 책을 읽지만 그 공부는 큰집의 내부 장식에 지나지 않는다. 【『당후일기』】

○ 3-50 『小學』則如修正基址而備其材木也, 『大學』則如大厦千萬間結構於基址也. 此外雖講他書而其工夫皆爲大厦千萬間修粧所入矣. 【『堂後日記』】

○ 3-51 『논어』의 대지大旨에 대하여 어떤 사람은 '마음을 잡아 보존하여 덕성을 함양하는 것'(操存涵養)이라고 하며, 북계[38]과 양촌[39]은 모두 '인仁'이라고 하였다. 모든 사람들의 말이 대개 비슷하지만 이 책은 당시의 문인들이 잡다하게 기록한 것에서 나왔으니, 성문聖門의 스승

38) 陳淳(1157~1223)의 자는 安卿, 호는 北溪이다. 주희의 문인이다.
39) 權近(1352~1409)의 자는 可遠, 호는 陽村이다.

과 제자 사이에 문답한 말과 행동에 관한 기록을 모아 편집한 것이다. 오묘한 도道와 정밀한 의리義理에 여러 가지 단서가 있으니 어찌 한 두 글자로 판단할 수 있겠는가?【「이굉중에게 답한 글」】

○ 3-51 『論語』大旨, 或以爲'操存涵養'. 北溪·陽村則皆以'仁'爲言. 雖皆大槩近似, 然此書乃出於一時門人雜記, 聖門師弟子問答言行之類, 裒輯爲之. 其妙道精義, 頭緒多端, 何可以一二字判斷得下耶?【「答李宏仲」】*『退溪先生文集』, 卷35, 32쪽b, 「書·答李宏仲」*

○ 3-52 어느 날 말씀하셨다. "내가 12살 때 숙부 송재松齋 선생에게서 『논어』 수업을 받다가 「자장子張」에 이르러 '모든 사물의 옳은 것이 리理입니까?' 하고 물었다. 선생은 '그렇다'라고 대답하였다. 그 말을 듣고 난 뒤 마음에 의심이 풀리고 무언가 이해되는 듯하였다."【『기선록』】

○ 3-52 嘗言, "吾十二歲, 受『魯論』於叔父松齋先生, 及「子張」篇問, '凡事物之是底是理乎?' 先生曰, '然.' 聞來心卽釋然, 如有得焉."【『記善錄』】*『艮齋先生文集』, 卷5, 1쪽a, 「溪山記善錄上」*

○ 3-53 맹자는 비유를 잘하였고 의론이 뛰어나서 남을 깨우치고 감동시켰다.【「이굉중에게 답한 글」】

○ 3-53 孟子善譬喩, 議論發越, 能警動人.【「答李宏仲」】*『退溪先生文集』, 卷35, 35쪽b, 「書·答李宏仲問目」*

○ 3-54 덕성이 성실(誠)하면 인식이 밝아지고(自誠明) 인식이 밝아지면 덕성이 성실하게 된다는(自明誠) 설[40]은 『중용』 본 장의 장구章句와 소주小註에 이미 자세하다. 세심하게 연구하면 알지 못할 까닭이 없다.

여기서 그 뜻을 이해하지 못하고 다른 설을 통하여 이해하고자 한다면, 다른 설이라고 하여 어떻게 강제로 알게 할 수가 있겠는가?【위와 같음】

○ 3-54 自誠明自明誠之說, 本章章句及小註已詳, 能細心硏究, 無不曉之理. 若不得於此, 而別求他說以通之, 則他說亦豈能强人而使之知耶?【上同】*『退溪先生文集』, 卷35, 20쪽b, 「書·答李宏仲」*

○ 3-55 배우고 묻고 생각하고 분별함(學問思辨)은 앎을 투철하게 하는(致知) 4가지 조목이다. 4가지 가운데서 신중하게 생각하는 것(愼思)이 더욱 중요하다. 생각한다는 것은 무엇인가? 마음에서 구하여 경험함이 있고 얻음이 있는 것을 말한다.【「무진육조소」】

○ 3-55 學問思辨四者, 致知之目也. 四者之中, 愼思爲尤重. 思者何也? 求諸心而有驗有得之謂也.【「六條疏」】*『退溪先生文集』, 卷6, 36쪽b, 「疏·戊辰六條疏」*

○ 3-56 이덕홍이 번거로운 세주(細註)까지 다 읽고 있었다. 선생이 말씀하기를 "골짜기에서 일어나는 안개와도 같고 물결에 떠내려가는 모래와도 같은 설들은 생략하여라"고 하였다.【『기선록』】

○ 3-56 德弘看盡細註之煩, 先生曰, "如谷騰霧, 如波滾沙之說, 君其省之."【『記善錄』】*『艮齋先生文集』, 卷5, 1쪽a, 「溪山記善錄上」*

---

40) 『中庸』 21장의 내용이다. 이 장은 인간의 덕성과 인식의 상호관계를 설명하고 있다. 주희는 온전한 덕성이 인식을 보장하는 경우를 성인에 해당시키고 인식을 밝힘으로써 온전한 덕성에 이르는 경우를 현인에 해당시키고 있다.

○ 3-57 『시경』은 「아雅」로부터 점차 어렵고 깊이 있는 내용이 많다. 그래서 기한을 정해 두고 허둥지둥 쉽게 넘어가서는 안 된다. 【「이굉중에게 답한 글」】

○ 3-57 『詩』自「雅」以下, 漸多艱深, 恐難以立限期草草易了也. 【「答李宏仲」】 *『退溪先生文集』, 卷36, 13쪽a, 「書·答李宏仲」*

○ 3-58 지금 주자의 편지(朱書)를 읽고 싶다고 하였는데, 잠시 그만두고 먼저 『시경』을 읽어야 한다. 공자는 "주남周南 소남召南을 읽지 않으면 담장을 마주하고 선 것과 같이 된다"[41]라고 하였으며 한유韓愈는 "『시경』과 『서경』을 읽지 않으면 속이 텅 비게 된다"라고 하였다. 가령 그대가 리학理學에만 전적으로 뜻을 두었다고 하더라도 어찌 『시경』과 『서경』을 배우지 않는 리학理學이 있을 수 있겠는가? 【위와 같음】

○ 3-58 今問欲讀『朱書』, 姑且停之, 須先讀『詩』, 孔子'以不爲二南爲墻面', 韓公'以不學『詩』·『書』爲腹空', 假使公專意此學, 自古安有不學『詩』·『書』底理學耶? 【上同】 *『退溪先生文集』, 卷36, 13쪽a, 「書·答李宏仲」*

○ 3-59 『서전書傳』을 강의하며 채침[42]의 주를 읽을 때마다 찬탄과 칭찬을 금하지 못하고 말하였다. "주자의 문인 가운데서 도道를 전한 사람으로 황간[43]을 첫째라고 하지만, 주註를 통해서 보면 채침이 제일이

41) 『論語』 「陽貨」 10장에 나오는 말이다.
42) 蔡忱(1167~1230)의 자는 仲默, 호는 九峰이다. 주희의 문인이다.
43) 黃幹(1152~1221)의 호는 勉齋이다. 주희의 문인이다.

다. 황간이 지은 저술을 많이 보지 못했지만 그가 말하고 이해한 것이 채침보다 뛰어난지는 모르겠다." 【『기선록』】

○ 3-59 講『書傳』, 每讀蔡註, 歎美不已曰, "朱門傳道之人, 雖稱勉齋爲第一, 以註觀之, 九峯當爲第一也. 勉齋著述, 未得多見, 不知所言所見能有過於此乎!" 【『記善錄』】 *『艮齋先生文集』, 卷6, 1쪽a, 「溪山記善錄下」*

○ 3-60 『역』을 읽을 때는 주자의 『본의本義』[44]를 먼저 읽기 바란다. 【「정자중에게 답한 글」】

○ 3-60 讀『易』欲以「本義」爲先. 【「答鄭子中」】 *『退溪先生文集』, 卷26, 3쪽b, 「書 · 答鄭子中」*

○ 3-61 「선천도」[45]는 복희伏羲가 그린 괘卦의 순서를 따르지는 않는다. 괘를 그린 다음 그 가운데서 자르고 변화시켜 이 그림을 만들었다. 안배按排한 듯한 느낌이 좀 있지만, 음양이 소멸하고 성장하며 운행하는 순서가 이렇게 만들지 않으면 모양을 이루지 못하기 때문이다. 【위와 같음】

○ 3-61 「先天圖」不是伏義畫卦次第, 乃畫卦後就其中間截斷而拗轉之, 以成此圖. 蓋雖似稍涉安排, 而陰陽消長, 運行次第不如此, 不成模樣故也. 【上同】 *『退溪先生文集』, 卷25, 24쪽b, 「書 · 答鄭子中別紙」*

---

44) 『本義』는 주희의 『周易』에 대한 주석서이다.
45) 「先天圖」는 복희씨가 황하에서 나온 龍馬의 등에 있는 象을 본떠서 그렸다는 「河圖」를 말한다.

○3-62 강절[46]의 학문 방법에 대하여 정호[47]와 정이[48] 형제는 달갑게 여기지 않았다. 이는 단지 추산推算으로 미래를 아는 방법을 가리킬 뿐 아니라 수학數學조차도 달갑게 여기지 않았던 것이다. 대개 리理가 있으면 기氣가 있고, 기氣가 있으면 곧 수數가 있다.[49] 다만 리理를 주로 하면 수數는 그 가운데 포함되어 있다. 잘못될 경우에는 리理에 합치하는 경우가 드물다. 그래서 이익을 추구하여 해害를 피하고 윤리와 의리를 해치는 일도 거리낌 없이 행하게 된다. 이것이 두 정씨가 달갑게 여기지 않은 이유이다. 그러나 이것은 그러한 방법에 의해서 말류末流의 폐단이 이렇게 될 것을 우려한 것이지 소옹이 그러하다는 것은 아니다. 「하도河圖」와 「낙서洛書」는 리理와 수數의 연원이다. 성인이 『역』의 「계사繫辭」에서 이미 분명하게 말하였으니 이것을 버리고 『역』을 배울 수 없음은 명확하다. 그런데 두 정씨가 소옹에 대해서 「하도」·「낙서」까지도 함께 강명講明하지 않았으니 이 까닭은 알 수가 없다. 이렇게 중요한 것이 세상에 밝혀지기 위해서는 시기를 기다린 뒤에야 가능한 것인가? 그래서 소옹만이 겨우 홀로 이해하고 주자에 이른 뒤에야 크게 밝혀져서 사람마다 듣고 이해할 수 있도록 한 것인가? 배우는 자가 소옹의 방법을 배워 수數를 주로 해서 리理를 아울러 갖추려고 하면 확실히 어렵지만, 주자가 리

46) 康節은 邵雍(1011~1077)의 호이다. 자는 堯夫이다.
47) 程顥(1032~1085)의 자는 伯淳, 호는 明道이다.
48) 程頤(1033~1107)의 자는 正叔, 호는 伊川이다.
49) 이를 통해 이황의 理 우위적 입장을 분명히 알 수 있다. 數는 理와 氣가 있고 난 다음에 있게 된다고 함은 수를 현상적인 것으로서 이해한 것일까? 이황의 理數 개념도 밝혀 봄 직하다.

理를 주로 해서 수數를 함께 밝힌 것까지도 힘쓰지 않을 수야 있겠는가? 【「정자중에게 답한 글」】

○ 3-62 康節之術, 二程不貴. 非獨指推算知來之術, 只數學亦不以爲貴. 蓋有理便有氣, 有氣便有數. 但主於理, 則包數在其中. 其變者, 則鮮合於理. 而雖推利避害, 賊倫滅義之事, 皆不憚爲之. 此二程所以不貴其術也. 然此特因其術, 而慮夫末流之弊必至於此耳, 非謂康節爲然也. 至於「河圖」·「洛書」, 乃理數之原. 聖人於繫辭, 旣明言之. 其不可舍此而學易, 明矣. 而二程於康節, 幷此而不與之講明, 此則不可曉. 豈此等事, 發明於天地間, 亦有待而然, 故康節才能獨得, 而至朱子然後乃大闡發, 使人人皆得與聞之耶? 然則學者欲學堯夫主數而能該理, 固難矣. 如晦庵主理而兼明數, 又安可不務哉? 【「答鄭子中」】 *『退溪先生文集』, 卷25, 24쪽b, 「書·答鄭子中別紙」*

○ 3-62-1 이천이 횡거에게 편지를 보내어 말하기를, "요부가 『역』을 잘 설명한다. 오늘밤에 와서 그의 설명을 들어 보라"라고 하였다.

○ 3-62-1 伊川與橫渠簡云, "堯夫說『易』好. 今夜試來聽他說看." *『二程文集』, 卷13, 제13조, 「與橫渠簡」*

○ 3-63 내가 『계몽啓蒙』[50]을 읽을 때마다, 4개의 효爻가 변효變爻[51]이거나 5

50) 주희가 지은 『易學啓蒙』이다. 이황은 『계몽』을 읽으며 의심스러운 부분이나 보충설명이 필요한 부분에 대해 주해하여 『啓蒙傳疑』를 지었다.

51) 『易學啓蒙』 3권 「明蓍策」과 4권 「考變占」에서 그 내용을 알 수 있다. 蓍策으로 점을 친 결과 나오는 爻에는 老陽·少陽·老陰·少陰의 4가지가 있다. 이 4가지를 數로 표시하면 노양은 9, 소양은 7, 노음은 6, 소음은 8이 된다. 노양인 9와 노음인 6이 된 효를 가리켜 變爻라고 한다. 그런데 『周易』의 64괘에서 양효는 9로, 음효는 6으로 표시된다. 『주역』의 점이 변효를 중심으로 설명된다는 것은 이를 두고 하는 말이다.

개의 효가 변효이면 변하지 않는 효로 점을 친다는 대목에 이르러서는, 용9[52] 용6[53]의 의미와 일치되지 않는다고 의심하였다. 원락자[54]의 의견서意見書를 보니 그가 논변한 내용이 내가 이전에 의심하던 것과 비슷하였다. 【『계몽전의』】

○3-63 滉每讀『啓蒙』至四爻五爻變而不變爻占之說, 竊疑其與用九用六之義不相應, 及見苑落子意見書, 其所論辨頗與滉前所疑者相類 【『啓蒙傳疑』】 *『啓蒙傳疑』, 「考變占第四」*

○3-63-1 원락자가 말하였다. "칠점고법七占古法은 전하지 않은 때가 오래되었다. 효는 6개가 있는데, 점에 7가지가 있는 것은 바로 용9 용6 때문에 7가지가 되었을 것이다. 주자는 사물로써 미루어 생각하여 그렇게 말하였다. 그러나 의심스러운 점이 있다. 1개의 효와 2개의 효가 변효變爻이면 변효를 중심으로 하고, 4개의 효와 5개의 효가 변효이면 변하지 않는 효를 중심으로 하며, 3개의 효가 변효이면 본괘本卦와 지괘之卦의 단사彖辭를 중심으로 해야 한다고 하였다. 점은 변효를 중심으로 한 것이다. 1개의 효와 2개의 효가 변효인 경우 변효로 점치는 것은 옳다. 4개의 효와 5개의 효가 변효인 경우, 변하지 않는 효로 점을 친다면 변효는 도리어 아무 관계도 없게 된다. 용9 용6의 뜻을 볼 수 없게 될 뿐 아니라 7양효를 잠룡潛龍[55]의 9에 해당시키게 되고 8음효를 이상履霜[56]의 6에 해당시

---

52) 用九는 乾卦에만 나온다. 건괘의 6효가 모두 變爻인 경우의 占辭에 해당한다.
53) 用六은 坤卦에만 나온다. 곤괘의 6효가 모두 變爻인 경우의 占辭에 해당한다.
54) 苑落子는 명나라 韓邦奇를 가리킨다. 한방기의 호가 苑落이다. 그는 학문이 해박하여 천문·지리·병법·樂律·術數 등을 두루 섭렵하였다. 『易』에 대한 저서로 『易學啓蒙意見』과 『易占經緯』가 있다. 이황은 『啓蒙傳疑』에서 『역학계몽의견』을 비판적으로 수용하여 인용하였다.
55) 『주역』 '乾卦 初九' 「爻辭」에 나온다.
56) 『주역』 '坤卦 初六' 「爻辭」에 나온다. '7양효'는 少陽을 말하며 '8음효'는 少陰을 말한다. 효사는 老陽·老陰 효에 대한 설명이니 소양·소음을 거기에 해당시키면

키게 되어, 길흉의 응應이 자연히 부합되지 않을 것이다. 또 5개의 효가 변효이면 변하지 않는 효가 1개뿐인데도 단사로써 점치는 것을 허락하지 아니하고, 3개의 효가 변효이면 도리어 단사를 사용한다고 하였다. 단사는 하나의 괘 전체의 길흉을 판단하는 것이며, 3개의 효는 겨우 작게 이루는 것(小成)[57]일 뿐이다. 어떻게 단사를 거기에 적용시킬 수 있겠는가? 나는 이렇게 생각한다. 6개의 효가 변효일 때, 단사를 사용할 뿐 나머지는 모두 효사를 사용해야 한다. 그리고 6개의 효가 모두 변하지 않을 때 단사로 점을 칠 뿐 나머지는 모두 변효로 점쳐야 한다. 그러면 9와 6의 점이 각각 부합되고, 변효로 점친다는 설과도 어긋나지 않을 것이다."

○3-63-1 苑落子曰, "七占古法不傳久矣. 爻有六而占有七者, 并爲用九用六而爲七. 朱子以事物推之如前, 然猶有可疑者, 如一二爻變, 主變爻. 四五爻變, 主不變爻. 三爻變主本之彖辭且占主乎變. 一爻二爻變占變爻是矣. 至四爻五爻變而占不變爻, 辭變爻反無所爲, 不惟不見, 用九用六之義, 以七陽之爻而附潛龍之九八陰之爻而附履霜之六, 竊恐吉凶之應自不孚矣, 又五爻之變所爭者止一爻耳, 尙不許以彖辭, 至於三爻之變反用彖辭夫. 彖辭斷一卦之吉凶者也. 三爻才小成耳, 豈可遽以彖辭當之哉? 余意除六爻變者用彖辭, 餘皆用爻, 除六爻不變者占乎彖, 餘皆占變, 庶九六之占各以類附, 不違占變之說矣." *『啓蒙傳疑』, 「雜著」*

○3-64 김사순이 "『계몽』은 초학자의 공부에는 절실하지 못한 듯합니다"라고 말하였다. 선생은 한참 있다가 "이 책을 숙독해서 오래도록 자상하게 음미하여 실체가 드러나면 눈앞의 모든 사물이 이러하지 않은 것이 없을 것이니 어찌 절실하지 않겠는가?" 하였다. 【『기선록』】

안 된다는 것이다.

57) 3획의 괘를 小成卦라 칭하며 6획괘를 大成卦라 칭한다. 『주역』 64괘는 모두 대성괘이다.

○3-64 金士純曰, "『啓蒙』書於初學工夫, 似不親切." 久之曰, "若於此書, 熟讀詳味, 久久實體呈露, 目前事物, 無非這箇, 如何不親切?" 【『記善錄』】 *『艮齋先生文集』, 卷5, 1쪽a, 「溪山記善錄上」*

○3-65 오늘날 시초蓍草도 자라지 아니하고 점실占室도 짓기 어려우니, 외람되게 함부로 신명神明과 교제해서는 안 된다. 『역』의 설을 알고 『역』의 도道를 궁구하지만 점치는 일은 일체하지 않는다. 【위와 같음】

○3-65 今也蓍草不生, 占室難立, 不可以褻妄交神明. 雖知其說究其道, 而一切不爲占筮之事. 【上同】 *『艮齋先生文集』, 卷6, 23쪽a, 「記善總錄」*

○3-66 한성漢城 사람인 김명원[58]이 이곳에 와서 『역』을 읽었다. 상수象數의 학이 성리性理의 근원이며 본성을 기르고 함양함에 도움이 되기는 하지만 몸과 마음을 닦는 일상의 공부에 매우 절실하지는 않다. 매일 몇 개의 괘를 강구講究하면 피곤해서 다른 책을 읽을 정력이 없게 되니 지나치게 날짜만 쓸데없이 보내 버린다. 【「정자중에게 답한 글」】

○3-66 有漢城人金命元, 來此讀『易』, 象數之學, 雖亦爲性理之源, 涵養之助, 然於身心日用工夫, 不甚親切. 每日講究數卦, 便覺疲倦, 無精力可及他書, 殊浪過了日子. 【「答鄭子中」】 *『退溪先生文集』, 卷24, 11쪽b, 「書·答鄭子中」*

○3-66-1 또 말씀하셨다. "생원 김명원이 와서 머물며 『역』을 읽겠다고 하기에 굳이 사양했으나 듣지 않는다. 오늘도 나가서 맞이해야 하므로 허둥지둥 답장을 쓴다."

---

58) 金命元(1534~1602)의 자는 應順, 호는 酒隱이다.

○[3-66-1] 又曰, “生員金命元來見, 欲留讀『易』, 苦辭不聽, 今且出接, 草草報謝.” *『退溪先生文集』, 卷24, 10쪽a, 「書 · 答鄭子中」*

○ 3-67 『역』의 이치를 이해하고, 『역』의 질서에 따라 살아간다면, 신묘神妙하여 고정되지 않는다. 조금이라도 고집하고 기필하는 마음이 개입되면, 인위적으로 억지로 행동하게 되어 신묘하지 않게 된다. 【「우경선에게 답한 글」】

○ 3-67 得『易』理, 行『易』序, 則神妙無方, 著一毫固必於其間, 則是人爲硬做而不神矣. 【「答禹景善」】 *『退溪先生文集』, 卷31, 5쪽a, 「書 · 答禹景善問目」*

○ 3-68 『의례경전통해儀禮經傳通解』[59]에도 미비한 점이 있으니, 그것만 믿고 일을 결정해서는 안 된다. 세상의 잡서雜書도 보고 참조한 다음 버리거나 취해야 한다. 【「이중구에게 답한 글」】

○ 3-68 『儀禮經傳』, 猶有所未備, 不可偏信而斷事. 世間雜書, 亦不可不看, 以相參驗去取也. 【「答李仲久」】 *『退溪先生文集』, 卷11, 45쪽a, 「書 · 答李仲久」*

○[3-68-1] 명종의 죽음을 당하여 선생은 동료들과 예제禮制를 의논하였다. “『의례경전통해』의 「임금이 신하를 위하여 입는 상복도喪服圖」와 「천자와 제후가 방기복[60]은 입지 않는다는 그림」을 보고 이렇게 추측하였다. 제후가 형제를 위하여 기복朞服은 입지 않지만, 적손嫡孫 · 적증손嫡曾孫 ·

59) 『儀禮經傳通解』는 朱熹가 『儀禮』를 經文으로 하고 『禮記』 등 禮書 및 기타 문헌들에 나오는 禮文을 傳으로 하여 편집한 책으로서 주희의 제자인 黃幹과 楊復에 의하여 최종적으로 완성되었다. 『儀禮經傳』은 그 약칭이다.

60) 旁期服이란 직계의 조상과 자손이 아닌 旁親을 위하여 입는 朞年服이다.

적현손嫡玄孫 모두에게 기복을 입는다는 사실을 통하여 동생이 계체[61]인 경우에는 기복을 입는다는 것을 알 수 있다. 그러나 동생을 아들로 삼을 수는 없다. 형제라는 관계가 그대로 존속된다면 수숙[62]이라는 관계도 그대로이다. 옛날의 예법에 의하면 '수숙 사이에는 상복을 입지 않는다'[63]고 하므로, 옛날의 예법대로 상복을 입지 않는다고 생각하였다."[64] 『문헌통고』[65]와 『통전』[66] 등에 기록된 역대의 계체에 관한 설들을 본 뒤에 선생은 전의 생각이 잘못임을 깨달았다. 기명언이 또 편지로 변론하였으므로, "명언이 보낸 편지를 받고 나서는, 부끄러워 땀이 3일 동안 계속 등에 축축하게 배었다"[67]는 말까지 하였다.

○3-68-1 明宗之喪, 先生與同僚議及禮制. 只見『儀禮經傳』「君爲臣服圖」, 及「天子諸侯絶旁朞服圖」, 而推之諸侯. 雖絶兄弟朞而不服, 若弟是繼體, 則必服朞者, 據嫡孫·嫡曾孫·嫡玄孫皆服朞而知之也. 旣不以弟爲子, 而兄弟之名猶在, 則嫂叔之名, 亦不可沒, 古禮, "嫂叔無服", 故用古而謂疑無服耳. 及見『文獻通考』·『通典』等書, 歷代有繼體之說, 悟前說之謬, 奇明彦又以書辨論, 故有"自得明彦書, 愧汗浹背, 三日不止"等語. *『退溪先生文集』, 卷17, 36쪽b, 「書·答奇明彦」*

○3-69 『주례周禮』는 너무 번거롭고 까다로워 시행하기 어렵다. 【「정자중에게 답한 글」】

---

61) 繼體란 조상의 뒤를 이음을 의미한다. 여기서는 왕통을 계승한 경우를 말한다.
62) 嫂叔은 형제의 아내와 남편의 형제 사이를 가리킨다.
63) 『禮記』 「檀弓上」에 나오는 말이다.
64) 『退溪先生文集』 권17, 36쪽b 「書·答奇明彦」에 나온다.
65) 『文獻通考』는 송나라 馬端臨이 지은 제도와 문물사에 관한 저서이다. 마단림은 당나라 杜佑가 지은 『通典』을 바탕으로 내용을 확충하였다.
66) 『通典』은 당나라 杜佑(735~812)가 지은 제도와 문물사에 관한 저서이다. 이 책에는 唐虞(堯舜) 시대부터 당나라 天寶(玄宗의 연호, 742~756)에 이르기까지 역대 政教의 기록이 부문별로 나누어 실려 있다.
67) 『退溪先生文集』 권11, 45쪽a 「書·答李仲久」에 나온다.

○ 3-69 『周禮』恐其大繁密 難施行也. 【「答鄭子中」】*『退溪先生文集』, 卷26, 9쪽a, 「書·答鄭子中」*

○ 3-70 음악音樂은 예禮를 통하여 생긴다. 그러므로 악성樂聲의 맑음은 예禮에서 나온 것이라 할 수 있다. 【「정자명에게 답한 글」】

○ 3-70 樂由禮而生, 故樂聲之淡, 可以言禮之發. 【「答鄭子明」】*『退溪先生文集』, 卷35, 3쪽b, 「書·答鄭子明李宏仲」*

○ 3-70-1 『통서』[68]에서 "악성이 맑고 애상적이지 않으며, 화락하고 음란하지 않다. 맑으면 욕심이 평정되고, 화락하면 조급한 마음이 풀린다"고 하였다.

○ 3-70-1 『通書』云, "樂聲淡而不傷, 和而不淫. 淡則欲心平, 和則躁心釋." *『通書』, 「樂上」*

○ 3-71 총괄적으로 말하면 '3천3백'[69]보다 더 큰 것이 없지만, 세분해서 말하면 '3천3백'보다 더 자세한 것이 없다. 도道의 밝고 성대함을 지적하여 쉽게 보여 줄 수 있는 것에는 예禮보다 더한 것이 없다. 그러므로 예禮만 가지고 말하였다. 【「이굉중에게 답한 글」】

○ 3-71 總而言之, 莫大於三千三百, 分而言之, 莫細於三千三百. 道之燦煥明盛, 可指而易見者, 莫過於禮, 故獨以禮言之. 【「答李宏仲」】*『退溪先生文集』, 卷35, 20쪽b, 「書·答李宏仲」*

○ 3-72 예禮에 통달하지도 못하고서 함부로 예의 변절變節에 대하여 남에게

---

68) 『通書』는 周敦頤(1017~1073)가 지은 책이다.
69) 3천3백은 周의 禮를 총칭하는 말이다. 『中庸』 27장에서는 "禮儀三白, 威儀三千"이라 하고, 『禮記』 「禮器」에서는 "經禮三白, 曲禮三千"이라 하였다.

말하는 것은 옳지 않다. 【위와 같음】

○ 3-72 學未足以達禮, 而妄論禮之變節以告人, 爲未當. 【上同】 *『退溪先生文集』, 卷35, 13쪽a, 「書 · 答柳應見」*

○ 3-73 「태극도설」을 설명하며 말씀하시기를, "내가 반드시 이것부터 가르치는 것은, 내가 학문을 시작할 때 이것을 통해서 입문했기 때문이다"라고 하셨다. 【『기선록』】

○ 3-73 講「太極圖說」曰, "吾之告人, 必以此先之者, 吾初年由此入故耳." 【『記善錄』】 *『艮齋先生文集』, 卷5, 1쪽a, 「溪山記善錄上」*

○ 3-73-1 『성학십도』 설명에서 "성인을 배우려는 자는 「태극도」에서 단서를 찾아 『대학』 · 『소학』을 통하여 노력해야 한다"고 하였다.

○ 3-73-1 『聖學十圖』說曰, "學聖人者求端自「太極圖」, 而用力於大 · 小學之類." *『退溪先生文集』, 卷7, 4쪽b, 「箚 · 進聖學十圖箚」*

○ 3-74 "무극이태극無極而太極"[70]의 '극極'자를 나는 바로 '리理'자로 보았다. 그래서 염계濂溪가 '무극'이라고 말하였을 때, 형체가 없다고 한 것이지 어찌 리理가 없다고 한 것이겠느냐고 멋대로 생각하였다. 그러므로 줄곧 여러분들의 해석이 잘못되었다고 생각하였다. 여러 선유先儒들의 학설을 두루 검토하다가 보니, 황면재[71]는 이렇게 말하였다. "뒷날 독자 가운데는 '극極'자가 비유임을 알지 못하고, 리理라고 생

70) 「太極圖說」에 나오는 말이다.

71) 黃勉齋(1152~1221)는 주희의 사위로서 그의 道를 물려받았다. 이름은 幹, 자는 直卿이다.

각하여, 리理가 없을 수 없다고 생각할 뿐 아니라 주렴계의 '무극'이라는 말을 이해하기 어렵게 된 사람들이 있을 것이다." 이것은 마침내가 오늘날 미혹될 것을 미리 알고 귀를 잡고 가르쳐 주는 말인 듯하다. 【「기명언에게 답한 글」】

○ 3-74 "無極而太極", 極字愚直作理字看, 妄謂當其說無極時但謂無是形耳, 豈無是理之謂乎, 故一向以諸君之釋爲非. 歷檢諸先儒說, 如黃勉齋說曰, "後之讀者不知'極'字但爲取譬而遽以理言, 故不惟理不可無, 而於周子無極之語有所難通." 其言似若先知滉有今日之惑而提耳教之也. 【「答奇明彦」】 *『退溪先生文集』, 卷18, 29쪽b, 「書·答奇明彦」*

○ 3-74-1 『기선록』에는 이렇게 기록되어 있다. "선생은 '무극이태극'에 대하여 처음에는 '없는 극이 큰 극이라'(無爲隱極伊, 太爲極伊羅 : 무한 극이 태한 극이라)고 해석하였다." 경오년(1570)에 고봉이 이러한 해석은 잘못된 듯하다고 편지로 다음과 같이 아뢰었다. "「태극도설」의 주[72]에는 '하늘의 일함(載)은 소리도 없고 냄새도 없지만 참으로 조화造化의 지도리이며 만물의 뿌리이다'[73]라고 하였습니다. 그리고 소주小註[74]에서는, '무극이라고 한 것은 형상과 장소(方所)가 없음을 말한 것일 뿐이다'고 하였고, 또 '푸르고 푸른 것이 하늘이요, 리理는 재載자에 있다'라고 하였습니다. 대개 '재載'자가 리理이며, 소리와 냄새가 '극極'자에 해당되고, '실實'자가 '태'자에 해당되고, '지도리'(樞紐)와 '뿌리'(根柢)가 '극極'자에 해당됩니다. 황면재는 또 '극極자는 북극·황극皇極·너의 극(爾極)·민극

---

72) 주희의 「太極圖說」에 대한 주석, 즉 「太極圖說解」를 말한다.
73) 「太極圖說解」에 나오는 말이다.
74) 『性理大全』에 나오는 「太極圖說」 소주를 말한다.

民極과 같은 종류이지만 모두 장소와 형상이 있는 사물로써 극極에 맞추어 극極의 뜻을 갖춘 것이므로, 극極으로써 밝히되 사물로써 사물을 깨우친다'고 하였습니다. 지금 이러한 설說들에 의하여 살펴본다면, '극이 없되, 큰 극이라'(極伊無乎代, 太爲隱極伊羅: 극이 무호대 태한 극이라)고 해석해야 합니다." 선생은 덕홍을 불러 "고봉이 이렇게 말하였는데 그 말이 매우 옳다. 그대도 알도록 하여라"고 말씀하셨다. 이 말은 선생이 돌아가시기 한 달 전에 하신 말씀이다.

○ 3-74-1 『記善錄』曰, "先生初釋'無極而太極'曰, '無爲隱極伊, 太爲隱極伊羅.'" 庚午高峯稟此可疑. "其註曰, '上天之載, 無聲無臭, 而實造化之樞紐, 品彙之根柢.' 其小註, '理之無極, 只是無形象, 無方所.' 又曰, '蒼蒼者是上天, 理在載字上, 蓋載字是理. 聲臭字帖極字, 實帖極字, 根柢樞紐帖下一極字.' 勉齋又曰, '極字如北極 · 皇極 · 爾極 · 民極之類, 然皆以物之有方所形狀, 適似於極而具極之義, 故以極明之, 以物喩物' 云云. 今以此等觀之, 當釋曰, '極伊無乎代, 太爲隱極伊羅.'" 先生呼德弘曰, "高峯如此云云, 其言極是, 君亦知之." 此先生易簀前一月也. *『艮齋先生文集』, 卷5, 1쪽a, 「溪山記善錄上」*

○ 3-75 『통서』에서 논하는 내용은 모두 「태극도설」에 근원을 둔다. 그러므로 조목마다 서로 발명發明하고 구절마다 서로 상응한다. 주자의 주註는 지극히 분명하여 결점이 없다. 독자가 「태극도설」을 통하여 그 내력을 추구하지 않는다면 『통서』를 저술하게 된 까닭을 전혀 이해하지 못할 것이다. 【「정자명에게 답한 글」】

○ 3-75 『通書』所論諸說皆原於「太極圖說」, 故條條互發, 句句相應. 朱子註中至明無漏, 讀者不由「太極圖說」而推其來歷, 則茫不知『通書』之所以作矣. 【「答鄭子明」】 *『退溪先生文集』, 卷35, 3쪽b, 「書 · 答鄭子明李宏仲」*

○ 3-76 성냄(怒)을 문득 잊는다는 것은 외물外物을 잊는다는 것이다. 도리의 옳고 그름을 살핀다는 것은 한결같이 리理를 따름을 말한다. 「정성서定性書」[75]는 반드시 이러한 의미로 읽어야 한다. 【「이달 · 이천기에게 답한 글」】

○ 3-76 遽忘其怒, 忘外物之謂也. 觀理是非, 一循理之謂也. 一部『定性書』須以此意讀之. 【「答李達 · 李天機」】 *『退溪先生文集』, 卷13, 16쪽a, 「書 · 答李達李天機」*

○ 3-77 범준[76]의 「심잠心箴」[77]에 대하여 주자는 항상 칭찬하였으나, 여동래[78]는 도리어 경시하였다. 후학들은 동래가 경시한 사실의 옳고 그름이 어떠하며, 주자가 칭찬한 뜻은 어디에 있는지 알아야 한다. 이는 나 자신이 반성하고 발명하여 학문의 능력을 얻은 곳이다. 【「조사경에게 답한 글」】

○ 3-77 范氏「心箴」先生每加稱賞, 而呂東萊反輕視之. 後學於此當思東萊之輕視得失如何, 先生之稱賞旨意何在, 正是吾身因有所省發得力處. 【「答趙士敬」】 *『退溪先生文集』, 卷23, 27쪽b, 「書 · 答趙士敬」*

○ 3-78 『심경』[79]을 보고 얻는 것이 있으면 저절로 공부를 그만두지 못하게

---

75) 程顥(明道)가 張載의 물음에 답한 편지이다.
76) 范浚(약 1147년 전후)은 남송의 학자로, 자는 茂明, 호는 香溪이다.
77) 『孟子集註』「告子上」 15장의 註에 원문이 인용되어 있다. 『心經』 권4에도 나온다.
78) 呂東萊는 呂祖謙(1137~1181)이다. 東萊는 그의 호이며 자는 伯公이다.
79) 『心經』은 眞德秀(1178~1235)가 편찬하였고, 여기에 程敏政(?~1499)이 주를 붙여 『心經附註』를 지었다. 이황은 『심경부주』를 읽었다. 그리고 이황은 『심경부주』 뒤에 「心經後論」을 추가하였다.

된다. 【위와 같음】

○3-78 看『心經』有所得, 自是住不得. 【上同】 *『退溪先生文集』, 卷23, 7쪽a, 「書 · 與趙士敬」*

○3-78-1 또 말씀하셨다. "나는 둔하고 비루하여 도를 이해하지 못했다. 다행히 『심경』과 『심경』의 주註를 읽고서 공부하는 방법을 대강 알게 된 듯하였다. 몇 년 동안 능력껏 노력한 것이 대부분 여기에 있다. 그 경문만 묵묵히 생각하는 가운데 읽었음에도, 평생 동안 노력하여도 알 수 없고 다 실천할 수 없다는 생각이 든다. 하물며 『부주附註』는 염濂 · 락洛 · 관關 · 민閩[80]의 깊고 훌륭한 사상이어서, 읽다가 보면 '망양향약望洋向若의 탄식'[81]을 금할 수 없다."

○3-78-1 又曰, "滉鄙鈍無聞, 幸於此經此註中, 畧似有窺尋路脈處. 年來隨分用工, 多在這裏. 只默念聲誦其經文, 已覺一生知得不能盡, 行得不可窮. 矧乎『附註』, 實濂洛關閩之淵海, 每入其中, 自不勝其'望洋向若之歎'也!" *『退溪先生文集』, 卷23, 27쪽b, 「書 · 答趙士敬」*

○3-78-2 또 금문원에게 답하였다. "잠심潛心해서 『심경』을 계속 공부하면 도道에 들어가는 문이 이 안에 다 갖추어져 있다. 나는 이 책에서 계발된 바가 많다. 지금 이 책을 가지고 오지 않아서 스승과 친구를 잃은 듯하다."

○3-78-2 又答琴聞遠曰, "『心經』苟能潛心積功, 入道之門不外於此, 僕啓發於是經非一, 今不携來若失嚴師益友." *『退溪先生文集』, 卷36, 24쪽b, 「書 · 答琴聞遠」*

---

80) 濂 · 洛 · 關 · 閩은 濂溪의 주돈이, 洛陽의 정호 · 정이, 關中의 장재, 閩中의 주희를 말한다.

81) 이는 『莊子』 「秋水」에 나오는 말이다. 黃河의 신인 河伯이 北海에 가서 북해를 바라보고 놀라서, 북해의 신인 若을 우러러보고 탄식하였다는 고사이다.

○3-79 내가 처음 도학에 감발 · 흥기된 것은 『심경』 덕택이었다. 그러므로 평소에 사서와 『근사록』[82] 못지않게 이 책을 존경하고 믿었다. 허노재[83]가 "나는 『소학』을 신명神明처럼 공경하고 부모처럼 존경한다"고 말하였다. 나는 『심경』에 대하여 그렇게 말할 수 있다. 【「심경후론」】

○3-79 滉初感發興起於此事者, 此書之力也. 故平生尊信此書, 亦不在四子『近思錄』之下矣. 許魯齋嘗曰"吾於『小學』, 敬之如神明, 尊之如父母", 愚於心經亦云. 【「心經後論」】 *『退溪先生文集』, 卷41, 11쪽b, 「雜著 · 心經後論」*

○3-79-1 또 이강이에게 답하셨다. "『심경』 끝 부분은 덕성을 높임(尊德性)만 주로 하고, 학문을 한다(道問學)[84]는 쪽은 억제하고 있다. 그 의도는 세상의 유자들이 구이지학口耳之學[85]만 숭상하여 실천을 게을리 하는 폐단을 구제하기 위한 것이었다. 정황돈은 그 후 '주자가 초년에는 육상산을 공격하다가 만년에는 잘못을 깨닫고 상산과 합치되었다'는 설을 주장하였다. 그리고 『도일편道一編』이라는 책을 저술하여 자신의 학설을 증명하였다. 이에 진건陳建은 황돈이 세상 사람들을 속임에 분개하여 『학부통변』[86]을 저술해서 황돈의 잘못을 지적하여 '황돈의 학문은 마침내 육

82) 『近思錄』은 주희가 呂祖謙(1137~1181, 호는 東萊)과 함께 주돈이 · 정호 · 정이 · 장재 네 선생의 언행과 저술 가운데서 중요한 내용을 뽑아 주제별로 편찬한 책이다.

83) 許魯齋는 許衡(1209~1281)이다. 魯齋는 그의 호이다.

84) 尊德性과 道問學은 『중용』 27장에 나오는 말이다. 군자가 德을 쌓는 방법으로서 두 가지가 다 같이 중시된다. 주희가 두 가지 방법의 균형을 유지하고자 노력하였다면 육구연은 존덕성 쪽만을 강조한다. 도문학은 학문을 통하여 덕성을 높인다는 의미이지만 존덕성과 대조적으로 '학문을 한다'로 새겨 보았다.

85) 口耳之學은 귀로 들어서 입으로 내보내는 학문이라는 의미로, 爲己之學 곧 자신의 인격수양을 위한 학문과는 대조적이다.

86) 『學蔀通辨』은 명나라 사람인 陳建(1497~1567)이 지은 책으로, 불교와 육구연의

상산적인 선학禪學에 빠졌다는 사실을 가릴 수 없다'고 하였다. 그러나 『심경』은 황돈의 학설이 잘못되었다는 이유로 비난하고 헐뜯어서는 안 된다. 왜냐하면 『심경』 마지막에 인용된 주자의 학설들은, 사실 중간에 자신의 학문이 좀 치우친 것을 깨닫고서 자신을 경계하고 문인들을 독려한 내용들이다. 육상산의 학설과 합치시키기 위한 것은 아니었다. 황돈도 여기에 상산의 학설을 삽입시키지는 않았다. 세상을 구제하려는 깊은 뜻만 이해하고, 두려운 이단의 학설이라고 생각하지만 않는다면, 이 책에 대한 존경과 신뢰는 옛날과 마찬가지일 것이다."

○3-79-1 又答李剛而曰, "『心經』末全主尊德性而抑道問學一邊, 其意欲救世儒尙口耳緩踐履之弊. 其後別立一說, 以爲'朱子早攻象山, 晩年自覺其非, 而與象山合', 乃著『道一編』以證明其說. 于時有陳建者, 憤其誣天下, 爲著『學蔀通辨』以斥篁墩之非云, '篁墩之學卒陷於陸禪, 不可掩矣.' 然『心經』一書, 不可以篁墩學術之差而非毁之也. 何者書末所引朱子說, 實先生自覺其中間微有所偏, 而自警策以厲門人, 非求合陸氏之謂也. 而篁墩於此, 亦未嘗以陸氏一說參入於其間, 讀者但見其有救世之深意, 而無歸於異端之可懼, 則是書之可尊可信猶昔也." *『退溪先生文集』, 卷21, 42쪽b, 「書·答李剛而」*

○3-80 신유년(1561) 겨울, 선생은 도산서원 완락재翫樂齋에서 기거하였다. 닭이 울면[87] 일어나서 장엄하게 책 한 권을 읽으셨다. 자세히 들어보니 바로 『심경부주』였다. 선생은 모든 종류의 책을 다 읽으셨지만, 성리학에 특히 열중하셨다. 장구마다 익숙하게 익히고 환하게 이해하여, 강론할 때는 자신의 말을 하는 것처럼 친절하고 사리에 들어맞게 하셨다. 만년에는 주서[88]에 전념하셨다. 평소에 학문을 할

학문을 주로 비판하였다. 學蔀란 바른 학문을 가려 덮는다는 의미이다.

87) 새벽 2시~3시이다.

능력을 얻은 곳은 이 책에서였다. 【『습유』】

○ 3-80 辛酉冬, 先生居陶山翫樂齋. 雞鳴而起, 必莊誦一遍, 諦聽之, 乃『心經附註』也. 先生於書, 無所不讀, 而尤用心於性理之學, 章章爛熟, 句句融解, 講論之際, 親切的當, 如誦己言. 晩年專意朱書, 平生得力處, 大抵皆自此書中發也. 【『拾遺』】 *『鶴峯先生文集續集』, 卷5, 12쪽a, 「雜著 · 退溪先生言行錄」*

○ 3-81 공부를 시작할 때 『심경』부터 읽게 하면, 준영[89]에 들어가기도 전에 싫증나고 게으르게 될까 두렵다. 『언행록』 등을 함께 보게 해서 도를 얻은 옛사람들의 마음가짐과 행적을 충분히 보고 흔모欣慕하고 좋아할 만한 것이 되어 속마음으로 진실로 원해서 공부를 스스로 그만둘 수 없게 되면 그때에 다시 『심경』이나 주자의 편지 등을 읽으면 큰 차이가 있게 될 것이다. 【「황중거에게 답한 글」】

○ 3-81 劈初頭, 先看『心經』, 恐雋永未入而厭怠遽生也. 須兼看『言行錄』等書, 使多見古人得道者之處心行事之跡, 爲可以欣慕愛樂處, 使其中心誠願, 不能自已, 此時回頭看『心經』若晦庵書等, 當是大別. 【「答黃仲擧」】 *『退溪先生文集』, 卷19, 33쪽b, 「書 · 答黃仲擧」*

○ 3-82 도道는 넓고 넓으니, 어디서부터 공부에 착수할 것인가? 성현聖賢이 남긴 가르침이 착수할 곳이나, 그 중에서도 절실하고 긴요한 곳을

88) 朱書란 주희의 편지를 말한다. 이황은 주희의 편지가 내용은 훌륭하지만 분량이 너무 많아 학자가 다 읽을 수 없음을 애석하게 여겨, 학문에 유익한 요점만을 뽑아 『朱書節要』를 편찬하였다.

89) 雋永은 살져 맛이 좋은 고기처럼 의미가 심장한 부분을 의미한다.

찾는다면 주자의 편지보다 더 앞선 것은 없다. 주자의 편지를 평생 사업으로 삼아서 그 안에 있는 도리道理가 항상 마음의 눈에 있어서도 쇠퇴하지 않게 한다면, 아마도 인생에 있어서 매우 기쁘고 즐거운 일을 보게 될 것이다. 【「박상사와 윤수재에게 답한 글」】

○ 3-82 道之浩浩, 何處下手? 惟聖賢遺訓, 才方是下手處, 而就其中求其至切至要, 莫先於朱書. 苟能以爲終身事業, 使此箇道理時常在心目間不敢廢墜, 則庶幾得見人生一大歡喜事. 【「答朴上舍・尹秀才」】 *『退溪先生文集』, 卷15, 40쪽a, 「書・答朴上舍尹秀才」*

○ 3-83 『주자서절요』의 중점이 학문에 있으므로, 훈계나 책려策勵하는 내용을 위주로 취해야 할 듯하다. 그러나 줄곧 이러한 내용만 취하면, 독자를 너무 구속하고 재촉하여, 너그럽고 즐겁게 사모하며 흥기시키는 뜻이 없게 될 듯하다. 그러므로 사이사이에 훈계나 경구警句와 관계없는 말도 많이 취하였다. 【「남시보에게 답한 글」】

○ 3-83 『節要書』, 歸重在於學問, 則所取皆當以訓戒責勵之意爲主, 然一向取此, 則不幾於使人拘束切蹙, 而無寬展樂易願慕興起底意思耶. 故其間雖不係訓警之言, 亦多取之. 【「答南時甫」】 *『退溪先生文集』, 卷14, 10쪽a, 「書・答南時甫」*

○3-83-1 『주서』 서문에 "이 책에는 『논어』의 뜻에 부합함은 있지만, 이익으로 유인하여 학자의 뜻을 빼앗는 해害는 없다"[90]라고 하였다.

---

90) 『論語』의 뜻에 부합한다는 것은 『朱書』도 『논어』와 마찬가지로 개인과의 직접적인 문답을 통해 개성에 따라 가르친다는 것이다. 이익으로 유인하는 해가 없다는 것은 『논어』는 科擧의 교재가 되어 학자들이 도를 체득하기 위하여 읽기보다는 과거에 합격하는 이익을 얻기 위해 읽지만, 『주서』는 그렇지 않다는 것이다.

○3-83-1 序曰, "此書有『論語』之旨, 而無誘奪之害." 『退溪先生文集』, 卷42, 3쪽a, 「序 · 朱子書節要序」

○3-84 주선생(朱子)의 편지 가운데 사람을 고무시키는 웅변과 거론이 없지는 않다. 그러나 문장이 평실하고 침착하며, 효용(用)은 베와 비단 같고, 성률聲律은 묘당廟堂의 거문고 소리 같고, 맛은 큰 가마솥에 끓인 국과 같아서, 사치스럽거나 화려한 단어를 사용하여 사람을 현혹하거나 남을 크게 꾸짖음이 없다. 그러므로 모든 사람들이 읽기를 좋아하지 않는다. 【「황중거에게 답한 글」】

○3-84 朱先生書非無雄辯巨論使人鼓舞處, 只緣其文平實紆餘, 其用如布帛, 其聲如廟瑟, 其味如大羹, 無侈麗震耀之辭以眩人喝人, 故人皆不喜讀. 【「答黃仲擧」】 『退溪先生文集』, 卷19, 18쪽a, 「書 · 答黃仲擧」

○3-85 주자의 편지는 대개 비근한 내용이지만 혹 고원한 내용도 있음을 보게 된다. 【「금문원에게 답한 글」】

○3-85 朱書儘卑近處, 看得有儘高遠底. 【「答琴聞遠」】 『退溪先生文集』, 卷36, 35쪽b, 「書 · 答琴聞遠」

○3-86 요즈음 주자의 편지를 읽고서, 선생께서 사람을 위하는 뜻이 이렇게 깊고 절실하구나 하고 더욱 느끼게 되면서 나이가 많아 통렬하게 공부할 수 없음을 한탄한다. 일상생활을 하며 있는 듯 없는 듯해서 금방 잡았다 금방 놓았다 한다면 죽어서 선생을 대할 면목이 없을 것이다. 죽기 전에 감히 힘쓰지 않을 수 없다. 【「조사경에게 답한 글」】

○3-86 朱書今此讀過, 更覺先生爲人之意如此其深切, 而自恨年齡衰晩, 不

能痛下工夫. 日用之間, 若存若亡, 旋得旋失, 他日將無以見先生於地下. 然未死之前, 不敢不勉爾. 【「答趙士敬」】 *『退溪先生文集』, 卷23, 41쪽a, 「書·與趙士敬」*

○3-87 매년 여름 녹음綠陰이 우거지고 매미 소리가 귀에 가득 차면 항상 두 선생[91]의 풍모를 그리워하게 된다. 정원의 풀은 별 것이 아니지만 볼 때마다 주렴계의 '일반의사一般意思'[92]를 생각하게 된다. 【「이중구에게 답한 글」】

○3-87 每夏月綠樹交陰, 蟬聲滿耳, 心未嘗不懷仰兩先生之風. 庭草, 一閒物耳, 每見之, 輒思濂溪一般意思也. 【「答李仲久」】 *『退溪先生文集』, 卷10, 32쪽b, 「書·答李仲久」*

○3-87-1 주자가 여백공에게 답한 편지에, "요즈음 며칠 사이에 매미 소리가 더욱 맑아져, 들을 때마다 그대의 높은 풍모를 그리워하게 됩니다"[93]고 하였다. 남시보가 『주서절요』 안에 있는 이 구절을 가리켜, "이처럼 서두書頭만 인용해서 무엇에 씁니까?"라고 하니, 선생은 이렇게 대답하셨다. "서두에 지나지 않는다고 보면 서두에 지나지 않겠지만, 긴요하고 절실하다고 보면 또한 어찌 긴요하고 절실한 말이 아니겠는가! '우는 학'(鳴鶴)이 『주역』에서 한 번 일컬어진 다음[94]에는 감응感應에 관한 유명한 고사가 되었다. '날아다니는 올빼미'(飛鴞)가 노송에서 한 번 일컬어

---

91) '두 선생'은 주희와 여조겸을 말한다.

92) 『二程遺書』 권3 제21조에 나오는 말이다. 주돈이가 창문 앞의 풀을 제거하지 않아 程明道가 그 이유를 물으니, 창문 앞의 풀도 '자신의 생각과 마찬가지이다'(與自家意思一般)라고 대답했다고 전한다.

93) 『朱子大全』 권33, 제40번째 편지 「答呂伯公」에 나오는 말이다.

94) 『周易』 '中孚卦 九二' 「爻辭」에 "우는 학이 그늘에 있으니, 그 새끼가 화답하도다"(鳴鶴在陰, 其子和之)라는 말이 나온다.

지니[95] 감화에 관한 유명한 고사가 되었다. 그래서 그 안에 무궁한 좋은 의미를 지니게 되었다. 매미는 매우 맑고 깨끗한 곤충으로 현인들이 사람을 그리워할 때 일컬어지며, 그리워하는 대상도 현인이니, 이것으로 사람을 그리워함의 유명한 고사로 한다면 얼마나 좋은 의미가 되겠는가?"

○3-87-1 朱子答呂伯恭書, "數日來蟬聲益淸, 每聽之, 未嘗不懷仰高風也." 南時甫擧『節要』中此一段云, "若此歇后語取之, 何用?" 先生答曰, "作歇后看, 則爲歇后語, 作緊切看, 則豈非緊切語耶? 鳴鶴一稱於『周易』, 而爲感應故事之名言. 飛鴞一稱於「魯頌」, 而爲變蓍故事之名言. 其中皆有無窮好意味. 蟬者, 物之至淸至潔, 而爲大賢因物懷人之所稱. 所懷之人亦大賢, 以此作懷人故事之名言, 其間好意思爲如何耶?" *『退溪先生文集』, 卷10, 32쪽b, 「書·答李仲久」*

○3-88 『구경연의』[96]에 대해서는 노력을 가장 많이 하였고 생각도 좋았는데, 책으로 만들지 못한 것은 매우 한탄스럽다. 【「이전인에게 답한 글」】

○3-88 『九經衍義』用工最多, 議論亦好, 而未及成書, 至爲可惜. 【「答李全仁」】 *『退溪先生文集』, 卷13, 13쪽a, 「書·答李全仁」*

○3-88-1 어떤 사람이 선생에게 관직에 나아갈 것을 권하니, 선생은 병들고 쇠약해서 안 된다고 사절하며, "기명언은 말을 만하다"라고 하셨다. 이전인

---

95) 『詩經』 「魯頌·泮水」에 "훨훨 날며 우는 저 올빼미, 泮宮의 수풀에 모였네. 우리의 오디를 먹고는 우리의 호의를 그리워하네"(翩彼飛鴞, 集于泮林, 食我桑黮, 懷我好音)라는 말이 나온다.

96) 九經은 『중용』 20장, "천하 국가를 다스림에는 9가지 常法이 있다"의 9가지 상법을 말한다. 『九經衍義』의 본 제목은 『中庸九經衍義』이다. 晦齋 이언적이 완성하지 못하고 죽자 손자인 李浚이 완성시켰다. 모두 29권 9책이다.

이 회재의 비문碑文을 부탁하였다. 선생은 자신이 이미 행장行狀을 지었으니, 비문을 또 짓는 것은 좋지 않은 일이라고 사양하며, "기명언에게 부탁할 만하다. 아마 군이 사양하지도 않을 것이다"라고 하셨다.

○3-88-1 或勸先生續就事, 先生辭以衰病曰, "奇明彦似可當之." 全仁又請晦齋碑文, 先生以旣撰行狀一手申瀆爲辭曰, "奇明彦可以囑請, 宜亦不至於固讓也." 『退溪先生文集』, 卷13, 13쪽a, 「書·答李全仁」

○3-89 역사책을 보고 베껴 쓰는 일은 실천을 중시하는 옛날의 군자들도 했다. 그러나 오늘날 사람들은 모든 일의 근본이 되는, 마음을 함양하고 성찰하여 마음을 곧게 하고 행동을 방정하게 하는 공부는 하지 않는다. 바쁜 생각으로 날마다 옛날 서적 가운데서 옛날의 거친 자취나 찾아서 나열하고 엮는 것을 훌륭한 일로 여기기만 한다면, 덕성을 쌓고 높이는 공부가 없게 되어 도리어 거친 마음과 가벼운 기풍만 조장될 것이다. 【「정자중에게 답한 글」】

○3-89 看史鈔書, 昔之躬行君子, 非不爲此事, 但今不於本原心地上細加涵養省察直內方外之工, 而惟以悤悤意緖, 日向故紙堆中, 尋逐已陳底粗跡, 搜羅抄綴, 以是爲能事而止, 則是定無蓄德尊性之功, 而反益麤心浮氣之長矣. 【「答鄭子中」】 『退溪先生文集』, 卷26, 12쪽b, 「書·答鄭子中」

○3-90 주선생(朱熹)께서 지난날 노덕장이 『춘추』를 편집하는 것을 보고 말씀하시기를, "이러한 일은 한가할 때 해라. 이것 때문에 함양하는 공부를 방해해서는 안 된다"[97]라고 하셨다. 뒷날 그의 마음가짐이 처

97) 『朱子大全』 권54, 제39번째 편지 「答路德章」에 나오는 말이다.

음과 다른 것을 보고 말씀하시기를, "처음에는 편집한 내용이 정밀하더니, 빨리 이루려는 마음이 생겨 한결같이 설명하고자 하지 않았다. 그러니 지금 하는 일로 보면 '남을 위한 일을 하며 충실하지 않은 경우'98)이다. 학문은 마음 다스리는 것을 근본으로 삼는데 마음을 다스릴 수 없을 뿐 아니라, 마음을 바깥으로 향하게 하여 그 해害를 입으니 미혹됨이 심하지 않은가!"99) 지금 공公이 하는 일도 이러한 점을 생각하지 않으면 안 된다. 【위와 같음】

○3-90 朱先生初見路德章編集『春秋』, 謂曰, "此等得暇爲之, 不可以此妨涵養之功." 後見其用心之差, 乃曰, "當時見所編精密, 心利其成, 不欲一向說殺. 以今觀之, 所謂'爲人謀而不忠者', 爲學本以治心, 今不惟不能治之, 乃使向外奔馳, 而反爲之害, 豈不爲惑甚乎?" 今公所爲, 正不可不慮此. 【上同】 *『退溪先生文集』, 卷24, 23쪽b, 「書·答鄭子中」*

○3-90-1 정자중이 『명신록名臣錄』을 저술하려고 하기 때문에 이렇게 말씀하셨다.

○3-90-1 鄭將著『名臣錄』故云耳.

○3-91 주자는 시詩를 논할 때는 서진西晉100) 이전 것을 취하고, 두시杜詩를 논할 때는 기주夔州101) 이전의 시를 취하였다. 오늘날의 입장에서 보면 강좌102) 사람들의 시는 확실히 서진 이전만 못하다. 그리고 기주

98) 『論語』 「學而」 제4장에 나오는 말이다.

99) 『朱子大全』 권54, 제39번째 편지 「答路德章」에 나오는 말이다.

100) 西晉은 265년 건국하여 4대 52년만인 316년에 멸망하였다.

101) 杜甫(712~770)는 57세가 된 768년 이후 成都를 떠나 가족을 이끌고 와서 夔州에서 살았다.

이후의 시는 너무 멋대로이고 헐렁하다. 대개는 그렇다. 그러나 건안시대[103] 시인들의 시 가운데서도 좋은 시는 매우 좋지만 좋지 않은 시도 많다. 두보의 만년 시도 너무 멋대로 지은 것이 많지만 간혹 바르고 평온한 것도 있음은 주자가 그렇게 말하였다. 이러한 점은 우리들의 안목이 철저하지 못해서이니 억측으로 판단해서는 안 된다. 우선 내려진 평가를 그대로 따르며, 나의 의리가 익숙하여지고 안목이 높아진 다음 천천히 의론하고자 할 따름이다. 【위와 같음】

○ 3-91 朱子論詩, 取西晉以前, 論杜詩, 取夔州以前. 自今觀之, 江左諸人詩, 固不如西晉以前, 夔州以後詩, 亦大橫肆郎當, 大槩則然矣. 然如建安諸子詩, 好者極好, 而不好者亦多. 子美晩年詩, 橫者太橫, 亦間有正帖平穩者, 而朱子云然. 此等處吾輩見未到, 不可以臆斷, 且守見定言語, 俟吾義理熟眼目高, 然後徐議之耳. 【上同】 *『退溪先生文集』, 卷25, 19쪽a, 「書·答鄭子中講目」*

102) 江左는 양자강의 동쪽을 말한다.
103) 建安은 후한 獻帝의 연호로 196~220년이다.

제4편

함양涵養

* 50조목이다.

○ 4-1 주자朱子가 "정情으로 드러나기 전에 찾아서도 안 되고, 이미 나타난 다음에 적당하게 배치하여도 안 된다. 평일에 장경莊敬한 태도로 함양하는 것이 공부의 본령이다"[1]라고 말하였다. 이 말은 학자에게 주의를 환기시키는 매우 절실한 것이다. 【「금문원에게 답한 글」】

○ 4-1 朱子謂"未發之前, 不可尋覓, 已覺之後, 不容安排, 惟平日莊敬涵養爲本領工夫"一節, 尤爲警切. 【「答琴聞遠」】 *『退溪先生文集』, 卷36, 25쪽b, 「書 · 答琴聞遠」*

○ 4-2 마음을 잡는 것(持心)이 가장 어렵다. 항상 체험하여 보면, 한 걸음을 걷는 동안에도 마음이 한 걸음과 함께하기가 어렵다. 【『습유』】

○ 4-2 人之持心最難, 常自驗之, 一步之間, 心在一步難. 【『拾遺』】 *『鶴峯先生文集續集』, 卷5, 12쪽a, 「雜著 · 退溪先生言行錄」*

○ 4-3 놓친 마음(放心)을 찾으면, 마음은 맡은 일[2]을 다할 수 있게 된다. 마

1) 『朱子大全』 권64, 제55번째 편지 「與湖南諸公論中和第一書」에 나오는 말이다.
2) 마음이 맡은 일은 생각(思)이다. 『孟子』 「告子上」 제15장에서 맹자는 "마음이 맡은 일은 생각이다. 생각하면 도를 알고, 생각하지 않으면 도를 모른다"라고 하였다.

음이 항상 제자리에 있게 되면 마음은 가꾸어질 것이다. 【「조사경에게 답한 글」】

○ 4-3 能求放心, 則心得其官矣, 心無不在, 則心得其養矣. 【「答趙士敬」】 *『退溪先生文集』, 卷23, 27쪽b, 「書 · 答趙士敬」*

○ 4-4 '놓친 마음을 찾는 것'(求放心)은 얕게 말하면 공부에서 처음 시작하는 곳이지만, 깊은 경지에 나아가 지극하게 말한다면 눈 깜짝할 사이에 한 가지 생각이 잘못되는 것도 마음을 놓침(放心)이 된다. 【「성학십도설」】

○ 4-4 '求放心', 淺言之, 則固爲第一下手著脚處, 就其深而極言之, 瞬息之頃, 一念少差亦是放. 【「聖學十圖說」】 *『退溪先生文集』, 卷7, 29쪽a, 「箚 · 心學圖說」*

○ 4-4-1 조사경에게 답하였다. "『대학』에서 성의誠意의 공효를 말하고 있다. '마음이 넓어지고 몸이 편안하게 된다'(心廣體胖)는 경지에 도달하면, 마음을 놓침이 없게 될 수 있을 듯하다. 그러나 '정심正心'을 설명한 장에서도 4부정[3]과 3부재[4]를 말하고 있다. 이것도 모두 방심放心의 병폐이니, 놓친 마음을 찾아 자신을 바르게 하지 않을 수 있겠는가? 의성意誠 · 심정心正을 이미 말하였다면 방벽放辟의 근심이 이제는 없을 듯도 하다. 그러나 수신修身 · 제가齊家를 말할 때에도 5벽辟[5]과 2가지 막지莫知[6]를 경계

---

3) 四不正이란 『大學』 傳 제7장의 "성남이 있으면 바름을 얻지 못하고 두려워함이 있으면 바름을 얻지 못하고 좋아함이 있으면 바름을 얻지 못하고 근심걱정이 있으면 바름을 얻지 못한다"의 네 가지 바름을 얻지 못함을 말한다.

4) 三不在란 『大學』 傳 제7장의 "마음이 제자리에 있지 않으면 보아도 보이지 않으며, 들어도 들리지 않으며, 먹어도 맛을 알지 못한다"를 말한다.

5) 五辟이란 『大學』 傳 제8장의 "사람은 자기가 친애하는 사람에게 편벽되고, 천하게 여기고 미워하는 사람에게 편벽되고, 공경하고 두려워하는 사람에게 편벽되고,

하고 있다. 이것을 통해서 '구방심求放心'을 가볍게 말할 수 없음을 알 수 있다."

○4-4-1 又答趙士敬曰, "『大學』言誠意功效, 至於心廣體胖, 若可以無放矣, 其言正心處, 又有四不正三不在, 斯皆放心之病, 其可不求以自正乎? 既言意誠心正, 若可以無放辟之憂矣, 至言修齊處, 又有五辟二莫知之戒, 以此見求放心不可輕言也." *『退溪先生文集』, 卷23, 27쪽b, 「書·答趙士敬」*

○4-5 기氣를 기르려는 사람이, 의義를 집합集合하여 호연지기[7]를 생기게 하려는 마음부터 먼저 품어서는 안 된다. 그러나 집의集義 두 글자는 사실은 공부를 쌓음을 말한다. 어떻게 공부도 쌓지 아니하고 저절로 의義가 모이겠는가? 【「맹자석의」】

○4-5 養氣者, 固不可先有集合此義以生浩氣之心. 然集義二字, 實是積累工夫之處, 豈都不容著工, 而義自然來集乎? 【「孟子釋義」】 *『四書釋義』, 「孟子釋義·公孫丑上」*

○4-6 마음은 사물이 이르기 전에 맞이해서도 안 되고, 사물이 사라진 뒤에 따라가서도 안 된다. 이렇게 비유할 수 있다. 집주인이 항상 집에 머물며 주관이 되어서 집안일을 맡는다고 하자. 우연히 손님이 바깥에서 왔을 때 자신이 문정門庭에서 맞이하고, 떠날 때도 문정에서 전송

불쌍하게 여기는 사람에게 편벽되고, 업신여기는 사람에게 편벽된다"의 다섯 가지 편벽을 말한다.

6) 2가지 막지(二莫知)란 『大學』 傳 제8장의 "사람이 아무도 자기 아들의 나쁜 점을 알지 못하며, 아무도 자기 집의 벼싹이 더 큰 것을 알지 못한다"의 두 가지 알지 못함을 말한다.

7) 맹자에 의하면 浩然之氣란 천지 사이에 충만한 기운이다. 인간은 선한 본성에 따라 삶으로써 義를 지속적으로 실천하면 호연지기가 내면으로부터 우러난다고 하였다. 이것이 곧 集義의 방법이다.(『孟子』, 「公孫丑上」, 제2장 참조)

한다면, 날마다 손님을 맞이하고 전송하더라도 집안일에 어떤 방해가 있겠는가? 그렇게 하지 않고, 동서남북에서 손님이 어지럽게 올 때마다 직접 자신이 문정을 떠나서 멀리서 영접하고 가까이서 접대함을 쉬지 않고 분주하게 하며, 떠날 때 전송도 이렇게 한다고 하자. 그러면 자기 집은 도리어 주관할 사람이 없게 되어, 도적들이 들끓어 부서지고 황폐하게 될 것이다. 그런데도 계속 집으로 돌아오려고 하지 않는다면 얼마나 딱한 일이겠는가?【「김돈서에게 답한 글」】

○ 4-6 來不迎, 去不追, 比如一家主人翁, 鎭常在家裏, 做主幹當家事, 遇客從外來, 自家只在門庭迎待了, 去則又不離門庭, 以主送客, 如是, 雖日有迎送, 何害於家計? 不然, 東西南北, 客至紛然, 自家輒離出門庭, 遠迎近接, 奔走不息, 去而追送, 亦復如是, 自家屋舍, 卻無人主管, 被寇賊縱橫打破蕪沒, 終身不肯回頭來, 豈不爲大哀也耶?【「答金惇敍」】*『退溪先生文集』, 卷28, 16쪽b, 「書 · 答金惇敍」*

○ 4-7 '덕성을 존중함'(尊德性)을 알면 천명天明[8])을 모욕하고 업신여기며 인기人紀를 소홀히 하여 하류의 일을 차마 하지 않게 될 것이다. '놓친 마음을 수렴함'(收放心)을 알면, 경敬을 유지하고(持敬) 성誠을 보존하며(存誠) 악의 기미를 막고(防微) 자신만이 아는 마음의 기미를 삼감(愼獨)에 힘써서 욕심을 막아 자신의 인격을 지킬 수 있을 것이다.【「기명언에게 답한 글」】

○ 4-7 知'尊德性', 則必不忍褻天明慢人紀而爲下流之事, 知'收放心', 則必

---

8) 天明이란 하늘의 밝은 인식 능력 또는 밝은 인식 능력을 지닌 하늘이라는 뜻이다. 하늘을 주재자로서 파악하는 이황의 종교적 측면을 엿볼 수 있다.

勉於持敬・存誠・防微・愼獨, 而窒其欲守其身矣.【「答奇明彦」】*『退溪先生文集』, 卷16, 19쪽a, 「書・答奇明彦」*

○4-8 산 위에는 기氣가 매우 고한高寒하고 매서운 바람이 계속 불어온다. 이곳에 있는 나무들은 가지와 줄기가 휘고 굽어 있으며 키가 작달막한 하고 잎이 다 떨어진 것들이 많다. 1년에 몇 마디밖에 자라지 못하며, 갖은 고생을 견디며 힘껏 싸우는 씩씩한 형세를 띠고 높이 솟아 있다. 깊은 숲 속 커다란 골짜기에서 자라는 나무들과 매우 다르다. "환경이 기상氣象을 바꾸고 생활조건이 체모를 바뀌게 한다"[9]고 하니, 사물과 사람 사이에 어찌 다름이 있겠는가?【「유소백산록」】

○4-8 山上氣甚高寒, 烈風衝振不止, 木之生也, 枝幹多樛屈矮禿, 一年所長, 不過分寸, 昂莊耐苦, 皆作力戰之勢, 其與生于深林巨壑者大不侔. "居移氣, 養移體", 物之與人, 寧有異哉?【「遊小白山錄」】*『退溪先生文集』, 卷41, 43쪽b, 「雜著・遊小白山錄」*

○4-9 마음이 전일하면 생각하지 않더라도 일마다 절도에 맞을 수 있다.【「김돈서에게 답한 글」】

○4-9 專一則有不待思而能隨事中節.【「答金惇敍」】*『退溪先生文集』, 卷28, 16쪽b, 「書・答金惇敍」*

○4-10 고요하여 움직이지 않는 것(寂然不動)은 마음의 체體이며, 느끼어 통하는 것(感而遂通[10])은 마음의 용用이다. 고요하면서 엄숙한 것은 경敬의

9) 『孟子』「盡心上」 제36장에 나오는 말이다.

체體이며, 움직이면서 가지런한 것은 경의 용用[11]이다. 【「이굉중에게 답한 글」】

○ 4-10 寂然不動, 心之體也, 感而遂通, 心之用也. 靜而嚴肅, 敬之體也, 動而齊整, 敬之用也. 【「答李宏仲」】 *『退溪先生文集』, 卷36, 18쪽b, 「書·答李宏仲」*

○ 4-11 마음이 고요할 때 잡아 보존하여 마음이 작용하지 않는 텅 비고 고요한 자리를 어둡지 않게 하고 마음이 움직일 때 성찰하여 마음의 기미가 운행할 때 뒤섞이지 않게 해야 한다. 【「노이재에게 답한 글」】

○ 4-11 靜而操存, 不昧於虛寂不用之處, 動而省察, 不雜於幾微運行之時. 【「答盧伊齋」】 *『退溪先生文集』, 卷10, 12쪽b, 「書 ·答盧伊齋」*

○ 4-12 고요할 때 천리天理의 본연을 함양하고, 움직일 때 인욕人欲을 기미에서 결단해야 한다. 이와 같이 하여 참(眞)이 쌓이고 노력이 오래되어, 순수하고 익숙하게 되면, 고요할 때는 텅 비고(靜虛) 움직일 때는 곧게(動直) 된다.[12] 그러면 일상생활을 하는 가운데 온갖 일들이 일어났다 사라졌다 하여도 마음은 진실로 자연스럽게 될 것이다. 【「김돈서에게 답한 글」】

○ 4-12 靜而涵天理之本然, 動而決人欲於幾微, 如是眞積力久, 至於純熟,

---

10) '寂然不動'과 '感而遂通'은 『周易』 「繫辭上」 제10장에 나오는 말이다. 『주역』에서는 蓍卦의 無心한 원리를 설명하고 있다. 성리학에서는 사람 마음의 오묘한 體用을 주로 이 두 개념으로 설명한다.

11) 이황은 敬을 體와 用으로 설명하기도 함을 볼 수 있다.

12) 靜虛와 動直은 주돈이가 聖學의 공효로서 제시한 마음의 상태이다.(『通書』, 「聖學」 참조)

則靜虛動直, 日用之間, 雖百起百滅, 心固自若.【「答金惇敍」】*『退溪先生文集』, 卷28, 16쪽b, 「書·答金惇敍」*

○ 4-13 병을 치료함에 비유한다면, 경敬은 모든 병에 대한 약藥이다. 한 가지 증세에만 적용되는 약재와는 비교가 되지 않는다.【「김이정에게 답한 글」】

○ 4-13 譬之治病, 敬是百病之藥, 非對一證而下一劑之比.【「答金而精」】*『退溪先生文集』, 卷29, 10쪽a, 「書·答金而精」*

○ 4-14 학문을 함에 있어서는, 일이 있고 없고 뜻이 있고 없고를 막론하고 경敬을 중심으로 하여 움직일 때나 고요할 때나 경敬을 잃지 않아야 한다. 사려가 싹트지 않았을 때는, 심체心體가 허명虛明하여 마음의 본령이 깊고 순수하게 될 것이다. 그리고 사려가 이미 발發해서는, 의리義理가 밝게 드러나고 물욕이 물러나 마음이 어지럽게 되는 병통이 점차 줄어들 것이다. 이러한 정도가 점차 쌓이고 쌓여서 완성에 이르게 되는 것, 이것이 학문의 요법要法이다.【「김돈서에게 답한 글」】

○ 4-14 人之爲學, 勿論有事無事有意無意, 惟當敬以爲主, 而動靜不失, 則當其思慮未萌也, 心體虛明, 本領深純, 及其思慮已發也, 義理昭著, 物欲退聽, 紛擾之患漸減, 分數積而至於有成, 此爲要法.【「答[13] 金惇敍」】*『退溪先生文集』, 卷28, 16쪽b, 「書·答金惇敍」*

○ 4-15 한꺼번에 보고 들으며 손과 발을 함께 사용해야 하는 때가 있다. 들

13) 『이자수어』에는 '與'으로 되어 있으나 『문집』에 따라 '答'로 바로잡는다.

는 일에만 전일해서 전혀 보지 못한다거나, 손놀림에만 전일해서 발놀림은 멋대로 하게 둔다면, 응應해야 하는데도 응하지 못하여 미련하고 영명靈明하지 못하게 된다. 이것은 바로 마음이 자신의 직분을 잃어서 그러한 것이다. 이러한 상태로 온갖 변화에 대응한다면 어떻게 법도에 맞게 행동할 수 있겠는가? 정자程子가 "구사九思[14]의 하나하나에 전일하라"[15]라고 한 것은, 한 가지 일에 대하여 마음을 두 갈래로 사용할 수 있는 이치가 없음을 말한 것일 뿐이다. 만일 여러 가지 일이 한꺼번에 이르는 때를 당하여, 혹은 왼쪽과 오른쪽에서 혹은 저것과 이것이 함께 밀어닥친다면, 어떻게 하면 이 모든 것에 두루두루 함께 응할 수 있겠는가? 모든 일의 주재主宰가 되는 마음이 우뚝하게 제자리에서 모든 일의 벼리(綱)가 된다면, 당장 응해야 할 일들의 기미가 다 드러나고 사체四體가 말 없는 가운데 제가 할 일들을 알아서 자상하게 응하여 잘못됨이 없을 것이다. 그렇게 될 수 있는 이유는 이러하다. 마음은 텅 비고 신령하여 헤아릴 수 없어, 모든 이치를 본래 다 갖추고 있다. 사물을 느끼기도 이전에 지각知覺이 어둡지 아니하니 진실로 평소에 기른다면, 일마다 생각할 필요 없이 두루두루 비추어 널리 응할 수 있는 묘용妙用을 지니게 된다. "소경인 악사樂師 면冕이 알현을 와서, 계단에 도착하니 공자께서 계단이라고 말씀하시고 자리에 도착하니 자리라고 말씀하셨다. 모두가 자리에 앉으니 아무개는 여기에 있다고 말씀하셨다."[16] 이것은 '말은 충심

14) 『論語』 「季氏」 제10장에 나오는 말이다.
15) 『論語集註』 「季氏」 제10장의 주석에 인용된 程子의 말이다.
16) 『論語』 「衛靈公」 제41장에 나오는 말이다.

으로 하기를 생각하라'(言思忠)에 중점을 두어서 '볼 때는 밝게 보기를 생각하라'(視思明)에까지 아울러 미치지는 않은 듯하지만, 보는 것도 저절로 법도에 맞은 경우이다. "임금이 불러서 손님을 맞이하게 하니, 낯빛은 화기롭게 변하고 발은 조심스럽게 움직이고, 함께 선 사람에게 읍揖을 할 때에는 손을 법도에 맞게 좌우로 하였으며, 옷의 앞과 뒤는 가지런하였다."[17] 이것은 '일을 할 때는 공경스럽게 하기를 생각한다'(事思敬)를 주로 하여 안색·용모·손·발에까지는 미치지 않은 듯하지만 주선하는 사이에 각각 저절로 법도에 다 들어맞는 경우이다. 【위와 같음】

○ 4-15 人有視聽偕至, 手足竝用時節, 苟一於所聽, 而所視全不照管, 一於手容, 而足容任其胡亂, 則當應不應, 頑然不靈, 便是心失其官處, 以此酬酢萬變, 豈能中節哉? 程子所謂"九思各專其一", 是就一事上說心無二用之理耳. 若遇衆事交至之時, 或左或右, 一彼一此, 豈可雜然而旋應? 只是心之主宰, 卓然在此, 爲衆事之綱, 則當下所應之事, 幾微畢見, 四體默喩, 曲折無漏矣. 所以能然者, 蓋人心虛靈不測, 萬理本具, 未感之前, 知覺不昧, 苟養之有素, 固不待件件著思, 而有旁照泛應之妙. "師冕見, 及階, 曰階, 及席, 曰席, 皆坐, 曰某在斯此", 主於'言思忠', 未必兼於'視思明', 而所視自中節矣. "君召使擯, 色勃如, 足躩如, 揖所與立, 左右手, 衣前後襜如", 此主於'事思敬', 未必兼於色貌手足, 而周旋之頃, 各自中其節矣. 【上同】*『退溪先生文集』, 卷28, 16쪽b, 「書·答金惇敍」*

---

17) 『論語』「鄕黨」 제3장에 나오는 말이다.

○ 4-16 "마음을 세워 근본을 정하고 경敬을 지녀 뜻을 잡는다"[18]에 대하여 선생에게 여쭈었다. 선생은 주자의 교훈을 인용하였다. "뜻을 세움에는 반드시 사물 밖으로 초월해야 하고, 경敬을 지님은 항상 사물[19] 안에서 지녀야 한다. 그래서 경敬이 사물과 서로 어긋나지 않게 해야 된다. 말할 때도 경敬해야 하며, 움직일 때도 경敬해야 하고, 앉았을 때도 경敬해야 한다. 잠시도 경敬을 떠나서는 안 된다."[20] 이 입지立志·거경居敬에 관한 말은 학자들에게 가장 긴요하고 절실하다.【『기선록』】

○ 4-16 問"立心以定其本, 居敬以持其志", 先生引朱子之訓曰, "立志, 必須高出事物之表, 而居敬則常存於事物之中, 令此敬與事物, 皆不相違, 言也須敬, 動也須敬, 坐也須敬, 頃刻去他不得." 此立志居敬之說, 最緊切於學者."【『記善錄』】*『艮齋先生文集』, 卷5, 1쪽a, 「溪山記善錄上」*

○ 4-17 경敬은 도道에 들어가는 문이다. 반드시 성誠에 도달한 뒤에야 도道의 중단이 없는 경지에 이르게 된다.【정사성의 기록】

○ 4-17 敬是入道之門, 必以誠然後不至於間斷.【「鄭士誠錄」】*『芝軒先生文集』, 卷3, 2쪽a, 「雜著·師訓箚錄」*

○ 4-18 선생이 덕홍이 경敬을 논한 편지에 답하고, 그리고 또 한 통을 써서

---

18) 『五峰集』 권3 「復齋記」에 나오는 말이다.
19) 處事적 물, 주로 일로 쓰이며 여기서는 뒤에 나오는 言·動·坐를 사물로 표현하고 있다.
20) 『朱子語類』 권18 제114조에 나오는 말이다.

벽에 걸어 두고는, "내가 남을 이렇게 가르치기는 하지만, 나 자신을 돌이켜 보면 아직도 다 실천하지 못한다"라고 말씀하셨다. 편지의 내용은 이러하다. "정부자程夫子가 말한 경敬은 의관衣冠을 바르게 하고 사려思慮를 전일하게 하며, 용모를 장엄하고 가지런하고 엄숙하게(莊整齊肅) 하고, 속이거나 함부로 하지 않는 것에 지나지 않는다. 의관을 바르게 하는 것과 용모를 장엄하고 가지런하고 엄숙하게 가지는 것은 고요한 때의 태도를 말한 것이지만, 움직일 때라고 해서 의관을 어떻게 바르게 하지 않으며, 태도를 장정제숙莊整齊肅하게 가지지 않을 수 있겠는가? 사려를 전일하게 한다는 것과 속이거나 함부로 하지 않는다는 것은 움직일 때를 두고 한 말이다. 그러나 고요한 때에도 이 마음을 본원本原이 되는 마음자리에 두지 않으면 안 되며, 어찌 또한 조금이라도 속이거나 함부로 함을 용납하겠는가? 그러므로 주자께서 '심체心體는 유무有無에 다 통하고, 동정動靜을 관통한다. 그러므로 공부도 유무에 다 통하고 동정을 관통해야만 빠뜨림이 없게 된다'21)라고 하였으니 바로 이것을 두고 말함이었다. 주자가 하숙경何叔京에게 답한 편지가 있는데 그 내용의 대략은 이러하다. '지경持敬은 보고 듣고 말하고 활동함과 용모, 말하는 태도 등을 통하여 공부해야 한다. 인심人心은 형체가 없고 출입이 일정하지 않으니 법도를 잘 지켜야만 안팎의 마음이 일치하게 된다. 진실로 장정제숙莊整齊肅할 수 있으면 방벽사치放僻邪侈한 마음이 없어져 용납되지 않음을 알 수 있다. 이것은 지극히 중요한 일상의 공부이다.

---

21) 『朱子大全』 권43, 제44번째 편지 「答林擇之」에 나오는 말이다.

이것을 통해서 체험한다면 안팎이 처음부터 떨어진 것이 아니며 장정제숙이라고 하는 것이 바로 마음을 보존하는 방법임을 알게 될 것이다.'[22]" 【『기선록』】

○ 4-18 先生答德弘論敬書, 因寫一通揭之于壁曰, "我雖教人如此, 而反諸吾身, 猶未能自盡." 其書曰, "程夫子所謂敬者, 亦不過曰'正衣冠'·'一思慮'·'莊整齊肅'·'不欺不慢'而已, 其曰'正衣冠', 曰'莊整齊肅', 是以靜言, 然而動時衣冠, 豈可不正, 容止事物, 豈可不莊整齊肅乎? 曰'一思慮', 曰'不欺不慢', 是以動言, 然而靜時此心尤不可不主於一, 本原之地, 又豈容有一毫欺慢乎? 故朱子又嘗曰, '心體通有無貫動靜, 故工夫亦通有無貫動靜, 方無透漏', 正謂此也. 先生嘗答何叔京書略曰, '持敬尤須就視聽言動容貌辭氣上做工夫, 蓋人心無形出入不定, 須就規矩繩墨上守定, 便自內外帖然, 誠能莊整齊肅則放僻邪侈決, 知其無所容矣, 此日用工夫至要約處, 於此驗之則知內外未始相離, 而所謂莊整齊肅者, 正所以存其心也.'" 【『記善錄』】 *『艮齋先生文集』, 卷5, 1쪽a, 「溪山記善錄上」*

○ 4-19 사려가 어지러운 것은 고금古今 학자들의 공통된 병통이다. 이제 이것을 구원하려고 하면 정자程子가 말한 "지선至善에 머무른다"[23]는 것보다 좋은 말이 없다. 그러므로 『대학』에서도 머무를 곳을 안 다음에는 정定·정靜·안安[24]의 공효가 있다고 하였다. 그렇다고는 하

---

22) 『朱子大全別集』 권4, 제6번째 편지 「何叔京」에 나오는 말이다.
23) 『二程遺書』 권15 제16조에 나오는 말이다.
24) 『大學』 經 제1장에 나오는 말이다. "知止而后有定, 定而后能靜, 靜而后能安, 安而后能慮, 慮而后能得"은 사람이 머물러야 하는 至善의 인식에서 至善의 체득에 이르기까지의 心身에 일어나는 공효를 말해 준다.

지만 한갓 이 한 마디 말만 가지고는 일을 이루지 못한다. 주자의 문하에서 거경居敬을 중시하고 궁리窮理를 귀하게 여기는 것을 학문의 제일 중요한 일로 삼음을 알아야 한다. 정자는 또 "익숙하게 해서 전일하게 되면 좋다"[25]라고 했으니 이 말은 더욱 의미가 있다. 【「최현숙에게 답한 글」】

○ 4-19 思慮紛擾, 古今學者之通患, 今欲捄此, 固莫如程子'惟是止於事'之語. 故『大學』知止而后, 有定靜安之效. 雖則然矣, 徒守此一語, 亦不濟事, 乃知朱門大居敬而貴窮理爲學問第一義. 程子亦曰, "習能專一時方好", 此語尤有味. 【「答崔見叔」】 *『退溪先生文集』, 卷12, 42쪽b, 「書 · 答崔見叔問目」*

○ 4-20 일상생활에서 말과 행동이 마땅함을 얻으면 호연지기浩然之氣를 해치지 않게 된다. 마음에 흡족하지 않음이 있게 되면 천지와 비슷하지 않게 되어 곧 호연지기를 기르는 데 해가 있게 된다.[26] 맹자처럼 마음이 동요되지 않는(不動心)[27] 지위에까지 도달한 사람도 처음에는 반드시 이러한 곳에서부터 공부를 시작했다. 【「조사경에게 답한 글」】

○ 4-20 日用之間一言一動得宜, 則無害浩氣. 纔一有慊, 則與天地不相似, 便是有害於浩氣之養. 雖造孟子不動心底地位, 其初必自此些子地, 始下工夫. 【「答趙士敬」】 *『退溪先生文集』, 卷23, 5쪽a, 「書 · 答趙士敬」*

---

25) 『二程遺書』 권18 제83조에 나오는 말이다.

26) 이 부분을 통해 내면의 天理에 따라 사는 삶을 천지 곧 자연의 운행과 동등시함을 알 수 있다.

27) 『孟子』 「公孫丑上」 제2장에 나오는 말이다. 맹자는 40세에 마음이 동요되지 않는 경지에 도달했다고 하였다.

○ 4-21 잊지 않고 조장하지도 않으면(勿忘勿助)[28] 도道가 나에게서 자연스럽게 발현發見되고 유행流行하는 참 모습을 볼 수 있다. 소리개가 날고 물고기가 뛰어 노는 것(鳶飛魚躍[29])을 통하여, 도道가 사물에서 자연스럽게 발현되고 유행하는 참모습을 볼 수 있다. 기수에 목욕하고 노래하며 돌아오는 것(浴沂詠歸[30])을 통해서는, 도道가 일상생활에서 자연스럽게 발현되고 유행하는 참모습을 볼 수 있다. 【「정자중에게 답한 글」】

○ 4-21 勿忘勿助, 則道之在我, 而自然發見流行之實, 可見. 鳶飛魚躍, 則道之在物, 而自然發見流行之實, 可見. 浴沂詠歸, 則道之在日用, 而自然發見流行之實, 可見. 【「答鄭子中」】 *『退溪先生文集』, 卷25, 24쪽b, 「書·答鄭子中別紙」*

○ 4-22 도체道體가 일상생활에서 응대하는 사이에 유행해서 잠시도 정지되거나 쉼이 없으므로 반드시 일삼고 잊지 말아야 한다. 조금도 안배安排를 용납하지 않으므로 기필하거나 조장해서는 안 된다. 【위와 같음】

○ 4-22 道體流行於日用應酬之間, 無有頃刻停息, 故必有事而勿忘. 不容毫髮安排, 故須勿正與助長. 【上同】 *『退溪先生文集』, 卷25, 34쪽a, 「書·答鄭子中別紙」*

○ 4-23 정명도程明道는 글자를 매우 공경스러운 태도로 썼다. 본래 글자를

28) 『孟子』 「公孫丑上」 제2장에 나오는 말이다.
29) 『詩經』 「大雅·旱麓」에 나오는 말이며, 『中庸』 제12장에서 인용되고 있다.
30) 『論語』 「先進」 제24장에 나오는 曾點의 말이다.

잘 쓰기 위한 것은 아니었으며 글자를 못 쓰기 위한 것은 물론 아니었다. 글자 쓰는 일을 공경스럽게 하였을 뿐이었다. 글자를 잘 쓰고 못 쓰고는 재주와 노력에 따라 결정될 뿐이다. 이러한 태도는 "반드시 실현하려고 노력은 하되 기필하지 아니하고, 마음에 두어 잊지는 아니하되 조장하지 않는 것"[31]이 일에 드러난 것이다. 성인과 현인의 마음을 쓰는 방법은 바로 이와 같다. 글자 쓰는 일만 그러한 것이 아니다. 주자도 "점을 찍고 획을 그을 때 한결같이 집중해야 한다. 마음을 놓으면 거칠게 되고 예쁘게 쓰고자 하면 정신이 미혹된다"[32]고 하였다. 한결같이 한다는 것이 바로 경敬이다. 【「김돈서에게 답한 글」】

○ 4-23 明道寫字時甚敬, 固非要字好, 亦非要字不好, 但敬於寫字而已. 字之工拙, 隨其才分工力, 而自有所就耳, 此則"必有事焉而勿正, 心勿忘, 勿助長"之見於事者, 乃聖賢心法如此, 不獨寫字爲然也. 故朱子亦曰, "一在其中, 點點畫畫, 放意則荒, 取姸則惑", 所謂一卽敬也. 【「答金惇敍」】 *『退溪先生文集』, 卷28, 16쪽b, 「書·答金惇敍」*

○ 4-24 일이 마음의 병통이 될 수는 없지만 마음이 그 일에 집착하게 되면 병통이 된다. 【위와 같음】

○ 4-24 事不能爲心之病, 而有之則爲病. 【上同】 *『退溪先生文集』, 卷28, 2쪽b, 「書·答金惇敍」*

○ 4-24-1 이국필이 물었다. "마음에 쌓인 병통은, 그것을 잊을 수 있으면 면할

31) 『孟子』 「公孫丑上」 제2장에 나오는 말이다.
32) 『朱子大全』 권85 「書字銘」에 나오는 말이다.

수 있습니까?" 선생께서 대답하였다. "그렇다. 그러나 잊어서 면하려고 함은 잊기를 익힘(習忘)에 가까우니 잘못된 점이 있다. 물망勿忘·물조勿助를 제대로 공부하게 되면 면할 수 있을 뿐이다."

○4-24-1 李國弼問, "心有滯累之病, 惟能忘可以得之?" 先生曰, "然但能忘近於習忘, 有差入處. 能於勿忘勿助有得則可免耳." 『退溪先生言行錄』, 卷5, 「崇正學」

○4-24-2 또 물었다. "매우 어려운 일을 만나면 마음과 정신이 아득하고 어둡게 되어 옳고 그름이 뒤섞여 구별하지 못하게 됩니다. 만일 억지로 애써서 생각하면 혹 얻게 된다 하더라도 마음이 이미 놀라고 두려워하니 이것은 사실은 자득自得이 못됩니다. 한쪽으로 치워두고 사색하지 않는 것이 어떻습니까?" 선생께서 대답하였다. "생각하지 않으면 안 된다. 그러나 너무 급박하게 생각하고 기한을 급하게 정하여 반드시 얻고자 한다면 병통이 될 뿐이다."

○4-24-2 又問, "若遇大段難事, 心神茫昧是非混淆, 若著力苦思, 則雖或得之, 心反怔松, 實非自得也. 將置之一隅, 不爲思索何如?" 先生曰, "亦不可不思, 但思之太迫急期必得, 則爲病耳." 『退溪先生言行錄』, 卷2, 「講辨」

○4-25 선한 일, 악한 일, 큰 일, 작은 일에 관계없이 어떤 일이든 마음에 지녀서는 안 된다. 마음에 지닌다는 것은 빠지고(泥著) 얽매임을 말한다. 마음에 기필하고 조장助長하고 공功을 계산하고, 이익을 도모하는 여러 가지 병통은 모두 여기에서 생기는 것이다. 【위와 같음】

○4-25 事無善惡大小, 皆不可有諸心中. 此有字, 泥著係累之謂, 正心助長, 計功謀利, 種種病痛, 皆生於此. 【上同】 『退溪先生文集』, 卷28, 16쪽b, 「書·答金惇敍」

○ 4-26 사물이 만 가지로 다르지만 리理는 하나이다. 리理는 하나이기 때문에 성性에는 안과 밖으로 나누어짐이 없다.[33] 군자의 마음이 확 트여 크게 공평할 수 있는 것은 자신의 성性을 온전하게 해서 안과 밖의 구별이 없기 때문이다. 사물이 나타남에 따라서 순응順應할 수 있는 것은 한결같이 리理에 따르고 피차彼此의 구별이 없기 때문이다. 사물을 외적인 것으로서만 알고 리理에 피차가 없음을 알지 못한다면, 리理와 일(事)이 두 갈래로 나누어질 것이다. 만일 사물이 외적이 아닌 것이라고만 생각하고 리理로써 준칙을 삼지 않는다면 마음에 주인이 없게 되어 마침내 외적인 사물이 마음을 탈취할 것이다. 군자는 성性에 안과 밖의 구별이 없음을 알고, 사물에 응할 때 한결같이 리理를 따르므로, 날마다 외물을 접하지만 외물이 나에게 해가 되지 못하는 것이다. 【「이달 · 이천기에게 답한 글」】

○ 4-26 物雖萬殊, 理則一也. 惟其理之一, 故性無內外之分. 君子之心, 所以能廓然而大公者, 以能全其性而無內外也. 所以能物來而順應者, 以一循其理而無彼此也. 苟徒知物之爲外, 而不知理無彼此, 是分理與事爲二致, 若只認物爲非外, 而不以理爲準則, 是中無主而物卒奪之. 惟君子知性之無內外, 而應物一於理, 故雖日接外物, 而物不能爲吾害. 【「答李達李天機」】 *『退溪先生文集』, 卷13, 16쪽a, 「書 · 答李達李天機」*

○ 4-27 사람들은 마음이 외물에 물들게 되는 해만 보고, 드디어 사물은 마음의 해가 된다고 생각한다. 그래서 일을 싫어하여 잊으려 하고, 동

---

33) 이 구절은 性에는 나의 性과 너의 性의 구분이 없다는 뜻이다.

動을 싫어하고 정靜을 탐한다. 노자老子와 불자佛子의 학도들이 이로 말미암아 마음을 빠뜨릴 뿐 아니라, 우리 유학자들도 약간만 견해가 잘못되면 이러한 오류에 빠지지 않기가 힘들다. 그러므로 사상채謝上蔡[34] 같이 현명한 사람도 이러한 병통을 벗어나지 못하였다. 정명도程明道는 맹자의 호연지기浩然之氣를 기르는 설[35]을 끌어다가 존심存心의 방법으로 바꾸어서 가르쳤다. 이 경敬과 의義를 함께 유지함(敬義夾持)은 바로 위로 천덕天德에 도달하는 방법으로 가장 긴박하고 절실하게 공부해야 하는 것이다. 【「김돈서에게 답한 글」】

○ 4-27 人徒見夫心爲物漬之害, 遂謂事物爲心害, 故厭事而求忘, 惡動而耽靜. 不惟老佛之徒由是而陷溺其心, 雖爲吾儒之學者, 所見少有毫髮之差, 鮮不淪入於此域. 故以上蔡之賢猶不免, 此明道引孟子養氣之說, 轉作存心之法以敎之. 此敬義夾持, 直上達天德, 最緊切用功處. 【「答金惇敍」】 *『退溪先生文集』, 卷28, 2쪽b, 「書·答金惇敍」*

○ 4-27-1 사상채가 "나는 항상 잊어버리는 방법을 익혀 양생養生한다"고 하니, 정명도가 말하기를, "양생하는 방법으로는 괜찮으나 도道에는 해가 된다. 반드시 일삼음은 있되 기필期必하지 말라(必有事焉而勿正)는 것은 무엇을 말하는 것이겠는가? 또 나가고 들어오고 일상생활을 하며 조용히 아무 일도 없을 때, 마음을 미리 정해 놓고 일을 기다리는 것은 앞서서 일을 맞이하는 것이 된다. 잊는 것은 생각을 버리는 것으로 되며, 조장하는 것은 집착하는 것으로 된다. 그러므로 성인聖人의 마음은 거울과 같으니 그래서 석씨釋氏의 마음과는 다르다"라고 하였다.

---

34) 謝良佐(1050~1103)이다. 程顥(1032~1085)·程頤(1033~1107) 형제의 문인이다.
35) 『孟子』「公孫丑上」 제2장, 즉 浩然之氣장의 "반드시 일삼기는 하되 기필하지 말고, 마음에 잊지 말되 조장하지 말라"(必有事焉而勿正, 心勿忘, 勿助長也)를 가리킨다.

○4-27-1 上蔡謝氏曰, "吾常習忘以養生", 明道先生曰, "施之養則可, 於道則有害, '必有事焉勿正', 何謂乎? 且出入起居, 寧無事者, 正心待之, 則先事而迎. 忘則涉乎去念, 助則近於留情, 故聖人心如鑑, 所以異於釋氏心也. *『二程外書』, 卷12, 제35조.*

○4-28 요즈음 한가하게 지내며 깊이 생각하여 리理를 실제로 체험하여 보니, 리理가 없는 때가 없고, 리理가 없는 물건이 없다고 함이 참으로 그러함을 알겠다. 이른바 "백·천·만·억이라고 하여 많게 되는 것도 아니며, 소리도 없고 냄새도 없다고 하여 적게 되는 것"[36]도 아니니 주선생朱先生께서는 참으로 나를 속이지 아니하셨도다. 편안하고 한가하여 한결같이 조용할 때는 명쾌하고 쇄락洒落한 듯하여, 이러한 상태를 지킬 수 있을 것 같다. 그러나 갑자기 별로 중요하지 않은 일만 앞에 닥쳐도, 응접할 때 조금만 점검을 잘못하면 문득 이러한 기상이 사라져 버린다. 이것은 다른 이유가 없다. 익숙하지 않기 때문이다. 곁에서 보기만 하고 참으로 그 가운데 들어가서 자신의 것으로 할 수 없었기 때문이다. 【「정자중에게 답한 글」】

○4-28 比來閒居, 深思實體, 見得此理無時不然, 無物不有處, 眞是如此, 所謂"百千萬億不爲多, 無聲無臭不爲少", 朱先生眞不我欺. 其在燕閒靜一之中, 自覺得明快洒落, 猶若可保, 然而忽有一等閒事物, 來到面前, 接應之頃, 少失點檢, 忽已隨手消泯. 此無他, 不熟故也. 在傍邊看覷, 不能眞入其中, 以爲己物故也. 【「答鄭子中」】 *『退溪先生文集』, 卷26, 1쪽a, 「書·答鄭子中」*

36) 『朱子大全』 권39, 제21번째 편지 「答許順之」에 나오는 말이다.

○ 4-29 회암[37] 선생께서 말씀하셨다. "이선생(延平)께서 어느 날 '도리道理는 낮에 이해하고 밤에는 조용한 곳으로 물러가 앉아서 생각해야 비로소 얻을 있다'라고 말씀하셨다. 내가 이 말씀에 의거해서 공부를 하였더니 참으로 이전과는 다르게 되었다."[38] 지금 주자의 이 말씀에 따른다면 등불이 없다는 것도 꼭 나쁜 것이 아니라 도리어 도움이 되기도 한다. 【「김이정에게 답한 글」】

○ 4-29 晦庵先生曰, "李先生嘗言, '道理須是日中理會, 夜裏卻去靜處坐地思量, 方是有得', 熹依此說去做, 眞箇是不同", 今以此觀, 無燈未必非, 反爲有益也. 【「答金而精」】 *『退溪先生文集』, 卷28, 27쪽b, 「書 · 答金而精」*

○ 4-30 일부러 잊으려고 하면 더욱 어지럽게 되고, 통렬하게 끊어서 없애려고 힘쓰면 달아나 숨기도 하는 간사하고 방일放逸된 생각이 넓고 끝없는 지경으로 달리게 된다. 그러니 앉아서 모든 것을 잊는다는 '좌망坐忘'[39]이 어찌 바로 좌치坐馳가 아니겠느냐? 【「김돈서에게 답한 글」】

○ 4-30 作意忘之, 愈見紛挐, 至其痛絶之而力滅之, 則流遁邪放, 馳騖於汗漫廣漠之域, 豈非'坐忘'便是坐馳也. 【「答金惇敍」】 *『退溪先生文集』, 卷28, 16쪽b, 「書 · 答金惇敍」*

---

37) 晦庵은 주희의 호이다.
38) 『朱子語類』 권104 제25조에 나오는 말이다.
39) 『莊子』 「大宗師」에 나오는 말로 "자신의 몸과 자신의 인식 주관까지도 잊어버려서, 형체와 지혜를 떠나 大道와 합일된 상태를 坐忘이라 한다"고 되어 있다. 유학에서는 좌망의 방법을 부정하며, 좌망하려고 하면 생각이 더욱 어지럽게 되는 坐馳의 상태에 빠지게 된다고 한다.

◑4-31 인자仁者의 마음이란 잊지 않으려고 생각한 뒤에야 잊지 않는 그러한 상태가 아니다. 【위와 같음】

◑4-31 仁者之心, 非以不忘爲意然後不忘也. 【上同】 *『退溪先生文集』, 卷28, 16쪽b, 「書·答金惇敍」*

◑4-32 옛사람들이 잘못을 뉘우치고 스스로 책망함을 귀하게 여겼지만 너무 절박하게 하면 안 된다. 이렇게 되면 도리어 후회와 허물의 해를 입어 가슴속에 부끄러워하는 마음만 쌓이게 된다. 연평 선생의 "한 덩어리의 사사로운 생각이 쌓인다"[40]는 말씀은 바로 이것을 말한 것이다. 【「금문원에게 답한 글」】

◑4-32 古人雖貴悔過自責, 然不可太爲刻切煎迫, 如此則反爲悔咎所累, 胸中積蓄羞吝之心. 延平所謂"積下一團私意"者, 正謂此也. 【「答琴聞遠」】 *『退溪先生文集』, 卷36, 30쪽b, 「書·答琴聞遠」*

◇4-32-1 김돈서에게 답장을 보내어 말씀하셨다. "옛날 정자程子가 '자신의 죄를 따지고 자신을 책망함이 없어서는 안 된다. 그러나 항상 마음에 두고 후회하면 안 된다'[41]고 말씀하신 일이 있었다. 연평 선생은 어느 날 이 구절을 인용해서 회암晦庵에게 이렇게 훈계하셨다. '항상 가슴속에 머물게 하면 도리어 한 덩어리 사사로운 생각이 쌓이게 된다.'[42] 본원이 되는 곳을 추구하고 함양하여 점점 밝게 하면, 이렇게 쌓인 사사로운 생각이 점차 변화하여 사라지게 될 것이다."

◇4-32-1 又答金惇敍曰, "昔程先生有云, '罪己責躬, 固不可無, 然亦不可常留

40) 『延平答問』 제67에 나오는 말이다.
41) 『二程遺書』 권3 제96조에 나오는 말이다.
42) 『延平答問』 제67에 나오는 말이다.

在心中爲悔', 延平先生嘗擧此而訓晦庵曰, '若常留胸中, 却是積下一團私意也.' 於此就本原處推究涵養之, 令漸明, 卽此等固滯私意, 當漸化矣." *『退溪先生文集』, 卷28, 2쪽b, 「書·答金惇敍」*

◑4-33 모든 잡념을 쓸어 없애고, 언제나 마음을 비우고 기운을 평온하게 하여, 책을 읽고 일에 응하면서 의리義理로써 두텁게 물을 주고 길러야 한다. 오랫동안 노력하여 리理의 맛에 대하여 득력得力하게 되면 물욕은 저절로 가벼워지고 적게 될 것이다. 그리고 군자의 중정中正·화락和樂한 기상을 점차 익힐 수 있을 것이다. 이렇게 노력하지 아니하고 한갓 간절하게 생각만 하고 근심스럽게 결과만 계산한다면 '오랫동안 걱정만 하는 소인小人'[43]과 다를 것이 별로 없다. 【위와 같음】

◑4-33 須一切掃去雜念, 日間只宜虛心平氣, 讀書應事, 厚以義理浸灌培養之, 久久自當於理趣得力, 則物欲之生, 自輕自少, 君子中正和樂底氣象, 漸可馴致. 苟不如此, 徒切切思過, 屑屑計功, 則與長戚戚者, 相去不遠. 【上同】 *『退溪先生文集』, 卷36, 30쪽b, 「書·答琴聞遠」*

○4-34 너무 어떤 일에 빠져서 마음 닦는 공부를 방해하지 말고, 너무 급하게 하다가 침착하고 여유 있는 기상을 해치지도 말라. 【「정자중에게 답한 글」】

○4-34 勿太沒溺以妨進修工夫, 勿太忽遽以害悠遠氣像 【「答鄭子中」】 *『退溪先生文集』, 卷24, 23쪽b, 「書·答鄭子中」*

---

43) 『論語』 「述而」 제36장에서 "군자는 마음이 넓고 편안하며 소인은 오랫동안 걱정만 한다"(君子, 坦蕩蕩, 小人, 長戚戚)라고 하였다.

◑4-35 주자朱子께서 문인들에게 훈계하셨다. "반드시 괴로움을 참고 쾌활하지 못한 공부를 해야만 좋은 소식이 있게 되고 오래 계속하면 득력得力하게 된다." 또 빨리 이루려고 하지도 말고, 어렵다고 꺼리지도 아니할 줄을 알아서, 한 번 해 보고 안 된다고 그만두면 안 된다. 오직 의지를 굳게 해야 한다. 이러한 방법으로 해 나가되 가까운 효과는 자질구레하게 따지지 말고 또 때때로 마음을 비우고 한가하게 쉬며 생각을 길러야 한다. 그러면 조금 전에 말한 괴로움을 참고 쾌활하지 못한 가운데 한 공부와 서로 도움이 있을 것이니, 한 가지 공부라도 빠뜨리면 안 된다. 【「이평숙에게 답한 글」】

◑4-35 朱先生訓門人曰, "須是忍辛耐苦, 做得不快活底工夫, 乃是好消息, 久久須得力也." 於此又當知毋欲速, 毋憚難, 毋一不得而遂輟, 直要硬著脊梁. 依此法做去, 仍勿屑屑計較其近效, 亦必有時時虛閒休養意思, 乃與向所謂忍辛耐苦不快活之功, 互相滋益, 不可闕一也. 【「答李平叔」】 *『退溪先生文集』, 卷37, 31쪽b, 「書 · 答李平叔」*

◇4-35-1 「성학십도차자」에서 말하기를, "혹 서로 끌어당기는 모순되는 걱정이 있기도 하고, 때로는 매우 괴롭고 쾌활하지 못한 병통이 있기도 하다. 이것은 바로 옛사람이 말한 이른바 장차 크게 전진할 기미이며 좋은 소식의 단서가 된다"고 하였다.

◇4-35-1 「聖學十圖箚」曰, "或有掣肘矛盾之患, 亦時有極辛苦不快活之病, 此乃古人所謂將大進之幾, 亦爲好消息之端." *『退溪先生文集』, 卷7, 4쪽b, 「箚 · 進聖學十圖箚」*

○4-36 옛사람이 학문을 부지런히 하고 괴롭게 하였다고 말하지만, 그 내용은 이러하다. 하나는 "외적인 행동을 제재하여 속마음을 기른다"44)

라고 하는 것이며, 또 하나는 "마음으로부터 행동으로 드러날 때 조급하고 망령된 것을 막아 속마음이 고요하고 전일되게 한다"[45]라고 하는 것이었다. 지금은 이것을 힘쓰지 않고 먼저 이 마음을 억제하고 속박하려고 한다. 그러므로 병이 나기 쉬우니, 나는 호랑이에게 직접 물려서 상처를 입은 자와 마찬가지로 직접 경험한 사람이다. 【「이비언에게 답한 글」】

○ 4-36 古人爲學, 雖曰勤苦, 一則曰, "制於外, 所以養其中", 一則曰, "發禁躁妄, 內斯靜專." 今不務此, 而先要制縛此心, 故易生病, 滉卽傷於虎者. 【「答李棐彦」】 *『退溪先生文集』, 卷39, 23쪽a, 「書·答李棐彦」*

○ 4-37 심기心氣의 병은 리理를 투철하게 살피지 못하여 쓸데없는 곳에서 억지로 찾고, 마음을 잡는 방법에 어두워 알묘조장揠苗助長 하다가, 자신도 모르게 지나치게 노력하여 마음을 수고롭게 하였기 때문에 생긴다. 이것은 학문을 시작하는 사람들의 공통된 병통이기도 하다. 회옹晦翁(주희) 선생도 처음에는 이러한 병통이 없지 않았다. 빨리 고치지 않으면 병이 드디어 굳어진다. 치료하는 방법은 첫째, 먼저 세상의 궁통窮通·득실得失·영욕榮辱·이해利害 일체를 무시하여 마음(靈臺)에 방해되지 않게 해야 한다. 그리고 일상생활에서 대인관계를 줄이고, 욕망을 절제하고, 마음을 비우고 한가롭고 즐겁게 지내야 한다. 도서圖書와 화초를 감상한다든지, 산과 시내에서 물고기와 새를

44) 『二程文集』 권8, 「四箴序」에 나오는 말이다.
45) 『二程文集』 권8, 「言箴」에 나오는 말이다.

보고 즐기는 등의 뜻을 즐겁게 하고 감정을 쾌적하게 할 만한 것들을 싫증내지 말고 항상 접해서, 심기心氣가 늘 순탄하게 하고, 심기를 어지럽혀 화가 나는 일이 없도록 해야 한다. 이것이 중요한 방법이다. 【「남시보에게 답한 글」】

○ 4-37 心氣之患, 正緣察理未透而鑿空以強探, 操心昧方而揠苗以助長, 不覺勞心極力以至此, 此亦初學通患. 雖晦翁先生, 初間亦不無此患, 不能速改, 其患遂成. 治藥之方, 第一須先將世間窮通·得失·榮辱·利害, 一切置之度外, 不以累於靈臺, 如是而凡日用之間, 少酬酢, 節嗜欲, 虛閒恬愉以消遣. 至如圖書花草之翫, 溪山魚鳥之樂, 苟可以娛意適情者, 不厭其常接, 使心氣常在順境中, 無咈亂以生嗔恚, 是爲要法. 【「答南時甫」】 *『退溪先生文集』, 卷14, 1쪽a, 「書·答南時甫」*

○ 4-38 혈기血氣가 허약하기 때문에 심기心氣도 완실完實하지 못하여 질병에 걸리기 쉽다. 혹 몹시 애써 공부하면 심신心神의 소모가 남보다 심하니 조심하지 않으면 안 된다. 항상 욕망을 절제하고 정기精氣를 보존하며, 심력心力을 지나치게 사용하지 말고 자신을 온전하게 길러야 한다. 【「이굉중에게 답한 글」】

○ 4-38 血氣虛, 故心氣亦不能完實, 疾病易乘. 或刻苦做工, 則心神耗損, 有甚於他人, 不可不戒. 常宜節嗜欲, 保精氣, 勿過用心力, 以自完養. 【「答李宏仲」】 *『退溪先生文集』, 卷36, 7쪽a, 「書·答李宏仲」*

○ 4-39 나는 어려서 함부로 학문에 뜻을 둔 일이 있었으나 그 방법을 알지 못하여 한갓 너무 지나치게 애만 쓰다가 몸이 쇠약해지는 병만 얻었

다.[46] 그 뒤로 불행하게도 선한 데로 인도해 주는 사람은 없고, 친구 중에서 고식적으로 사람을 사랑하는 자가 잘못되도록 종용하여 드디어 줄곧 잘못된 학문을 하다가, 또 뜻하지 않게 실수로 벼슬길에 발을 들여놓았다. 【「조사경에게 답한 글」】

○ 4-39 僕早年妄嘗有意而昧其方, 徒以刻苦過甚, 得羸瘁之疾. 其後苦無人導善, 而親舊中姑息愛人者, 慫惥爲非, 遂一向放倒, 而又不意失脚世路. 【「答趙士敬」】 *『退溪先生文集』, 卷23, 1쪽a, 「書 · 答趙士敬」*

○4-39-1 『기선록』에서 선생이 이렇게 말씀하신 일이 있다. "나는 젊어서 학문에 뜻을 두어 종일토록 그만두지 아니하고, 밤새 잠을 자지 아니하다가 고질痼疾을 얻어 몸을 제대로 쓰지 못하는 사람이 되어 버렸다. 학자들은 자신의 역량을 헤아려 잠잘 시간에 잠자고 일어나야 할 시간에 일어나야 한다. 시간과 장소에 따라 항상 관찰하고 살피고 체험하여 마음이 방일放逸되지 않도록 하면 될 뿐이다. 어찌 나처럼 해서 병이 나게 할 필요가 있겠는가?"

○4-39-1 『記善錄』先生嘗言, "吾少時有志此學, 終日不輟, 終夜不寐, 得沉痼之疾, 未免病廢之人. 學者須量其氣力, 當起而起, 隨時隨處, 每每觀省體驗, 不使此心放逸而已, 何必如此以致生病乎?" *『艮齋先生文集』, 卷5, 1쪽a, 「溪山記善錄上」*

◑4-40 산이 정지해 있지 않는다면 생물을 자라게 할 수 없고, 물이 정지해 있지 않는다면 만물을 비칠 수 없다. 사람의 마음이 고요하지 않다면 어떻게 모든 리理를 갖추어 만사를 주재할 수 있겠는가? 【「정재기」】

---

46) 이황이 20세에 『周易』을 공부하다 병을 얻은 것을 말한다.

◑4-40 山不止則不能以生物, 水不止則不能以鑑物, 人心不靜, 則又何以該萬理而宰萬事哉? 【「靜齋記」】 *『退溪先生文集』, 卷42, 21쪽a, 「記·靜齋記」*

◈4-40-1 또 말씀하셨다. "정靜을 주로 해서 동動을 다스릴 수 있기 때문에 성현聖賢은 중화中和를 행한다. 정靜을 탐하여 사물과의 관계를 끊기 때문에 불교와 노장老莊은 편벽하게 된다. 정靜이 동動에 의해서 어지럽게 된다는 사실만 염두에 두고, 동動을 싫어하고 정靜만 구한다면 조粗는 버리고 정精만 찾으며, 기器를 버리고 도道를 찾는 병폐를 면하지 못하게 되어 자신도 모르는 사이에 불·노 같은 데 빠지게 된다. 이른바 터럭만한 차이가 천리의 잘못을 초래한다는 것이니 매우 두려운 일이다. 고요할 때 보존하여 기르고(靜而存養), 움직일 때 성찰해야 함(動而省察)은 학자가 본래부터 다 아는 것이다. 고요할 때의 존양存養을 버리고 오로지 움직일 때의 성찰에만 힘쓰는 것도 '온전한 체와 커다란 용을 다 같이 중시하는 학문'(全體大用之學)[47]은 아니다. 그러므로 학문은 편벽되지 않는 것을 귀하게 여긴다. 동動·정靜의 공부를 함께하고 본本·말末을 모두 중시하여 정靜을 주로 하되 정靜에 치우치지 않게 해야 한다."

◈4-40-1 又曰, "主靜而能御動者, 聖賢之所以爲中和也. 耽靜而絶事物者, 佛老之所以爲偏僻也. 知靜之汨於動, 而遂乃厭動而求靜, 則未免遺粗而索精, 去器而探道, 不知不覺而陷溺至此, 所謂差之毫釐, 謬以千里者, 甚可畏也. 靜而存養, 動而省察, 固學者所共知也. 遂欲舍靜養, 而專用力於動察, 又非所以爲全體大用之學. 故學以不偏爲貴, 靜敬相須, 本末兼擧, 主靜而不偏於靜." *『退溪先生文集』, 卷42, 21쪽a, 「記·靜齋記」*

---

47) 주희는 『大學』에 補亡章을 스스로 붙여 '格物致知'를 해석하였다. 그 내용에서 "모든 사물의 表·裏·精·粗에 도달하지 않음이 없고, 내 마음의 全體·大用이 밝게 되지 않음이 없다. 이것을 物格이라 하며 이것을 知至라 한다"고 하였다. 이황은 주희의 이러한 입장을 학문의 표준으로 삼는다.

◐4-41 선유先儒가 학문을 논할 때 '주일무적主一無適'[48]이라 하고 '계신戒愼·공구恐懼'[49]라고 하였다. 주일主一 공부는 동動·정靜에 관통해야 하고, 계신·공구는 미발未發에만 해당되지만 두 가지 가운데서 한 가지도 빠뜨려서는 안 된다. 그러나 외적인 행동을 다스려서 마음을 기르는 방법이 더욱 요긴하고 절실하다. 그러므로 '삼성'[50]·'삼귀'[51]·'사물'[52]과 같은 종류의 내용은 모두 응대應對·접물接物에 관해서 말한 것이다. 이것도 본원本原을 함양하는 내용들이다. 만일 이렇게 하지 않고 한결같이 마음공부만 주로 한다면 석씨釋氏의 견해에 떨어지지 않는 경우가 드물 것이다. 【「기명언에게 답한 글」】

◐4-41 先儒論學亦曰, "主一無適也", 曰, "戒愼恐懼也." 主一之功, 通乎動靜, 戒懼之境, 專在未發, 二者不可闕一, 而制於外以養其中, 尤爲緊切. 故'三省'·'三貴'·'四勿'之類, 皆就應接處言之, 是亦涵養本原之意也. 苟不如是, 而一以心地工夫爲主, 則鮮不墮於釋氏之見矣. 【「答奇明彥」】 *『退溪先生文集』, 卷16, 2쪽a, 「書·答奇明彥」*

---

48) 『二程遺書』 권15 제4조에 나오는 말이다.

49) 『中庸』 제1장에 나오는 말이다.

50) 三省은 『論語』 「學而」 제4장에 나오는 말이다. "증자가 말하였다. '나는 날마다 나 자신을 세 가지 일로 반성한다. 남과 일을 도모하며 진실하였는가? 친구와 사귀면서 믿음을 지켰는가? 스승에게서 배운 것을 잘 익혔는가?"(曾子曰吾日三省吾身, 爲人謀而不忠乎, 與朋友交而不信乎, 傳不習乎)의 三省을 말한다.

51) 三貴는 『論語』 「泰伯」 제4장에 나오는 말이다. "군자가 귀하게 여기는 道가 세 가지 있다. 용모를 움직일 때는 暴慢함을 멀리하고, 안색을 바르게 해서 믿음직하게 하며, 말을 할 때는 鄙倍한 것을 멀리한다"(君子所貴乎道者三, 動容貌, 斯遠暴慢矣, 正顔色, 斯近信矣, 出辭氣, 斯遠鄙倍矣)의 三貴를 말한다.

52) 四勿은 『論語』 「顔淵」 제1장에 나오는 말이다. "예가 아니면 보지 말고, 예가 아니면 듣지 말고, 예가 아니면 말하지 말고, 예가 아니면 움직이지 말라"(非禮勿視, 非禮勿聽, 非禮勿言, 非禮勿動)의 四勿을 말한다.

◑4-42 나는 남들과 주거니 받거니 교제함에 너무 어지럽게 하다 보면 실체實體가 중도에 끊어짐을 면하지 못할까 두려워한다. 그래서 연회에 초대받은 경우 참석하기를 즐거워하지 않는다. 【『기선록』】

◑4-42 吾於酬酢應接之間, 若太膠擾, 則恐未免實體間斷, 於宴酌之招, 不樂赴也. 【『記善錄』】 *『艮齋先生文集』, 卷5, 1쪽a, 「溪山記善錄上」*

◆4-42-1 우성전이 말하였다. "선생이 왕의 특명으로 휴가를 얻어 동호東湖에 계실 때, 다른 사람들은 날마다 놀기를 일삼았다. 선생은 책상 앞에 조용히 앉아 조금도 자세를 바꾸지 않았으며, 또 구차하게 특이한 행동을 드러내지도 않으셨다."

◆4-42-1 禹性傳曰, "先生賜暇在東湖, 諸公日事遊戲. 先生對案靜坐, 未嘗少變, 而亦不見其苟異." *『退溪先生言行錄』, 卷2, 「律身」*

◑4-43 평일에 잠자는 곳과 독서하는 곳은 남과 함께 사용하지 않으셨다. 집에 계실 때나 산에 계실 때나 학문을 강론하고 서로 교제하는 때가 아니면 좌우에 사람이 없이 조용하게 지내셨다. 【위와 같음】

◑4-43 平日寢處及讀書之所, 不與人同, 故在家在山, 非講學應接之時, 則左右靜無人焉. 【上同】 *『艮齋先生文集』, 卷5, 1쪽a, 「溪山記善錄上」*

◑4-44 종일 꿇어앉아 계셨다. 혹 때때로 책상다리로 앉았지만 반드시 단정하게 하여 조금도 옆으로 삐딱하게 앉지 않으셨다. 때로는 몸이 피곤해지면 눈을 감고 단정하게 앉아 계실 뿐이었다. 【우성전의 기록」】

◑4-44 終日危坐, 或時盤坐, 亦必端莊, 不少欹側. 有時體倦, 瞑目端坐而已. 【禹性傳錄】 *『退溪先生言行錄』, 卷2, 「起居語默之節」*

◑4-45 강산江山과 풍월風月은 천지 사이에 있는 공적인 것이다. 보고도 감상할 줄 모르는 자가 많다. 때로는 경치 좋은 곳을 차지하여 자기의 사유물로 아는 자가 있는데 매우 어리석은 것이다.【「조사경에게 준 글」】

◑4-45 江山風月, 天地間公物, 遇之而不知賞者滔滔. 其或占勝, 而認爲一己之私者, 亦癡矣.【「與[53]趙士敬」】*『退溪先生文集』, 卷23, 13쪽b, 「書·與趙士敬」*

◑4-46 말을 타고 길을 갈 때는 정서와 경치가 여기에 있다고 하자. 입으로 사물을 읊조리는 것은 이 몸과 마음이 사물을 응접하는 일이다. 경敬을 주로 하는 방법과 어찌 모순됨이 있겠는가? 독서할 때는 마음이 독서에 있고, 옷을 입을 때는 옷을 입는 일에 마음이 있는 것과 차이를 발견할 수 없다.【「김돈서에게 답한 글」】

◑4-46 乘馬行路, 情境在此, 口占詠物, 卽此身心所接之事, 何疑於主敬之法乎? 此與讀書時在讀書, 著衣時在著衣者, 不見其有異也.【「答金惇敍」】*『退溪先生文集』, 卷28, 16쪽b, 「書·答金惇敍」*

◑4-47 두 가지 좋아함[54]의 의미를 알고 싶다면 인자仁者와 지자智者의 기상氣象과 뜻을 알아야 한다. 인자와 지자의 기상과 뜻을 알려면 어찌 다른 데서 찾겠는가? 내 마음에 돌이켜서 그 알맹이(實)를 알아야만

53) 『이자수어』에는 '答'으로 되어 있으나 『문집』에 따라 '與'로 바로잡는다.
54) 두 가지 좋아함(二樂)은 『論語』「雍也」 제21장에 나오는 내용이다. "지자는 물을 좋아하고 인자는 산을 좋아한다"(知者樂水, 仁者樂山)의 '물을 좋아함'과 '산을 좋아함'을 말한다.

한다. 만일 내 마음에 인仁과 지智의 알맹이가 있고, 그것이 마음에 가득 차서 밖으로 드러난다면 "인자는 산을 좋아하고 지자는 물을 좋아한다"는 뜻을 간절하게 추구할 필요도 없이 저절로 좋아함이 있게 될 것이다. 【「권장중에게 답한 글」】

◑4-47 欲知二樂之旨, 當求仁智者之氣象意思. 欲求仁智者之氣象意思, 亦何以他求哉? 反諸吾心, 而得其實而已. 苟吾心有仁智之實, 充諸中而暢於外, 則"樂山樂水", 不待切切然求, 而自有其樂矣. 【「答權章仲」】 *『退溪先生文集』, 卷37, 11쪽a, 「書·答權章仲」*

◑4-48 옛날 산림山林을 즐긴 자 가운데 두 종류가 있다. 현허玄虛를 사모하고 고상한 것을 추구하기를 즐긴 자가 있고, 도의道義를 기뻐하고 심성心性을 좋아하여 즐긴 자가 있다.[55] 전자의 설을 따르면 혹 자신의 몸을 깨끗하게 하려다가 윤리를 어지럽힐까 두렵다. 심하게는 새·짐승과 같은 무리가 되고서도 잘못이라고 생각하지 않게 된다. 후자의 설을 따르면 즐기는 것이 찌꺼기(糟粕)에 지나지 않을 뿐이다. 그러나 말로 전할 수 없는 오묘한 경지는 찾을수록 더욱 잡기 어려우니 즐거움을 어찌 얻을 수 있으리오? 그러나 차라리 후자를 하면서 스스로 노력할지언정, 전자를 하면서 스스로를 속이지는 않겠다. 어느 겨를에 세속에서 추구하는 영리營利가 나의 마음에 침입할 수 있으리오! 【『도산기』】

◑4-48 古之有樂於山林者, 亦有二焉. 有慕玄虛, 事高尙而樂者, 有悅道

55) '玄虛를 사모하고 고상한 것을 추구하기를 즐긴 자'는 道家를 가리키며, '道義를 기뻐하고 心性을 좋아하여 즐긴 자'는 儒家를 가리킨다.

義, 怡心性而樂者, 由前之說, 則恐或流於潔身亂倫, 而其甚則與鳥獸同羣, 不以爲非矣. 由後之說, 則所嗜者糟粕耳, 至其不可傳之妙, 則愈求而愈不得, 於樂何有? 雖然, 寧爲此而自勉, 不爲彼而自誣矣, 又何暇知有所謂世俗之營營者, 而入我之靈臺乎! 【「陶山記」】 *『退溪先生文集』, 卷3, 5쪽b, 「詩 · 陶山雜詠」*

◑4-49 그윽하고 아득한 곳에 있는 좋은 산과 아름다운 물을 만나면 술병을 지니고 혼자 가기도 하고 친구와 함께 가기도 하였다. 휘파람 불고 읊조리며 종일토록 노닐다가 돌아오곤 하였다. 모든 것이 마음을 확 트이게 하고 정신을 깨끗하게 하고 성정性情을 가꾸는 일이었다. 【『언행총록』】

◑4-49 每遇佳山麗水幽閒逈絶之處, 則或攜壺獨往, 命侶俱遊, 徜徉嘯咏, 終日而歸, 皆所以開豁心胸, 疏瀹精神, 資養性情之一事. 【『言行總錄』】 *『退溪先生年譜』, 卷3, 1쪽a, 「附錄 · 言行總錄」*

○4-50 항상 제자들로 하여금 병에 활을 던져서 꽂는 놀이(投壺)를 통해서 자신의 덕德을 살피게 하였다. 【『기선록』】

○4-50 每使諸生投壺以觀其德. 【『記善錄』】 *『退溪先生言行錄』, 卷1, 「論格致」*

제5편

역행 力行

* 49조목이다.

○ 5-1 의리義理는 이와 같으니, 깊게 노력한 자만이 자신의 부족함을 알 수 있다.【「이중구에게 답한 글」】

○ 5-1 義理如許, 惟用力深者, 知己之不足.【「答李仲久」】*『退溪先生文集』, 卷10, 28쪽a, 「書·答李仲久」*

○ 5-1-1 황중거에게 답하였다. "의리는 무궁하고 세월은 쉽게 지나간다. 이는 지극한 말이니, 의리에 힘쓴 자만이 이를 알 뿐이다."

○ 5-1-1 又答黃仲擧曰, "義理無窮, 光陰易過. 此切至之言, 惟用力於此者知之耳." *『退溪先生文集』, 卷20, 23쪽a, 「書·答黃仲擧」*

○ 5-2 사람의 몸은 리理와 기氣를 모두 갖추고 있는데, 리理는 귀하고 기氣는 천하다. 그러나 리理는 작위作爲가 없고 기氣는 하고자 함이 있으므로, 리理의 실천을 주로 하는 자는 그렇게 하는 가운데 기氣가 자연히 길러진다.[1] 성인과 현인이 이러하다. 기氣를 가꾸는 데 치우친 자는

1) 儒學에서는 養氣를 독립적으로 취급하지 않는다. 맹자가 浩然之氣를 말할 때도 氣를 기름으로 호연지기가 생긴다고 하지 아니하고, 義와 道와 直이라는 가치 지향적 삶을 통하여 저절로 생긴다고 하였다. 유학은 義理를 인간적 측면에서나 우주론적 측면에서나 가장 본질적인 것으로 파악한다. 그러나 기를 무시하는 것은

반드시 성性을 해치게 되니 노자와 장자가 이러하다. 【「박택지에게 준 글」】

○ 5-2 人之一身, 理氣兼備, 理貴氣賤. 然理無爲而氣有欲, 故主於踐履者, 養氣在其中. 聖賢是也. 偏於養氣者, 必至於賊性, 老莊是也. 【「與[2] 朴澤之」】 *『退溪先生文集』, 卷12, 21쪽b, 「書 · 與朴澤之」*

○ 5-3 일상생활 사이에 충만해 있는 것에는 천명天命의 유행이 아닌 것이 없다. 이윤伊尹이 "하늘의 밝은 명命을 돌아보라"[3]라고 한 것은 바로 이 천명을 돌아보라는 것이다. 맹자가 "일찍 죽고 오래 삶을 걱정하지 않고 몸을 수양하여 죽음을 기다림이 명을 세우는 것이다"[4]라고 한 것은 이 천명을 세움이다. 공자가 말하기를 "리理를 궁구하고 성性을 다하여 명命에 이른다"[5]라고 한 것은 이 천명에 이르는 것이다. 【「신계숙에게 답한 글」】

○ 5-3 洋洋乎日用間者, 莫非天命之流行! 伊尹曰, "顧諟天之明命", 顧此命也. 孟子曰, "夭壽不貳, 修身以俟死, 所以立命也", 立此命也. 孔子曰, "窮理盡性, 以至於命", 至此命也. 【「答申啓叔」】 *『退溪先生文集』, 卷38, 22쪽b, 「書 · 答申啓叔」*

○ 5-4 어디를 가나 리理가 없는 곳이 없으므로, 리理가 없는 자리가 없다. 그러니 어디에선들 공부를 중지할 수 있겠는가? 리理는 잠시도 쉼이

결코 아니다. 기가 없이는 理가 자신을 실현할 수 없기 때문이다.

2) 『이자수어』에는 '荅'으로 되어 있으나 『문집』에 따라 '與'로 바로잡는다.

3) 『書經』 「太甲」에 나오는 말이며, 『大學』 傳 제1장에 인용되어 있다.

4) 『孟子』 「盡心上」 제1장에 나오는 말이다.

5) 『周易』 「說卦傳」 제1장에 나오는 말이다.

없으므로, 한 순간도 리理가 없는 때가 없다. 그러니 어느 때인들 공부하지 않을 수 있겠는가?【「성학십도설」】

○ 5-4 無所適而不在, 故無一席無理之地. 何地而可輟工夫? 無頃刻之或停, 故無一息無理之時. 何時而不用工夫?【「聖學十圖說」】*『退溪先生文集』, 卷7, 4쪽b, 「箚 · 進聖學十圖箚」*

○ 5-5 자신이 당시에 남과 같지 못함을 부끄러워하면서도 학문을 하지 않는다면 결국 당시의 고루함을 변화시킬 수 없다. 자신이 오늘날 옛사람에게 미치지 못함을 부끄러워하면서도 스스로 노력하지 않는다면 어찌 오늘의 익힘에서 나아갈 수 없을 뿐이겠는가? 장차 전에 얻었던 것마저 잃어버릴 것이다. 독실하게 좋아한다면 얻지 못할 것이 없다. 스스로 할 수 없다고 하는 것은 모두 스스로 포기하는 것이다.【만죽산방집첩 머릿글에서】

○ 5-5 使余當時, 恥不若人而遂不學, 則終不變當日之陋. 使余今日, 恥不及古而不自力, 則豈惟不能進於今日之習? 將并與前所得而失之. 惟好之篤, 則無不可得, 而其自謂不能者, 皆自棄者也.【題萬竹山房集帖】*『退溪先生文集』, 卷43, 17쪽b, 「跋 · 題萬竹山房集帖跋」*

○ 5-6 옛사람들은 학문을 함에, 비록 부지런히 힘쓰고 두려워하여 숨 한 모금 들이쉴 만큼의 순간도 용납하지 않았지만, 또한 반드시 공부의 과정을 쌓아, 지속하기를 오래 해서 여유 있고 넉넉하게 실컷 한 뒤에 인식과 실천을 자연스럽게 순서에 따라 얻음이 있었다. 급하게 구하면 계산하고 비교하며 공을 가까이하는 데서 벗어나지 못하고, 항상

맞지 않아 행하기 어렵다는 생각을 지니다가, 빠른 속도로 점점 사사로운 뜻에 빠져 들어 도리어 의리의 내용을 해치게 될 것이니, 조그마한 해害가 아니다. 【「정자중에게 답한 글」】

○ 5-6 古人爲學, 雖乾乾惕厲, 靡容一息之間斷. 然亦必積累工程, 持以悠久, 優游厭飫, 然後所知所行, 自然循次而有得焉. 急迫求之, 未免於計較近功, 而恆有戛戛難行之慮, 駸駸然入於私意, 反害於義理之實, 非細累也. 【「答鄭子中」】 *『退溪先生文集』, 卷24, 11쪽b, 「書·答鄭子中」*

○ 5-7 초학자가 어떻게 꽉 잡으려는 생각이 없이, 실천에 힘을 얻을 수 있겠는가? 다만 지나치게 신경을 써서 꽉 잡으려고 하면 안 된다는 것이다. 신경을 쓰는 것도 아니고 신경을 쓰지 않는 것도 아닌 사이에서, 때때로 익히는 공부를 오래도록 계속해서 익숙하게 되면 차츰 움직일 때나 조용히 있을 때나 한결같은 맛을 볼 것이다. 【「우경선에게 답한 글」】

○ 5-7 初學如何便能無把捉意思, 而得力於動處耶? 但切不可太著意緊捉. 只於非著意非不著意間, 加時習之功, 至於久而熟, 則漸見動靜如一意味. 【「答禹景善」】 *『退溪先生文集』, 卷31, 1쪽a, 「書·答禹景善性傳問目」*

○ 5-7-1 또 말씀하셨다. "꽉 잡는다는 것은 잡아 보존함(操存)을 말함이니, 나쁜 것이 아니다. 그러나 활법活法을 얻지 못하면 도리어 '이삭을 뽑아 조장하는'(揠苗助長)[6] 병통이 있게 된다. 안자의 사물四勿[7])이나 증자의 삼귀

6) 『孟子』 「公孫丑上」 제2장에 나오는 말이다.

三貴[8])를 보면, 보고 듣고 말하고 행동함과 용모・말씨 등으로부터 공부를 시작한다. 이른바 외적 행동을 제재하는 것이 속마음을 기르는 것이 된다[9])는 것이다."

○5-7-1 又曰, "把捉卽操存之謂, 非不善也. 若未得活法, 則反爲揠苗助長之患. 觀顔子四勿, 曾子三貴, 從視聽言動容貌辭氣上做工夫. 所謂制於外, 所以養其中也." *『退溪先生文集』, 卷31, 1쪽a, 「書・答禹景善問目・別紙」*

○5-8 항상 힘쓰는 곳에 나아가 날마다 점검하고 익힌다면, 반드시 점차 힘을 얻게 되는 곳(得力處)이 있어서, 처음 하는 공부와 비교한다면 저절로 같지 않음이 있게 될 것이다. 이와 같이 하고서 새로이 시작한 일을 이어 나간다면, 옛것은 의거가 있고 새것은 외따로 떨어지지 않아 마땅히 유익함이 있을 것이다.【위와 같음】

○5-8 且就所常用力處, 日加點檢溫習, 必有漸得力處, 比之生面工夫, 自是不同. 如是而接以新做緖業, 則舊有據而新不孤, 當有益矣.【上同】*『退溪先生文集』, 卷32, 20쪽a, 「書・答禹景善」*

○5-9 의심스러운 것이 많다고 싫증내거나 답답해하지 말고 오래도록 깊숙하게 익히면 저절로 통하게 될 것이다. 효과가 느리다고 공부를 그만두지 말고 지극히 깊숙하게 익힌다면 저절로 얻게 될 것이다.【「김이정에게 답한 글」】

○5-9 勿以疑多而厭煩, 熟深之久將自通. 勿以效遲而輟工, 熟深之至將自得.【「答金而精」】*『退溪先生文集』, 卷29, 35쪽a, 「書・答金而精」*

---

7) 안자의 四勿은『論語』「顔淵」제1장에 나온다.
8) 증자의 三貴는『論語』「泰伯」제4장에 나온다.
9)『二程文集』권8「四箴序」에 나오는 말이다.

○5-10 사람이 다만 묵묵히 더 공부하고 앞을 향하여 그치지 아니하며 쌓아 익힘이 오래되고 순純하고 익숙해짐에 이르면, 저절로 마음과 리理가 하나가 되어 상황에 따라 잡았다 놓쳤다 하는 병통이 없어질 것이다. 정자程子가 말하였다. "학문은 익힘(習)을 귀하게 여긴다. 익혀서 전일하게 할 수 있을 때가 좋다."[10] 또 말하였다. "정제엄숙整齊嚴肅하면 심心이 곧 전일해진다. 전일해지면 저절로 그르고 편벽된 것이 끼어들지 못한다."[11] 그렇지만 그것을 익히는 방법은 마땅히 안자顔子가 예禮가 아니면 보지도 듣지도 말하지도 움직이지도 않은 것[12]과, 증자曾子가 용모를 움직이고 안색을 바르게 하고 말을 하는 곳에서 공부한 것[13]과 같이 한다면, 의거依據할 곳이 있게 되어 노력하기 쉬울 것이다. 【「정자중에게 답한 글」】

○5-10 人但能默默加工, 向前不已, 積習久久, 至於純熟, 則自然心與理一, 而無隨促隨失之病. 程子曰, "學貴於習, 習能專一時方好." 又曰, "整齊嚴肅則心便一, 一則自無非僻之干." 然其習之之方, 當如顔子非禮勿視聽言動, 曾子動容貌, 正顔色, 出辭氣處, 做工夫, 則庶有據依而易爲力. 【「答鄭子中」】 *『退溪先生文集』, 卷24, 9쪽a, 「書·答鄭子中別紙」*

○5-10-1 김이정에게 답하셨다. "형체도 그림자도 없는 마음을 보존하려면, 형체와 그림자가 있어서 의거하여 지킬 수 있는 것에서부터 공부해야 한다. 안자와 증자의 '사물四勿'·'삼귀三貴'가 바로 그것이다."

---

10) 『二程遺書』 권18 제83조목에 나오는 말이다.
11) 『二程遺書』 권15 제54조목에 나오는 말이다.
12) 『論語』 「顔淵」 제1장에 나오는 말이다.
13) 『論語』 「泰伯」 제4장에 나오는 말이다.

○5-10-1 又答金而精曰, "欲存無形影之心, 自其有形影可據守處加工. 顔曾之四勿三貫, 是也." *『退溪先生文集』, 卷29, 10쪽a, 「書·答金而精」*

○5-10-2 또 이평숙에게 답하셨다. "순舜이 우禹에게 이야기한 정일精一[14]과 공자가 안자에게 가르친 사물四勿은 진실로 마음의 병을 다스리는 훌륭한 약이다. 그러나 이 약을 사용할 수 있는 것은 우와 안자에게 달려 있지 순과 공자에게 달려 있지 않다. 그러므로 '인仁하게 되는 것이 자기에게 달려 있지 남에게 달려 있겠는가!'[15]라고 하였다."

○5-10-2 又答李平叔曰, "舜之告禹以精一, 孔之敎顔以四勿, 固治病之大藥. 然能用此藥者, 禹與顔子耳, 不在舜與孔. 故曰, '爲仁由己, 而由人乎哉!'" *『退溪先生文集』, 卷37, 22쪽a, 「書·答李平叔」*

○5-11 거울은 본래 밝다. 몇 겹의 먼지가 앉아 약으로 닦으려고 하면, 처음에는 매우 힘써 닦아야만 한 겹의 먼지를 벗길 수 있으니, 어찌 매우 어렵지 않겠는가? 계속해서 두 번 세 번 닦게 되면 점차 닦기 쉽다. 그리고 밝음은 먼지가 없어지는 정도에 따라서 차츰 드러나게 된다. 그러나 매우 어려운 단계를 지나서 조금 쉬운 단계에 도달할 수 있는 사람이 매우 드물다. 【「이평숙에게 답한 글」】

○5-11 鏡本明. 爲塵垢重蝕, 用藥磨治, 初番極用力刮拭, 才去垢一重, 豈不甚難? 繼之以再磨三磨, 用力漸易, 而明隨垢去分數而漸露. 然人能過極難而至稍易者, 固鮮矣. 【「答李平叔」】 *『退溪先生文集』, 卷37, 25쪽a, 「書·答李平叔問目」*

---

14) 精一은 『書經』 「虞書·大禹謨」에 나오는 말이다.
15) 『論語』 「顔淵」 제1장에 나오는 말이다.

○ 5-12 과정課程은 엄하게 세우고, 뜻은 너그럽게 해야 한다. 엄하게 세운다는 것은 많이 배우기에 힘쓴다는 것이 아니라, 능력을 헤아려 과정을 세워서 조심스럽게 지켜야 한다는 것이다. 너그럽게 하는 것은 한가하게 데면데면 하는 것이 아니라, 마음을 비우고 완미하고 실마리를 찾으며 급하게 하지 않는 것이다. 【「허미숙에게 답한 글」】

○ 5-12 課程須嚴立, 志意須寬著. 所謂嚴立, 非務多也, 謂量力立課而謹守之也. 所謂寬著, 非悠泛也, 謂虛心翫繹而無急促也. 【「答許美叔」】 *『退溪先生文集』, 卷33, 25쪽a, 「書 · 答許美叔」*

○ 5-13 진간재[16]의 시에 "사탕수수를 씹으며 좋은 맛이 잘 나지 않는다고 싫어하지 말라. 감람橄欖[17]의 달고 씀도 서로 아우른다"[18]라고 하였으니, 이는 본래 세상살이의 맛을 말한 것이지만, 학문하는 것도 이와 같다. 처음에는 답답하고 괴로운 것을 참으며 씹고 맛보아야 한다. 입에 안 맞는다고 싫어하여 버리지 말고, 공부를 계속해서 쌓게 되면 점차 괴로운 가운데 달콤한 맛이 우러나옴을 깨닫게 된다. 【「이대성에게 준 글」】

○ 5-13 陳簡齋詩云, "莫嫌啖蔗佳境遠. 橄欖甛苦亦相并", 此本言涉世之味, 而爲學亦猶是也. 初間須是耐煩忍苦, 咀嚼翫味, 不以不可口而厭棄之. 至於積功之多, 漸覺苦中生甛. 【「與李大成」】 *『退溪先生文集』, 卷15, 10쪽a, 「書 · 與李大成暨諸昆季」*

---

16) 陳簡齋는 송나라의 陳與義이다. 簡齋는 호이고, 자는 去非이다. 無住라는 호도 있다.
17) 감람나무의 열매인 橄欖은 처음에는 맛이 쓰고 떫으나 씹을수록 단맛이 난다. 사탕수수의 맛도 그와 비슷하다.
18) 『簡齋集』 권13에 나온다.

○ 5-14 결코 남에게 의지하지도 말고, 뒷날을 기다리지도 말아야만 한다. 지금은 우선 유유히 있다가 반드시 다른 날을 기다려서 도산陶山에 간 뒤에 학문하겠다고 말한다면, 마음가짐이 이미 잘못된 것이다. 다른 날 도산에 가더라도 학문을 할 수 없을 것이다. 【「이굉중에게 답한 글」】

○ 5-14 切勿倚靠他人, 亦勿等待後日, 可也. 若曰, 今姑悠悠, 必待他日, 往陶山而後爲學, 則其立心已差. 他日雖往陶山, 亦不能爲學矣. 【「答李宏仲」】 *『退溪先生文集』, 卷35, 20쪽a, 「書 · 答李宏仲」*

○ 5-15 자사子思는 '사성思誠'을 논하고, '오학五學'을 말하며, "얻지 않고는 그만두지 말아야" 할 뿐만 아니라, "남이 한 번 하면 자기는 백 번 하고, 남이 열 번하면 자기는 천 번 해야 한다"라고 경계하였다. 그리고 "실제로 이렇게 하면 어리석은 사람도 지혜롭게 되고 유약柔弱한 사람도 강하게 된다"라고 결론지었다.[19] 어리석은 사람이 지혜롭게 되면 어두운 성질이 없어지고, 유약한 사람이 강하게 되면 게으른 성질이 변하게 될 것이다. 이처럼 분명한 가르침을 옛날 사람은 이미 8자(人一己百人十己千)로 다 말하여 주었다. 나는 평소에 어둡고 게으름이 가장 심하여 자사의 말에 대하여 항상 부끄럽다. 지금 이 말을 그대에게 권하는 것은, 스스로 짊어질 능력이 모자라는 자사라는 짐을 그대에게 맡겨 그대가 힘써 그러한 결과를 이루는 것을 보고 싶어서이다. 【「구여응에게 답한 글」】

○ 5-15 子思子論'思誠', 設'五學', 加之以"不得不措", "己百己千"之戒.

19) 『中庸』 제20장에 나오는 내용이다.

終之曰, "果能此, 雖愚必明, 雖柔必强." 夫愚而能明, 則昏者去矣, 柔而能强, 則惰者變矣. 若此明訓, 古人已自八字打開說與人. 滉平日昏惰最甚, 常有愧於子思之言. 今乃以此勸公者, 自家有擔不起底擔子思, 欲觀公致力而效其爲耳. 【「答具汝膺」】 *『退溪先生文集』, 卷36, 22쪽a, 「書 · 答具汝膺」*

○ 5-16 효孝는 모든 행동의 근원이다. 하나의 행동이라도 어그러짐이 있으면 순수한 효가 될 수 없다. 인仁은 모든 선의 으뜸이다. 하나의 선이라도 갖추어지지 않으면, 인은 온전한 인이 될 수 없다. 『시경』에 "처음에 선하지 않은 이가 없으나 끝까지 잘할 수 있는 사람은 드물다"[20]라고 하였다. 【「육조소」】

○ 5-16 孝爲百行之原. 一行有虧, 則孝不得爲純孝矣. 仁爲萬善之長. 一善不備, 則仁不得爲全仁矣. 詩曰, "靡不有初, 鮮克有終." 【「六條疏」】 *『退溪先生文集』, 卷6, 36쪽b, 「疏 · 戊辰六條疏」*

○ 5-17 "조용히 앉아 있으면(靜坐) 정신이 자유롭지 못한 병통이 있는데 어떻게 합니까?" 하고 물으니 이렇게 대답하셨다. "어릴 때부터 육체를 전혀 검속하지 않다가 하루아침에 갑자기 조용히 앉아 수렴하려고 하면 어찌 정신이 자유롭지 못한 병통이 없겠는가? 힘든 것을 굳게 참아서 쾌활한 때가 없게 되고 그 이후 또 세월이 한참 지나간 뒤에야 정신이 자유롭지 못한 병통이 없어질 것이다. 자유롭지 못한 것을 싫어하면서 자연스럽게 되는 것만 기다린다면, 이것은 몸의 모

20) 『詩經』 「大雅 · 蕩」에 나오는 말이다.

든 부분이 마음의 명령을 따르는 성인聖人의 공손하고 편안한 경지로서 초학자들이 실천할 수 있는 것이 아니다." 【『습유』】

○ 5-17 問, "靜坐有拘束之病何如?" 曰, "血肉之軀, 自少全無撿束, 一朝遽欲靜坐收斂, 豈無拘束之病? 須是堅耐辛苦, 無快活時節, 更歷歲久, 然後方無拘束之病矣. 若厭拘束而待其自然, 則是乃聖人百體從令而恭而安之事, 非初學所可能也." 【『拾遺』】 *『鶴峯先生文集續集』, 卷5, 12쪽a, 「雜著 · 退溪先生言行錄」*

○ 5-18 자신의 병통을 모르는 것을 걱정하지 아니하고, 병통을 치료하는 방법만 걱정하는 사람은 바깥일에 정신이 빼앗겨 정신을 오로지 하나로 통일할 수가 없다. 【「유희범에게 답한 글」】

○ 5-18 不患不知其病, 正患所以治病者, 奪於外事, 而不得專精致一矣. 【「答柳希范」】 *『退溪先生文集』, 卷37, 1쪽b, 「書 · 答柳希范」*

○ 5-19 회암이 진부중[21)]에게 "집안에서 힘써야 할 많은 일을 공부의 실제 대상으로 삼으라"[22)]라고 하고 범백숭[23)]에게는 "관청의 일로 어지럽더라도 한가한 시간에 마음을 수렴해서 성찰할 수 있다"[24)]라고 경계한 것 등은 대본大本을 세울 수 있다면 일 때문에 학업을 중단하게 된 것을 싫어할 수 없음을 알 수 있다. 상황과 일에 따라 공부를 계속한다면, 많은 일들이 오히려 학문의 대상이 될 것이다. 【「송과

---

21) 陳膚仲은 주희의 문인인 陳孔碩이며, 膚仲은 그의 자이다. 보통 北山 선생으로 불린다.
22) 『朱子大全』 권49, 제29번째 편지 「答陳膚仲」에 나오는 말이다.
23) 范伯崇은 주희의 문인인 范念德이며 伯崇은 그의 자이다.
24) 『朱子大全』 권39, 제67번째 편지 「答范伯崇」에 나오는 말이다.

우에게 답한 글」】

○ 5-19 晦庵告陳膚仲, "以家務叢委, 爲用功實地", 戒范伯崇, "以官事擾擾, 暇時能收斂省察"云云, 則大本可立, 則因事廢業, 可知其不可惡也. 苟能隨時隨事, 不輟其功, 則人事雖多, 無非爲學之地也. 【「答宋寡尤」】 *『退溪先生文集』, 卷13, 19쪽a, 「書·答宋寡尤」*

○ 5-20 우성전이 극기克己 공부에 대하여 물었다. 선생은 이렇게 대답하셨다. "나쁜 생각이 일어날 경우, 어떤 때에는 한 번 정신을 차리면 물리칠 수가 있는데, 어떤 때는 억누를수록 더욱 제압하기 힘들다. 대개 하루하루의 기氣에 어둡고 밝음의 차이가 있기 때문이다." 【『언행록』】

○ 5-20 禹性傳問克己工夫. 曰, "凡邪思之興, 或有才一警省而便能退聽底時, 或有愈抑而愈難制底時. 蓋一日之氣昏明有不同也. 【『言行錄』】 *『退溪先生言行錄』, 卷1, 「存省」*

○ 5-21 사사로운 생각이 생기는 것은 곧 생각하지 않기 때문이다. 【「김돈서에게 답한 글」】

○ 5-21 凡人私意之生, 正爲不思故也. 【「答金惇敍」】 *『退溪先生文集』, 卷28, 16쪽b, 「書·答金惇敍」*

○ 5-22 옛사람이 말하기를, "한 번 했다 하면 고치지 않는 사람은 성인聖人이 아니라면 크게 어리석음을 면하지 못할 것이다"라고 하였다. 이 말은 참으로 의미 있다. 【「유인중에게 답한 글」】

○ 5-22 古人云, "一作不改, 不是大聖, 不免大愚." 此言儘有味. 【「答柳仁

中」】『退溪先生文集』, 卷12, 16쪽a, 「書 · 答柳仁仲」

○5-23 한 때 잘못을 뉘우치고 새롭게 됨이 어려운 것이 아니라, 처음부터 끝까지 변하지 않고 쇠퇴한 풍파 가운데서 우뚝하게 서는 것이 어렵다.【「김응순에게 답한 글」】

○5-23 一時之悔過自新非難, 而能終始不變, 卓然立脚於頹波之中者爲難也.【「答金應順」】『退溪先生文集』, 卷33, 16쪽a, 「書 · 答金應順」

○5-24 참으로 굳세고 용감함은 기운을 다하여 억지 주장을 함에 있는 것이 아니라, 잘못을 고침에 인색하지 아니하고 옳은 이야기를 들으면 즉시 승복함에 있다.【「기명언에게 답한 글」】

○5-24 眞剛眞勇, 不在於逞氣强說, 而在於改過不吝, 聞義卽服也.【「答奇明彦」】『退溪先生文集』, 卷16, 19쪽a, 「書 · 答奇明彦論四端七情第二書」

○5-25 의리義理가 무궁하기 때문에 학문도 무궁하다. 마음은 물들기 쉽기 때문에 살피고 고치기를 급하게 해야 한다.【「정자중에게 준 글」】

○5-25 義理無窮, 故爲學亦無窮. 人心易染, 故省改當益急.【「與[25]鄭子中」】『退溪先生文集』, 卷26, 5쪽b, 「書 · 與鄭子中」

○5-26 전쟁으로 비유하겠다. 내가 욕망을 제압함은 이와 같다. 전쟁에 패배한 장수가 회계回溪에서 진 것을 분하게 여겨, 성벽을 튼튼하게 쌓

25) 『이자수어』에는 '答'으로 되어 있으나 『문집』에 따라 '與'로 바로잡는다.

고 들판을 말끔하게 철거하고, 창을 베고 자며 쓸개를 맛보며 병사들을 독려하고 경계하니[26] 적이 저절로 침범하지 못한다. 혹 적을 만나도 여러 가지로 책략을 세워 상대와 전쟁을 하지 않고 앉아서도 서쪽 강羌의 변란을 사라지게 한다. 어쩔 수 없이 전쟁을 하게 되면 성을 뚫고 화난 소를 몰아 한꺼번에 연나라 군사를 물리치고,[27] 나무를 깎고 쇠뇌를 쏘아 잠깐 사이에 궁지에 처한 방연龐涓을 죽일 수 있다.[28] 그대는 만 명을 대적할 수 있다는 기세와 적이 많을수록 좋다는 책략[29]을 자부하여 사방이 트이고 사면이 전쟁터인 곳에서 날마다 강한 적과 마주친다. 장수는 도리어 교만하여지고 병졸들은 도리어 게을러져서 군법이 엄하지 않아 장수와 병졸들이 방탕하게 어울린다.[30] 요행히 이겨 하룻밤을 편안하게 자게 된다 하더라도 일어나서 사방 경계를 바라보면 진나라(秦) 병사가 또 쳐들어오고 있다. 끊임없이 이렇게 되니 군사가 어찌 지치지 않을 수 있으며, 기운이 어찌 손상되지 않을 수 있겠는가? 이렇게 되면 그러한 작전은 최하급의 계책이 되고 말 것이다. 그러면 전쟁과 화친을 다 사용해야 한다거나[31] 서울에서 병사를 뽑아 신申 땅을 지키게 하거나 방두枋頭에서 쌀을 옮겨 부비[32]의 굶주림을 구해야 한다고 생각하게 된다. 그

---

26) 이 내용은 월나라 句踐이 會稽山에서 오나라의 夫差에게 패배한 다음 臥薪嘗膽하여 부차를 죽이고 오나라를 멸망시킨 고사이다.

27) 이것은 전국시대 제나라의 田單이 연나라를 물리칠 때 사용한 작전이다.

28) 이것은 전국시대 제나라의 孫臏이 위나라의 龐涓을 추격해 크게 대파한 고사이다.

29) 한나라 장수 韓信을 가리킨다.

30) 項羽의 삼촌 項梁을 가리킨다.

31) 주나라의 平王이 수도의 군인을 선발하여 어머니의 나라인 申國을 지키게 한 고사이다. 『詩經』 「王風 · 揚之水」는 이렇게 행동한 평왕을 풍자한 시라고 한다.

32) 符丕는 오호십육국시대에 연나라 慕容垂의 水攻을 받아 물에 빠져 죽을 뻔하다가

렇게 되면 초승[33]의 용기가 믿을 만하기도 이전에 초楚의 군대는 이미 영郢 땅으로 밀려들어 올 것이다. 그러므로 공을 위한 계책으로는 황하를 건너 배를 태우고, 솥도 부수고, 집도 불사르고, 삼 일의 양식만 가지고 사졸士卒들에게 전쟁에 지면 돌아갈 마음이 없음을 보이는 작전[34]이 가장 낫다. 그렇게 되면 성공할 수 있다. 【「기명언에게 답한 글」】

○ 5-26 請以戰喩. 況之於制欲, 如敗軍之將, 憤回溪之垂翅, 堅壁淸野, 枕戈嘗膽, 厲兵誓士, 而敵自不至. 其或遇敵, 或多設方略, 不與交鋒, 而坐銷西羌之變. 或不得已至於用兵, 則當鑿城怒牛, 一擧而掃盪燕寇, 斫樹發弩, 頃刻而斃死窮龐, 可也. 如公則自負萬人敵之氣, 多多益辦之略, 居四散四戰之地, 日與勍敵相遇. 將反驕, 卒反惰, 師律不嚴, 或與之盪狎. 雖幸而克之, 得一夕安寢, 起視四境, 而秦兵又至矣, 更迭無已, 兵安得不疲, 氣安得不餒? 至此則其爲謀必出於下策. 以爲當持和戰幷用之說, 或拔士王畿, 以赴戍申之役, 或運米枋頭, 以濟符丕之飢. 則吾恐超乘之勇, 蓋未可恃, 而隷楚之兵, 已入於郢都矣. 故爲公計, 莫若濟河焚舟, 破釜甑, 燒廬舍, 持三日糧, 示士卒無還心. 乃可以成功也. 【「答奇明彦」】 *『退溪先生文集』, 卷16, 19쪽a, 「書·答奇明彦論四端七情第二書」*

○ 5-27 사람에게 요堯·순舜과 같이 될 수 있는 본성本性이 있더라도, 도道에 뜻을 세우고 학문함에 있어서 반드시 분발하고 용기를 내어 의지를

구제된 장수이다.

33) 超乘은 마차에 고삐를 잡지 아니하고 뛰어오름을 말한다.

34) 項羽가 진나라 군사에 의하여 鉅鹿에 포위된 조나라 왕을 구출할 때 사용한 작전을 가리킨다.

굳세게 하여 스스로 맡아서 죽을힘을 다하여 마치 혈전血戰을 하듯이 통렬하게 이해하여야 얻을 수 있다. 그러하지 아니하고 대충대충 한가하게 지낸다면 끝내 얻을 수 있는 이치는 없다. 【『이대용의 「연경서원기」 뒤에 쓴 글』】

○ 5-27 人雖有與堯舜同歸之性, 而其志道爲學, 必須奮發剛勇, 硬著脊梁, 克自擔當, 盡死力而痛理會, 如血戰然, 乃可以得之. 不然, 悠悠泛泛, 終無可得之理. 【「書李大用研經書院記後」】 *『退溪先生文集』, 卷43, 25쪽a, 「跋 · 書李大用研經書院記後」*

○ 5-28 먹고 마시는 일과 남녀관계에는 지극한 도리가 담겨 있으면서 또한 커다란 욕망이 거기에 있다. 군자가 욕망을 이기고 천리天理를 회복함도 이것을 통해서이며, 소인이 천리를 없애고 욕망을 추구하게 되는 것도 이것 때문이다. 그러므로 마음을 다스리고 몸을 닦음에는 이것을 절실한 요체로 삼는다. 【「이굉중에게 답한 글」】

○ 5-28 飮食男女, 至理所寓, 而大欲存焉. 君子之勝人欲而復天理由此, 小人之滅天理而窮人欲, 亦由此. 故治心修身, 以是爲切要也. 【「答李宏仲」】 *『退溪先生文集』, 卷35, 17쪽a, 「書 · 答李宏仲」*

○ 5-29 "올바른 의義를 행하고 이익을 도모하지 않는다"[35]는 동중서[36]의 말은 본래 군자의 정미精微한 마음을 설명한 것이지 일반 사람의 욕망에 빠진 마음에 대하여 언급한 것이 아니다. 그러므로 주자는 "이

---

35) 『春秋繁露』 「對膠西王越大夫不得爲仁第三十二」에 나오는 말이다.

36) 董仲舒는 전한시대의 철학자로서 당시의 유학사상 형성에 결정적 역할을 하였다. 저서로는 『對策』과 『春秋繁露』가 남아 있다.

익은 의義의 화和이다"[37]라는 설을 인용하여 밝혔다. 이익은 의義 밖에 있는 것이 아니라 의義를 바르게 행하면 이익이 그 안에 있다. 이익은 의義의 조화에 달린 것이지만 결국 의義와 서로 상대가 되어 하나가 커지면 다른 하나는 작아지며 이기고 지는 것은 이익 때문에 그러한 것이 아니라 사람의 마음이 시켜서 그러한 것이다. 그러므로 군자의 마음이 본래 의義를 바르게 행하고자 했을지라도 일에 임해서는 의義를 한결같이 행하지 못하기도 한다. 조금이라도 이익에 뜻을 두게 되면 의도함이 있어서 그렇게 행하는 것이므로 그 마음이 이미 의義와 등을 돌리게 된다. 여기서 말하는 이익은 의義의 조화로서의 자연스러운 이익이 아니다. 【「황중거에게 답한 글」】

○ 5-29 "正其義不謀其利." 董子本以君子心術精微處言之, 未說到衆人陷溺處. 故朱子引'義和'之說以明之. 利不在義之外, 正義而利在其中矣. 蓋利雖在於義之和, 畢竟與義相對, 爲消長勝負者, 非利之故然, 人心使之然也. 故君子之心, 雖本欲正義, 而臨事或不能一於義, 而少有意向於利, 則是乃有所爲而爲之, 其心已與義背馳, 而所謂利者, 非復自然義和之利矣. 【「答黃仲擧」】 *『退溪先生文集』, 卷19, 21쪽a, 「書·答黃仲擧論白鹿洞規集解」*

○ 5-30 생生과 사死의 길에 대하여 세 가지 설이 있다. 첫째, 의義와 이익을 생과 사로 분류한다면, 의義는 생의 종류이고 이익은 사의 종류이니, 선·악이 음·양으로 분류되는 것과 같다. 둘째, 또 사람이 의義를 실천하면 사람의 정신을 순順하게 하고 평탄한 길을 밟으니, 이것

---

37) 『周易』 '乾卦' 「文言傳」에 나오는 말이다.

이 생의 길이다. 이익을 탐하는 자는 형벌을 범하고 구덩이에 떨어지니, 이것은 사의 길이다. 셋째, 또 심心은 생명의 원동력(生道)[38]이다. 의義를 행하는 자는 마음이 편안하여 생도生道에 해롭지 않으니, 그 몸이 항상 생의 길가에 있게 된다. 이익을 행하는 자는 리理[39]가 멸하여 마음이 모두 죽어 버리니, 그 몸이 항상 사死의 길가에 있게 된다. 【「김언우에게 답한 글」】

○ 5-30 生死路頭有三重說. 以生死與義利分類, 義, 生之類也, 利, 死之類也, 如善惡之分陰陽也. 又人蹈義則順人神, 履坦道, 是生之路也. 貪利者, 犯刑憲, 落坑塹, 是死之路也. 又心, 生道也. 爲義者, 心安而生道不害, 其身常在生路頭也. 爲利者, 理滅而心都死了, 其身常在死路頭也. 【「答金彦遇」】 *『退溪先生文集』, 卷27, 34쪽b, 「書·答金彦遇問目」*

○ 5-31 반궁[40]에서 공부하실 때의 일이다. 당시는 기묘사화를 당한 지 얼마 되지 않아서 모든 사람들이 학문하기를 꺼려서 날마다 노는 데만 습관이 되었다. 선생은 홀로 고개를 돌리지 않고, 언행言行과 동정動靜

---

38) "마음은 생명의 도이다"(心生道也)의 생도를 생명의 원동력이라 새겨 보았다. 성리학에서 仁은 "자연이 만물을 낳는 마음"(天地生物之心)으로 설명되곤 한다. '자연이 만물을 낳는 마음'이 인간에게 부여되면 인간의 마음이 된다. 이 인간의 마음 역시 자신의 삶의 원천이자 남을 살리기를 좋아한다. 仁에 대해서 이론적으로는 자연에서 인간으로의 설명이 가능하지만, 실천적·인식적으로는 인간의 마음에서 시작될 수밖에 없다.

39) 理는 이황에게 있어서 "지극히 텅 빈 것이면서 지극히 참되고, 지극한 없음의 경지이면서 있음의 극치"(至虛而至實, 至無而至有)로 설명된다. 존재론적으로 가장 근원적인 실재로서 인간에게 내재하여 있으며, 인성에 있어서는 欲의 개념과 대립적으로 사용된다.

40) 泮宮은 成均館이다.

을 한결같이 법도에 맞게 하니 보는 자들끼리 손가락질하며 비웃었다고 한다. 【『기선록』】

○ 5-31 嘗遊泮宮. 是時初經己卯之變, 人皆以學問爲奇禍, 日以戲謔爲習. 先生獨不回頭, 動靜言行, 一遵規繩, 見之者相與指笑. 【『記善錄』】 *『艮齋先生文集』, 卷5, 1쪽a, 「溪山記善錄上」*

○ 5-32 6세 때 책을 읽기 시작하였다. 이웃에 『천자문』을 가르치는 노인이 있었다. 선생은 노인에게서 글을 배웠는데, 아침에는 반드시 세수하고 머리 빗고, 담 밖에 도착해서는 지난번에 외운 것들을 속으로 외워본 뒤에 들어갔다. 들어가서 글을 배울 때는 학자들이 훌륭한 스승에게 수업받는 모습과 같았다. 【『연보』】

○ 5-32 六歲始知讀書. 隣有老夫, 頗解『千字文』. 先生就學, 朝必洗櫛, 至籬外, 默誦前授數遍而後入. 俯伏聽受, 如嚴師焉. 【『年譜』】 *『退溪先生年譜』, 卷1, 1쪽a, 「武宗正德元年」*

○ 5-33 예禮를 행한다는 것은, 의관衣冠을 바르게 하고, 음식을 절제하며, 나아가고 물러날 때 서로 인사하고 양보하며 법도에 맞게 행하는 데서 벗어나지 않는다. 옛날 사람들은 하루라도 예禮를 떠나서는 안 됨을 알았다. 그러므로 "한 번 예禮를 잃으면 이적夷狄이 되고 거듭 잃으면 새와 짐승처럼 된다"고 하였으니 매우 두렵지 아니한가! 【「사학[41]에 유시하는 글」】

○ 5-33 禮之行也, 不外乎衣冠之飭, 飮食之節, 揖讓進退之則而已. 古人知

41) 四學은 서울의 동서남북에 설치된 4개의 교육기관을 가리킨다.

禮之不可一日而廢也. 故其言曰, "一失則爲夷狄, 再失則爲禽獸" 豈不深可懼哉? 【「諭四學文」】 *『退溪先生文集』, 卷41, 36쪽b, 「雜著 · 諭四學師生文」*

○ 5-34 '멀리 보고' '덕에 귀를 기울인다'는 것은 일이며, '분명하게 보기를 생각하고' '총명하게 듣기를 생각하는 것'은 공부의 내용이다.[42] 이윤伊尹은 일을 들어 공부의 내용까지 가리켜 태갑太甲에게 말하였다. 【『삼경석의』】

○ 5-34 '視遠' · '聽德'其事也, '思明' · '思聰'其用工處也. 伊尹擧其事而指其用工處以告太甲. 【『三經釋義』】 *『三經釋義』, 「書釋義 · 太甲中」*

○ 5-35 도道는 일정한 체가 없어 때에 따라서 변한다. 그러므로 군자의 용모와 기상도 때에 따라 변하니, 『논어』 「향당鄕黨」의 기록과 같다. 【「금문원에게 답한 글」】

○ 5-35 道無定體, 隨時而有變. 故君子之容貌氣象, 亦隨而變, 如鄕黨篇所記是也. 【「答琴聞遠」】 *『退溪先生文集』, 卷36, 25쪽b, 「書 · 答琴聞遠」*

○ 5-36 책상다리로 앉는 것(盤坐)도 좋지만, 꿇고 앉아야(危坐) 한다. 【김수의 기록】

○ 5-36 盤坐亦好, 且須危坐. 【金晬錄】 *『退溪先生言行錄』, 卷1, 「敎人」*

---

42) 『書經』 「商書 · 太甲」의 "멀리 보되 분명하게 보기를 생각하고, 덕에 귀를 기울이되 총명하게 듣기를 생각해야 한다"(視遠惟明, 聽德惟聰)를 가리킨다.

○ 5-37 주자의 궤좌설跪坐說에서 "두 무릎을 땅에 대고 허리와 다리를 곧게 편 자세가 궤좌跪坐이다. 두 무릎을 땅에 대고 발바닥으로 궁둥이를 받쳐 조금 편안하게 앉은 것이 좌坐이다"[43]라고 하였다. 그러하다면 오늘날의 위좌危坐가 바로 옛날의 좌坐에 해당된다. 오늘날의 궤좌는 옛날에도 궤좌라고 하였으며, 위좌 · 반좌盤坐라는 이름은 따로 없었다. 옛사람들은 소학小學에서 마주 앉을 때부터 꿇어앉는 자세를 익혀 꿇어앉는 것이 편안하고 어렵지 않았다. 오늘날 사람들은 옛날 사람들처럼 편안하게 여기지 않으므로, 주자도 "책상다리로 앉은들 무슨 해가 되리오!"[44]라고까지 하였다. 생각건대 몸과 마음을 수렴하여 가지런하고 엄숙하게 지닐 수 있다면, 책상다리로 앉는 것이 때로는 꿇어앉는 것만큼 엄숙하지는 못하다고 하더라도 의리義理에 해가 될 것은 없다는 것이다. 그러므로 모두 바른 앉음(正坐) 또는 단정한 앉음(端坐)이라고 할 만하며 행할 만한 자세이다. 【「김돈서에게 답한 글」】

○ 5-37 朱子跪坐說云, "兩膝著地, 伸腰及股而勢危者爲跪. 兩膝著地, 以尻著蹠而稍安者爲坐." 然則今所謂危坐, 卽古之坐. 今所謂跪, 古亦謂之跪, 而別無危坐 · 盤坐之稱也. 古人自小學偶坐時習之, 故能安而無難. 今人旣不能如古之習安, 故朱子有"盤坐何害"之說. 蓋能收斂身心, 齊莊整齊, 則有時盤坐, 雖不如危坐之嚴肅, 自不害義理. 故可以通謂之正坐 · 端坐而可行也. 【「答金惇敍」】*『退溪先生文集』, 卷28, 16쪽b, 「書 · 答金惇敍」*

43) 『朱子大全』 권68 「跪坐拜說」에 나오는 말이다.
44) 『朱子語類』 권91 제29조에 나오는 말이다.

○5-38 대인관계에 있어서 가장 허망하게 되기 쉬운 것은 언어이다. 그러므로 성인聖人은 믿음(信)을 언어의 법도로 삼도록 가르쳤다. 믿음과 성誠[45)]은 하나의 이치이다. 【「이굉중에게 답한 글」】

○5-38 人有應接, 最易失於虛妄者, 惟言語爲然. 故聖人敎人, 以信爲言語之則. 信之與誠, 一理也. 【「答李宏仲」】 *『退溪先生文集』, 卷36, 7쪽a, 「書 · 答李宏仲問目」*

○5-38-1 유원성劉元城이 온공[46)]에게 마음을 다함(盡心)과 몸가짐(行己)의 요령을 물었다. 온공은 "성誠이다!"라고 하였다. "무엇부터 실천해야 합니까?" 하니, "함부로 말하지 않는 것에서부터 시작해야 한다"라고 하였다.

○5-38-1 劉元城見溫公, 問盡心行己之要. 公曰, "其誠乎!" 曰, "行之之何先?" 曰, "自不妄語始." *『宋史』, 「列傳·劉安世」*

○5-39 남의 장점과 단점을 논해서는 안 된다고 하는 것은, 사람으로 하여금 음흉하고 야박한 습성만 기르게 할까 두려워서이다. 충심忠心과 사랑을 바탕으로 시비를 가린다면 옛날부터 성현들도 당시 인물들의 장점과 단점을 논한 것이 적지 않은데, 어떻게 모두 좋지 않은 일이라고 생각하여 모든 시비판단을 못하게 하겠는가? 논하는 사람의 마음 둔 곳이 어떤가를 보아야만 한다. 【「김돈서에게 답한 글」】

○5-39 論人長短爲不可者, 恐使人益長險薄之習耳. 其本於忠愛, 而辨別是非, 則自古聖賢, 論當世人物長短, 自不爲少, 何可槩謂之不美,

---

45) 信은 '참으로써 함'(以實)으로 설명되며, 誠은 '眞實無妄'으로 설명된다. 信과 誠이 모두 내면의 참(實)을 바탕으로 한 것이다.

46) 溫公(1019~1086)은 사마광의 封號이다. 자는 君實이고, 涑水 사람이어서 涑水先生이라 부른다.

而一切禁斷耶? 但觀其心之所在如何耳.【「答金惇敍」】*『退溪先生文集』, 卷28, 16쪽b, 「書·答金惇敍」*

○ 5-40 천성이 말이 적어 하루 종일 손님을 마주하고서도 쓸데없는 말이나 잡담을 한 마디도 하지 않았다. 남과 말을 할 때는 생각한 뒤에 말하고 아무리 급할 때라도 빨리 말하거나 급한 기색을 보이지 않았다.【『통술』】

○ 5-40 天性簡默, 對客終日, 無一閒話雜談. 與人言, 思而後發, 雖在倉卒急遽之際, 未嘗有疾言遽色.【『通述』】*『文峯先生文集』, 卷4, 18쪽b, 「雜著·退溪先生言行通述」*

○ 5-41 문중의 어떤 데릴사위가 사마시司馬試에 합격하여 축하연을 베풀며 배우들을 불러 희극으로 손님을 즐겁게 하니, 선생은 못 본 듯이 하였다.【정유일의 기록】

○ 5-41 門贅有中司馬, 設慶宴者, 陳優戲以娛賓, 先生若無見也.【鄭惟一錄】*『退溪先生言行錄』, 卷2, 「律身」*

○ 5-42 먹고 마실 때는 모시고 곁에 앉은 사람이 말이나 수저 소리를 들을 수 없었다.【『기선록』】

○ 5-42 飮食之際, 侍坐者, 不得聞言語匙箸之聲.【『記善錄』】*『艮齋先生文集』, 卷6, 1쪽a, 「溪山記善錄下」*

◑ 5-43 선생은 평상시에 동트기 전에 일어나서 세수하고 머리 빗고 의관을 차리시고 어머니에게 문안드렸다. 기쁘고 공손한 얼굴로 모셔 어머니

의 뜻을 어기는 일이 없었다. 종일토록 사람들과 함께 있으면서도 단정하게 앉아서 옷을 바르게 입고 말과 행동을 삼가, 모든 사람이 아끼고 공경하였으며, 감히 함부로 대하거나 모멸하지 않았다.【『실기』】

◑5-43 先生平居, 未明而起, 盥櫛衣冠, 定省于母夫人, 怡愉恭謹, 未嘗有違. 羣居, 終日端坐, 衣帶必飭, 言行必謹, 人皆愛而敬之, 不敢以慢侮加之.【『實記』】*『鶴峯先生文集續集』, 卷5, 1쪽a, 「雜著 · 退溪先生史傳」*

◑5-44 거처하는 곳은 반드시 가지런하고 조용하였다. 책상은 반드시 깨끗하였으며, 벽에는 도서圖書가 가득하였으나 어지럽지 않게 정돈되어 있었다. 새벽에 일어나서는 반드시 향을 피우고 조용히 앉았으며 종일토록 책을 보아도 게을리 하는 모습을 볼 수 없었다.【『습유』】

◑5-44 居處必整靜. 几案必明淨, 圖書滿壁, 秩秩不亂. 晨起必焚香靜坐, 終日觀書, 未嘗見其惰容.【『拾遺』】*『鶴峯先生文集續集』, 卷5, 12쪽a, 「雜著 · 退溪先生言行錄」*

◑5-45 평상시 집에 있을 때에 항상 일찍 일어나고, 일어나서는 반드시 모자를 쓰고 도포를 입었다. 앉을 때는 무릎을 모으고, 비스듬하게 서지 않았다. 등과 어깨는 반듯하게 유지하였으며, 단정한 자세로 사물을 바라보았다. 편안하고 느린 동작으로 길을 걸으며 정밀하고 자상하게 말하였다. 어떤 것에 구애되거나 급박함이 없고, 함부로 하거나 게을리 하지 않았다. 온전하게 내성內性을 기르고, 참을 쌓고 익숙하게 하여 겉과 속이 환하게 밝았다. 나아가고 물러나는 모든 동작이 화락하여 법도에 맞았다. 말하고 침묵하며 움직이고 조용히

함에 단정하고 자상하며 한가하고 태연하였다. 화를 내고 사나운 모습이 말에 나타나지 않았으며 욕설이 비복에게도 나타나지 않았다. 음식과 의복에 이르면 더욱 절약하고 검소하게 하여 남들은 감히 못하는 일을 본성처럼 편안하게 하였다. 【『총록』】

◑5-45 平居日必早起, 起必冠帶. 坐則斂膝, 立不跛欹. 肩背竦直, 視瞻端正. 行步安徐, 發言精審. 無拘無迫, 不肆不怠. 完養積習, 表裏融徹. 周旋進退, 雍容中度. 語默動靜, 端詳閒泰. 忿厲未見於辭氣, 罵詈不形于婢僕. 至於飮食衣服, 尤致節儉, 人所不堪, 安之若性. 【『總錄』】 *『退溪先生年譜』, 卷3, 1쪽a, 「附錄 · 言行總錄」*

◑5-46 어려서부터 안일하고 방자하거나 구차하고 게으른 성격이 없었다. 새벽에 일어나 반드시 스스로 이불과 자리를 상자에 넣었다. 【『습유』】

◑5-46 自少未嘗安肆偸惰. 晨起必自斂櫝衾簟. 【『拾遺』】 *『退陶先生言行通錄』, 「行實」*

◑5-47 어려서부터 글자는 반드시 바르게 썼다. 과문科文이나 잡서雜書를 베낄 경우에도 함부로 쓰지 않았다. 그리고 남에게 써 달라고 하지도 않았으니 남이 어지럽게 쓴 것을 싫어하였기 때문이다. 【위와 같음】

◑5-47 自少時, 書字必楷正. 雖傳抄科文雜書, 鮮有胡寫. 亦未嘗求諸人, 蓋厭人之亂書也. 【上同】 *『退陶先生言行通錄』, 「雜記」*

◑5-48 먹을 갈 때는 반드시 반듯하게 갈고 자세를 비스듬하게 하지 않았다. 【위와 같음】

◑5-48 磨墨必方正, 無所欹側. 【上同】 *『退陶先生言行通錄』, 「雜記」*

◑5-49 뒷간에는 사람과 만나지 않는 새벽에 갔다. 【『기선록』】

◑5-49 如厠必於晨昏, 未接物時. 【『記善錄』】 *『艮齋先生文集』, 卷6, 1쪽a, 「記善總錄」*

제6편

거가 居家

* 86조목이다.

○ 6-1 몸소 맛있는 음식을 바치는 것이 바로 어버이를 섬기는 일 가운데 긴요한 것이다. 그러나 세상의 풍속이 피폐하여 그렇게 하는 자식이 거의 없다. 어느 날 갑자기 매번 음식을 몸소 조리하면 부모의 뜻을 불편하게 할 수 있다. 도리에 맞게 잘 짐작하여 차츰 습관이 되게 해야 한다. 요컨대 자신의 마음을 다하되 부모의 뜻을 거스르지 말아야 한다. 자주 자신의 뜻에 따라 행하면 도리어 부모의 뜻을 어기게 되니, 행위는 선하다고 하더라도 부모의 뜻을 받들어 모시는 양지養志[1]의 방법은 아닌 듯하다. 【「정자중에게 답한 글」】

○ 6-1 躬親甘旨, 乃事親中緊要事, 但末俗刓敝, 人家子弟鮮有行之者. 一朝卒然每親調膳, 或未爲親意所安, 則亦當隨意斟量, 以漸成慣, 要在自盡其心而無忤親意, 可也. 若率意驟作, 反致違咈, 則所爲雖善, 恐非養志之道也. 【「答鄭子中」】 *『退溪先生文集』, 卷24, 12쪽b, 「書·答鄭子中」*

☯ 6-2 맛있는 음식을 못 드리는 것이 자식의 마음에 매우 근심스러운 일이

1) 『孟子』 「離婁上」 제19장에 나오는 말이다.

기는 하나, 이 때문에 달리 생각하고 달리 방법을 찾아 반드시 음식을 손에 넣으려고 해서는 안 된다. 지금 사람들이 부모님을 매번 영화롭게 모신다는 구실로 예의에 벗어나는 식록食祿을 받는다. 종류를 확대해서 말하면 공동묘지에서 먹을 것을 빌어다가 맛있는 것을 드리는 것을 효도라고 생각하는 것과 다를 것이 없다. 그러므로 군자는 부모 봉양을 급하게 생각하기는 하나 이 때문에 자신의 지조를 바꾸지는 않는다. 【「이강이에게 답한 글」】

☯6-2 甘旨之闕, 雖人子之心所深憂者, 亦不以是而別生意思, 別求方法, 以要必得之也. 今人每以榮養藉口, 而受無禮義之祿食. 若充類而言之, 與乞墦間而充甘旨, 自以爲孝, 殆無以異. 故君子雖急於奉養, 不以是變所守也. 【「答李剛而」】*『退溪先生文集』, 卷21, 11쪽a, 「書·答李剛而問目」*

○6-3 안연顔淵이 누추한 동네에 살면서 맛있는 음식을 드리지 못하였으니, 어찌 개탄스러운 근심이 없었겠는가? 그러나 자신의 이상을 굽혀 식록을 구해서 효도를 행하는 도리는 없다. 그러므로 어쩔 수 없다 치고 날마다 '박문약례博文約禮'[2]를 열심히 행하였다. 성인 다음 가는 자질(亞聖之資)이라고는 하나, 도道를 얻지 못했을 때에는 어찌 의심이 전혀 없을 수 있었겠으며, 어찌 고생스러운 공부가 없었겠는가? 의심을 두지 않고 고생을 거두지 않으며, 참을 쌓고 노력을 오래 하여(眞積力久)[3] 자신의 재능을 다하였다. 그러므로 그러한 즐거움이 저절로

2) 『論語』 「子罕」 제10장에 나오는 말이다.
3) 『荀子』 「勸學」에 나오는 말이다.

생겨난 것이니, 맛있는 음식을 못 드리는 근심과 동시에 행하여져도 서로 장애가 되지 않았다.【「김이정에게 준 글」】

○ 6-3 顏子在陋巷, 甘旨或闕, 豈無慨然之憂? 然别無枉己求祿以爲孝之理. 故只附之無可柰何, 惟日孶孶於博約之事. 雖云亞聖之資, 當其未得也, 豈盡無疑? 豈無辛苦工夫? 惟其有疑不置, 忍辛不輟, 眞積力久而竭其才. 故其樂自生焉, 與甘旨之憂, 幷行而不相礙也.【「與[4]金而精」】*『退溪先生文集』, 卷28, 28쪽b, 「書·與金而精」*

○ 6-4 증삼曾參과 민자건閔子騫도 행하지 않은 행동을 하여 세속을 놀라게 하는 일을 하고자 한다면, 효도라 하기에 부족하며 리理를 아는 군자에게 비판받기에 꼭 알맞을 것이다.【「이경소에게 준 글」】

○ 6-4 欲行曾·閔所不行之行, 以爲驚世駭俗之事, 不足以爲孝, 適取譏於識理之君子.【「與李景昭」】*『退溪先生文集』, 卷15, 38쪽b, 「書·與李景昭」*

○ 6-5 옛사람들은 어버이를 반드시 관작만으로 기쁘게 하지는 않았으니, 윤화정[5]의 어머니가 "나는 네가 선善으로 봉양하는 것만 인정하고, 녹봉으로 봉양하기를 바라지 않는다"고 한 것이다. 왕패王霸 – 원문의 '후侯'자는 '왕王'자의 잘못인 듯하다 – 의 아내도 자식의 머리가 쑥대처럼 되고 이가 빠진 것을 부끄럽게 여기지 않았는데, 하물며 벼슬길

4) 『이자수어』에는 '答'으로 되어 있으나 『문집』에 따라 '與'로 바로잡는다.

5) 尹和靖(1071~1142)은 북송의 유학자이다. 이름은 焞, 자는 彦明, 호는 三畏齋, 자호는 和靖處士이다. 낙양 출신으로 尹源의 손자이며, 程頤의 문인이다. 저서로는 『和靖集』, 『論語孟子解』 등이 있다.

에 처음 나선 보잘 것 없는 사람이겠는가! 【「이대성에게 답한 글」】

○6-5 古人悅親, 不必以官爵. 尹和靖母所謂"吾知汝以善養, 不願汝以祿養." 侯霸侯疑王字之妻, 猶不恨其子之蓬頭歷齒, 何況區區一命之需乎! 【「答李大成」】『退溪先生文集』, 卷15, 8쪽a, 「書·答李大成」

○6-5-1 한나라 때 태원太原에 산 왕패王霸의 처는 성이 무엇인지 모른다. 패가 어려서 높은 절개를 숭상하여 광무제光武帝 때 계속 나라에서 불렀으나 나아가 벼슬하지 않았다. 지난날 같은 군郡에 살던 영호자백과 친구였는데, 뒤에 자백은 초楚의 재상이 되고 자백의 아들은 군의 공조功曹가 되었다. 자백이 아들을 보내 왕패에게 편지를 바치게 하였는데 수레와 마차 및 따르는 자들이 화락하였다. 왕패의 아들이 그때 마침 들에서 한창 밭을 갈다가 손님이 왔다는 소리에 쟁기를 놓고 돌아와서 영호자백의 아들을 보고는 풀이 죽고 부끄러워 고개를 들어 잘 쳐다보지도 못하였다. 왕패가 그 모습을 보고 부끄러운 낯빛을 두었으며, 손님이 떠나고 나서도 오래도록 누워 일어나지 않았다. 아내가 이상히 여겨 그 이유를 묻자, 대답하였다. "내가 평소에는 자백보다 더 나았는데 아까 그의 아들을 보니 용모와 복장이 매우 빛나고 행동거지도 적합하였소. 반면 내 아들은 쑥대머리에 이가 성기고 예의도 몰랐으며, 손님의 얼굴을 보고서 부끄러워하는 기색이 있었소. 부자간에는 은혜가 깊어 나도 모르는 사이에 멍해졌을 뿐이오." 아내가 말하였다. "그대는 젊어서 맑은 절개(淸節)를 닦아 영화와 식록을 돌아보지 않았으니 영호자백의 귀함과 그대의 높은 절개 가운데 어떤 것이 낫겠소? 어찌 옛날 뜻을 잊어 아녀자를 부끄럽게 하시오?" 왕패가 벌떡 일어나 웃으며 "옳소!"라고 하고 마침내 종신토록 은둔해서 함께 살았다.

○6-5-1 漢太原王霸妻, 不知何氏. 霸少主高節, 光武時, 連徵不仕. 初與同郡令狐子伯爲友, 後子伯爲楚相, 而其子爲郡功曹. 子伯令子奉書於霸, 車馬服從, 雍容如也. 霸子時方耕野, 聞賓至, 投耒而歸, 見令狐子, 沮怍不能仰視. 覇目之, 有愧容, 客去而久臥不起. 妻怪問其故曰, "吾與子伯素不相若, 向見其子, 容服甚光, 擧措有適, 我兒曺蓬髮歷齒, 未知禮則, 見客而有慚色. 父子恩深, 不覺自失耳." 妻曰, "君少修淸節, 不顧榮祿, 令狐子伯之貴, 孰與君之高? 奈何忘宿志而慚兒女子乎?" 覇崛起而笑曰, "有是哉!" 遂共終身隱遯. *『後漢書』, 卷84, 「列女傳 · 王霸妻」*

○6-5-2 화정 선생은 어려서 아버지를 여의고 어머니 진씨陳氏를 모시고 살았다. 진사進士가 되기 위한 공부를 하며 20세 때부터 정이천을 선생으로 섬겼다. 선생이 진사과에 응시하여 책문策問에 답하고자 하니, 시험문제가 '원우당인[6]을 논하여 비판하라'였다. 선생은 "아! 이렇게까지 하며 벼슬을 구해야 하는가?"라고 생각하여 답을 쓰지 않고 나와 버렸다. 이천 선생께 말하였다. "저는 진사과에 다시는 응시하지 않겠습니다." 이천 선생께서 말씀하셨다. "자네는 어머니께서 계시지 않은가?" 화정 선생이 돌아와서 어머니께 말씀드리자, 어머니께서 말씀하셨다. "나는 네가 선으로 봉양함을 알아주지 식록으로 봉양함을 원하지 않는다." 선생은 물러나 드디어 다시는 과거에 응시하지 않았다. 이천 선생이 듣고서 말씀하셨다. "훌륭한 어머니시구나!"

○6-5-2 和靖先生少孤, 奉母陳氏以居, 爲進士業, 年二十, 師事伊川程夫子. 先生應進士擧, 答策問議誅元祐黨人. 先生曰, "噫! 尙可以干祿乎哉?" 不對而出, 告於伊川曰, "吾不復應進士擧矣." 伊川曰, "子有母在?" 先生歸告其母, 母曰, "吾知汝以善養, 不知所以祿養." 於是先生退, 遂不復就擧. 伊川聞之曰, "賢哉母也!" *『宋史』, 卷428, 「列傳 · 道學二程氏門人 · 尹焞」*

○6-6 모의[7]가 관리임명장(檄書)을 받고 기뻐하니, 장봉[8]이 어버이를 위

---

6) 元佑黨人이란 송대에 司馬光을 중심으로 王安石의 신법에 반대한 문인학자 119인의 단체를 말한다. 원우는 송나라 哲宗의 연호이다.

하여 뜻을 굽힌 것을 좋게 여긴 것[9]은 별도의 한 설이다. 생각건대 모공이 본래 은거하려는 고상한 뜻을 품었다가, 지금 부모 봉양을 위하여 뜻을 굽혔기 때문에 칭찬한 것이다. 만일 의리에 맞지 않은 방법으로 얻고서 기뻐하였다면 장봉은 침을 뱉고 떠나 버렸을 것이다. 【「이강이에게 답한 글」】

○ 6-6 毛義奉檄之喜, 張奉以爲親屈美之, 此別是一說. 蓋毛公本有高退之志, 今爲養親而屈意, 故歎美之. 若以非義求得而喜之, 則奉將唾之而去矣. 【「答李剛而」】 *『退溪先生文集』, 卷21, 11쪽b, 「書·答李剛而問目」*

○ 6-7 문원[10]이 노래잔치를 크게 베푼다고 하니, 문원의 경제적 능력으로 볼 때 잔치가 끝난 뒤에 더욱 곤란하게 되지나 않을지 모르겠구나! 정말 그렇게 된다 하더라도, 부모를 위한 일이니 어찌 그만두도록 권할 수 있겠는가? 그렇다고 말리지 않아 하루아침에 동네 사람들의 한탄의 대상이 되면, 뒷날 부모님께 끼칠 근심을 갚을 수 없게 될 것이다. 더군다나 예로부터 "효자와 어진 사람이 부모를 즐겁게 함이 밖으로부터 오는 영화에 달린 것은 아니다"라고 말하였다. 나는 후배들이 조그마한 명성만 얻어도 지나치게 좋아하여 평생의 큰 사건을 만들려고 열중하는 것을 보니 소견이 넓지 못한 것이 걱정스럽다. 【「조사경에게 답한 글」】

---

7) 毛義는 후한 때 사람으로, 자는 少節이다. 효자로 이름이 났다.
8) 張奉은 후한 때 사람으로, 毛義의 효행을 사모하였다.
9) 『後漢書』 권39에 나온다.
10) 聞遠은 琴蘭秀(1530~1604)의 자이다.

○6-7 聞聞遠將大張唱筵，未知聞遠之力，能了此後不至於困蹙之更甚耶！果爾則爲親之事，何敢勸止？不然，一朝得閭巷咨嗟之末，未足以償後日貽親之憂也．況古云，"孝子仁人之樂其親，不在於外至之榮耀耶．" 吾見後生輩得一小小名字，便絶爲傾倒做一件平生大事，可憫所見之不廣也．【「答趙士敬」】*『退溪先生文集』，卷23，17쪽b，「書·答趙士敬」*

◐6-8 옛사람들의 학문은 반드시 효도·공경·충성·신의(孝悌忠信)에 뿌리를 내리고, 그 다음으로 세상 모든 일과 '성을 다하고 천명을 아는'(盡性知命) 극치에까지 이르렀다. 생각건대 학문의 대체大體는 포괄하지 않는 것이 없지만, 가장 먼저 하고 가장 급하게 해야 하는 것은 가정에서 응대應對하는 사이에 있다. 그러므로 『논어』에서도 "근본이 서면 도가 생긴다"[11]라고 한 것이다. 지금 돌아가신 아버지의 일을 계승하는 것(幹蠱)[12]이 학문에 지극히 방해된다고 한다면 옛말과 다르지 않은가? 그렇다면 돌아가신 아버지의 뜻을 받드는 것이 의리義理에서는 늦추고 경영에서는 급급해서 점차 이렇게 된 것이 아니겠느냐? 돌아가신 아버지의 일을 계승한다는 명분은 바꾸지 말고, 하는 일의 내용을 바꾸기 바란다. 부모님의 뜻에 따라 순종하고 기쁘게 모신 뒤에 모든 일을 의리에 맞게 행한다면 지난날 경영하던 것이 자연스럽게 그 가운데 있게 될 것이다. 【「정자중에게 답한 글」】

◐6-8 古人所以爲學者，必本於孝弟忠信，以次而及於天下萬事盡性知命

11) 『論語』 「學而」 제2장에 나오는 말이다.
12) 『周易』 '蠱卦 初六' 「爻辭」에 나오는 말이다.

之極. 蓋其大體無所不包, 而其最先最急者, 尤在於家庭唯諾之際. 故曰, "本立而道生." 今以幹蠱之故, 至妨於爲學之功, 無乃與古所云者有異乎? 然則其所以承幹者, 得無緩於義理而急於營爲, 故馴至於此耶? 請無改其名, 而改其所從事之實. 自承順懽奉之餘, 一切惟盡義理之所在, 則其向所營爲者, 未必不在其中矣. 【「答鄭子中」】 *『退溪先生文集』, 卷24, 2쪽a, 「書 · 答李剛而問目」*

◐6-9 닭이 울 때 일어나서 세수하고 양치질하며, 옷을 단정하게 입고 대부인께 아침 문안을 드리셨다. 기쁜 음성으로 기운을 가라앉히고, 부드러운 용모 · 즐거운 낯빛으로 조금도 실수가 없게 하셨다. 저녁에 잠자리를 보살필 때도 그렇게 하셨다. 잠자리를 깔아 드리거나 이불 개는 일은 반드시 직접하고 시동에게 맡긴 적이 없으셨다. 【『총록』】

◐6-9 雞鳴盥漱, 衣帶必飭, 以省大夫人. 怡聲下氣, 婉容愉色, 無或小失. 至於昏定, 亦如之. 枕席之設, 衣衾之斂, 必身親爲之, 未嘗委諸侍兒. 【『總錄』】 *『退溪先生年譜』, 卷3, 1쪽b, 「附錄 · 言行總錄」*

◐6-10 대부인께서 사람들에게 이렇게 말씀하신 적이 있다. "사람들이 '아이들은 아버지의 가르침을 받아야만 한다'고 말하지만 꼭 그런 것은 아니다. 나는 이 아이를 별로 가르치지 않았지만, 옷을 단정하게 입지 않고 다리를 뻗고 앉거나 기대거나, 눕거나 엎드려 있는 것을 본 적이 없다." 【위와 같음】

◐6-10 大夫人嘗謂人曰, "人言子弟必待父兄之教, 未必然也. 吾於此兒, 少無導養之方, 未嘗見其不冠不帶箕踞偃臥之時." 【上同】 *『退溪先生年譜』, 卷3, 2쪽a, 「附錄 · 言行總錄」*

◐6-11 자식이 부모를 봉양하고 장사지냄에는 자신의 정情을 다하고 도리를 다하고자 할 따름이다. 그러나 이 일로 명성을 얻는다면 어찌 마음이 편안하겠는가? 【「김이정에게 준 글」】

◐6-11 人子之養生送死, 欲極其情盡其道而已. 率乃以是得名, 豈所安乎? 【「與[13]金而精」】 *『退溪先生文集』, 卷30, 18쪽b, 「書 · 與金而精」*

◐6-12 을사년(1545) 인종께서 상중喪中에 계실 때 일어난 일(중종의 상을 치르다 슬픔을 이기지 못하고 인종이 승하한 일)을 생각하면 남몰래 눈물을 흘리지 않은 적이 없었다. 또 친구 홍응길洪應吉군은 상중에 지나치게 슬퍼하여 병을 얻어 죽기까지 하였다. 증삼과 민자건의 효도가 어찌 이러하겠는가? 【위와 같음】

◐6-12 竊伏念當乙巳諒闇時事, 未嘗不掩抑而抆淚. 又如故友洪君應吉執喪過毁, 終至滅性. 曾 · 閔之孝, 豈謂是哉? 【上同】 *『退溪先生文集』, 卷29, 34쪽b, 「書 · 與金而精」*

◐6-13 선조를 받드는 일은 성誠·경敬을 주로 해야 하며 예물을 많이 차리는 것을 귀하게 여기지 않는다. 선조가 하던 일을 계승함은 계속해서 잇는 것을 중시하며, 마지막에 게을리 하는 것이 항상 걱정이다. 【「수곡기」】

◐6-13 奉先主於誠敬, 而不貴於物侈. 守業在於繼述, 而每患於終怠. 【「樹谷記」】 *『退溪先生文集』, 卷42, 28쪽a, 「記 · 樹谷菴記」*

---

13) 『이자수어』에는 '答'으로 되어 있으나 『문집』에 따라 '與'로 바로잡는다.

◐6-14 “상례喪禮와 제사는 선조가 하던 대로 따른다”[14]는 뜻이 역시 좋다. 그리고 “부형父兄께서 살아 계신데 어떻게 옳은 말을 들었다고 바로 행할 수 있겠는가?”[15]라는 말도 있다. 그러므로 제사 의식이 잘못되었다고 갑자기 고치는 것은 어렵다. 그러나 내가 정성스럽고 독실한 마음으로 행동하여 친척과 부형이 점차 믿게 된다면, 예에 적합하지 않는 의식은 방편으로 고쳐서 알맞은 방식을 따르도록 청해야 한다. 끝내 어쩔 수 없다고 치부하면 안 된다. 【「김돈서에게 답한 글」】

◐6-14 “喪祭從先祖.” 此意亦好. 且有“父兄在, 如之何其聞斯行之?” 故祭儀差失, 卒然改之爲難. 然吾之躬行, 出於誠篤, 父兄宗族, 漸以孚信, 則其不合禮者, 猶可以方便請改而從善矣. 恐不可終附之無可柰何而已. 【「答金惇敍」】 *『退溪先生文集』, 卷28, 6쪽b, 「書·答金惇敍」*

◐6-15 제사에 존귀한 빈객을 위하여 소식素食[16]을 차리는 것은 본래 미안한 일이다. 그러나 제사에는 융쇄가 있고 존귀한 빈객에도 등급이 있다. 나는 죽은 아내의 제삿날 방백[17]이 오려고 하므로, 며칠 전에 대충 집에 제사가 있다고 미리 사양하였으나 방백이 듣지 않고 왔다. 이러한 경우는 제사는 가볍고 객은 존귀하여 감히 소식을 차릴 수 없다. 다만 안주를 낼 때에 객에게는 고기를 차려 주고 주인은 채소로 하였더니, 방백이 알아차리고 모두 소식으로 올리게 하였다.

---

14) 『孟子』 「滕文公上」 제2장에 나오는 말이다.
15) 『論語』 「先進」 제21장에 나오는 말이다.
16) 素食은 고기나 생선 같은 반찬이 없는 음식을 이른다.
17) 方伯은 觀察使를 이른다.

이와 같이 가벼운 제사가 아니라면 군자는 상례喪禮와 비슷하게 처리한다. 어찌 고기를 올리는 것이 마땅하다고 할 수 있겠는가? 【「김사순에게 답한 글」】

◐6-15 私忌, 遇尊賓客而設素食, 本爲未安. 然忌有隆殺, 尊客亦有等級. 滉於亡妻忌日, 方伯欲來, 前數日, 泛稱家忌, 逆辭於旁邑, 方伯不聽而來, 此乃忌輕而客尊, 不敢設素. 但於進肴, 客肉而主蔬, 方伯察知, 令俱進素矣. 若遇忌非此等之輕, 君子以喪之餘處之也. 何可謂進肉爲宜乎? 【「答金士純」】 *『退溪先生文集』, 卷34, 11쪽b, 「書·答金士純問目」*

◐6-16 제사에 손님을 초청하거나 남의 초청에 응하는 것은 마땅하지 않으나, 나는 스스로 예를 다하지 못하기 때문에 감히 설을 세워 답할 수 없다. 그러나 그 날 제사에 참석하지 않은 사람이라도 친족이나 친한 손님이 옆에 있을 경우에는 함께 제사음식을 먹어도 해될 것이 없을 듯하다. 술과 음식을 만들어 멀리 있는 손님을 초청하는 일을 해서는 안 될 뿐이다. 【위와 같음】

◐6-16 忌祭邀客, 已赴人邀, 雖爲非宜, 滉自不能盡如禮, 不敢爲說以報. 然雖非當日參祭之人, 而親族親客在傍, 雖與之同餕, 恐或無害. 若辦酒食召遠客, 則自不當爲耳. 【上同】 *『退溪先生文集』, 卷34, 12쪽a, 「書·答金士純問目」*

○6-16-1 『습유』에서 말하였다. "언젠가 사모님 제삿날, 선생님과 함께 제사음식을 먹게 되었다. 선생께서 말씀하셨다. '제삿날 술과 음식을 차리고 이웃 사람을 부르는 것이 매우 예에 합당하지 않다고 말하는 사람들도 있

다. 그러나 오늘은 그대가 마침 이웃에 있으므로 불러서 자리를 같이한 것일 뿐이다.'"

○6-16-1 『拾遺』曰, "常於夫人忌日, 某侍食餕餘. 先生曰, '世人或於忌日, 設酒食會隣曲, 甚非禮也. 今日君適在傍, 故呼與同之耳.'" *『鶴峯先生文集續集』, 卷5, 43쪽b, 「雜著 · 退溪先生言行錄」*

◐6-17 제삿날 손님을 접대할 때, 자신이 고기를 먹지 않는다고 해서 손님을 소찬으로 대접하는 것은 미안한 일이다. 손님에게 선사받은 고기를 남겨 두었다가 제삿날이 지난 뒤에 먹는 것은 더욱 마땅하지 않은 일이다. 그러므로 감히 받지 않는 것이 관례慣例이다. 어제 받았는데 받을 때 펴보지 않아 몰랐다가 저녁에서야 그 안에 노루고기 · 전복 등이 있다는 것을 알았다면 이렇게 해야 한다. 이미 받은 것이라고 해서 그대로 둔다면 보낸 이의 정성을 헛되게 할 뿐 아니라, 뒤에 다시 가져오면 사양하기 어려울 것이므로, 사람을 보내 그 물건들을 그 집의 하인에게 돌려보내야 한다. 【「윤안동에게 준 글」】

◐6-17 忌日待賓, 自謂以己忌之故, 待賓以素饌, 已爲未安. 若受賓饋肉, 留爲後日之食, 尤非所當. 故例不敢受. 昨當拜受單時, 不及致察, 至暮乃知其中有獐 · 鰒等物, 如以旣受仍留, 則非徒前者成虛, 後難復辭, 謹遣人奉還二物於下人. 【「與尹安東復」】 *『退溪先生文集』, 卷15, 38쪽b, 「書 · 與尹安東」*

◐6-18 선생께서 서울에 사실 때의 일이다. 제사를 지내려고 술을 빚으려 하는데 따뜻한 방이 없었다. 그래서 술독을 침실에 들여놓았는데, 아무리 날씨가 춥고 깜깜한 밤이라도 반드시 방 밖으로 나가서 소변

을 보셨다. 【우성전의 기록】

◐6-18 先生在京之日, 祭釀酒無溫房, 入置寢室, 雖日凍夜黑, 而便溺必於房外. 【禹性傳錄】 *『退陶先生言行通錄』, 卷3, 「行實」*

◐6-19 물었다. "형제가 잘못이 있을 경우, 서로 말해 주어도 됩니까?" 선생께서 말씀하셨다. "이것은 처리하기 가장 어려운 일이다. 나의 성의를 극진히 하여 그들을 감동시켜 깨닫게 한 뒤에야 의리를 해침이 없게 될 것이다. 성의가 인정받지도 못하면서 말만 가지고 바로잡고 책망한다면 서로 사이가 성글게 되지 않는 경우가 드물 것이다. 그러므로 공자께서 '형제는 화락해야 한다'[18]고 하셨으니 참으로 이 때문인 것이다." 【『습유』】

◐6-19 問, "兄弟有過, 可相言之否?" 曰, "此是最難處事. 但當致吾誠意, 使之感悟, 然後始得無害於義. 若誠意不孚, 而徒以言語正責之, 則不至於相疎者幾希矣. 故孔子曰"兄弟怡怡', 良以此也." 【「拾遺」】 *『鶴峯先生文集續集』, 卷5, 27쪽b, 「雜著 · 退溪先生言行錄」*

◐6-20 자네가 형제 사이에 주는 물건이 지나치게 많을 경우, 처리하는 마땅한 방법은 "부모가 내려주는 것으로 해서 사양하지 말고 받아 간수하였다가 궁핍해지기를 기다린다"[19]는 의리로 처리해야 할 듯하다고 하였다. 그러나 일이란 똑같지 않으므로 바로 어떤 일을 당해서 마땅함을 헤아려야지 억측(懸斷)하게 되면 어렵다. 내가 진실로

18) 『論語』 「子路」 제28장에 나오는 말이다.
19) 『禮記』 「內則」 에 나오는 말이다.

궁핍하고 형은 남아서 주는 경우에도, 융통성 없이 '받아 간수하다가 궁핍해지기를 기다린다는 설'(藏待之說)만 굳게 지켜서 그 물건을 쓰지 않는다면 형의 마음이 편안하겠는가? 혹 이 물건이 나에게도 있는데 형이 지나치게 많이 그리고 자주 주어서 내가 그것을 받는 것이 참으로 미안하다면, 자네가 말한 식으로 처리하는 것이 마땅하다. 거짓된 감정으로 하거나, 너무 심하게 해서는 안 된다. 【「김신중에게 답한 글」】

◐6-20 兄弟間贈遺過重, 所處之宜, 似當以"父母有賜, 辭不得, 藏以待乏之義處之." 然事非一槩, 正當臨時, 度宜懸斷爲難. 若我誠空匱, 兄推衍溢以周之, 膠守藏待之說而不用, 於兄之心安乎? 如或我亦非無此物, 兄所遺過出於太重太頻, 於我受之, 實所未安, 則以所云云之類處之, 乃爲得宜. 最不可有矯情太苦之行. 【「答金愼仲」】 *『退溪先生文集』, 卷27, 37쪽b, 「書·答金愼仲」*

◐6-21 여덟 살 때에 둘째 형[20]이 칼에 손을 다쳐 선생이 안고 울었다. 어머니께서 "네 형은 손을 다치고도 울지 않는데 너는 왜 우느냐?"라고 하시니, "형이 울지는 않지만 피를 저렇게 흘리는데, 어찌 손이 아프지 않을 수 있겠습니까?"라고 대답하였다. 【『연보』】

◐6-21 八歲, 仲兄刃傷手, 先生抱泣. 母夫人曰, "汝兄則傷手不泣, 汝何泣耶?" 對曰, "兄雖不泣, 豈有血流如彼而手不痛乎?" 【『年譜』】 *『退溪先生年譜』, 卷1, 1쪽b, 「年譜·(武宗正德)三年戊辰」*

20) 둘째 형은 李瀣(1496~1550)를 가리킨다. 자는 景明이고, 호는 溫溪이다.

◐6-22 둘째 형 찰방공이 도착하면 문을 나가서 맞이하여 손님과 주인의 자리를 구분하지 않고 차례대로 한 자리에 앉으셨다. 기뻐하는 모습이 겉으로 훤하게 드러나 바라보는 사람에게 효도하고 공경하는 마음이 생기게 하였다. 【『습유』】

◐6-22 察訪公至, 則出門逢迎, 序坐一席, 怡愉之容, 粹盎於外, 望之令人生孝悌之心. 【『拾遺』】 *『鶴峯先生文集續集』, 卷5, 27쪽b, 「雜著 · 退溪先生言行錄」*

◐6-22-1 또 말씀하셨다. "옛사람들은 형을 아버지처럼 섬겼다. 출입할 때는 부축하여 잡고 집안에서는 봉양하여 동생으로서의 도리를 다하였다. 지금 내가 형이 하나뿐인데 동생의 도리를 다하지 못하니 한탄스럽다."

◐6-22-1 又曰, "一日語門生曰, 古人事兄, 如事嚴父. 出入扶持, 居處奉養, 以盡子弟之道. 今我只有一兄, 而未盡子弟之道, 可歎." *『鶴峯先生文集續集』, 卷5, 27쪽b, 「雜著 · 退溪先生言行錄」*

◐6-23 형수를 보면 하루에 몇 번을 보더라도 반드시 절하여 공경을 다하셨다. 【위와 같음】

◐6-23 其見兄嫂也, 雖一日累見, 必拜致敬. 【上同】 *『鶴峯先生文集續集』, 卷5, 14쪽b, 「雜著 · 退溪先生言行錄」*

◐6-24 자네가 "가정에서 생활할 때 부자와 형제 사이에도 날마다 예를 행해야 한다"라고 하였으니, 이 부분을 보고서 그 뜻이 매우 좋다고 생각했다. 옛날 서중거[21] 선생이 도포와 홀笏을 갖추고 혼정昏定 · 신

21) 徐仲車(1028~1103)의 이름은 積이고, 仲車는 자이다. 북송 때 사람으로, 저서로는 『節孝集』, 『節孝語錄』 등이 있다.

성晨省의 예를 행하니, 집안사람들이 처음에는 매우 놀라고 우습게 여기다가 오래된 뒤에야 믿게 되었다. 오늘날도 이조판서 안선생[22]은 매일 형을 만나 배례拜禮를 행하는데 오직 삼가는 태도로 한다. 예나 지금이나 행실이 돈독하고 바탕이 아름다운 군자 가운데는 본래 그렇게 행하는 자가 많았으니, 소학의 예법에 당연함 때문만은 아니었다. 그러나 여기에도 자기 생각에 따라 바로 행해서는 안 되는 이치가 있다. 그러므로 공자께서 자로子路에게 "부형이 계신데 어떻게 그 말을 들었다고 바로 행할 수 있겠느냐?"[23]는 경계를 두신 것이 바로 이 경우이다. 그리고 이 일은 알맞게 처리하기 쉽지 않다. 자기 생각에 따라 바로 행해도 안 되지만 또 마침내 그만두고 행하지 않아서도 안 된다. 다만 평일에 성의를 쌓아 일의 곡절에 따라서, 점차 행할 만한 일들을 행해야 한다. 지속적으로 행하여 온 집안사람들의 믿음이 드러나게 되면 아직 행하지 않은 것도 순차적으로 행할 수 있을 것이다. 【「금문원에게 답한 글」】

◐6-24 "居家父子兄弟間逐日行禮" 意思甚好. 昔徐仲車先生具袍笏行定省之禮, 家人初甚駭笑, 久而方信. 至如今世, 吏判安先生每日見伯氏, 必行拜, 惟謹. 古今篤行質美之君子, 固多行之者. 但於此亦有不可率意直行之理, 故孔子於季路, 有"父兄在, 如之何其聞斯行之"之戒者是也. 然而此事處之得宜, 甚不易. 旣不可率意直行, 又不可遂廢不行. 但平日積其誠意, 隨事曲折, 漸就其可行者行之. 行來行去, 一家孚信旣著, 則其所未行者, 猶可以次而擧之也. 【「答琴

22) 안선생은 安玹(1501~1560)을 가리킨다. 자는 仲珍이고, 호는 雪江이다.
23) 『論語』「先進」 제21장에 나오는 말이다.

聞遠」】*『退溪先生文集』, 卷36, 27쪽a, 「書 · 答琴聞遠」*

◐6-24-1 안선생은 안현安玹이다. 이정민[24]의 『파안록』에서 말하였다. "형인 위瑋를 아버지처럼 섬겨, 말을 탔을 때는 반드시 내려서 인사하고, 앉았을 때는 상床에서 절을 하며, 형 모시기를 엄하게 하고 대답도 조심스럽게 하였다."

◐6-24-1 安先生, 卽安玹. 李貞敏『破顔錄』云, "事兄瑋如嚴父, 乘必下馬, 坐必拜床, 嚴於侍奉, 謹其唯諾."

◐6-25 「아들 준에게 주는 글」에서 말씀하셨다. "옛사람들은 부자父子가 재산을 따로 가지지 않았지만 함께 살 수도 없었다. 그러므로 동궁 · 서궁 · 남궁 · 북궁의 제도가 있었다. 오늘날에는 함께 살며 재산을 따로 가지기보다는 따로 살면서도 재산을 공유하는 뜻을 잃지 않는 것이 나을 것이로다!" 【『언행록』】

◐6-25 「與子寯書」曰, "古人父子, 雖不異財, 亦不可混處, 故有東宮 · 西宮 · 南宮 · 北宮之制. 今與其同處而異財, 孰與別處而猶不失同財之意乎!" 【『言行錄』】 *『退溪先生言行錄』, 卷2, 「居家」*

◐6-26 부부는 지극히 친하고 가깝지만 지극히 바르고 조심해야 하는 사이이다. 그러므로 "군자의 도는 부부관계로부터 시작된다"[25]고 한 것이다. 세상 사람들이 모두 부부 사이의 예와 공경을 잃고 서로 친하다고 함부로 대하며, 마침내는 모독하고 능멸하여 못할 행동이 없게

---

24) 李貞敏(1556~1638)의 자는 子正이고, 호는 玉溪이다. 李珥의 문인으로 저서로는 『玉溪破顔錄』이 있다.

25) 『中庸』 제12장에 나오는 말이다.

되는 것은 모두 서로 손님처럼 공경스럽게 대하지 않는 데서 생긴다. 【「손자 안도에게 주는 글」】

◐6-26 夫婦雖至親至密, 而亦至正至謹之地, 故曰, "君子之道, 造端乎夫婦." 世人都忘禮敬, 遽相狎昵, 遂致侮慢凌蔑, 無所不至者, 皆生於不相賓敬之故. 【「與孫安道」】 *『退溪先生文集』, 卷40, 18쪽b, 「書·與安道孫」*

◐6-27 부부 사이에 금슬琴瑟이 고르지 못함을 탄식하는데, 세상에 이러한 걱정이 있는 사람이 적지 않은 것으로 보인다. 부인의 성질이 악해서 변화시키기 어려운 경우도 있고 부인이 못 생기고 멍청한 경우도 있으며, 남편이 광포하고 방자하여 함부로 행동하는 경우도 있고 남편의 좋아하고 싫어함이 상도에 어긋나는 경우도 있으니, 그 변화의 단서가 많아 이루 다 열거할 수 없다. 그러나 대의大義로 말한다면 그 가운데 성질이 악해서 변화시키기 어려운 부인이 스스로 소박당할 죄를 저지른 것을 제외한 나머지 경우는 모두 남편에게 책임이 있다. 남편이 스스로 반성하여 후하게 대하고 열심히 선하게 처신하여, 부부의 도리를 잃지 않는다면 인륜이 무너지지 않아, 스스로 박하게 대하는 지경에 빠지지는 않게 될 것이다. 이른바 성질이 악하여 변화시키기 어려운 부인의 경우, 크게 패역悖逆하여 명교[26]에 죄를 지은 경우가 아니면 상황에 따라 알맞게 처리해야지 갑자기 떠나보내고 끊어 버려서는 안 된다. 대체로 옛날 쫓겨난 부인들은 그나마 다른 곳으로 시집갈 수 있는 길이 있었으므로, 칠거지악[27]으로

26) 名敎는 인륜의 명분을 가르치는 교훈을 뜻한다.

쫓겨나더라도 쉽게 재가再嫁할 수 있었다. 그러나 오늘날 부인들은 모두 한 남편만 따르다가 죽으니, 어찌 정情과 뜻이 맞지 않는다고 하여 길 가는 사람처럼 상대하거나 원수처럼 여길 수 있겠는가? 자신의 반쪽이 서로 미워하게 되고, 잠자리가 천 리처럼 멀게 되어 가도家道가 이루어질 단서를 없애서 여러 가지 복 가운데 자식을 낳아 기르는 복의 근원을 끊을 수 있겠는가? 나는 두 번째 장가를 들어서는 한결같이 매우 불행하였다.[28] 그러나 그렇다고 감히 마음을 박하게 지니지는 않고 열심히 선하게 처신한 것이 거의 수십 년이 되었다. 그동안 마음이 번거롭고 생각이 어지러워 근심을 이기지 못한 때도 있었다. 그러나 어찌 감정에 좇아 인륜을 소홀히 하여 홀어머니께 걱정을 끼칠 수 있겠는가? "아버지는 자식의 마음에 들 수 없다"는 질운[29]의 말[30]은 참으로 도를 어지럽히는 사특한 말이다. 【「이평숙에게 준 글」】

◐6-27 琴瑟不調之歎, 竊觀世上, 有此患者不少. 有其婦性惡難化者, 有媖醜不慧者, 有其夫狂縱無行者, 有好惡乖常者, 其變多端, 不可勝擧. 然以大義言之, 其中除性惡難化者, 實自取見疎之罪外, 其餘皆

---

27) 七去之惡은 고대 유교에서 아내를 내쫓던 7가지 조건이다. 시집의 부모를 따르지 않는 것, 자식이 없는 것, 음란한 행동, 질투, 나쁜 병, 口說, 도적질을 가리킨다.

28) 이황은 21세(1521)에 進士 許瓚의 딸과 혼인한다. 6년 뒤인 1527년 11월에 부인 허씨가 둘째 아들 寀를 낳은 지 한 달 만에 죽었다. 3년 뒤인 1530년에 奉事 權礩의 딸과 재혼하였다. 그러나 권질의 아버지 權柱가 폐비 尹氏가 사사될 때 承政院注書로 사약을 들고 갔다는 죄목으로 연산군에게 처형당하였다. 권질도 거제도와 예안으로 두 번이나 유배되었다. 이 때문에 딸이 실성하여 정신질환을 앓았다. 친정아버지 권질이 죽은 뒤, 7개월 만인 1547년 7월에 부인 권씨도 죽었다.

29) 郅惲은 동한 때 사람으로 자는 君章이다.

30) 『後漢書』 권29 「申屠剛鮑永郅惲列傳」에 해당 내용이 보인다.

在夫. 反躬自厚, 黽勉善處, 以不失夫婦之道, 則大倫不至於斁毁, 而身不陷於無所不薄之地. 其所謂性惡難化者, 若非大段悖逆, 得罪名教者, 亦當隨宜處之, 不使遽至於離絶, 可也. 蓋古之去婦, 猶有他適之路, 故七去可以易處. 今之婦人, 率皆從一而終, 何可以情義不適之故, 而或待若路人, 或視如讎仇? 牉體歸於反目, 衽席隔於千里, 使家道無造端之處, 萬福絶毓慶之原乎? 滉曾再娶, 而一値不幸之甚. 然而於此處, 心不敢自薄, 黽勉善處者殆數十年. 其間, 極有心煩慮亂, 不堪撓悶者. 然豈可循情而慢大倫, 以貽偏親之憂乎? 邳惲所謂"父不能得之於子"者, 眞是亂道邪詔之言. 【「與[31)]李平叔」】 *『退溪先生文集』, 卷21, 38쪽a, 「書·與李平叔」*

◇6-27-1 생각건대 평숙은 부부관계가 좋지 않았던 듯하다. 평숙이 선생을 알현했을 때 선생께서 이 편지를 써 주셨는데, 겉봉에 "가는 길에 몰래 열어 보아라"라고 쓰여 있었다. 대개 부부 사이의 사적인 안 좋은 감정은 말하기 어려운 것인데 평숙에게 말하지 않을 수 없었기 때문인 듯하다. 평숙이 죽자 그의 아버지 참판 식栻이 이 편지를 도산으로 보내 왔다. 문집을 간행할 때 "가는 길에 몰래 열어 보아라"라는 말은 뺐다. 지금 보아도 옛 편지 가운데 선생께서 손수 쓰신 흔적이 뚜렷한 것을 살펴볼 수 있다. 이것을 통해서도 선생의 처신은 조금도 유감이 없었음을 볼 수 있다.

◇6-27-1 按, 平叔有反目之失. 及謁先生, 作此書授之, 外面書"道次密啓"四字. 蓋閨房私過, 難於宣泄, 而於平叔有不已者故也. 平叔沒, 其父參判栻, 卷付此書於陶山. 文集刊行, 遺此四字, 今見古簡中, 先生手澤宛然, 可考而知也. 於此見先生所處, 無毫髮遺憾矣.

---

31) 『이자수어』에는 '答'으로 되어 있으나 『문집』에 따라 '與'로 바로잡는다.

◐6-28 선생은 21세 때 부인 허씨를 맞이하여, 손님처럼 서로 공경하셨다. 【오운[32]의 기록】

◐6-28 先生二十一歲, 聘夫人許氏, 相敬如賓. 【吳澐錄】*『退溪先生言行錄』, 卷2, 「律身」*

◐6-29 물었다. "아내의 형제 가운데 누군가가 고아나 과부가 되어 의지할 곳이 없고, 게다가 따로 살 집도 없다면 한집에 사는 것은 어떻습니까?" 선생께서 말씀하셨다. "이것은 아마도 의리에 만족스럽지 못한 점이 있는 듯하다. 오늘날 사람들은 아내의 자매를 지극히 가까운 친척처럼 여겨 남녀의 구별을 두지 않는다. 그러나 구양공[33]은 설씨[34] 집안에 두 번 장가들었으며, 여동래[35]는 한무구[36]의 딸에게 거듭 장가들었다. 옛날의 예법이 이러한데 지금 가까운 친척으로 대우하여 한집에 산다면 어찌 오해를 멀리하는 도가 되겠는가? 의지할 곳이 없다면 따로 집을 지어 삶을 도모하게 하여 마땅함을 잃지 않게 하는 것이 옳을 것이다." 이어서 말씀하셨다. "오해받을 일은 조심해야 한다. 옛날 구양공이 의지할 곳 없는 친척의 딸을 거두어 길러, 장성한 뒤에는 시집을 보냈다. 그리고 또 과부가 되자 한집에 살

---

32) 吳澐(1540~1617)의 자는 太源이고, 호는 竹牖 · 竹溪이다. 저서로는 『竹牖文集』, 편서로는 『東史纂要』가 있다.

33) 歐陽公은 歐陽脩(1007~1072)를 가리킨다. 자는 永叔이고, 호는 醉翁이다. 저서로는 『歐陽文忠公集』이 있다.

34) 薛氏는 薛奎(967~1034)를 가리킨다. 자는 宿藝이다.

35) 呂東萊는 여조겸(1137~1181)이고, 東萊는 그의 호이다. 주희와 함께 『近思錄』을 편찬하였다.

36) 韓無咎는 韓元吉(1118~?)을 가리킨다. 無咎는 자이고, 호는 南澗翁으로, 尹焞(1071~1142)에게서 배웠다.

게 하였다. 그랬더니 공을 꺼리는 사람들은 공이 가정생활을 문란하게 한다고 생각하고, 공을 아는 사람들도 모두 의심하였다. 공이 상소문을 올려 사실이 아님을 변론한 뒤에야 혐의가 풀렸다. 이것도 오해받을 일을 멀리하지 않은 잘못이다."【『습유』】

◐6-29 問, "妻兄弟孤寡, 無所於歸, 又無家可別居, 則同室而居, 何如?" 曰, "此恐於義有未安也. 今人雖以妻姊妹爲至親, 無間內外. 然歐陽公兩娶薛家, 呂東萊再聘韓無咎女. 古禮如此, 今以至親待之, 同室而居, 豈是別嫌之道? 若無所歸, 則但當築室而居之, 經紀生理, 俾不失所, 可也." 因曰, "嫌疑之際, 不可不愼也. 昔歐陽公收養族女之無依者, 及長嫁之, 又寡因畜之一家. 忌公者謂公不修帷薄, 有識皆疑之. 公至上疏章辨誣, 然後方雪, 此亦不能別嫌之過也."【『拾遺』】*『鶴峯先生文集續集』, 卷5, 45쪽b, 「雜著·退溪先生言行錄」*

◐6-29-1 구양공은 문간공 설규의 사위이다. 무구의 자는 원길[37]이며 호는 남간이다.

◐6-29-1 歐陽公, 薛文簡公奎壻. 无咎, 字元吉, 號南澗.

◐6-29-2 구양공의 「설문간묘문」을 살펴보면 왕공진[38]이 설씨의 딸에게 두 번째 장가를 들었다고 하였으니, 설씨의 집안에 두 번 장가들었다는 것은 구양공의 일이 아니다. 지금 선생께서 인용한 내용은 축씨祝氏의 『사문류취』[39]에 의거해서 말씀하신 것이다. 또 『어류』를 보면 구양공이 오해

37) 이름과 자가 서로 바뀌었다. 본래는 元吉이 이름이며 無咎가 자이다.

38) 王拱辰(1012~1085)은 이름은 拱壽이며, 자는 君貺이다.

39) 『事文類聚』는 經事子集의 순서로 事實과 詩文을 종류별로 모은 책으로, 前集·後集·續集은 송나라의 祝穆이, 新集과 別集 등은 원나라의 富大用이, 그리고 遺集은 원나라의 祝淵이 저술하였다.

받은 일은 바로 누이의 딸(甥女)[40]로서 장손長孫 구양성[41]의 아내이지 친척의 딸이 아니다.

◐6-29-2 按歐公「薛文簡墓文」, 王拱辰再娶薛女, 非歐公事也. 今先生所引, 因祝氏『事文類聚』而言也. 又按『語類』則歐公所嫌者, 卽甥女, 長孫晟之妻, 非族女也.

◐6-30 「아들 준에게 보낸 글」에서 말씀하셨다. "몽이가 - 안도安道의 어릴 때 자는 아몽阿蒙이다 - 아직도 집안에만 머물고 있다고 들었다. 『예기』에 '남자는 10세가 되면 집을 나와 스승에게 가서 배우며 밖에 머물러 산다'[42]고 하였다. 지금 이 아이가 이미 13~14세가 되었는데 아직도 밖으로 나가지 않아서야 되겠느냐? 빨리 바깥 거처로 내보내야 할 것이다. 무녀巫女가 꽤 출입한다고 들었는데 이는 집안의 법도를 매우 해치는 일이다." 【『언행록』】

◐6-30 「與子寯」曰, "聞蒙兒安道, 小字阿蒙. 尙居宿於內. 『禮』云, '男子十年, 出就外傅, 居宿於外.' 今此兒已十三四歲, 尙未出外可乎? 聞巫女出入, 此事甚害家法." 【『言行錄』】 *『退溪先生言行錄』, 卷2, 「家訓」*

◐6-31 부인들이 일상생활 속에서 먹고 마시고 웃고 떠드는 때라도, 팔다리를 드러내고 머리를 싸매지 않은 남자 종들과 상대할 때 어찌 얼굴을 가리지 않을 수 있겠느냐? 【「조카 완에게 준 편지」】

---

40) 歐陽晟의 아내는 구양수 누이의 수양딸이다. 구양수의 누이는 張龜正에게 시집을 갔으나 자식을 낳지 못하였다. 장귀정에게는 전처에게서 낳은 딸이 하나 있었다. 장귀정이 죽은 뒤, 구양수의 누이는 일곱 살 된 그 딸을 데리고 친정으로 와서 길렀다. 이 아이가 장성한 뒤에 구양수의 당질인 구양성에게 시집갔다.

41) 歐陽晟은 구양수의 종질이다. 즉 사촌형제의 아들로 5촌간이다.

42) 『禮記』「內則」에 나오는 말이다.

◐6-31 閨門之間, 日用周旋, 飮食言笑, 豈可與裸股肱不裹頭奴人相對, 無障蔽耶? 【「與姪完」】 『退溪先生文集』, 卷40, 31쪽b, 「書·與完姪」

◐6-32 옛날 사람들이 적자와 서자의 구별은 엄하게 하였으나 골육의 은혜에는 차별을 두지 않았으니 오늘날 사람들이 서자를 노예처럼 대접하는 것과는 달랐다. 그러므로 복상에는 차별함이 없는 것일진저! 【「정자중에게 답한 글」】

◐6-32 古人嫡庶之分雖嚴, 而骨肉之恩無異, 非如今人待之如奴隷, 故其制服無所差別歟! 【「答鄭子中」】 『退溪先生文集』, 卷25, 30쪽b, 「書·答鄭子中別紙」

◐6-32-1 또 김정숙에게 답하여 말씀하셨다. "서얼의 상복 제도에 대하여 옛날 사람들이 적자와 서자의 구별을 엄하게는 하였으나, 다만 그 분수로 말한 것일 뿐, 골육의 은혜에 있어서는 적자와 서자의 차이를 두지 않았으므로 차등을 나누지 않았다. 옛날의 예禮가 이와 같았기 때문에 우리나라의 법에서도 감히 차등을 나누지 않은 것이다. 지금 어찌 억측으로 결단하여 어떠어떠하게 처리해야 한다고 할 수 있겠는가?"

◐6-32-1 又答金正叔曰, "孼屬服制, 古人雖嚴嫡庶之間, 只以其分言之, 至於骨肉之恩, 則嫡庶無異, 故不分差等. 古旣如此, 故吾東國典, 亦不敢分差等. 今豈敢臆決, 以爲當如何?" 『退溪先生文集』, 卷34, 30쪽a, 「書·答金正叔」

◐6-33 첩의 아들이 적모嫡母에 대하여, 남에게 일컬을 때는 '적모'라고 불러도 좋다. 그러나 사투리로 적모 앞에서나 집안에서 부를 때는 오늘날 종들이 '주모主母'라고 하는 말처럼 해도 된다.

◐6-33 妾子之於嫡母, 稱於人則曰'嫡母', 可也. 但以方言, 稱於母前及家

內, 則只得如今人家婢御稱主母之辭而已. 『退溪先生文集』, 卷27, 15쪽a, 「書 · 答鄭子中別紙」

◐6-33-1 대개 아버지를 이미 '부주父主'라고 부르지 못하는데, 어머니를 바로 어떻게 '모주母主'라고 부를 수 있겠는가? 【위와 같음】

◐6-33-1 蓋於父旣不得稱曰'父主', 於母安得直稱'母主'耶? 【上同】 『退溪先生文集』, 卷27, 15쪽a, 「書 · 答鄭子中別紙」

◐6-34 여군[43]을 대신하는 첩은 일반 첩들보다 좀 높다. 자네의 처와 여러 딸과 손녀가 다만 귀천의 분수에 의해서 일마다 첩들보다 우선한다면, 서모庶母 가운데서 섭모는 좀 높다는 뜻을 모르게 될 뿐 아니라 아버지를 섬기는 예절에도 미진함이 있게 된다. 그러므로 앉을 때는 자리를 피해야 하며 식사할 때는 양보해야 한다고 한 것이다.

◐6-34 攝女君稍尊於衆妾. 子妻與諸女諸孫女, 直以貴賤之分, 每事輒先於彼, 則非但於庶母, 不知有攝母稍尊之義, 其於事父之禮, 亦有所未盡. 故謂宜坐位則當避, 食則當讓. 『退溪先生文集』, 卷27, 15쪽b, 「書 · 答鄭子中別紙」

◐6-34-1 식사할 때 자리를 양보하는 예절은 집안에서 마땅히 행해야 하는 것이다. 무리 지어 연회할 때나 다른 더 높은 어른이 있을 경우에는 사양할 수 없다. 【위와 같음】

◐6-34-1 讓食之節, 在家當然也. 若成衆宴會, 或他有壓尊處, 則或不得讓. 【上同】 『退溪先生文集』, 卷27, 16쪽a, 「書 · 答鄭子中別紙」

---

43) 女君은 정실부인에 대한 첩의 호칭이다.

◐6-35 바깥 사람에게 내는 화는 억제하기 쉬우나 집안 식구에게 내는 화는 억제하기 어려운 것은, 집안 식구에게는 평소에 바라는 것이 많고 또 나의 손아래이기 때문이다. 그러므로 화가 쉽게 나고 매우 심하게 하며, 화를 억제하려고도 하지 않기 때문이다. 이 모든 것은 공부가 익숙하지 않고 리理가 기氣를 다스리지 못하여, 감정에 자신을 맡겨 인을 해치는 병통에서 벗어나지 못한 것이다. 【「이중구에게 답한 글」】

◐6-35 怒爲外人發者, 易於制止, 而爲家人發者, 難於制止者, 於家人責望素重, 而又在吾手下. 故怒易至甚, 而亦不屑於制止故爾. 凡此皆工夫不熟, 理不御氣, 而不免於任情害仁之病矣. 【「答李仲久」】 *『退溪先生文集』, 卷11, 6쪽b, 「書·答李仲久」*

◐6-36 남녀 종들에게 욕설로 꾸짖는 것을 본적이 없다. 잘못이 있으면 반드시 "이 일은 이렇게 해야 한다"고 가르치시고, 말투가 변한 적이 없었다. 【우성전의 기록】

◐6-36 未嘗見其詬詈婢僕. 如有失誤, 亦必敎之曰, "此事當如是." 未嘗變其辭氣. 【「禹性傳錄」】 *『退溪先生言行錄』, 卷2, 「居家」*

◐6-37 「아들 준에게 주는 글」에서 말씀하셨다. "생업을 꾸려 나가는 등의 일은 사람이 하지 않을 수 없는 것이다. 네 아비도 거칠고 졸렬하게나마 어찌 전혀 하지 않았겠느냐? 그러나 안으로 문아文雅를 오로지 힘쓰면서 밖으로 온갖 일에 힘쓰는 것이 선비의 기풍을 무너뜨리지 않으면 해 될 것이 없다 그러나 우아하고 고상함을 완전히 잊어버리

고 경영에만 몰두한다면 이는 농부의 일이며 마을 속인들의 일이 될 뿐이다.”【『언행록』】

◐6-37 「與子寯」曰, “營產等事, 人所不能不爲者, 乃翁平生雖踈拙, 亦豈全不爲乎? 但內專文雅而外或應務, 則不墜士風爲無害. 若全忘雅尙, 沒頭經營, 則是爲農夫之事鄕里俗人之爲耳.”【『言行錄』】*『退溪先生言行錄』, 卷2, 「家訓」*

◐6-38 폭건[44]을 착용하면 세상 사람들을 놀라게 할 뿐 아니라 자신에게도 아주 불편하다. 그러므로 사용하지 않고 우선 정자관[45]으로 대신한다.【「우경선에게 답한 글」】

◐6-38 幅巾其著用, 非但駭俗, 於己亦殊不便, 故不用而姑以程子冠代之.【「答禹景善」】*『退溪先生文集』, 卷32, 28쪽b, 「書 · 答禹景善」*

◐6-38-1 또 김이정에게 답하여 말씀하셨다. “그 제도는 사람들을 매우 놀라게 할 듯하니, 착용해서는 안 된다.”

◐6-38-1 又答金而精曰, “其制殊似駭俗, 不可戴.” *『退溪先生文集』, 卷30, 35쪽b, 「書 · 答金而精」*

◐6-38-2 『습유』에서 말하였다. “폭건은 중僧의 두건과 비슷하므로 착용하는 것이 온당하지 못할 듯하다.”

◐6-38-2 『拾遺』曰, “幅巾似僧巾, 著之似未穩.” *『鶴峯先生文集續集』, 卷5, 26쪽a, 「雜著 · 退溪先生言行錄」*

---

44) 幅巾은 머리를 뒤로 싸 덮는, 비단으로 만든 두건으로 隱士 등이 썼다.
45) 程子冠은 말총으로 짜거나 떠서 만든 관으로, 위는 터지고 세 봉우리가 지게 두 층으로 되었다.

◐6-38-3 『기선록』에서 말하였다. "경오년(1570) 9월 계당溪堂으로 가려는데, 선생께서 정자관을 쓰고 심의[46]를 입고 직접 사립문을 열고 나를 부르시기에 들어갔다. 선생께서 말씀하셨다. '옛날 사람들처럼 의관을 차리고 옷깃을 바로 하고 똑바로 앉아 보려고 한다.' 바라보니 돌부처와 같았으나 함께 이야기를 나누니, 한 점 불어오는 봄바람을 마주 대한 듯하였다."

◐6-38-3 『記善錄』曰, "庚午九月, 將往溪堂, 冠程子冠, 衣深衣, 親開柴門, 招德弘入. 曰, '欲試古人衣冠, 正衿危坐.' 望若泥塑, 而與之言語, 正如一團春風.'" *『艮齋先生文集』, 卷5, 11쪽a, 「溪山記善錄上」*

◐6-39 부인이 관을 쓰고 허리띠를 두르는 제도는 옛날의 예禮를 따르는 것이 좋다. 그러나 다른 일은 모두 예대로 하지 못하고 이 한 가지 절목만 그렇게 행하는 것은 무익하며, 또 세상 사람들을 놀라게 할 것이다. 【「김이정에게 답한 글」】

◐6-39 婦人冠絰之制, 遵古禮則好. 然若他事不能盡如禮, 獨行此一節, 無益也, 又駭俗也. 【「答金而精」】 *『退溪先生文集』, 卷28, 40쪽b, 「書·答金而精」*

◐6-40 선생께서 처음 통정대부[47]가 되었을 때, 조송강[48]이 비단옷을 보냈으나 받지 않으셨다. 【김부륜의 기록】

◐6-40 先生初陞通政, 趙松岡遺以錦衣, 不受. 【金富倫錄】 *『雪月堂先生文集』, 卷4, 10쪽b, 「雜著·退溪先生言行箚錄」*

---

46) 沈衣는 흰 베로 만드는데, 소매를 넓게 하고 검은 비단으로 가를 둘렀으며 윗도리와 아랫도리가 연결되었다.

47) 通政大夫는 정3품 당상관인 문관과 종친 및 儀賓의 官階이다.

48) 趙松岡은 趙士秀(1502~1558)를 가리킨다. 松岡은 호이고, 자는 季任이다.

◐6-41 음식은 아침식사와 저녁식사뿐이었다. 【『기선록』】

◐6-41 飮食止於朝夕. 【『記善錄』】 *『艮齋先生文集』, 卷6, 25쪽a, 「記善總錄」*

◐6-41-1 『습유』에서 말하였다. "빈객이 있지 않으면 식사 때 이외에는 음식을 들지 않으셨다."

◐6-41-1 『拾遺』曰, "非有賓客, 未嘗設不時之饌." *『艮齋先生文集』, 卷6, 25쪽b, 「記善總錄」*

◐6-42 식사를 드실 때 반찬은 두세 가지에 지나지 않으셨다. 어느 날 도산陶山에서 함께 식사하였는데 소반에는 가지 잎과 무, 미역 이외에는 아무것도 없었다. 【『습유』】

◐6-42 飮食之節, 食不過數三器. 嘗侍食陶山, 盤中只有茄葉 · 菁根 · 海藿, 無餘物. 【『拾遺』】 *『鶴峯先生文集續集』, 卷5, 26쪽a, 「雜著 · 退溪先生言行錄」*

◐6-42-1 또 말하였다. "여름에는 말린 포脯뿐이었다."

◐6-42-1 又曰, "暑月, 只乾脯而已."

◐6-43 술은 취하도록 마시지 않고 살짝 취기가 오르면 그만 마셨다. 【위와 같음】

◐6-43 飮酒未嘗至醉, 微酡而止. 【上同】 *『鶴峯先生文集續集』, 卷5, 27쪽b, 「雜著 · 退溪先生言行錄」*

◐6-44 집안이 가난하여 먹을 것이 자주 떨어졌으나 남에게 빌린 적이 없으셨다. 임금께서 선물을 하사하면 반드시 이웃에게 나누어 주셨

다. 【『총록』】

◐6-44 家至屢空, 而未嘗求諸人. 君有所賜, 則必以分諸隣. 【『總錄』】 *『退溪先生年譜』, 卷3, 3쪽b, 「附錄 · 言行總錄」*

◐6-45 친척에게 길흉吉凶의 경조사가 있으면 가까운 경우에는 반드시 직접 가셨으며, 먼 경우에는 사람을 시켜 예를 표하게 하셨다. 친구가 죽은 경우에는 거리가 멀더라도 반드시 자제를 보내어 제문祭文을 가지고 가서 제사지내게 하셨다. 【『습유』】

◐6-45 親戚若有吉凶慶弔, 則近必親往, 遠必使人致禮. 朋友死, 雖遠必遣子弟, 齎文致祭. 【『拾遺』】 *『鶴峯先生文集續集』, 卷5, 27쪽a, 「雜著 · 退溪先生言行錄」*

◐6-46 언젠가 이렇게 말씀하셨다. "내가 여행을 하다가 예천에 다다랐을 때, 읍에 사는 어떤 과부가 여자 아이를 보내 말하였다. '나는 아무개의 아내이자 아무개의 딸로 영감에게는 먼 친척뻘입니다. 가난하게 살며 의지할 곳이라고는 없는데 이웃 사람과 주택 문제로 송사訟事가 일어났습니다. 지금 송사는 끝났지만 속포贖布 30단[49]을 내야 합니다. 관리는 찾아오는데 집에 쌓아 둔 베는 조금도 없습니다. 말씀을 잘해 주셔서 가난한 친척을 구제하여 주시기 바랍니다.' 그 말을 듣고 마음속으로 매우 불쌍하게 생각하였으나, 평소 남에게 부탁하기 싫어했기 때문에 몇 번이고 물리쳤다. 돌아오는 길에 '저 사람이 나에게 먼 친척이라고는 하지만 선조의 입장에서 보면 똑같은 자

49) 1段은 반 匹의 布이다.

손이다. 내가 어찌 길가는 사람처럼 보고 구제하지 않겠는가?'라고 생각을 바꾸게 되었다. 사실대로 태수太守에게 말하고 속포를 감하여 주도록 청하였더니, 태수가 모두 면제하여 주었다고 한다. 내가 한 일이 잘못되었는지 모르겠다!"【『기선록』】

◐6-46 "嘗言吾行抵醴泉邑, 有一寡婦跣赤脚來言, '我某之妻某之女也, 於令監乃疎族也. 窮居無少依賴, 而傍有人爭家舍. 今雖訟辨, 而當贖布三十段. 官使臨門, 而家無一尺之儲. 願施德音, 以濟窮戚.' 聞來心甚哀矜, 顧平日不欲向人請囑, 故再三揮之. 驅去復還, 乃幡然思曰, '彼之於我, 雖曰疎遠, 以祖先觀之, 一般子孫也, 我豈視之如塗人而不救乎?' 以實告太守, 請減其贖, 太守乃盡除云, 不知吾事過耶!"【『記善錄』】*『艮齋先生文集』, 卷6, 15쪽b, 「記善總錄」*

◑6-47 서울 사실 때, 이웃 집의 밤이 정원에 떨어지면 주워서 돌려주게 하셨다.【위와 같음】

◑6-47 嘗在漢城, 隣家栗子落於庭中, 令拾而還之.【上同】*『艮齋先生文集』, 卷6, 10쪽b, 「記善總錄」*

◑6-48 좌우에서 시중드는 사람 가운데 양정[50]이 없었으며, 집안에는 한 섬의 양식도 쌓여 있지 않았다.【위와 같음】

◑6-48 挾下無良丁之接, 家中無擔石之儲.【上同】*『艮齋先生文集』, 卷6, 8쪽b, 「記善總錄」*

---

50) 良丁은 壯丁인 良民을 가리킨다.

◑6-49 남녀 무당들이 기도하는 일 등은 일체 엄하게 금지하여 집안에 접근하지 못하게 하셨다. 【위와 같음】

◑6-49 巫覡祈禱之事, 一切嚴禁, 不接門庭. 【上同】 *『艮齋先生文集』, 卷6, 8쪽b, 「記善總錄」*

◑6-50 마을에서 부역할 때 남보다 먼저 하시니, 남들이 모두 본받았다. 【위와 같음】

◑6-50 居鄕賦役, 必先於人, 人皆效之. 【上同】 *『艮齋先生文集』, 卷6, 17쪽a, 「溪山記善錄下」*

◑6-50-1 『습유』에서 말하였다. "부역을 할 때 하호下戶[51]보다 먼저 물건을 운반하니 구실아치들도 높은 벼슬의 집안인지 몰랐다. 어느 날 개울가에 앉아 계시니 하급관리가 와서 '금년 잣나무 숲의 관리(栢林之禁)[52]는 나으리(進賜)[53]의 집에서 맡을 것이오' 하고 아뢰자, 선생께서는 웃기만 하고 대답하지 않으셨다."

◑6-50-1 『拾遺』曰, "賦役, 必先下戶而輸之, 吏胥不知爲達官家. 嘗坐溪邊, 嗇夫來告曰, '今年柏林之禁, 進賜戶當之.' 先生笑而不答." *『鶴峯先生文集續集』, 卷5, 30쪽b, 「雜著·退溪先生言行錄」*

◑6-51 나는 이전에 한 가지 공물도 면제해 달라고 부탁한 적이 없었으니, 그 이유는 백성이 관청에 바치는 도리를 개인적으로 폐지할 수는 없다고 생각해서이다. 여러분들은 자신을 소중하게 여겨 처신할 줄을

51) 下戶는 가난한 백성을 뜻한다.
52) 과거 잣나무 숲의 관리를 매년 下戶에서 돌아가며 맡은 것으로 보인다.
53) 進賜는 吏讀로서 '나ᄋᆞ리' 또는 '나으리'로 읽는다. 堂下官을 높여 부르는 말이다.

몰라서 공적인 일이 아닌데도 자주 관리(偃[54])를 찾아가고, 나아가서는 사私를 좇아 공公을 폐하고 자기를 잃고 바른 도리를 해치는 요구를 한다. 성주城主가 넓은 도량으로 용납하여 주기는 하더라도 어찌 마음속으로 천하게 생각하지 않겠는가?【「금문원에게 답한 글」】

◑6-51 滉從前未嘗請除一貢物者, 以民供上之道, 不可以私廢之也. 君等乃不知所以自重其身, 非公事而屢至偃室, 至則不免有循私廢公, 失己害直之干請. 然則城主廣度雖容, 豈不心賤之耶?【「答琴聞遠」】*『退溪先生文集』, 卷36, 38쪽b, 「書 · 與琴聞遠」*

◑6-51-1 또 말씀하셨다. "이전에 조사경이 성주에게 꿀을 바치고 호구의 공물을 면제받았다. 금문원은 성주의 면전에서 호구의 공물로 바치는 꿩을 면제시켜 준 것이 고맙다고 사례하였다. 나는 조카를 보내어 우리집도 꿩을 바쳐야 하는데 꿩을 잡지 못했다고 아뢰었다. 그러나 사실은 꿩 두 마리를 이미 관에 바쳤다. 성주가 다음날 사람을 보내 꿩을 돌려보냈다. 내 마음이 편안하지 못하여 종을 보내 다시 받아 주기를 청하였으나, 성주가 굳게 허락하지 않아 어쩔 수 없이 도로 받아 두었다."

◑6-51-1 又曰, "往者, 趙士敬請納蜜而得除. 琴聞遠於城主前, 謝除戶納之雉. 憑姪因白弊戶亦當納雉而未得, 其實雉二首已納官矣. 城主翌日, 遣人還之. 心甚未安, 遣奴請復納, 城主固不聽, 不得已受之." *『退溪先生文集』, 卷36, 38쪽b, 「書 · 與琴聞遠」*

◑6-52 선생께서는 50세에도 아직 집이 없으셨다. 하봉에 살다 중간에는 죽동으로 이사했다가, 마침내 퇴계退溪가에 살 집을 정하셨다. 집 서쪽

---

54) 偃은 공자의 제자 子游의 이름이다. 『論語』「雍也」제12장에 그가 武城의 宰가 되었을 때, 澹臺滅明이라는 자가 공적인 일이 아니면 그에게 찾아오지 않은 사람임을 칭찬하고 있다. 여기서 偃은 관리를 상징한다.

물가에 한서정사寒棲精舍를 짓고, 샘물을 끌어다 광영당光影塘을 만들고, 매화와 버들을 심고, 3경[55]을 열었다. 앞에는 탄금석彈琴石이 있고 동쪽에는 고등암古藤岩이 있고 시내와 산이 맑고 아름다우니 완연히 특별한 지역을 이루게 되었다. 도서圖書를 좌우에 두셨으며 향을 피우고 조용히 앉아 종신토록 홀가분하게 지내고자 하시니, 관리생활을 한 사람이라고 아무도 생각하지 못하였다. 【『습유』】

◑6-52 先生五十歲, 尙未有家. 卜于霞峯, 中移竹洞, 竟定居于退溪之上. 宅西臨溪作精舍, 曰寒栖, 引泉爲塘, 曰光影, 植以梅柳, 開以三逕. 前有彈琴石, 東有古藤巖, 溪山明媚, 宛然成一別區焉. 左右圖書, 焚香靜坐, 翛然若將終身, 人不知其爲官人也. 【『拾遺』】 *『鶴峯先生文集續集』, 卷5, 25쪽a, 「雜著 · 退溪先生言行錄」*

◑6-53 선생께서는 평소 검소함을 숭상하여, 질그릇을 세숫대야로 사용하셨으며, 부들자리에 앉으시고, 베옷에 끈을 두르시고, 칡으로 만든 신발에 대나무 지팡이를 짚고 담박하게 지내셨다. 시냇가의 집은 겨우 10여 칸으로 심한 추위와 찌는 더위를 남들은 견디지 못하였으나, 선생께서는 느긋하게 거처하셨다. 【위와 같음】

◑6-53 先生雅尙儉素, 盥用陶器, 坐以蒲席, 布衣絛帶, 葛屨竹杖, 泊如也. 溪上之宅, 僅十餘架, 祁寒暑雨, 人所不堪, 而處之裕如也. 【上同】 *『鶴峯先生文集續集』, 卷5, 25쪽b, 「雜著 · 退溪先生言行錄」*

---

55) 三逕은 隱士의 문 안에 있는 뜰, 또는 은자가 사는 곳을 이른다. 한나라의 은사 蔣詡가 정원에 세 개의 좁은 길을 내고 소나무 · 대나무 · 국화를 심었다는 데에서 유래한 고사이다.

◐6-54 경오년(1570) 12월 2일 갑오에 병이 심해지셨다. 약을 올리게 한 뒤에 "오늘은 장인의 제삿날이니 고기반찬을 올리지 말라"고 명령하셨다. 을미일(3일)에 잠자는 방에서 설사를 하셨다. 곁에 둔 매화 화분을 옮기게 하시며 말씀하셨다. "매화에게 불결함을 끼쳐 마음이 편안하지 못하다." 정유일(5일)에 조카 영甯에게 유계[56]를 기록하도록 명령하셨다. 좌우에 있던 사람들을 물리치고 문을 닫고 은밀하게 말하는데 병이 깨끗하게 나은 사람 같았다. 다 쓰고 난 뒤에 친히 한번 보시고 영에게 봉하고 표제를 쓰게 하셨다. 오후에 여러 제자들을 만나 보려고 하니 자제들이 그만두기를 청하였다. 선생께서 "죽음을 맞이하여 작별하지 않을 수 없다"고 말씀하시고, 마침내 윗옷을 입으시고 제자들을 인견하며 말씀하셨다. "평시에 잘못된 견해를 가지고 여러분과 강론하였으니, 이렇게 하기도 쉬운 일이 아니었다." 무술일(6일)에 관棺을 만들게 하셨다. 경자일(8일)에 적寂을 통하여 덕홍에게 말씀하셨다. "너는 서적을 맡아라." 덕홍이 명령을 받고 물러나와 동문들과 점을 쳐 겸괘謙卦의 "군자가 끝이 있으리라"(君子有終)[57]는 괘사卦辭를 얻고는 모두 책을 덮고 어쩔 줄 몰랐다. 신축일(9일)에 화분의 매화에 물을 주라고 명령하셨다. 오시午時에 조카 교寯를 불러 "나의 머리 위로 비바람 소리가 나는데 너도 들리느냐?"라고 물으시기에 "아닙니다"라고 대답하였다. 갑자기 흰 구름이 집 위로 모이더니 눈이 한 촌寸쯤 내렸다. 잠시 후에 선생께서는 누워 계신 자리를 정돈하게 하시고 부축받아 일어나 앉아 계셨다. 편안하

56) 遺戒는 유언으로 남긴 경계의 말이다.
57) 『주역』 '謙卦' 「卦辭」에 나오는 말이다.

게 돌아가시자 곧 구름이 흩어지고 눈이 개었다.【『기선록』】

◐6-54 庚午十二月初二日甲午, 疾革. 進藥後命曰, "今日乃妻父忌日, 勿用肉饌." 乙未, 泄痢於寢房. 命移盆梅曰, "於梅兄不潔, 故心未自安." 丁酉, 命兄子寗, 書遺戒, 辟左右, 閉門密語, 脫然若沈痾之去體. 寫畢, 親自一閱, 命寗封署. 午後, 欲見諸生, 子弟請止. 先生曰, "死生之際, 不可不訣." 遂加上衣, 引諸生語曰, "平時以謬見, 與諸君講論, 是亦不易事也." 戊戌, 命治壽器. 庚子, 令寂言于德弘曰, "汝司書籍." 德弘聞命而退, 與同門筮, 得謙卦"君子有終"之辭. 莫不掩卷失色. 辛丑, 命灌盆梅. 午時呼寗姪曰, "吾頭上有風雨聲, 汝亦聞否?" 對曰, "未也." 忽有白雲坌集, 宅上雪下寸許. 須臾, 先生命整臥席, 扶起而坐. 逝卽雲散雪霽.【『記善錄』】*『艮齋先生文集』, 卷6, 22쪽a, 「溪山記善錄下」*

◐6-54-1 『연보』에서 말하였다. "병신일(4일)에 '다른 사람에게 빌려 온 서적의 목록을 만들어서 돌려주라'고 명령하시며 빠뜨리지 말라고 당부하셨다. 집안사람들의 기도를 금하셨다. 이보다 앞서 임금께서 선생이 병이 있다는 소문을 들으시고 궁중 의사에게 약을 지어 내리게 하셨다. 역마를 타고 구제하러 왔으나 도착하기 전에 선생께서 이미 돌아가셨다. 감사監司가 장계狀啓로 보고를 올리니, 영의정을 추증追贈하고 특별히 승지承旨 이제민을 파견하여 조문하게 하고, 또 승지 유홍을 보내어 제사지내게 하시니, 모두 특별한 배려였다."

◐6-54-1 『年譜』曰, "丙申, 命'錄還他人書籍, 戒勿遺失.' 禁家人祈禱. 先是, 上聞先生有疾, 命內醫齎藥. 馳驛往救, 未至而先生已卒. 狀聞, 贈領議政, 別遣承旨李齊閔致吊, 又遣承旨兪泓祭之, 皆異數也." *『退溪先生年譜』, 卷2, 22쪽b, 「年譜·(穆宗隆慶)四年庚午」*

◑6-54-2 『언행록』에서 이안도가 다음과 같이 말하였다. "경오년 11월 9일, 시향[58]을 드리려고 온계溫溪에 가서 종가宗家에서 밤을 지내는데 감기 기운이 있으셨다. 제사지낼 때 쟁반을 받들고 제물을 차리는 등의 일을 손수 하시더니 기운이 더욱 불편해지셨다. 자제들이 '기운이 불편하시면 제사에 참석하지 마십시오'라고 말씀드리니, '내가 이제는 늙어 제사지낼 수 있는 날이 많지 않으니, 참석하지 않을 수 없다'고 하셨다. 12일부터 일기를 쓰지 않으셨다. 15일에는 병이 더욱 심해지셨다. 기명언이 편지를 보내 질문하였다. 선생께서는 자리에 누운 채 답장을 만들어 치지격물설致知格物說[59]을 고치셨다. 자제들에게 바르게 써서 기명언과 정자중에게 보내게 하셨다. 12월 4일 형의 아들 영甯에게 유계를 기록하게 하셨다. 유계의 내용은 ① 예장禮葬을 행하지 말고 굳게 사절할 것, ② 유밀과[60]를 사용하지 말 것, ③ 비碑를 사용하지 말고 조그마한 돌의 앞면에 '퇴도만은진성이공지묘退陶晩隱眞城李公之墓'라고만 쓸 것 등이었다."

◑6-54-2 『言行錄』李安道曰, "庚午十一月九日, 以時享, 上溫溪, 齊宿宗家, 始感寒疾. 行祭時, 奉櫝奠物, 猶親自爲之, 氣益不平. 子弟等告曰, '氣候不平, 則請勿參祭.' 曰, '余今老矣, 行祭之日不多, 不可不參.' 十二日, 自是日, 日記始絶筆. 至十五日, 益彌留. 奇明彦專伻書問, 先生臥席修答, 改致知格物說, 令子弟正書奇明彦及鄭子中處. 十二月四日, 命兄子甯書遺戒. 一毋用禮葬固辭, 一勿用油蜜果, 一勿用碑, 只以小石書其前面云'退陶晩隱眞城李公之墓.'" *『退溪先生言行錄』, 卷5, 「考終記」*

◆6-54-3 또 유운룡이 말하였다. "선생의 상에 문인 김취려는 연포건[61]을 쓰고

58) 時享은 음력 2월, 5월, 8월, 11월에 가묘에 지내는 제사로, 時祭라고도 한다.
59) 이 편지에서 이황은 格物致知說에 대한 지금까지의 입장을 수정하였다. 주체가 理를 탐구하여 理의 극진한 데까지 도달한다는 종전의 입장에서, 주체의 노력에 따라 理가 스스로의 모습을 주체에게 열어 보여 준다는 理自到說로의 수정이다.
60) 油蜜果는 밀가루나 쌀가루 반죽을 적당한 모양으로 빚어 바싹 말린 후에 기름에 튀기어 꿀이나 조청을 바르고 튀밥, 깨 따위를 입힌 과자이다.
61) 練布巾은 누인 명주로 만든 두건이다.

연포로 만든 심의深衣를 입고 있다가 졸곡[62]을 한 뒤에 벗었다. 박제도 그와 같이 하였다. 이국필도 흰 두건을 썼으며, 나머지 문생들은 검은 관冠에 흰 옷과 띠를 하였다. 김부필·부의·부륜, 조목, 금응협·응훈·난수는 흰 띠를 하고 소식素食을 하며 소상小祥을 넘겼다. 조목은 3년상이 끝나도록 연회에 참석하지 않고 부인의 방에 들어가지 않았다. 장례 때 김취려가 예장가정관[63]으로서 내려왔다. 일을 독려할 때 매일 무덤 곁에 자리를 깔고 종일토록 바른 자세로 앉아 한 달을 지냈다."

◆6-54-3 又柳雲龍曰, "先生之喪, 門人金就礪著練布巾深衣, 卒哭除之. 朴濟亦如之. 李國弼亦著白巾, 其餘門生, 並以黑冠白衣帶. 金富弼·富儀·富倫, 趙穆, 琴應夾·應壎·蘭秀, 素帶素食, 過小祥. 趙穆終三年, 不與宴不入內. 葬時, 金就礪, 以禮葬加定官下來. 董役時, 逐日鋪席于壙次, 終日危坐, 以過一月云." *『退溪先生言行錄』, 卷5, 「考終記」*

◑6-55 어떤 사람들은 내가 유생儒生과 교제하는 것이 잘못되었다고 비판한다. 나는 가난한 유자이다. 유자가 유자와 교제하는 것이 무슨 죄가 되겠는가? 다만 함부로 교제해서는 안 될 뿐이다. 【「남시보에게 답한 글」】

◑6-55 人或譏滉交儒生之非. 滉一寒儒. 儒而交儒有何罪? 但不當妄交. 【「答南時甫」】 *『退溪先生文集』, 卷14, 7쪽b, 「書·答南時甫」*

◑6-56 친구에게 도움을 구하다가 욕을 당한다는 설에 대하여 나는 이렇게 생각한다. 내가 저 사람에게서 도움을 구하려면 내가 해야 할 도리를 다해 사귀어야지, 어찌 교제할 때 후하게 할까 박하게 할까, 공경

62) 卒哭은 三虞祭를 지낸 뒤에 지내는 제사로 사람이 죽은 지 석 달 만에 丁日이나 亥日을 택해 지낸다.

63) 禮葬加定官은 예장 곧 국장을 실시하기 위하여 국가에서 파견된 관리이다.

하게 할까 소홀히 할까 등의 일을 먼저 계산하여, 불쾌하게 치욕을 준다는 오해를 낼 수 있겠는가? 또 논한 내용을 자세히 보니 저 사람과 나 사이의 경계를 설정하여 우열을 비교하는 말 아닌 것이 없다. 이러한 마음으로 남에게 삼밭의 쑥처럼 곧아지기(蓬直)[64]를 바란다면 마땅히 자기에게 도움이 되지 않고 저 사람에게서 곤란만 당할 것이다. 자기가 저 사람에게 충고하려고 한들, 저 사람이 나를 의심하여 방어하지 않을 수 있겠는가? 【「송과우에게 답한 글」】

◑6-56 求友取辱之說, 愚意我苟欲求益於彼, 惟當盡在我之道而與之, 豈可先計其禮際之間厚薄敬忽之故, 而咈然生恥辱之嫌也? 且詳所論無非立彼我之畦, 較勝劣之辭. 欲以此心求蓬直於人, 宜乎不見益於己, 而適取困於彼也. 己雖欲忠告於彼, 彼能無猜阻於我乎? 【「答宋寡尤」】 *『退溪先生文集』, 卷13, 21쪽a, 「書 · 答宋寡尤」*

◑6-57 어질지 않고 착하지 않은 사람에게 한 가지 장점이라도 있으면 취하는 것이 사실은 '남을 도와 선을 행하게 하는'(與人爲善)[65] 방법이다. 저 사람의 장점을 취하면 저 사람이 잘난 체하여 의롭지 않은 짓을 더 할 것이라고 미리 생각하여 장점을 취하지 않을 수 있겠는가? 【「조기백에게 답한 글」】

◑6-57 無良無賴之徒, 有一端之長則取之, 實'與人爲善'之道也. 何可預慮夫增其不義而不取之? 【「答趙起伯」】 *『退溪先生文集』, 卷38, 16쪽b,*

---

64) 蓬直은 『荀子』 「勸學」에 나오는 "꾸불꾸불한 쑥도 곧은 삼 가운데서 자라면 저절로 곧아진다"(蓬生麻中, 不扶而直)로부터 나온 말로, 착한 사람과 사귀는 가운데 저절로 착해지기를 바란다는 뜻이다.

65) 『孟子』 「公孫丑上」 제8장에 나오는 말이다.

「書 · 答趙起伯大學問目」

◑6-58 주자께서 "공영달[66]이 산가지로 점치는 법을 이해하지 못한 것은 아니지만 익숙하게 알지 못했기 때문에 그 말이 쉽게 잘못을 저지르곤 한다"[67]고 한 말씀은 남을 너그럽게 대하는 군자의 말이다. 【「기명언에게 답한 글」】

◑6-58 朱子謂"孔穎達非不解揲法, 但爲之不熟, 故其言之易差." 此則君子恕人之論也. 【「答奇明彦」】 *『退溪先生文集』, 卷36, 28쪽b, 「書 · 答奇明彦論四端七情第二書」*

◑6-59 조이도[68]는 문장이나 짓는 학자여서 성현의 학문을 알지 못한다. 그가 맹자를 비난한 것도 괴이할 것이 없다. 그러나 올바른 주장은 주자가 취하여 실었으니 이것은 사람이 비뚤어졌다고 해서 그의 옳은 말을 버리지는 않은 것이다. 소식蘇軾은 힘써 정자程子를 비난하였으니, 마음 씀이 바르지 못한 곳이 많다. 그러므로 주자가 사정邪正을 나눌 때는 이단이라고 배척하지만, 옳은 말은 집주集注에서 취하고 있다. 위대한 현자의 마음씨는 공평하고 정대正大하여 사람을 배척한다고 해서 그 사람의 좋은 점까지 버리지는 않는다. 【『당후일기』[69]】

---

66) 孔穎達(574~648)은 당나라 때의 경학가이다. 자는 沖遠이다. 당대 과거시험의 표준이 된 『五經正義』를 편찬하였다.

67) 『朱子大全』 권37, 제40번째 편지 「答程泰之」에 나오는 말이다.

68) 晁以道는 송나라 때의 晁說之(1059~1129)를 가리킨다. 자는 以道 · 伯以, 자호는 景迂生이다. 저서로는 『古周易』, 『易觀』, 『景迂生集』 등이 있다.

69) 『堂后日記』는 『承政院日記』의 다른 이름이다. 이 기사를 담고 있는 『승정원일기』는 임진왜란으로 전소되어 전하지 않는다.

◐6-59 晁以道文章之士, 不知聖賢之學, 其所以非孟子者, 亦無足怪. 但所論是處, 朱子取而載之, 此不以人棄言也. 蘇軾力詆程子, 心術多有不正處. 故朱子辨邪正, 則以異端排斥, 而言之是者, 則取於集註. 大賢心事, 公平正大, 不以斥其人而棄其人之善也.【『堂后日記』】

◐6-60 인격이 위대한 현인의 경지에 도달하지 못한 오늘날 사람들이 손해되는 친구를 멀리하고 큰 잘못을 저지른 자와 절교할 경우, 처신이 완벽하지 못하면 작게는 원망을 초래하고 크게는 화를 초래하게 된다. 그러므로 경솔하게 처신하면 안 된다.【「우경선에게 답한 글」】

◐6-60 今之人身不及大賢之域者, 其於遠損友絶大故之際, 處之苟未善, 小則致怨, 大則取禍. 此所以不可輕也.【「答禹景善」】*『退溪先生文集』, 卷32, 1쪽b, 「書·答禹景善」*

◐6-61 물었다. "공자께서 '자기보다 못한 자와 사귀지 말라'[70]라고 하셨으니, 자기보다 못한 자와는 전혀 교제하지 말라는 말입니까?" 선생께서 말씀하셨다. "사람의 감정이 자기보다 못한 자를 사귀기 좋아하고 자기보다 나은 자는 사귀기 좋아하지 않기 때문에 성인께서 이러한 자들을 위하여 말씀하신 것이지, 그런 사람과 전혀 사귀지 말라는 것은 아니다. 선한 사람만 골라 사귄다면 편벽된 사람이 된다." 물었다. "악한 사람과 사귀다가 점점 그 가운데 빠지면 어떻게 합니까?" 선생께서 말씀하셨다. "선한 경우에는 따르고 악한 경우에는 자신에게 돌이켜 자신의 악한 점을 고친다면 선한 사람과 악한 사람이

70)『論語』「學而」 제8장에 나오는 말이다.

모두 나의 스승이 된다. 점점 그 가운데 빠져든다면 어떻게 학문을 할 수 있겠는가?" 【『기선록』】

◑6-61 問, "孔子曰, '毋友不如己者.' 如不勝己者, 則一切不與之交乎?" 曰, "常人之情, 好友其不勝己者, 而不好友其勝己者, 故聖人言之, 非謂一切不與之友也. 若欲一切擇善人爲友, 則亦偏也." 曰, "與惡人處, 浸浸然入其中則奈何?" 曰, "善則從之, 惡則改之, 善惡皆我師也. 若浸浸入他, 則亦何以爲學也哉?" 【『記善錄』】 *『艮齋先生文集』, 卷6, 10쪽b, 「溪山記善錄下」*

◑6-62 사람들과 사귈 때 처음에는 담박한 것 같지만 오래될수록 더욱 믿음직하니, 성심으로 따르고 기뻐하지 않는 사람이 없었다. 그러나 어려서부터 함부로 사람을 사귀지 않으셨다. 서울에서 살 때 공적인 일이 있는 경우를 제외하고는 항상 집에서 지내고 외출하지 않으셔서, 동지인 경우에도 뒤따라 다니는 경우가 드무셨다. 세상에서 항상 화려한 명성과 이익을 좇는 자들을 보면 도적을 피하듯 피하였으며, 자기 몸을 더럽힐 것처럼 여기셨다. 【『통술』】

◑6-62 與人交, 初若淡而久益信, 人無不誠服而心悅. 然自少不妄交游. 其在京師, 公事外, 常杜門不出, 雖同志之人, 亦罕追隨. 視世之常逐於聲利紛華者, 如避寇盜, 若將浼焉. 【『通述』】 *『文峯先生文集』, 卷4, 21쪽a, 「雜著 · 退溪先生言行通述」*

◑6-63 어느 날 선생께서 말씀하셨다. "사대부士大夫가 교제할 때는 한 번 예방禮訪하면 한번 답방答訪하는 것이 바로 당연한 예禮이다. 그러나 조

정의 부름을 받은 선비 등은 이러한 예禮를 행해서는 안 된다. 중종 때 오여필[71]이 처사處士로서 조정의 부름을 받아 서울에 머물 때, 사대부가 올 때마다 답례로 방문을 하니 하의려[72]가 매우 잘못된 행동이라고 생각하였다." 【우성전의 기록】

◑6-63 嘗言, "士大夫相與之際, 一往一來, 乃禮之當然也. 但如徵士等人, 不可行此禮. 中朝吳與弼, 以處士召在都下, 凡於士大夫之來, 無不往答, 賀醫閭深以爲非." 【禹性傳錄】 *『退溪先生言行錄』, 卷3, 「交際」*

◑6-64 정경석[73]은 내가 아끼고 소중하게 여긴다. 공이 서울에 도착하거든 반드시 한번 찾아보고 나의 뜻을 대강 전해 주게. 그런데 공은 벼슬이 없는 사람이고, 나는 한가한 시골에서 살고 있다. 처음 벼슬길에 오른 친구에게 그 사람을 아끼고 소중하게 여긴다는 이유만으로 지나치게 자주 찾아간다면, 자신의 잘못된 행동에 대한 후회가 있게 될 것이라는 점을 몰라서는 안 된다. 그렇다고 도의로써 사귀는 친구 사이에 경계를 두라는 것은 아니다. 【「정자중에게 답한 글」】

◑6-64 丁景錫, 滉愛之重之. 公至都下, 必一相見, 爲我亦略致意. 然公方布衣, 滉在閒處. 其於新得路之友, 若徒以愛重其人之故, 過爲汲汲憧憧, 則不無自失之悔, 不可不知也. 此非設畦畛於道義之朋也. 【「答鄭子中」】 *『退溪先生文集』, 卷24, 13쪽b, 「書 · 答鄭子中」*

---

71) 吳與弼(1391~1469)의 자는 子傅이고, 호는 康齋이다. 명나라 때의 은자이다.

72) 賀醫閭(1437~1510)의 이름은 賀欽이고, 자는 克恭이다. 醫閭는 별호이다. 명나라 憲宗~武宗 때의 문신이자 학자이다. 저서에 『醫閭集』이 있다.

73) 丁景錫(1531~1589)의 이름은 胤禧이다. 조선 명종~선조 때의 문신이다.

◑6-65 항상 고요한 마음으로 단정하게 계시며 집 밖으로 나다니지 않으셨지만, 유학자들의 술자리나 마을의 단체 연회에 모이게 하면 때에 늦지 않게 참석하셨다. 【『습유』】

◑6-65 常守靜端居, 未嘗出入, 而若斯文雅歆, 里社宴集, 亦時往焉. 【『拾遺』】*『鶴峯先生文集續集』, 卷5, 27쪽a, 「雜著 · 退溪先生言行錄」*

○6-66 마을 사람들의 초청에는 언제나 응하셨으며, 그 자리에서 술을 받고 나면 반드시 주인에게 술잔을 돌리셨다. 【『기선록』】

○6-66 鄕人之邀, 未嘗不赴, 酒一行, 必酢主人. 【『記善錄』】*『艮齋先生文集』, 卷5, 7쪽a, 「溪山記善錄上」*

○6-67 마을의 학자 가운데서 벼슬아치의 서열을 뒤따르기 부끄럽게 여기는 사람이 있었다. 선생께서 말씀하셨다. "마을은 부형父兄과 종족宗族이 사는 곳이므로 귀하게 여겨야 할 것은 나이이다. 아랫자리에 있더라도 예의상 어찌 안 될 것이 있겠는가?" 【『습유』】

○6-67 鄕人學者, 或恥隨品官之列. 先生曰, "鄕黨, 父兄宗族之所在, 所貴者齒也. 雖居下, 於禮於義, 有何不可?" 【『拾遺』】*『鶴峯先生文集續集』, 卷5, 30쪽b, 「雜著 · 退溪先生言行錄」*

○6-67-1 『기선록』에서 말하였다. "오천烏川의 상사[74]들이 선생을 알현하였다. 선생께서는 마을 모임에서 귀천에 따라 자리를 나누는 것의 잘못을 논하고, 고례古禮에 의거하여 나이순으로 앉아야 한다고 하셨다. 종일토록 극진하게 밝히셨으나 상사들은 대개가 인정하지 않았다. 선생께서

74) 上舍는 生員이나 進士를 가리킨다.

「조진趙振에게 답한 글」에서 이렇게 말씀하셨다. '마을에서는 나이에 따라 자리를 정해야 한다. 귀천에 따라 자리를 나눈다면 이것은 벼슬의 지위에 따라 자리를 나누는 것이다. 선왕께서 향법鄕法과 향례鄕禮를 반드시 나이순으로 하게끔 세우셨으니, 어찌 어느 때 어떤 마을에서 미천한 한두 사람의 아랫자리에 앉기 부끄럽다는 이유로, 예로부터 지금까지 바꾸지 않던 전례典禮를 경솔하게 바꿔 부형과 종족宗族이 앉던 일정한 자리를 버리고, 자신의 생각대로 행동하여 마을의 법도를 무너뜨리고 어지럽히며 성인의 가르침을 없애버릴 수 있겠는가? 보낸 편지에서 말한 「공사公私의 천민이 옛날에는 없었으니 오늘날에도 향鄕과 학교에 들어와서는 안 된다」고 한 것은 논할 것이 못된다. 이 밖에 같은 서열에 앉기에는 부끄러운 좀 미천한 사람이 불행하게도 향과 학교에 있는 경우, 힘으로 공격해서 쫓아낼 수 있다면 그렇게 할 수도 있겠지만, 쫓아낼 수 없다면 다른 일로 잘 처리하여 그들이 항상 행차行次를 따르지 못하게 해야 한다. 두 가지 방법을 모두 할 수 없다면 나이 순서대로 해야 한다는 설을 따라 선왕께서 가르치신 본뜻을 조심스럽게 지키는 것 이외에는 잘 처리할 만한 다른 도리가 없다. 내가 스스로 예법에 따라 마을에서 행해야 할 도리를 다한다면 저 미천한 자들이 어찌 나를 더럽힐 수 있겠는가? 공이 평일에 남의 위가 되려는 마음을 버리고 평이하면서 참된 도리를 살펴 순수하게 익힌다면, 이러한 점에 대한 의문은 저절로 시원스럽게 풀릴 것이다.'"

○6-67-1『記善錄』曰, "烏川諸上舍謁先生. 先生論鄕坐分貴賤之非, 只當依古齒坐. 終日極辨, 諸上舍略不回頭. 先生「答趙振書」曰, '鄕黨序齒, 若分貴賤, 則是序爵也. 夫先王之所以立鄕法鄕禮, 必以序齒, 豈可以一時一鄕一二人微賤恥居其下之故, 而輕變古今不易之典禮, 舍父兄宗族所坐之常列, 而自作一行, 以壞亂鄕儀, 蔑棄聖敎乎? 如來諭所謂「公私賤, 古所無, 而今亦自不當入鄕與學」, 在所不論. 此外如有稍微賤, 羞與同列者, 不幸而在鄕與學, 力能攻而逐去之則可, 不可逐則以他事善處, 使不得恒隨行次也. 二者皆不可得, 則只得從序齒之說, 以謹守先

王立敎之本意, 別無他道理可善處也. 蓋我自以禮法, 盡居鄕之道, 彼之微賤, 焉能浼我哉? 公能於平日, 克去欲上人之心, 而見得道理平實純熟, 則此等處, 自當洒然無疑矣.'" *『艮齋先生文集』, 卷6, 17쪽a, 「溪山記善錄下」*

○ 6-68 횡성橫城 이생李生이 지위를 꺼리지 않는다고 하니 매우 좋은 일이다. 배우는 자들이 함께 모여 자질구레하게 서로 다투고 비교해서는 안 된다. 그러나 나라 안에서 습관이 되어 우리들부터 그것을 완전히 없앨 수는 없을 것이다. 만일 반드시 나이에 따라 순서를 정하고자 한다면 그 사이에 아마도 처리하기 어려운 점이 있을 것이다. 【「김이정에게 답한 글」】

○ 6-68 橫城李生, 不諱地分, 甚善甚善. 學者相聚, 固不當屑屑爭較. 然國俗成習, 亦不可自我輩而專廢. 若必欲序齒, 其間恐有難處者. 【「答金而精」】 *『退溪先生文集』, 卷29, 17쪽a, 「書·答金而精」*

○ 6-69 물었다. "공자께서는 '친구가 주는 선물에 대해서는 수레와 말인 경우에도 고맙다는 인사를 하지 않았다'[75]고 하니 어째서입니까?" 선생께서 말씀하셨다. "그렇게 하는 것이 의義이다. 고맙다고 인사해야 하는 도리가 없다." 또 물었다. "그렇다면 왜 김이정이 드리는 노새를 받지 않으셨습니까?" 선생께서 말씀하셨다. "옛사람들은 '부모가 살아 계시면 수레나 말까지 선물로 주지 않았으니, 이는 감히 마음대로 할 수 없음을 보이려는 것이다'[76]라고 하였다. 그 사람의 부

---

75) 『論語』「鄕黨」 제14장에 나오는 말이다.
76) 『禮記』「坊記」에 나오는 말이다.

모가 살아 계신데 내가 어떻게 받겠는가?"【『기선록』】

○ 6-69 問, "孔子於朋友之饋, 雖至車馬不辭, 何也?" 曰, "義也. 無可辭之道." "然則何以不受金而精之驢?" 曰, "古人, '父母在, 饋獻不及車馬, 示民不敢專也.' 其人有父母在, 吾何受之?"【『記善錄』】*『艮齋先生文集』, 卷6, 9쪽a, 「溪山記善錄下」*

○ 6-69-1 「김이정에게 답하는 글」에서 말씀하셨다. "연로한 부모가 계시면 물건을 들이고 내보낼 때는 모두 여쭙고서 행해야 하는데, 사람들이 부모를 번거롭게 할까 염려하기 때문에 그렇게 하는 것을 좋지 않게 생각한다. 그러나 이미 후의를 입고 받지 않을 수 없어 다른 물건은 모두 받아두었지만, 그 가운데서 그물 한 벌은 이곳의 물에 사용하기 어렵다고 하므로 돌려보낸다. 내가 이렇게 하는 이유는 공의 사람됨이 지나치게 후하여 늘 이렇게 행한다면 온전한 교제를 이어 나갈 수 있는 길이 아니기 때문이다. 그러므로 공에게 마음속으로 깊이 사귀는 친구 사이에 서로 기약하는 것은 많은 선물을 보냄에 있지 않다는 것을 알도록 하려는 것이다."

○ 6-69-1 又「答金而精」曰, "老親在上, 凡物出納, 皆當稟行, 恐涉於煩, 故以爲未安. 然而旣蒙厚意, 不敢不承, 他物俱已領留, 其中魚網一具, 此水似難用云, 謹奉回納. 滉所以如此者, 以公爲人過厚, 每若如此, 非全交可繼之道. 故欲使公知心契之間所以相期者, 不必多在於物也." *『退溪先生文集』, 卷30, 34쪽b, 「書 · 答金而精」*

○ 6-70 물건을 주고받음에 엄격하여 의로운 것이 아니면 하찮은 물건이라도 남에게서 받거나 주지 않으셨다.【『습유』】

○ 6-70 嚴於辭受之際, 苟非義, 一介不以取與於人.【『拾遺』】*『鶴峯先生文集續集』, 5卷, 29쪽b, 「雜著 · 退溪先生言行錄」*

○6-71 어떤 것을 요구하며 물고기를 선사하는 자가 있었다. 선생께서는 거절하여 받지 않고 말씀하셨다. "내가 그대의 요구를 들어주려고 선물을 받는다면 뇌물을 받는 것에 가깝다. 그대의 선물을 받고 들어주지 않는다면 무슨 의리가 있겠는가?" 【『기선록』】

○6-71 客有有求而饋魚者, 先生却曰, "我副君之求, 而受饋則貨之也. 受君之饋, 而不副, 則有甚義理?" 【『記善錄』】 *『艮齋先生文集』, 6卷, 10쪽a, 「溪山記善錄下」*

○6-72 주州와 현縣의 관리가 교제의 예禮로 선물을 보내면 구차하게 사양하지는 않으셨다. 당시에 상당히 청렴하지 못한 관리가 자주 와서 알현을 청하고 때때로 물건을 바쳤는데, 선생께서는 그것도 받으셨다. 문인 조목이 매우 기뻐하지 않았으나, 그때 물어 보지는 못하였다. 그러나 내가 생각건대 선생께서 구차하게 받으신 것 같지는 않다. 『맹자』의 "물리치면 공손하지 않다"[77]는 장章을 자세히 보면 이해할 수 있을 것이다. 【『습유』】

○6-72 州·縣官, 以交際之禮來餽, 則亦不苟辭. 時有一官頗不廉, 數來展謁, 時或致物, 先生亦受之. 門人趙穆不悅, 其時雖未及致問. 然以愚忖之, 先生非苟受也. 細觀『孟子』"却之不恭"章, 則可意會耳. 【『拾遺』】 *『鶴峯先生文集續集』, 卷5, 29쪽b, 「雜著·退溪先生言行錄」*

○6-73 제자들이 선생을 모시고 계당溪堂에서 술을 마실 때, 벽오장[78]이 김

---

77) 『孟子』「萬章下」 제4장에 해당 내용이 보인다.

이정에게 술잔을 넘겨주며 권하자－이정이 서울에서 금방 왔기 때문이다－ 이정이 굳게 사양하였다. 선생께서는 언성을 높여 말씀하셨다. "사양에도 도가 있다. 서로 대등한 사이인 경우에는 괜찮지만, 연장자가 주는 경우에는 순순히 명령에 따라야지 감히 굳게 사양해서는 안 된다. 다만 미안해하는 뜻만 보이면 된다."【『기선록』】

○ 6-73 諸生侍酌溪堂, 碧梧丈讓于金而精自京初來故也, 而精固辭. 先生厲聲曰, "辭讓亦有道. 若平交則可矣, 若長者則固當順受其命, 不敢固辭. 第示其未安之意, 則猶之可也."【『記善錄』】*『艮齋先生文集』, 卷6, 10쪽a, 「溪山記善錄下」*

○ 6-74 물었다. "손님이 오면 노소老少와 귀천貴賤에 관계없이 모두 공경해야 합니까?" 선생께서 말씀하셨다. "공경해야 한다. 그러나 상대를 대하는 데에는 도가 있다. 주자께서 오만하고 게으른 태도로 상대를 대한다는 설에 대해 '오만한 태도가 흉악한 덕임은 바로 먼저 이러한 마음을 두어 아무에게나 오만하게 대하지 않음이 없기 때문이다. 상대가 오만하게 대할 만해서 오만하게 대하는 것은 인정상 마땅히 있을 수 있는 것으로 사리에 합당한 것이다. 지금 어떤 사람이 있다고 하자. 그 사람과의 친함과 오래 사귐이 친하고 사랑할 만한 관계에 이르지 않았고, 그의 지위와 덕이 두려워하고 공경할 만한 경지에 이르지 않았으며, 그의 가난과 악행이 불쌍하게 여기고 천하게 여길만한 지경에 이르지 않았고, 그의 행실이 시비를 따질 만하지

78) 碧梧丈은 李文樑(1498~1581)을 가리킨다. 자는 大成이고, 호는 碧梧·綠筠이다. 저서로는 『碧梧集』이 있다. 丈은 나이 많은 사람에 대한 존칭이다.

않다면 길가는 사람처럼 볼 뿐이다'[79]라고 서술하셨다. 이런 관점에서 본다면 사람을 대우하는 도는 각기 상대방에게 달려 있을 뿐이니, 어찌 노소와 귀천을 따지지 않고 모두를 공경할 수 있겠는가? 다만 미리 소홀히 하고 업신여기는 마음을 두면 안 된다. 황효공[80] 공公은 비천하고 어린 사람이라도 반드시 대문 밖에 나가서 맞이하고 보냈다고 하니 아마도 지나친 것 같다." 【위와 같음】

○ 6-74 問, "客來見, 則不論老少貴賤, 而皆當敬之否?" 曰, "亦當敬矣. 但待之有道, 朱子論傲惰之說曰, '凶德也, 正以其先有是心, 不度所施而無所不傲爾. 因人之可傲而傲之, 則是常情所宜有, 而事理之當然也. 今有人焉, 其親且舊, 未至於可親愛也. 其位與德, 未至於可畏敬也. 其窮且惡, 未至於可哀賤也. 其行無足以是非也, 則視之如塗人而已.' 以此觀之, 凡待人之道, 各在當人之身, 豈可不論老少貴賤而一切敬之乎? 但先有忽慢之心, 亦不可也. 黃公孝恭, 雖卑幼之人, 必出大門外迎送, 恐亦過矣." 【上同】 *『艮齋先生文集』, 卷6, 11쪽a, 「溪山記善錄下」*

○ 6-74-1 또 홍반에게 답하여 말씀하셨다. "읍揖해야 하면 읍해야 하고, 절해야 하면 절해야 하니, 어떻게 한 가지만 고집할 수 있겠는가? 만나는 사람과 그 사람의 지위에 따라 합당하게 처신해야 중도를 얻게 된다."

○ 6-74-1 又答洪胖曰, "當揖則揖, 當拜則拜, 何執一之有? 各隨所遇之人與地而處得其當, 乃爲中." *『退溪先生文集』, 卷39, 35쪽b, 「書 · 答洪胖」*

○ 6-75 평일에 제자나 손아래 사람이라도 멀리 떠나는 경우에는 반드시 술

---

79) 『大學或問』 9장에 나온다.

80) 黃孝恭(1496~1553)의 자는 敬甫이고, 호는 龜巖이다. 저서로는 『龜巖逸稿』가 있다.

상을 베풀고 당堂 아래로 내려가서 배웅하셨다. 항상 왕래하며 수업하는 사람인 경우에는 자리에서 일어나 인사하셨다. 【위와 같음】

○ 6-75 平日, 雖門人小子, 若遠行則必設酒下堂以送, 若常往來受業者, 祗離席以拜. 【上同】 *『艮齋先生文集』, 卷6, 11쪽b, 「溪山記善錄下」*

○ 6-76 문하의 제자들을 친구 대하듯이 하여 어린 사람이라도 이름을 부르거나 '너'라고 부른 적이 없으셨다. 자리에 앉으면 반드시 부형의 안부부터 물으셨다. 【『습유』】

○ 6-76 待門弟子, 如待朋友, 雖少者, 亦未嘗斥名稱汝. 坐定, 必先問父兄安否. 【『拾遺』】 *『鶴峯先生文集續集』, 卷5, 20쪽b, 「雜著 · 退溪先生言行錄」*

○ 6-77 존귀한 손님이 오면 반드시 당상관[81]의 관복을 입으셨다. 다만 모자와 띠는 갖추지 않으셨다. 보내고 맞이함은 반드시 대문 밖에서 하셨다. 오르고 내리고 읍하고 사양하는 것이 모두 법도에 맞아 조금도 어긋나지 않으셨다. 【위와 같음】

○ 6-77 若有尊客, 則必具堂上冠服. 但不著帽束品帶. 送迎必於大門外, 升降揖遜, 動中規矩, 不失尺寸焉. 【『上同』】 *『鶴峯先生文集續集』, 卷5, 38쪽b, 「雜著 · 退溪先生言行錄」*

○ 6-78 손님이 오면 항상 술과 먹을 것이 있었다. 그러나 반드시 집안사람에게 미리 준비하게 하셨지, 손님이 있는 자리에서 시키지 않으셨

81) 堂上官은 문관의 경우 정3품 通政大夫 이상을 가리킨다.

다.【위와 같음】

○ 6-78 客來常有酒食, 而必預敎家人以供具之, 未嘗對客言之.【上同】*『鶴峯先生文集續集』, 卷5, 38쪽b,「雜著·退溪先生言行錄」*

○ 6-79 귀한 손님이 오더라도 음식을 성대하게 차리지 않으셨으며, 낮고 어린 사람이라도 소홀하게 차리지 않으셨다. 술은 주량에 따라 권하여 인정과 성의에 어울리게 하셨다.【위와 같음】

○ 6-79 雖貴客至, 亦不盛饌, 卑幼亦不忽焉. 飮酒隨量勸之, 稱其情款.【上同】*『鶴峯先生文集續集』, 卷5, 38쪽a,「雜著·退溪先生言行錄」*

○ 6-80 사람들과 말씀하실 때, 이치에 합당한 말이면 기쁘게 대답하고 이치에 맞지 않으면 아무 대답 없이 침묵하셨으니, 사람들이 스스로 부끄러워하였다.【『기선록』】

○ 6-80 與衆人言, 其言有理, 則欣然應之, 如有不當理, 則默而不答, 人自惶愧.【『記善錄』】*『艮齋先生文集』, 卷6, 11쪽b,「溪山記善錄下」*

○ 6-81 옛날 친구의 허물을 말하는 사람이 있으면 반드시 낯빛을 바르게 하고 응답하지 않으셨다.【『습유』】

○ 6-81 人有道故舊之過, 則必正色不答.【『拾遺』】*『鶴峯先生文集續集』, 卷5, 28쪽a,「雜著·退溪先生言行錄」*

○ 6-82 사람들과 교제할 때 담을 쌓지는 않았으나, 저절로 범하기 어려운 낯빛이 있으셨다.【위와 같음】

○ 6-82 接人之際, 雖不立崖岸, 而自有難犯之色. 【上同】『鶴峯先生文集續集』, 卷5, 13쪽b, 「雜著·退溪先生言行錄」

○ 6-83 남의 의롭지 못한 점을 들으면 반복해 탄식하시고, 남의 조그마한 선한 점을 보시면 반드시 두세 번 칭찬하셨다. 【위와 같음】

○ 6-83 聞人不義, 則反復嗟嘆, 見人小善, 必再三嘉奬. 【上同】『鶴峯先生文集續集』, 卷5, 9쪽b, 「雜著·退溪先生史傳」

○ 6-84 영천榮川 군수 이명[82]이 평소 도리를 어기고 오만하였다. 어느 날 선생을 찾아와 거만하고 무례히 자연스럽게 기침하고 침 뱉으며 손으로 병풍과 족자를 가리키고 글씨와 그림을 평론하였다. 선생께서 따라다니며 응답하시니 모시고 있던 사람들이 모두 화가 난 낯빛이었으나, 선생께서는 조금도 화난 기미를 얼굴에 나타내지 않으셨다. 【위와 같음】

○ 6-84 榮川倅李銘素悖慢. 嘗來謁, 踞傲無禮, 咳唾自若, 指點屛簇, 評論書畫. 先生隨以答之, 侍坐者皆有慍色, 而先生略無幾微見於顔色. 【上同】『鶴峯先生文集續集』, 卷5, 28쪽b, 「雜著·退溪先生言行錄」

○ 6-85 사람을 상대함에 있어서는 매우 너그러우셨다. 큰 잘못이 있는 사람이 아니면 절교하지 않으셨다. 모두 용납하고 가르쳐서 그들이 고쳐서 스스로 새로운 사람이 되기를 바라셨다. 【위와 같음】

○ 6-85 待人甚恕, 苟無大過者, 則未嘗絶之, 皆容而敎之, 冀其遷改而自

---

82) 李銘(1521~?)은 조선 명종~선조 때의 문신이다.

新.【上同】『*鶴峯先生文集續集*』, *卷5, 29쪽a*, 「*雜著 · 退溪先生言行錄*」

○ 6-86 어른 앞에서 '나我'라고 하는 것은 매우 온당하지 못하다. 이전에 오吳씨인 어떤 사람이 자기를 항상 '나'라고 부르니, 사람들이 그를 가리켜 '오아吳我'라고 불렀다. 어떤 사람은 어른이나 관리 앞에서 반드시 소인小人이라고 부르니, 매우 이치에 맞지 않다. 나는 일생 동안 소인이란 말을 입에 올리지 않았다. 이덕홍이 물었다. "그럼 자신을 부를 때는 어떻게 불러야 합니까?" 선생께서 말씀하셨다. "옛날 사람들이 자신을 부를 때는 반드시 이름을 불렀다. 내가 옛날 사람에게서 얻은 것이 없지만 이것만은 본받고자 한다."【『기선록』】

○ 6-86 於長者之前稱我, 甚不穩當. 昔姓吳人每自稱我, 時人目之曰吳我. 或甚者於長官前, 必稱小人, 亦甚無理. 某之一生, 小人之言, 不掛齒牙也. 問, "自稱如何?" 曰, "古人自稱, 必擧名. 某於古人, 無所得, 秖欲效此也."【『記善錄』】『*艮齋先生文集*』, *卷6, 17쪽a*, 「*溪山記善錄下*」

제7편

출처出處

* 34조목이다.

◑7-1 과거를 보지 않으려는 일은 내 생각에 꼭 그렇게까지 할 필요는 없을 것 같다. 그대는 왜 열심히 공부해서 부모의 뜻에 부응하지 않고 반드시 과거에 응시하지 않으려고 하는가? 그러나 이 문제는 그대에게 달렸으니, 잘 생각하여 처리하게. 다른 사람이 어떻게 관여할 수 있겠는가? 【「김이정에게 답한 글」】

◑7-1 不欲赴擧事, 愚意恐不必如此也. 君何不勉做工, 以副親庭之望, 而必欲不赴耶? 然此亦在君, 自量而處之. 他人何能與哉? 【「答金而精」】 *『退溪先生文集』, 卷29, 3쪽a, 「書 · 答金而精」*

◑7-2 동비경[1]이 과거를 보지 않으려고 주자께 물었다. 주자께서 말씀하셨다. "이것은 다른 사람이 관여할 수 있는 일이 아니다. 그대 스스로 어떻게 처리하느냐에 달려 있을 뿐이다." 나도 어떻게 그대를 위하여 도모할 수 있겠는가? 역시 그대 스스로 어떻게 생각하느냐에 달려 있을 뿐이다. 하물며 비경은 부모가 안 계셨지만 그대에게는 부형이 계

1) 童蜚卿은 주희의 문인인 童伯羽(1144~1190)이다. 蜚卿은 그의 자이다. 주희가 '敬義堂'이라는 당명을 써 주자 사람들이 敬義先生이라 불렀다.

시니, 공자께서 "어떻게 들었다고 곧 행할 수 있겠는가?"[2]라고 말씀하신 경우에 해당될 듯하니, 또한 생각해 보지 않으면 안 된다. 【「유응현에게 답한 글」】

◑7-2 童蜚卿欲勿事科擧, 問於朱子. 朱子曰, "此非他人所能預, 在賢自處之如何耳." 滉亦何能爲君謀? 亦在君自度如何. 況蜚卿未聞有親, 而君則有父兄在, 竊恐孔子所謂"如之何其聞斯行之"者, 亦不可不念也. 【「答柳應見」】 *『退溪先生文集』, 卷35, 12쪽b, 「書 · 答柳應見」*

◑7-3 과거 준비와 학문 두 가지를 한꺼번에 하기 힘들다는 말에 대해서는, 그대도 이러한 생각을 지녔음을 알겠구나. 이러한 생각은 매우 좋다. 그러나 나는 도리어 과거 준비를 권하니, 마땅하지 않음을 매우 잘 안다. 그러나 그대 집안의 어른들께서 모두 그대가 그렇게 하기를 바라지 않는다. 그대가 자제의 도리를 행한다고 하면서 어른들의 의견을 전혀 듣지 않고, 자기 생각대로만 하는 것이 어찌 옳겠는가? 이렇게 해서는 옛 현인들의 사업을 성취한다고 하더라도 자제의 도리를 잃게 될 것이다. 하물며 사업을 성취하지 못하고 두 가지를 다 잃음에 있어서랴? 【「이굉중에게 답한 글」】

◑7-3 二者難兼之喩, 固知賢者有此意思, 此意甚好. 吾乃反以擧業勸之, 極知非宜. 然公家尊諸丈, 皆不願公如此. 以公爲子弟之道, 何可一切不聽, 專用己意耶? 如此, 遂使成就得古賢事業, 猶爲失子弟之道, 況未必成就, 而將兩失之耶? 【「答李宏仲」】 *『退溪先生文集』, 卷36, 13쪽a, 「書 · 答李宏仲」*

---

2) 『論語』 「先進」 제21장에 나오는 말이다.

◑7-4 나라의 풍속이 시골의 이름 없는 선비에게는 이따금씩 몸을 가눌 수 없는 근심이 있는데, 부모가 자제들에게 벼슬해서 이름을 날리기만 희망하니, 과거를 어찌 그만둘 수 있겠는가? 이 때문에 정자 · 주자 문하에서도 과거에 응하지 않는 자가 드물었으며 스승도 못하게 금하지 않았다. 이러한 뜻도 깊이 생각하면서 학문에 정진해야만 한다. 【「금문원에게 답한 글」】

◑7-4 國俗, 草澤無名之人, 往往有不能庇身之虞, 況親心所望於子弟者, 專在立揚, 末世科名, 安可廢哉? 是故程 · 朱門下, 鮮不應擧, 而師席亦不禁斷, 此意亦不可不熟慮而兼有攻業也. 【「答琴聞遠」】*『退溪先生文集』, 卷36, 28쪽b, 「書 · 答琴聞遠」*

◑7-5 물었다. "과거에 얽매어 학문에 전심할 수 없으므로 과거를 그만두고자 합니다." 선생께서 말씀하셨다. "이러한 생각은 매우 좋다. 그러나 쉬운 일은 아니다. 옛날 채백정[3] 형제가 과거 공부를 하지 않고 학문에만 뜻을 두어, 마침내 가업을 전수하여 한 시대의 훌륭한 학자가 되었다. 이와 같이 할 수 있다면 과거를 그만두어도 괜찮겠지만, 그런 실질이 없다면 어떤 일을 이루겠는가?" 곧 채씨의 「행장」을 가져다 보여 주시며 말씀하셨다. "그대가 이와 같이 공부할 수 있는가? 한 통을 베껴서 항상 보고 반성해야 한다." 【『습유』】

◑7-5 問, "掣於科目, 爲學不專, 欲停擧業." 先生曰, "此意甚好, 然亦非易事. 昔蔡伯靜兄弟, 不事擧業, 專意學問, 卒傳家業, 爲世大儒, 如

3) 蔡伯靜은 주희의 문인인 蔡淵(1156~1236)으로, 伯靜은 그의 자이다. 蔡元定의 아들이며 『書經集傳』의 저자인 蔡沈의 형이다.

此則雖停學業可也, 若無其實, 則濟得甚事?" 卽將蔡氏「行狀」以示之曰, "如此用功否? 宜書一通, 常自觀省."【『拾遺』】*『鶴峯先生文集續集』, 卷5, 33쪽a, 「雜著·退溪先生言行錄」*

◑7-6 반드시 과거를 통하지 않고서도 벼슬할 수 있다는 것은 고인도 이미 말하였다. 집이 가난하고 부모가 늙어 벼슬해서 녹祿을 받는 것은 성인과 현인도 기꺼이 행한 일이다. 다만 오늘날 과거 이외의 방법으로 벼슬한 자에 대해 국가에서 지나치게 구별해서 대우하고, 그 사람 자신도 매우 함부로 처신해서 마침내는 명분과 절조를 완전히 무시하는 지경에 이르는 경우가 건잡을 수 없이 많으니, 매우 애석한 일이다.【「송과우에게 답한 글」】

◑7-6 求仕不必由科目, 古人已有其說. 家貧親老爲祿仕, 聖賢亦所屑爲也. 但今之由他歧入仕者, 國家待之, 太有區別, 其人自處, 亦殊爲猥雜, 終歸於名節掃地者滔滔焉, 甚可惜也.【「答宋寡尤」】*『退溪先生文集』, 卷13, 21쪽a, 「書·答宋寡尤」*

◑7-7 염계濂溪와 명도明道가 주州와 현縣에서 벼슬한 것은 바로 공자가 벼슬할 만하면 벼슬하셨다는 경우[4]에 해당한다. 이천伊川이 만년에 한 번 출사出仕한 것은 임금이 공경을 다하고 예禮를 다하지 않으면 선비를 부를 수 없다는 경우[5]에 해당한다.【「정자중에게 답한 글」】

◑7-7 濂溪·明道仕州·縣, 卽孔子可以仕之意. 伊川至晩年一出, 是人君

---

4) 『孟子』「公孫丑上」 제2장에 해당 내용이 나온다.
5) 『孟子』「盡心上」 제8장에 해당 내용이 나온다.

不致敬盡禮, 則不足以致之之義. 【「答鄭子中」】 *『退溪先生文集』, 卷27, 18쪽b, 「書 · 答鄭子中別紙」*

◑7-8 관직을 그만두어야 하는지가 어찌 다른 사람이 관여할 수 있는 일이겠는가? 이미 가난 때문도 아니며 또 도道를 행하기 위함도 아니어서, 한갓 자신을 상실하고 뜻을 빼앗길 뿐이니 이것이 걱정이라면 빨리 떠나지 못함을 걱정해야 한다. 요직도 아니며 간언의 책임이 있는 자리도 아니어서 있어도 괜찮고 없어도 괜찮아 여유 있게 시간을 보낼 수 있다면, 반드시 벼슬을 그만두고자 마음먹을 필요가 없다. 자신의 생각이 명쾌한 것도 아닌데, 한때 남의 말 때문에 억지로 물러나면 반드시 후회하게 된다. 후회하기보다는 차라리 애초에 그렇게 하지 않는 것이 낫다. 그대는 이 두 가지 가운데서 선택하여 마음에 편안한 것으로 처신하기 바란다. 【「한영숙에게 답한 글」】

◑7-8 辭官可否, 豈他人所能與哉? 旣不是爲貧, 又不是行道, 徒失己與奪志, 以是爲病, 則去之惟恐不速. 非要路, 非言責, 有亦可, 無亦可, 優哉游哉, 聊以卒歲, 則亦不必强解爲心也. 苟吾之所見, 未甚明快, 而一時因人言强解, 則後必悔之. 與其有後悔, 寧初不爲也. 君請擇於斯二者, 而處其所安. 【「答韓永叔」】 *『退溪先生文集』, 卷38, 20쪽a, 「書 · 答韓永叔」*

◑7-8-1 또 말씀하셨다. "벼슬하지 말라는 것이 아니라 벼슬하되 벼슬에 빠지지 말라는 것이다."

◑7-8-1 又曰, "非謂勿仕, 謂仕而勿溺耳." *『退溪先生文集』, 卷38, 20쪽a, 「書 · 答韓永叔」*

◑7-8-2 또 황중거에게 답하여 말씀하셨다. "명예와 이익이 있는 곳은 사람을 쉽게 빠지게 하니, 자신을 지켜 몸을 욕되게 하지 않는 것이 가장 중요하다."

◑7-8-2 又答黃仲擧曰, "聲利海中, 易以溺人, 最是能自守不辱身, 爲第一義耳." *『退溪先生文集』, 卷20, 7쪽a, 「書 · 答黃仲擧」*

○7-9 오늘날 높은 관직을 제수받으면 사직소를 올리는데 이것은 형식적인 것일 뿐이다. 처음부터 실제로 사직하는 것도 아니요, 사직한다고 허락하는 예例도 없다. 낮은 관직의 경우에는 사직하는 예조차 없다. 남과 달리 자기만 그렇게 행한다면 사직하는 데 도움이 없을 뿐 아니라, 반드시 명성을 얻기 좋아하고 분수를 어긴다는 비방이 있게 될 것이다. 좋지 않은 일이 끝이 없을 것이니, 그렇게 하지 않는 것이 낫다. 하물며 어버이를 위해 벼슬을 해야 한다면 사직하는 것도 참된 것이 아니다. 벼슬하기를 원하지 않는다면, 미천한 관직을 제수받고서 어찌 반드시 사직소를 올린 뒤에 나아가지 않을 필요가 있겠는가?【「김이정에게 답한 글」】

○7-9 今世大官有辭免, 只爲文具. 初非實辭, 亦無有因辭聽許之例. 小官則幷與例辭而無之. 如獨出衆而爲之, 非徒無益於辭職, 必有好名犯分之謗. 有無限不好事, 不如不爲之爲愈也. 況爲親當仕則其辭也非實. 若不欲仕則微官之除, 豈必辭而後不就耶?【「答金而精」】*『退溪先生文集』, 卷30, 18쪽b, 「書 · 與金而精」*

○7-10 학문이 성취되기 이전에 갑자기 벼슬한 사람 가운데는, 예로부터 이전의 삶의 태도를 잃지 않은 사람이 드물었다.【「정자중에게 답한 글」】

○ 7-10 學未成而驟得路, 自古鮮有不失其故步者.【「答鄭子中」】*『退溪先生文集』, 卷24, 11쪽a, 「答鄭子中」*

○ 7-11 예禮 · 의義 · 염廉 · 치恥는 나라의 큰 법도로서, 사대부가 관직을 사양하고 받고 나아가고 물러나는 데 있어서 더욱 요구되는 것이다.【「무진년 귀향을 요구한 차자」】

○ 7-11 禮義廉恥, 爲國大防, 而其責尤在於士大夫辭受進退之間.【「戊辰乞歸箚」】*『退溪先生文集』, 卷7, 38쪽b, 「箚 · 乞解職歸田箚子」*

○ 7-12 진복창[6]이 한창 권세를 누릴 때 겉으로 선생을 사모하여 와서 알현하게 하고자 하였으나, 결국 왕래하지 않으니 복창이 매우 유감스럽게 생각하였다. 어느 날 그의 문 앞을 지나며 마침 피하기 어려운 형편이 되어 그를 만나셨다. 복창은 신을 끌며 대청에서 내려와 맞이하며, 찾아온 것을 매우 행운으로 여겨 곧 말하였다. "그대가 군수로 나가게 되어 여러 사람들이 남군南君 – 바로 유응룡[7]이니, 호는 관포이다 – 의 집에 모여 전별한다고 들었으니, 나도 참석하겠다"고 말하였다. 진복창이 새로 부제학副提學을 제수받고서 대궐에서 나오자 바로 "이군李君을 어찌 외직으로 임명할 수 있으리오? 내가 내직에 머물도록 청해야겠다"고 말하였다. 선생께서는 이 말을 듣고 어찌할 바를 몰라, 출발일자가 정해지기를 기다리지 않고 당일에 길을

---

6) 陳復昌(?~1563)의 자는 遂初, 본관은 驪陽이다. 尹元衡의 심복으로 간악한 일을 많이 하여 史官에 의해 毒蛇라고 기록되었다.

7) 柳應龍(1541~1608)은 柳思瑗을 가리키며 응룡은 初名이다. 성종~중종 때의 문신이다. 吏曹參判 · 同知敦寧府事 등을 지냈다.

나서 도성을 빠져나가셨다. 며칠 안 되어 정말로 계啓를 올려 머물게 하도록 청하였다. 왕께서 "단양丹陽은 오래도록 잔폐殘弊한데다가 오랫동안 적임자를 얻지 못하였다. 또 이미 부임된 사람을 다시 부를 수는 없다"고 생각하여 올린 계를 재가하지 않으셨다. 선생께서는 이 일을 언급하며, 소인을 만난 것을 매우 욕되게 생각하셨다.【『습유』】

○ 7-12 方陳復昌柄用之時, 亦外慕先生, 欲令來見, 而竟不往, 復昌深銜之. 嘗過其門, 適有難避之勢, 乃見之. 復昌躧屨下庭迎之, 大以來見爲幸, 乃曰, "聞君出宰, 諸人會餞於南君即應龍, 號灌圃. 家云, 我將往焉." 其新拜副提學, 自闕下直來, 乃言, "李君何可補外? 吾當請留之." 先生聞是言, 瞿然自失, 不待行期, 卽日登程出城. 數日果啓請留, 上以"丹陽殘弊, 久不得人, 且已赴任, 不可還召", 故寢其啓. 先生論及是事, 深以見小人爲辱.【『拾遺』】*『鶴峯先生文集續集』, 卷5, 2쪽a, 「雜著 · 退溪先生言行錄」*

○ 7-13 을사사화(1545) 때 선생께서 이미 죄적罪籍에 들어갔으나, 이원록-기芑의 조카, 행荇의 아들이다- 이 힘써 거듭 구원해서, 이기[8]가 죄를 주려다가 풀어 주었다. 아마 선생의 수행修行이 단정하고 결백해서 흠이 없었으므로 소인이 죄목을 추려 내려고 하였으나 그렇게 할 수 없었나 보다.【위와 같음】

○ 7-13 乙巳之亂, 先生已入罪籍, 李元祿芑之姪, 荇之子. 申捄甚力, 李芑乃待罪而解之. 蓋先生修行端潔, 無有疵纇, 小人雖欲摺摭而不可得.【上同】*『鶴峯先生文集續集』, 卷5, 2쪽b, 「雜著 · 退溪先生言行錄」*

---

8) 李芑(1476~1552)는 연산군~명종 때의 문신이다. 명종 때 尹元衡 등 小尹 일파와 손잡고 乙巳士禍를 일으켰다. 輔翼功臣에 책록되고 영의정 등을 지냈다.

○ 7-14 정미년(1547) 가을에 선생께서 병 때문에 고향으로 물러났는데, 홍문관 응교[9]로 임명되셨다. 부름을 받고 서울로 가던 중 배가 양근楊根에 도착하였을 때, 비로소 양재역 벽서사건[10]에 대해 들으셨다. 서울 들어가기 전에 옥당玉堂 관리가 와서 조보[11]를 보여 주었다. 큰 화난禍難이 이미 일어나 당시의 이름난 사람들이 죽음을 당하기도 하고 유배가기도 하였다. 선생께서는 이러지도 저러지도 못하는 궁지에 몰렸으나 부지런히 직무를 수행하였으며, 외직을 구하고자 하셨으나 인편을 얻지 못하였다. 얼마 있지 않아 봉성군[12]의 옥사가 또 일어났다. 옥당에서 차자箚子를 올릴 때 선생께서는 일을 구제할 수 없음을 알았으므로 혼자 아무 말도 하지 않으셨다.[13] 얼마 있지 않아 병이 심해져 나가지 않고 있다가, 그대로 단양군수로 나가게 되셨다. 차자를 올릴 때 선생께서 옥당에 계셨으므로 사람들이 이 일 때문에 선생을 의심하였다. 【위와 같음】

○ 7-14 丁未秋, 先生在鄕, 拜弘文應教. 乘召赴京, 舟到楊根, 聞良才壁書

9) 應教는 조선시대에 홍문관에 속하여 학문 연구와 教命 制撰에 관한 일을 맡아보던 정사품 벼슬이다. 경연관의 일원이 되기도 하였는데, 홍문관직제학 이하 교리 가운데서 겸하였다.

10) 良才驛 壁書事件이란 명종 2년(1547)에 을사사화의 연장으로 소윤인 윤원형 일파가 대윤인 윤임 일파의 남은 세력을 없애기 위해 자신들을 비방하는 내용의 벽서를 조작한 일이다.

11) 朝報는 承政院에서 처리한 일을 날마다 아침에 적어서 반포한 관보이다.

12) 鳳城君(?~1547)은 중종의 여섯째 아들로, 이름은 岏이다. 尹元衡 일파에 의하여 무고로 賜死되었다가 뒤에 伸寃되었다.

13) 명종 2년(1547) 9월 5일, 鳳城君 등을 賜死하라며 홍문관 부제학 鄭彦慤, 직제학 元繼儉, 전한 閔荃, 응교 이황, 교리 成世章·南宮忱, 부수찬 柳潛, 正字 安名世 등의 이름으로 차자를 올린 일이다. 『조선왕조실록』 명종 2년(1547) 윤9월 5일 5번째 기사에 자세히 기록되어 있다.

之變. 未入城中, 堂吏以朝報來示, 則大禍已作, 一時名流, 或死或竄. 先生進退維谷, 黽勉供職, 方謀乞外, 未得其便. 未幾鳳城君之獄又起, 方玉堂上箚, 先生知事不可救, 獨無一言. 未久, 移疾不出, 仍倅丹陽. 上箚之時, 先生在玉堂, 故人以是疑之. 【上同】『*鶴峯先生文集續集*』, *卷5, 3쪽a,* 「*雜著 · 退溪先生言行錄*」

○7-14-1 선생께서 물음에 대답하신 내용은 김이정의 기록에서 볼 수 있다.
○7-14-1 先生答問, 在金而精處, 可考.

○7-15 기미년(1559)에 선생께서 분황[14]하기 위하여 고향으로 갔다가 돌아가시지 않자, 의문을 품은 자가 있었다. 선생께서는 글을 써서 답하셨다. "옛날 사람들 가운데 매우 부득이한 경우 다른 일을 구실 삼아 물러난 분들이 있다. 그들이 어찌 성심으로 임금을 섬기지 않아서 그렇게 하였겠는가? 벼슬을 싫어함이 가탁보다도 심해서 그렇게 한 것이다. 하물며 내가 분황하러 고향에 오기를 청한 것은 법에 합당한 일이며, 병으로 조정에 돌아가지 못하게 되었으므로 마침내 퇴직을 청한 것이다. 이 일이 어찌 자네의 말처럼 가탁한 일이 성실한 것이 아니라고 할 수 있겠는가? 다만 사람들이 옛날의 의리를 깊이 생각하지 않고 남을 너무 지나치게 책망하는 것이다." 【『연보』】
○7-15 己未先生以焚黃退來, 不還, 或有疑問者. 先生以書答之曰, "古人於甚不得已處, 亦有假他事以爲去就者, 豈不誠於事君而然哉? 所

14) 焚黃은 죽은 사람에게 벼슬이 추증되면 조정에서 추증된 관직의 사령장과 황색 종이에 쓴 부본을 주는데, 이를 받은 자손이 추증된 선조의 무덤에 고하고 황색 종이의 부본을 그 자리에서 태우는 의식이다. 이황은 이 일로 고향에 내려왔다가 관직으로 복귀하지 않은 바 있다.

惡甚於所託故也. 況某焚黃請告, 自循法例, 而病未還朝, 故因遂乞退, 斯豈託事不誠如談者之云乎? 顧人不深考古義, 而責人太苛耳."【『年譜』】*『退溪先生年譜』, 卷1, 15쪽b, 「年譜 · (世宗嘉靖)三十八年己未」*

○ 7-16 임금께서는 선생을 매우 간절하게 기다리셨다. 선생이 여러 번 사양만 하고 이르지 않자, 성상聖上의 뜻은 더욱 간절해지셨다. 그래서 '현자를 불러도 오지 않는 데 대한 탄식'을 제목으로 삼아 독서당[15] 유신儒臣들에게 각자 근체시[16] 한 수씩 지어 바치게 하셨다. 또 선생이 사는 도산의 그림을 그리고, 여성군礪城君 송인[17]에게 그림 위에 『도산기』와 『잡영』을 쓰게 하여 병풍으로 만들어 침실에 펼쳐 두셨다. 【위와 같음】

○ 7-16 上於先生, 佇待甚切. 先生累辭不至, 而聖意猶勤, 以'招賢不至歎'爲題, 令讀書堂儒臣各製近體一首以進. 又畫先生所居陶山, 令礪城君宋寅, 書「陶山記」及「雜詠」於其上, 爲屛風張諸臥內. 【上同】*『退溪先生年譜』, 卷2, 4쪽a, 「年譜 · (世宗嘉靖)四十五年丙寅」*

○ 7-17 ─정묘년(1567)에 명종의─ 산릉山陵이 끝나기도 전에 선생께서 물러나자, 당시 의론이 분분하여 기명언이 편지로 물었다. 선생께서는 이렇게 대답하셨다. "진퇴의 분수에 밝은 옛날 군자는 한 가지 일도

---

15) 讀書堂은 젊은 문관 가운데 뛰어난 사람을 뽑아 휴가를 주어 오로지 학업만을 닦게 하던 서재이다.
16) 近體詩는 漢詩에 있어서 율시와 절구를 일컫는다.
17) 宋寅(1516~1584)의 자는 明仲, 호는 頤庵, 시호는 文端이다. 10세에 중종의 셋째 서녀인 貞順翁主와 혼인하여 礪城君에 봉해졌다.

함부로 지나치지 않았다. 조금이라도 관직을 수행하지 못하면 반드시 빨리 물러났다. 저들이 임금을 사랑하는 정으로 보면 차마 그렇게 할 수 없는 점이 있었겠지만 이 때문에 떠나기를 그만두지는 않았다. 이는 그들이 몸을 둔 자리가 의리에 합당하지 않으면, 반드시 물러난 뒤에야 그 의를 따를 수 있기 때문이 아니겠는가? 이때는 차마 못하는 정이 있더라도 어쩔 수 없이 의리가 정을 가림에 굴복해야 한다."【위와 같음】

○ 7-17 先生退歸丁卯在山陵明宗未畢之前, 時議紛紜, 奇明彦以書來問. 先生答曰, "古之君子明於進退之分者, 一事不放過, 少失官守, 則必奉身而亟去. 彼其愛君之情, 必有所大不忍者, 然不以此而廢其去者, 豈不以致身之地, 義有所不行, 則必退其身, 然後可以徇其義? 當此之時, 雖有大不忍之情, 不得不屈於義所掩也."【上同】*『退溪先生年譜』, 卷2, 5쪽b, 「年譜·穆宗隆慶元年丁卯」*

◑7-17-1 갈명碣銘에서 말하였다. "공公께서 '옛날 고정[18]이 환장각대제煥章閣待制로서 효종의 발인發靷을 기다리지 않고 떠난 것은 의리상 떠나는 것이 마땅하여 어쩔 수 없이 그렇게 한 것이다'라고 하셨다."

◑7-17-1 碣銘曰, "公曰, '昔考亭以煥章閣待制, 不待孝宗發引而行, 義所當去, 不得不爾也.'" *『思菴先生文集』, 卷4, 41쪽b, 「碑誌·退溪先生墓誌銘」*

◑7-17-2 또 우경선에게 답하여 말씀하셨다. "벼슬을 사직할 길이 이미 꽉 막혀, 고향에 돌아가 늙기를 청할 시간도 달리 얻지 못하다가, 전직은 이미 바뀌고 후직은 아직 제수되지 않은 이때야말로 관직이 없어서 자유로울 수 있는 때이다. 이 틈을 타서 몸을 빼내어 물러나니, 비록 매우 급하게

18) 考亭은 주희의 호이다.

하지 않고 여유 있게 물러나기를 원하나 어찌 그렇게 할 수 있겠는가?"

◑7-17-2 又答禹景善曰, "致仕一路, 旣已榛塞, 他無乞骸得遂之時, 前職已遞, 後除未及, 乃是無官職可自由之日. 乘此隙而抽身以出去, 雖欲從容而不悤遽, 何可得耶?" *『退溪先生文集』, 卷32, 18쪽b, 「書 · 答禹景善」*

◑7-17-3 「무진소戊辰疏」에서 말씀하셨다. "신이 두씨杜氏의 『통전』[19]에서 「임금의 상례에 참여하는 조목」을 보니, '먼저 들은 자는 먼저 돌아오고 나중에 들은 자는 나중에 돌아온다'는 말이 있었습니다. 외지에 있는 신하로서 상사喪事에 참여하는 자가 모두 장례가 끝나기를 기다린 뒤에 돌아오지는 않은 것 같습니다."

◑7-17-3 「戊辰疏」曰, "臣伏觀杜氏『通典』「奔赴君喪條」, 有'先聞先還, 後聞後還'之語, 則外臣奔赴者, 似未必皆待葬畢而後歸也." *『退溪先生文集』, 卷6, 24쪽a, 「疏 · 戊辰辭職疏一」*

◑7-17-4 『연보』에 나온다. "「대행왕[20]의 만사」[21]를 지어 올렸다. 그 서문의 내용은 대략 다음과 같다. '신이 서울에 있을 때 여러 신하들에게 각각 만사를 지어 올리라고 명령하시는 것을 들어서 겨우 글을 만들어 사람을 보내 서울에 가서 도감都監에 바치게 하였습니다.……' 시의 내용에는 '관직을 명하나 관직을 제대로 수행하지 못하니, 녹봉祿奉을 말하자면 녹봉이 이미 지나치네. 옛날의 의리로 보면 빨리 물러나는 것이 마땅하지만, 오늘의 인정은 엄하게 꾸짖는구나. 의리와 인정을 함께 따를 수 없으니, 오늘날과 옛날이 어찌하여 이렇게 다른가?'라는 구절이 있다."

◑7-17-4 『年譜』, "製進「大行王挽詞」. 序畧曰, '臣在都中, 聞令羣臣各製進挽詞, 僅得成篇, 付人入都, 冒呈于都監云云'. 其詩有'命官官失守, 言祿

---

19) 『通典』은 당나라 杜佑가 지은 政典이다. 食貨 · 選擧 · 職官 · 禮 · 樂 · 兵 · 刑 · 邊方 등 8부분으로 나누어 기록하였다.

20) 大行王이란 임금이 죽은 뒤 아직 시호를 올리기 이전의 칭호이다.

21) 「大行王의 挽辭」는 『退溪先生文集』 4권, 「詩 · 明宗大王挽詞」에 해당 내용이 보인다.

祿仍奢. 古義當遄去, 今情有峻訶. 義情難幷處, 今古奈殊何'之句." 『退溪先生年譜』, 卷2, 5쪽b, 「年譜·穆宗隆慶元年丁卯」

◑7-17-5 「어록語錄」에서 말하였다. "선조 초년에 선생은 예조판서로서 벼슬을 내놓고 물러나되, 보고를 올리지 않고 고향으로 돌아가시니 모든 사람이 의아해하였다. 기고봉 등 여러 현인들이 조정에 많이 모여 경연의 자리에서 늘 '선생의 도덕이 정자와 주자에 부끄럽지 않으니, 급히 먼저 불러 등용하여 도를 행하고 시대를 구제하는 의를 행하게 하지 않을 수 없다'고 지극하게 말하니, 선생께서는 이 말을 듣고 즐거워하지 않으셨다. 어느 날 문인이 '고봉 등 여러 현인들의 뜻은 모두 선생께서 먼저 조정에 들어가 재상이 된 뒤에야 유학의 도를 행할 수 있으므로 임금을 직접 만나 아뢰어야 한다는 것입니다'라고 말하니, 선생께서는 두려워하여 친구들에게 말도 없이 훌쩍 남쪽으로 떠나 버리셨다. 대개 선생의 뜻은 혐의를 멀리 피하고자 한 것이지 이유 없이 빨리 떠나신 것은 아니다."

◑7-17-5 「語錄」云, "宣廟初年, 先生以禮判辭遞, 未及呈告還鄉, 人皆疑之. 蓋奇高峯等諸賢, 多聚于朝廷, 每於筵席, 極言, '先生之道德, 無愧於程·朱, 不可不急先招用, 爲行道濟時之義云.' 先生聞而不樂. 一日門人告之曰, '高峯諸賢之意, 皆以爲先生先爲入相, 然後吾道可行, 當請對陳啓云.' 先生瞿然, 卽不告諸友, 翩然南行. 蓋先生之意, 深欲遠避嫌疑之故, 非無故而速行者也." 『鶴峯先生文集續集』, 卷5, 24쪽a, 「雜著·退溪先生言行錄」

◑7-18 길에서 명령을 기다리는 것은 그래도 진퇴가 아직 정해지지 않았을 경우이다. 그러나 지금은 나가서는 안 된다는 것을 알아 길에서 기다리기도 어렵다. 그러므로 고향으로 돌아와서 명령이 내리기만 기다리는 것이다. 이것도 사람들의 의심과 놀람을 불러일으킨다. 송宋의 두범[22]과 원元의 오징[23]은 임금을 섬기는 의리를 모르는 사람들

이 아니었지만, 두 사람 모두 사직을 청하고 바로 돌아간 예例가 있다. 아마도 일이 어쩔 수 없는 경우 이와 같이 하는 것도 한 가지 방법일 것이다.【「재상 권철權轍에게 답한 글」】

◑7-18 在途俟命, 猶是未定進退, 今則知不可進而在途難矣. 故歸田里, 以俟盛命之下, 此亦必招人疑駭. 然宋之杜範·元之吳澄, 非不知事君之義者, 二公皆有請辭徑歸之例, 恐事到不得已處, 如是爲之, 是亦一道.【「答權相轍」】*『退溪先生文集』, 卷9, 13쪽a, 「書·答權相國」*

◑7-18-1 또 홍퇴지에게 답하여 말씀하셨다. “송宋의 범순인[24]은 군주가 명하여 성문을 닫고 나가기를 허락하지 않았는데도 틈을 엿보아 돌아갔다. 원元의 오징이 연회를 베풀어주는데 인사도 하지 않고 바로 떠나자, 군주가 관리를 보내 뒤쫓아 갔으나 만나지 못하고 돌아왔다.”

◑7-18-1 又答洪退之曰, “杜閉城門不許出, 猶伺隙而歸. 吳賜宴, 不辭而徑去, 遣官追之, 不及而還.” *『退溪先生文集』, 卷9, 20쪽b, 「書·答洪相國退之」*

◑7-19 정묘년(1567) 이후 조보朝報를 볼 때마다 반드시 임금(宣祖)의 영명함을 찬탄하셨다. 갑자기 생각이 바뀌어 조정에 나아가고자 하시자, 친구들이 전별연을 베풀어 함께 술잔을 주고받으셨는데, 무엇이든 할 수 있는 듯 여유 있는 얼굴이 지난날과는 달랐다. 기사년(1569)에 돌아오신 것은 임금께서 스스로 성인인 체하는 병통이 있음을 알고는 기미를 살펴 곧 떠난 것인데[25] 근심하는 낯빛이셨다.【『기선록』】

---

22) 杜範(1181~1244)의 자는 成之, 시호는 淸獻이다. 주희의 제자로 바른말 하기를 좋아하여 대신들의 미움을 샀다.

23) 吳澄(1249~1333)의 자는 幼淸, 호는 草廬이다. 원대의 저명한 학자이다.

24) 范純仁(1027~1101)은 북송 철종 때의 재상으로서, 范仲淹의 둘째 아들이다.

25) 『論語』「鄕黨」 제17장에 “色斯擧矣, 翔而後集”이라는 말이 나온다.

◑7-19 自丁卯後, 每見朝報, 必歎主上英明. 及其幡然一起, 親舊餞之, 與之酬酢, 欣欣然有可爲之容, 與向者異. 及己巳之歸, 知主上有自聖之病, 卽色斯以擧, 有蹙蹙之容矣. 【『記善錄』】 *『艮齋先生文集』, 卷 6, 21쪽a, 「溪山記善錄下」*

◑7-20 유운룡이 덕홍에게 말하였다. "선생께서는 시사時事에 대해 한 말씀도 없으시니 물에 빠진 사람을 보고도 구원하지 않는 사람이라고 의심하는 사람이 꽤 있다. 그대는 어찌 나를 대신해서 이 말을 아뢰지 않는가?" 덕홍이 이 말을 아뢰자, 선생께서 웃으시며 말씀하셨다. "나는 본래 사리에 밝지 못한 사람이자 병으로 못 쓰게 된 사람일 뿐이다. 어찌 말을 할 수 있겠느냐? 또 임금의 잘못된 마음을 바로잡는 것은 곧 대인大人의 일이니,[26] 어찌 내가 감당할 수 있는 것이겠는가? 가령 대인의 재주와 덕이 있다고 하더라도 시기를 헤아리지 않고 움직이면, 국가에 무익하고 분수에 알맞은 정당한 도리를 손상시키게 된다. 세상에는 혹 말을 하면 말은 받아들여지지 않고 지위만 높게 발탁되는 경우가 있는데, 진실로 부끄러워할 만한 일이다. 지난날 회재[27] 이선생이 10조목의 소疏를 올려 특채로 가선대부[28]가 되셨으나, 소疏 가운데 한 조목도 채용되었다는 소리를 듣지 못하였으니, 이것이 어찌 선생의 마음이었겠는가? 오늘날의 분명한 경계로 삼을 만하다. 나는 본래 고루하여 시골에 묻혀 사니, 취할 만한 조그만 장점도 없고 기억될 만한 말 한마디도 없다. 도리어 헛된 명성을

26) 『孟子』「離婁上」 제20장에 나오는 말이다.
27) 晦齋는 李彦迪(1491~1553)의 호이다.
28) 嘉善大夫는 종2품 아래의 官階이다.

잘못 얻어 벼슬이 연이어 내려졌으니, 이미 부끄럽고 두려운 마음을 이겨낼 수 없다. 하물며 또 말하여 헛된 명성을 얻는 잘못을 되풀이 하겠는가? 옛날 개자추[29]가 그의 어머니에게 '말은 몸을 수식하는 것입니다. 몸을 숨기려고 하는데 어찌 말로 꾸미겠습니까?'[30]라고 하였으니, 이 말이 매우 맛이 있다." 【위와 같음】

◑7-20 柳雲龍言於德弘曰, "先生無一言及於時事, 外人頗有見溺不援之疑, 子盍爲我稟之?" 德弘以是告之, 先生笑曰, "我合下不解事, 只是病廢之人而已, 何能有言乎? 且格君之非, 大人之事, 豈我所敢當乎? 假使有大人之才德, 如不量時而動, 則無益於國家, 而有損於分義. 世或有言不見用, 徒蒙顯擢者, 誠爲可恥. 往者晦齋先生上十條疏, 特陞嘉善, 未聞採用疏中之一事, 此豈先生之心乎? 可爲今日之明戒也. 我本孤陋, 屛居山野, 無寸善可取, 無一言可紀, 反爲虛名所誤, 爵命稠疊, 已不勝其愧懼, 矧更有言以重虛誤乎? 昔介子推言於其母曰, '言者身之文也. 身將隱焉, 焉用文之?' 此言深有味." 【上同】 *『艮齋先生文集』, 卷6, 20쪽a, 「溪山記善錄下」*

◑7-21 어느 날 말씀하셨다. "나의 진퇴는 전후가 달랐던 듯하다. 전에는 명령을 받기만 하면 나아갔으나, 뒤에는 부르기만 하면 사양하였다. 비록 가더라도 감히 머물지 못하였다. 대개 지위가 낮으면 책임이 가벼워 그래도 한번 나아갈 만하나, 관직이 높으면 책임이 커지니 어찌

29) 介子推는 중국 춘추시대의 隱士이다. 진문공이 공자로서 망명할 때 19년 동안 모셨는데 문공이 귀국 후에 봉록을 주지 않자 綿山에 은거하였다. 문공이 뉘우치고 개자추가 나오도록 산에 불을 질렀는데 개자추는 나오지 않고 타 죽었다고 한다.

30) 『左傳』 「僖公 · 24年」에 해당 내용이 나온다.

가볍게 나아갈 수 있겠는가? 옛날 어떤 사람이 높은 자리에 임명되면 그때마다 나아가 '임금의 은혜가 지극히 무거운데 어찌 물러날 수 있겠습니까?'라고 하였으나, 내가 생각하기엔 그렇지 않은 것 같다. 만일 나아가고 머무는 의리를 돌아보지 않고 임금의 은총만을 중시한다면, 임금이 신하를 부리고 신하가 임금을 섬김에 예로써 하지 않고 벼슬과 녹봉으로 하는 것이니, 어찌 옳겠는가?" 【『습유』】

◑ 7-21 嘗曰, "我之進退, 前後似異. 前則聞命輒往, 後則有徵必辭, 雖往亦不敢留. 蓋位卑則責輕, 猶可一出, 官尊則任大, 豈宜輕進? 昔有人除大官, 則輒往曰, '上恩至重, 何可退?' 伏余意則似不然. 若不顧出處之義, 而徒以君寵爲重, 則是君使臣臣事君, 不以禮而爵祿也, 其可乎?" 【『拾遺』】 *『鶴峯先生文集續集』, 卷5, 11쪽a, 「雜著·退溪先生史傳」*

○ 7-22 이안도-자는 봉원, 선생의 손자이다-가 사마시司馬試에 합격하였다. 친구들이 경하하러 방문하자, 선생께서 말씀하셨다. "내가 회시[31]를 보았을 때 합격자 발표를 기다리지 않았으며, 도성 문 밖으로 나와 합격자 발표를 보고도 끝내 돌아가지 않았다." 금협지가 "선생께서는 그때부터 청운靑雲의 뜻을 끊으셨습니까?"라고 물었으나, 선생께서는 아무 대답도 하지 않으셨다. 【『기선록』】

○ 7-22 李安道字逢源[32], 先生孫. 中司馬. 親舊慶問, 先生曰, "吾觀會試不待榜, 出都門見其榜, 而竟不回程." 琴夾之曰, "先生自其時, 已絶靑雲之

31) 會試는 중앙과 지방에서 初試에 합격한 사람을 서울로 모아 치르는 제2차 시험이다.
32) 『李子粹語』 원문에는 '逢源'으로 되어 있으나, '逢原'이 옳다.

念矣?" 先生不答. 【『記善錄』】 *『艮齋先生文集』, 卷6, 19쪽b, 「溪山記善錄下」*

○7-22-1 『습유』에서 말하였다. "한강을 건너기 전에 과거시험에 합격하였다고 들었으나, 그대로 남쪽 고향으로 가시며 전혀 기뻐하는 낯빛이 없으셨다." 생각건대 길을 떠날 때 아마도 급히 돌아가야 할 일이 있었으므로, 합격에 대한 감사의 인사도 올리지 못한 것 같다.

○7-22-1 『拾遺』曰, "未渡漢江, 聞榜奇而南行自若, 了無喜色. 蓋已發程, 或有亟反之事, 故不爲應榜謝恩矣." *『鶴峯先生文集續集』, 卷5, 14쪽a, 「雜著·退溪先生言行錄」*

○7-23 「벽불소」[33] 초고는 역사적인 고증도 있어서 감계鑑戒로 삼을 만한 내용이 매우 절실하고 분명하게 잘 드러나 있다. 요즈음 온 조정이 힘을 다해 간쟁하고 충언忠言과 직론直論을 적지 않게 하였으나, 이러한 예例만은 없었다. 한번 임금께 올리면 만에 하나 희망이 없는 것도 아니요, 또한 초야에 사는 사람으로서 충성하고자 하는 지극한 뜻이기도 하다. 그러나 그대가 처한 입장에서의 의리로 말한다면, 때에 맞게 말하고 침묵하는 의宜에 맞지 않을 듯하니 경솔하다는 오해가 없지는 않을 것이다. 우선 말할 만한 처지를 기다렸다가 말해야 모든 점에서 좋을 것이다. 【「조사경에게 주는 글」】

○7-23 「闢佛疏」草, 歷代考證, 可爲鑑戒者, 深切著明. 頃年, 擧朝諫諍, 不遺餘力, 忠言讜論, 不爲不多, 而獨無此例. 試叩天陛, 不無萬一之望. 亦草茅願忠之至意, 但自高明所處之義言之, 似不合語默之

33) 「闢佛疏」는 趙穆이 승려 普雨의 비행과 불교를 비판하여 작성한 상소문의 초고를 가리킨다. 이황의 이 답신에 의하여 상소는 하지 않았다고 한다.

宜, 不無自輕之嫌. 姑待居可言之地而言之, 始爲盡善耳. 【「與趙士敬」】 *『退溪先生文集』, 卷23, 6쪽a, 「書·與趙士敬」*

○7-23-1 월천의 『연보』에서 말하였다. "보우[34]가 권세를 장악할 당시에 공이 「벽불소」를 지어 선생께 의견을 물었다. 선생의 답서가 이러이러하였다. 그러므로 결국 올리지 않았다."

○7-23-1 月川『年譜』曰, "時普雨用事, 公作「闢佛疏」, 稟于先生. 答書云云, 故竟不封進." *『月川先生年譜』, 3쪽b*

●7-23-2 또 안도에게 답하여 말씀하셨다. "상산[35]의 여러 사람들이 도내道內에 문서를 돌려 죄 있는 중을 처벌하도록 청한 뜻이 매우 씩씩하다. 이 읍에도 소매를 떨치고 일어나는 자가 있어서, 내가 그만두게 하였다. 김언우·조사경 등이 분한 마음에 답답해하였지만 우선 억지로 말렸다." "'예안 사람 중 말리는 자가 있다'는 것은, 사실은 바로 나이다. 내가 어찌 그 말을 피하겠는가?"

●7-23-2 又答安道曰, "移文道內, 請誅罪僧, 意甚壯. 此邑亦有投袂而起者, 余諭止之. 如彦遇·士敬輩, 中懷憤鬱, 而姑且强止." *『退溪先生文集』, 卷40, 20쪽a, 「書·答安道孫」* "所謂'禮安人止之者', 吾實止之, 吾何避其言乎?" *『退溪先生文集』, 卷40, 22쪽a, 「書·與安道孫」*

● 7-24 제갈공명은 한 시대의 뛰어난 인재이다. 그가 살았을 때는 한漢이 존속되었고, 그가 죽고 난 뒤에도 10년이 지난 뒤에야 멸망하였다. 만세萬世가 지나도록 해와 달처럼 대의大義를 밝게 밝혔으니, 그가 출사

---

34) 普雨(1515~1565)는 文貞王后와 윤원형의 신임을 얻어 奉恩寺 주지로 머물며 불교 세력을 확대하였다. 문정왕후가 죽고 난 뒤 유생들의 排佛 상소와 유림의 성화에 밀려 제주도로 귀양 갔다가 참형 당하였다.

35) 商山은 지금의 尙州이다.

出仕한 것을 어찌 잘못이라고 말할 수 있겠는가? 사호[36]는 오줌의 욕辱[37]이 피할 만하다는 것만 알고, 한고조가 여후[38]를 학대하고 척부인[39]을 좋아하여 일어난 일에 대한 부탁에 응한 것이 부끄러울 만한 일임은 몰랐도다. 태자를 정한 공은 있지만 왕심직척[40]이 너무 심하다. 하물며 처음의 행적이 이처럼 더러우니, 뒷날 여산과 여록[41]의 계책이 성공하고, 그때까지 네 사람이 죽지 않았다면 "사호가 유씨를 편안하게 한 것이 사실은 유씨를 멸망시킨 것이 될 뻔하였도다"라는 두목[42]의 비판을 어찌 면할 수 있겠는가? 【「남시보에게 답한 글」】

● 7-24 孔明命世之才, 身存漢存, 身死, 漢猶延十年之後而乃亡. 使萬世之下, 明大義如日月, 其出豈可謂誤耶? 惟四皓, 但知溲溺之辱爲可避, 而不知虐后橫戚之請爲可恥. 雖有定國本之功, 其爲枉尋直尺, 亦已甚矣, 況初旣染跡如此, 後若產·祿之計得成, 而四人不死, 則杜牧所謂"四皓安劉是滅劉"者, 安所逃其鈇鉞哉? 【「答南時甫」】 *『退溪先生文集』, 卷14, 5쪽a, 「書·答南時甫」*

○ 7-24-1 두목의 시에서 말하였다. "여씨는 강하고 태자[43]는 유약했으니, 또한

---

36) 四皓는 漢代에 商山에 은거하여 산 네 은자인 園公·綺里季·夏黃公·角里先生을 가리킨다.

37) 『史記』 권97, 「酈生陸賈列傳」에 해당 내용이 나온다.

38) 呂后는 한고조의 妃이다.

39) 戚夫人은 한고조가 사랑한 여인으로, 고조는 그녀의 아들을 태자로 삼으려 했으나 성공하지 못하였다. 고조가 죽은 뒤에 呂太后에게 죽임을 당하였다.

40) 枉尋直尺은 『孟子』 「滕文公下」에 해당 내용이 보인다. 尋은 8척이니 작은 것을 희생해서 큰 것을 편다는 뜻이다. 이황은 태자를 정한 일보다 의리를 더 큰 것으로 여겨 의리를 굽혀 태자를 정한 일을 '왕심직척'으로 표현하고 있다.

41) 呂産과 呂祿은 모두 呂太后의 일족이다.

42) 杜牧(803~853)은 당나라의 시인으로, 자는 牧之, 호는 樊川이다. 杜甫에 대하여 小杜라고 일컬어진다.

천성을 어찌 좋아하고 싫어하겠는가? 남군[44]이 왼팔의 육단肉袒[45]을 안 했다면, 사호가 유씨를 편안하게 한 것이 실은 유씨를 멸망시킨 것이 될 뻔하였도다."

○7-24-1 杜牧詩云, "呂氏强梁嗣子柔, 亦於天性豈恩讎? 南軍不袒左邊手, 四皓安劉是滅劉." *『樊川文集』, 「題商山四皓廟」*

○7-25 임금을 요·순처럼 만들고 백성들을 요·순시대의 백성처럼 만드는 것은 군자의 뜻이다. 그러나 어찌 시대와 능력을 헤아리지 않고 그런 일을 할 수 있는 자가 있겠는가? 기묘사화의 실수는 바로 이러한 잘못에 걸린 것이다. 【『습유』】

○7-25 堯舜君民, 雖君子之志, 豈有不度時不量力, 而可以有爲者乎? 己卯之失, 政坐此也. 【『拾遺』】 *『鶴峯先生文集續集』, 卷5, 48쪽b, 「雜著·退溪先生言行錄」*

○7-26 임금과 어버이는 같은 종류이므로 한사람을 섬기는 것처럼 하여, 어디서나 목숨을 바쳐야 한다. 그러나 아버지와 자식은 하늘이 맺어 준 관계이므로 곁에서 봉양함에 일정한 방법이 없다. 임금과 신하는 의

---

43) 여기에서 태자는 고조와 여태후 사이에서 태어난 아들 孝惠帝를 가리킨다.

44) 南軍은 呂產이 거느린 반란군을 가리킨다. 그러나 肉袒을 한 것은 남군이 아니라 呂祿을 속여 周勃이 건네받은 北軍이다.

45) 袒은 한쪽 소매를 벗어 어깨를 드러내는 것이다. 고대에 左袒은 길흉을 가리지 않고 행하던 禮였으며, 右袒은 죄인이 벌을 받음의 표시 또는 그 일에 함께 참가하겠다는 표시이다. 이 시에서 말한 좌단의 내용은 다음과 같다. 呂后는 呂祿을 北軍, 呂產을 南軍의 장군으로 임명하여 병권을 장악하게 하였다. 여후가 죽은 뒤 여록과 여산이 난을 일으키려 하자, 太尉 周勃과 丞相 陳平이 모의하여 酈寄에게 여록을 속여 북군을 주발에게 넘기게 하였다. 주발이 군중에 들어가 명령하기를 "呂氏를 위하거든 오른쪽 소매를 벗고, 劉氏를 위하거든 왼쪽 소매를 벗으라!"고 하니, 군중이 모두 왼쪽 소매를 벗었다. 『漢書』 권3 「高后紀」에 해당 내용이 보인다.

리로 맺어진 관계이므로 곁에서 모심에 일정한 방법이 있다. 일정한 방법이 없는 경우에는 은혜가 의리보다 항상 더 중요하므로 떠날 수 있는 때가 없다. 일정한 방법이 있는 경우에는 의리가 은혜보다 더 중요한 경우도 있으므로 어쩔 수 없이 떠나야 하는 경우가 있다. 【「기명언에게 답한 글」】

○ 7-26 君親一體, 事之如一, 惟其所在, 則致死焉. 然父子, 天屬, 就養無方. 君臣, 義合, 就養有方. 無方者, 恩常掩義, 無可去之時. 有方者, 義或奪恩, 有不得不去之處. 【「答奇明彦」】 *『退溪先生文集』, 卷17, 39쪽a, 「書 · 答奇明彦」*

○ 7-27 세신世臣이 다른 사람과 다르다고는 하나 간언을 들어주고 써 주지 않는다면, 어찌 떠나지 않을 수 있겠는가? 다만 다른 사람처럼 떠날 것을 가볍고 쉽게 결단해서는 안 될 뿐이다. 【「정자중에게 답한 글」】

○ 7-27 世臣雖與他人不同, 諫不用, 言不聽, 則亦安得不去? 但去之之決, 不得如他人之輕且易耳. 【「答鄭子中」】 *『退溪先生文集』, 卷25, 32쪽a, 「書 · 答鄭子中別紙」*

○ 7-28 임금을 사랑하고 나라를 걱정하는 마음은 지극한 정성에서 나왔으니, 물러나 초야에 거처하더라도 마음은 조정에 있지 않은 적이 없어서 항상 임금의 덕德을 보양하고 사림을 진정시키는 것을 급선무로 삼으셨다. 【「박순의 행략」】

○ 7-28 愛君憂國, 出於至誠, 雖退處田野, 心未嘗不在朝廷, 常以輔養君德, 鎭定士林爲先務. 【「朴淳行略」】 *『思菴先生文集』, 卷4, 44쪽a, 「碑誌 · 退溪先生墓誌銘」*

● 7-29 궐문闕門에 들어갈 때는 반드시 두 손을 마주잡고 빠른 걸음으로 가고, 느릿느릿 걷지 않으셨다. 【『습유』】

● 7-29 入公門, 必張拱疾趨, 未嘗緩步. 【『拾遺』】 *『鶴峯先生文集續集』, 卷5, 19쪽b, 「雜著 · 退溪先生言行錄」*

○ 7-30 임금의 명령이 문에 다다르면 반드시 공경하고 두려워하며, 빨리 예복을 갖춰 입고 문을 나가서 공손히 맞이하셨다. 명령서를 받아 마루의 책상에 놓고, 계단을 내려가서 네 번 절하고 난 다음, 당堂에 올라와 꿇어앉아서 읽고, 또 계단을 내려가서 네 번 절하셨다. 【위와 같음】

○ 7-30 君命至門, 必祇慄惕息, 亟具冠帶, 祇迎. 奉置廳案上, 下階四拜, 然後上堂跪讀, 又下階四拜. 【上同】 *『鶴峯先生文集續集』, 卷5, 19쪽b, 「雜著 · 退溪先生言行錄」*

○ 7-31 명종의 상喪을 당하여 서울에 계실 때, 몇 달 동안 나물 반찬만 드셔서 기운이 다해 파리해지셨다. 자제들이 권도權道할 것을 청하였으나 허락하지 않으셨다. 몸을 지탱할 수 없게 되어서야 7·8일 권도를 행하고, 집으로 돌아오는 길에 다시 나물반찬만 드시며 졸곡卒哭을 마치셨다. 【우성전의 기록】

○ 7-31 遭明廟喪在京日, 累月食素, 氣極萎苶. 門人子弟請從權不聽. 至於不可支吾, 乃行權七 · 八日, 及發歸程, 復素以終卒哭. 【禹性傳錄】 *『退溪先生言行錄』, 卷3, 「事君」*

◑7-32 어느 날 말씀하셨다. "요즈음 선비들이 세조 당시의 일을 공개적으로 이야기하며 꺼릴 줄 모르니, 나는 이것이 큰 걱정이다. 언젠가 유응부[46] · 권근[47] 두 사람을 공개적으로 거론하고 비교하며 의론하는 것을 보았는데, 이렇게 하면 안 된다. 의리로 말하자면 조종祖宗의 일은 공개적으로 말해서는 안 되니, 공자가 '소공昭公이 예를 안다'[48]라고 대답한 사실을 통하여 알 수 있다."【위와 같음】

◑7-32 嘗曰, "近世士類顯言世祖朝事, 不知有諱, 此某所大憂也. 曾見公擧兪應孚 · 權近二人比方論之, 不宜如此. 以義言之, 祖宗之事, 不可顯言, 孔子以昭公爲知禮, 此可見矣."【上同】*『退溪先生言行錄』, 卷4, 「論時事」*

◑7-33 성균관 학생들이 보우普雨의 죄를 논하였으나 윤허받지 못하자, 과거를 보지 말기로 약속하고 성균관에서 나와 집으로 돌아가 버렸다. 선생께서 이 말을 듣고 말씀하셨다. "이 일은 매우 만족스럽지 않다. 어떤 한 사람이 나의 뜻이 행해지지 않고 도에 합당하지 않다고 생각하여 영구히 그곳을 떠나 돌아오지 않는 경우라면 괜찮지만, 무리 지어 함께 약속까지 하는 것은 매우 옳지 않다. 임금과 신하의 의리가 어찌 이와 같을 수 있겠는가? 또 약속이 의리에 가까워야 말을 실천할 수 있는 법인데(信近於義, 言可復也)[49] 어찌 온 나라 안의 선비들이

---

46) 兪應孚(?~1456)는 사육신의 한 사람으로 호는 碧梁이다.
47) 權近(1352~1409)의 호는 陽村, 시호는 文忠이다. 문장에 뛰어나고 경학에도 밝아 四書五經의 口訣을 정하였다. 그의 『入學圖說』은 후일 성리학에 큰 영향을 미쳤다.
48) 『論語』 「述而」 제30장에 해당 내용이 나온다.
49) 『論語』 「學而」 제13장에 나오는 말이다.

모두 과거를 보지 않아도 되는 이치가 있겠는가?"【우성전의 기록】

◑7-33 館學生論普雨之罪, 未得蒙允, 約以勿赴學, 乃空館. 先生聞之, 曰, "此事甚未安. 若有一種人, 奮然以爲吾志未行道不合, 長往不返, 則可也, 至於羣聚相約, 則大不可. 君臣之義, 豈可如是? 且信近於義, 言可復也, 豈有擧國之士, 皆不赴擧之理乎?"【禹性傳錄】*『退溪先生言行錄』, 卷4, 「論時事」*

◑7-33-1 『습유』에서 말씀하셨다. "유생들이 성균관을 비우고 상소하는 것은 임금을 협박하는 것과 같다." 또 말씀하셨다. "통문通文을 돌려 상소하는 것은 유자로서 할 일이 아니다."

◑7-33-1 『拾遺』曰, "儒生空館疏似要君." 又曰, "通文上疏, 非儒者所當爲也." *『鶴峯先生文集續集』, 卷5, 51쪽a, 「雜著 · 退溪先生言行錄」*

◑7-34 『예기』에 "외환을 피하지 않는다"(外患弗避[50])라고 하였으니, 송宋 정강변[51]의 화난이 극에 이르렀을 때, 신하로서 떠날 수 있는 의리는 본래 없었다. 그러나 한 가지 주장만 고집할 수도 없다. 이 당시 화난을 물리치고 임금을 구출할 책임이 이충정[52] 한 사람에게 달려 있었다. 몸이 보존되고 계책이 쓰이면 임금을 구하고 나라를 보존할 수 있었다. 그러나 소인들에게 억눌려 계책이 쓰이지 않아 임금은 포로

50) 『禮記』 「雜記下」에 나오는 말이다.
51) 靖康變은 송나라 흠종 때 일어난 변란으로, 정강 2년에 금나라의 2대 태종이 송나라의 서울 汴京을 쳐서 휘종과 흠종 부자 및 많은 황족과 신하를 포로로 잡아간 일이다.
52) 李忠定(1083~1140)의 이름은 綱, 자는 伯紀, 호는 梁溪, 시호는 忠定이다. 당시 세상 사람들의 신망이 두터워 재상이 되었으나, 간신들의 저지로 10일 만에 물러났다.

가 되고 나라는 망할 지경이었다. 이러한 상황에서 그 몸만 보존된들 무엇을 하고자 하겠으며, 그 몸을 내던진들 또한 무슨 이익이 있었겠는가? 충정이 떠나고자 한 이유는 이 일을 계기로 임금의 마음을 깨우쳐 임금이 자신의 행위를 반성하기를 바란 것인 듯하다. 그렇게만 되었다면 충정을 불러들여 날로 망해 가는 나라를 구출할 수 있었을 것(取日虞淵之手)[53]이다. 경산[54]은 의리를 정밀하게 가리지 못하고 좋아하고 싫어함에 잘못이 많아서, 송宋의 사대부들이 진퇴進退를 신중하게 하는 것을 잘못이라고까지 생각하였으니, 어찌 이러한 의리를 알 수 있었겠는가? 【「정자중에게 답한 글」】

◑7-34 『禮』曰, "外患不避." 則當靖康禍難之極, 臣子固無可去之義. 然不可執一論也. 是時排禍難救君父之責, 在李忠定一身. 身存策用, 則君可救國可存矣. 乃爲小人所扼, 策不用而君將虜國將亡. 如此而獨存其身, 欲何爲哉? 徒殺其身, 亦何益哉? 忠定所以欲去者, 庶幾因此而悟君心, 以反其所爲, 則或可用取日虞淵之手耳. 瓊山擇義未精, 好惡多謬, 至以宋朝士大夫必謹進退爲非, 何足以知此義哉? 【「答鄭子中」】 *『退溪先生文集』, 卷27, 17쪽b, 「書·答鄭子中別紙」*

53) 虞淵은 고대 신화에서 해가 지는 곳으로 虞泉이라고도 한다.
54) 瓊山은 명나라 丘濬(1420~1495)의 호로서, 그는 주자학에 정통한 학자이다. 저서로 『大學衍義補』·『家禮義節』 등이 있다. 경산에 대한 비판을 통하여 이황의 의리학에 대한 자신감의 일단을 볼 수 있다.

제8편

치도治道

* 27조목이다.

8-1 항상 '근본을 북돋아 기르고 사림士林을 바로 서게 세우는 것'이 당시의 급한 일이라고 생각하셨다. 【『통술』】

8-1 每以培養根本, 扶植士林, 爲當今急務. 【『通述』】 *『文峯先生文集』, 卷4, 18쪽b, 「雜著 · 退溪先生言行通述」*

◑8-2 정치가 잘되는 나라의 병통은 항상 안일함과 욕망에서 생기니, 끝을 잘 이루려는 경계는 수성守成[1]의 시기에 더욱 중요하다. 【「경복궁중신기」】

◑8-2 治世之患, 每生於逸欲, 愼終之戒, 尤重於守成. 【「景福宮重新記」】 *『退溪先生文集』, 卷42, 17쪽b, 「記 · 景福宮重新記」*

◑8-3 사사로움은 마음의 적이요, 모든 악의 근본이다. 예로부터 국가가 잘 다스려지는 때가 적고 어지러운 때가 늘 더 많으며, 나아가 몸을 망치고 나라를 멸망시키게 되는 것은 모두 임금이 이 사사로운 마음을 버리지 못하기 때문이다. 【「무진차」】

---

1) 왕조시대에는 한 왕조의 정치를 흔히 革命期와 守成期와 更張期로 나누었다.

◑8-3 私者, 一心之蟊賊, 而萬惡之根本也. 自古國家, 治日常少, 亂日常多, 馴致於滅身亡國者, 盡是人君不能去一私字故也.【「戊辰箚」】*『退溪先生文集』, 卷7, 3쪽a, 「箚 · 戊辰 經筵啓箚二」*

◑8-4 6조條의 소疏를 올렸다. 첫째는 계통[2]을 중시하여 인효仁孝를 온전히 할 것이요, 둘째는 참소를 막아 양궁[3]을 친하게 할 것이요, 셋째는 성학聖學을 돈독히 하여 정치의 근본을 세울 것이요, 넷째는 도술道術을 밝혀 인심을 바로잡을 것이요, 다섯째는 복심[4]을 미루어 생각하고 이목[5]을 통달하게 할 것이요, 여섯째는 수성[6]을 정성스럽게 하여 하늘의 사랑을 이어받을 것이라는 내용이다. 「성학십도」와 「차자箚子」를 올렸다. ①「태극도」, ②「서명도」, ③「소학도」, ④「대학도」, ⑤「백록동규도」, ⑥「심통성정도」, ⑦「인설도」, ⑧「심학도」, ⑨「경재잠도」, ⑩「숙흥야매잠도」이다. 왕은 학문에 매우 절실한 내용이라고 생각하여 병풍과 첩帖으로 만들어 올리라고 하셨다.【『연보』】

◑8-4 上疏陳六條. 一曰, 重繼統以全仁孝. 二曰, 杜讒間以親兩宮. 三曰, 敦聖學以立治本. 四曰, 明道術以正人心. 五曰, 推腹心以通耳目. 六曰, 誠修省以承天愛. 上「聖學十圖」幷「箚子」. 一「太極圖」, 二「西銘圖」, 三「小學圖」, 四「大學圖」, 五「白鹿洞規圖」, 六「心統性情圖」, 七「仁說圖」, 八「心學圖」, 九「敬齋箴圖」, 十「夙興夜寐箴圖」. 上以爲甚切於爲學, 命作屛帖以入.【『年譜』】*『退溪先生年譜』, 卷2, 6쪽b,*

---

2) 繼統은 왕통의 계승을 의미한다.
3) 兩宮은 선조가 거처하는 왕궁과 明宗妃 仁順王后가 거처하는 궁을 말한다.
4) 腹心은 大臣을 의미한다.
5) 耳目은 臺諫을 의미한다.
6) 修省에서 修는 어떤 일을 행하는 것이며 省은 잘못을 살피는 것이다.

「年譜 · (穆宗隆慶)二年戊辰」

◑8-4-1 김이정에게 답하시기를 "『성학십도』의 새로운 조그마한 본本을 얻어 잘 간직하면, 어찌 후세의 양자운[7]이 없겠는가! 그러므로 그것을 얻으려고 한다"라고 하셨다.

◑8-4-1 又答金而精曰, "『十圖』得新樣小本而善藏之, 豈無後世之楊子雲耶? 故欲得之耳." *『退溪先生文集』, 卷30, 28쪽b, 「書 · 答金而精」*

◑8-4-2 「율곡일기」에 나온다. "황滉이 말하기를 '내가 나라에 보답한 것은 이것 뿐이다'라고 하셨다."

◑8-4-2 「栗谷日記」曰, "滉曰, '吾之報國, 止此而已.'" *『栗谷先生全書』, 卷28, 29쪽a, 「經筵日記」*

◑8-5 옛날 사람이 "잘 다스려지는 시대를 걱정하고, 지혜로운 임금을 위태롭게 여긴다"[8]라고 하였다. 지혜로운 임금은 남보다 뛰어난 자질을 지니고 있고, 잘 다스려지는 시대에는 근심할 만한 방비防備가 필요 없다. 그러나 남보다 뛰어난 자질이 있으면 독단의 지혜로 세상을 다스리고, 아랫사람들을 경시하고 함부로 대하는 생각이 있게 된다. 또 근심할 만한 방비가 필요 없으면 임금은 반드시 교만한 마음이 생기니, 이것은 참으로 걱정스러운 일이다. 【기사년 3월 4일 야대 「당후일기」】

◑8-5 古人云, "憂治世而危明主." 蓋明主有絶人之資, 治世無可憂之防. 有絶人之資, 則以獨知御世, 而有輕忽羣下之意. 無可憂之防, 則

7) 揚子雲은 揚雄(BC 53~AD 18)으로서, 子雲은 그의 字이다.
8) 蘇軾의 「田表聖奏議序」에 나오는 말이다.

人主必生驕侈之心, 此誠可慮也. 【己巳三月四日夜對「堂后日記」】

『退溪先生年譜』, 卷2, 16쪽a, 「年譜 · (穆宗隆慶)三年己巳」

◐8-6 내가 지난날 건괘乾卦의 "나는 용이 하늘에 있다"[9]는 상象을 그림으로 그려 올리고, "지나치게 높이 오른 용은 후회함이 있다"[10]는 말씀도 드렸다. 용이라는 동물은 구름을 타고 신묘한 변화를 일으켜 은택이 만물에 미치게 된다. 임금이 아랫사람들과 마음과 덕을 같이하지 않으면 용에게 구름이 없는 것과 같으니, 신묘한 변화를 일으키고자 한들 가능하겠는가! 태평스러운 시대가 절정에 이르면 점차 어지러움이 생기게 된다. 조금이라도 마음을 놓고 잘난 척하는 마음이 생기거나 편벽되고 사사로운 일이 습관이 되면, 배를 끌고 물을 거슬러 올라가다가 손을 놓는 것과 같다. 배가 갑자기 떠내려가고 풍파에 의하여 금방 기울어져 뒤집히고 말 것이니, 어찌 매우 두려워할 만한 일이 아니겠는가! 그러나 학문과 공부를 잠시도 그만두지 않은 뒤에야 사사로운 마음을 이길 수 있고, 사사로움을 이기는 공부는 성현들이 남긴 책에 밝게 드러나 있다. "자신을 극복하여 예禮로 돌아간다"[11]는 교훈 등이 바로 이것이다. 【위와 같음】

◐8-6 小臣前日圖上乾卦"飛龍在天"之象, 又有"亢龍有悔"之言. 龍之爲物, 以雲而神其變化, 澤被萬物, 人主不肯與下同心同德, 則如龍之無雲, 雖欲神變, 得乎? 夫太平極, 則必有生亂之漸. 若少放其心, 或有高亢之意, 或有偏私之狃, 則如挽舟逆水, 而一放手也. 舟忽下流, 風

---

9) 『周易』 '乾卦 九五' 「爻辭」이다.
10) 『周易』 '乾卦 上九' 「爻辭」이다.
11) 『論語』 「顔淵」 제1장에 나오는 말이다.

波傾覆, 在於頃刻, 豈非大可懼哉? 然必學問工夫不廢頃刻, 然後可勝私意. 勝私工夫, 昭在聖賢遺書, 克己復禮等訓, 是也. 【上同】『*退溪先生年譜*』, *卷2, 16쪽a,* 「*年譜 · (穆宗隆慶)三年己巳*」

◑8-7 옛날 성왕聖王들은 궁궐 안의 일을 조정 신하들이 모두 알게 하였고, 환관과 후궁과 첩이 다 총재의 다스림을 받게 하였다. 제갈량이 후주後主에게 "궁중과 정부가 모두 일체이니, 선한 사람을 발탁하고 나쁜 사람을 물리침에 있어서 차별을 두어서는 안 된다"[12]고 한 말이 바로 이러한 뜻에서였다. 석石상궁의 죄는 조그마한 죄일 뿐이다. 그러나 유추해서 말한다면 앞으로 국가적 일에 관계됨이 있을 것이다. 궁중 안의 일을 조정에서 쟁론하지 못하게 유도한다면 간사한 무리들이 영합하여 점차 패망의 화를 불러일으킬 것이니 두려워하지 않을 수 있겠는가! 【위와 같음】

◑8-7 古之聖王, 闕內之事, 外廷無不預知, 宦官宮妾, 無不領於冢宰. 故諸葛亮告後主曰, "宮中府中, 俱爲一體, 陟罰臧否, 不宜異同." 亦此意也. 石尙宮之罪, 微事耳, 推類而言, 前頭設有關係國家者. 誘以內間之事, 不許外廷爭執, 則奸佞逢迎, 馴致敗亡之禍, 可不懼哉? 【上同】『*退溪先生年譜*』, *卷2, 6쪽b,* 「*年譜 · (穆宗隆慶)二年戊辰*」

○8-7-1 오건의 『덕계집』에 "내가 정언正言으로써 석상궁이 정사에 간여한 죄를 논하고 쫓아낼 것을 요청하였으나 따르지 않았다. 선생이 입시入侍해서 계啓를 올림으로써 드디어 윤허를 받았다"라고 하였다.

○8-7-1 吳健『德溪集』, "健爲正言, 論石尙宮干預政事之罪, 請黜之, 不從. 先

12) 諸葛亮의 「出師表」에 나오는 말이다.

生入侍進啓, 遂蒙允.”

◑8-8 근래에 일식이 일어나고 겨울에 천둥이 치자, 죄인들을 너그럽게 풀어주고 현량과賢良科를 다시 설치하였다. 이것도 재이災異를 만나 조심하는 일이기는 하지만, 선왕들이 재이를 만나 두려워하고 조심하며 덕을 닦던 일에 비추어 본다면, 형식적인 일에 지나지 않으니, 덕을 닦는 것이 근본이다. 형식적인 일만 시행하고 덕을 닦는 일은 게을리한다면 모든 일이 공허하게 되어 하늘을 감동시킬 수 없다. 평소에 임금이 하늘을 공경하고 하늘을 두려워하고 하늘을 섬기는 세 가지 도리를 쉬지 않고 다해야 한다. 그렇게 한 뒤에 재이를 만나 두려워하고 조심하며 덕을 닦을 때 지극한 정성이 위로 하늘의 마음을 감동시켜 재난이 복이 되게 할 수 있다. 【무진 10월 13일 석강「당후일기」】

◑8-8 近來日食冬雷, 乃命疏放, 又復賢良科, 此亦謹灾之事, 但以先王遇灾, 知懼側身修德之事觀之, 乃文具之一事, 而修德其本也. 只擧文具而緩於修德, 則皆歸於空虛, 而無以感動上天矣. 常時人君敬天畏天事天三者, 盡其道而無少間斷, 然後遇灾, 知懼側身修德, 至誠上格天心, 而轉灾變爲福祥矣. 【戊辰十月十三日夕講「堂后日記」】*『退溪先生年譜補遺』, 卷3*

◑8-9 왕안석[13]이 하늘의 변고를 두려워할 것이 없다고 한 것은 속이고 아

---

13) 王安石(1021~1086)은 송나라의 학자이자 정치가이다. 신종 때 정승으로 부국강병책을 썼으며 시문도 잘하여 唐宋八大家의 한 사람이다.

첨하는 간사한 말이니, 참으로 하늘에 큰 죄를 지었다. 동중서와 유향劉向의 무리는 또 어떤 재앙은 어떤 잘못의 반응이라고 하였으니, 이것은 또 너무 얽매이고 꽉 막힌 주장이다. 혹 상응하지 않는 것이 있으면 도리어 임금에게 하늘의 견책을 두려워하지 않고 염려하지 않는 단서를 열어 주기에 알맞으니, 역시 잘못된 것이다. 그러므로 신의 어리석은 생각으로는, 임금은 하늘에 대하여 마치 자식이 어버이를 대하는 것과 같이 해야 한다. 어버이의 마음이 자식에 대하여 노여움이 있을 때, 자식은 두려워하고 반성하여 노여워하거나 노여워하지 않거나를 따지지 않고 일마다 정성을 다하고 효도를 다한다면, 어버이는 그 정성과 효를 기뻐하고 노여워했던 일까지도 함께 변화하여 흔적 없이 사라져 버릴 것이다. 그렇게 하지 않고 꼭 어느 한 가지 일을 지정하여 이에 대해서만 두려워하거나 반성하고 다른 일은 여전히 방자하게 하면, 효도를 다함에 성실하지 못하고 거짓으로 하게 될 테니, 어찌 어버이의 노여움을 풀고 기뻐하도록 할 수 있겠는가? 전하께서 어버이 섬기는 마음을 미루어 하늘 섬기는 도를 다하시기를 바란다. 【「육조소」】

◐8-9 安石以爲天變不足畏, 誣訣姦佞之言, 固大得罪於天矣. 董仲舒·劉向之徒, 又以某灾爲某失之應, 亦太拘拘滯陋, 而其或有不相應者, 則適啓人君不畏不憂之端, 亦非也. 故臣愚以爲君之於天, 猶子之於親. 親心有怒於子, 子之恐懼修省, 不問所怒與非怒, 事事盡誠而致孝, 則親悅於誠孝, 而所怒之事, 幷與之渾化無痕矣. 不然, 只指定一事, 而恐懼修省於此, 餘事依舊恣意, 則不誠於致孝而僞爲之, 何以解親怒而得親懽乎. 伏願殿下推事親之心, 以盡事天之道. 【「六條

疏」】『退溪先生文集』, 卷6, 36쪽b, 「疏 · 戊辰六條疏」

◑8-10 재변災變은 본래 그 나라의 일에 응하여 그 나라에 나타난다. 그러나 다른 나라라고 하여 어찌 공구恐懼 · 수성修省하지 않을 수 있겠는가! 이렇게 비유할 수 있다. 부모가 한 아들에게 노하여 그 아들을 꾸짖을 때 다른 아들은 책망을 듣지 않았다고 하여 안심할 수 있겠는가? 조심하고 두려워하며 행동을 잘해야 하는 것은 마찬가지이다. 【김부륜의 기록】

◑8-10 災變固以其國之事, 應見於其國, 然他國亦豈可不恐懼修省乎? 比如父母怒一子而譴責, 他子豈可以不受責而安心乎? 其爲戰懼自修, 則一也. 【金富倫錄】『雪月堂先生文集』, 卷4, 12쪽a, 「雜著 · 問答箚錄」

◑8-11 임금이 소목[14]의 제도를 물으시니 이렇게 대답하셨다. "종묘의 제도에 의하면 태조는 동향으로 앉습니다. 소昭는 북쪽에 남향하여 앉으니 남쪽은 밝다는 의미를 취한 것이며[15] 목穆은 남쪽에 북향하여 앉으니 북쪽은 그윽하고 깊다는 의미를 취한 것입니다.[16] 그러므로 존자尊者의 자리는 서쪽에서 동향으로 정하고, 소목은 좌우로 나누어 자리를 정합니다." 【이안도의 기록】

◑8-11 上嘗問昭穆之制, 對曰, "凡宗廟之制, 太祖東向而坐, 昭則居北而

14) 昭穆은 종묘에 신주를 모시는 차례를 말한다. 天子는 태조를 중앙에 모시고, 2세 · 4세 · 6세는 昭라 하여 왼편에, 3세 · 5세 · 7세는 穆이라 하여 오른편에 모시어 3소 · 3목의 7묘이다. 제후는 2소 · 2목의 5묘이다.

15) '昭'자의 뜻이 '밝음'이라는 것과 해가 지나가는 밝은 방향인 남쪽을 연관시켰다.

16) '穆'자의 '깊고 그윽함'이라는 뜻과 해가 비추지 않는 어두운 북쪽을 연관시켰다.

向南, 南則取其明也, 穆則居南而向北, 北則取其幽深之意也. 故尊位必自西而東向, 昭穆分左右而爲位也." 【李安道錄】 *『退溪先生言行錄』, 卷5, 「論禮冠婚喪祭」*

◐8-12 기사년(1569) 2월에 선생은 문소전[17]에 태조의 자리를 동향으로 할 것과 소목昭穆의 자리를 남북으로 바로잡기를 청하였으나 따르지 않았다. 당시 인종과 명종 두 분을 문소전에 합사合祠하려고 하였다. 문소전의 위패를 태조는 북쪽에 남향으로 모셨으며, 소昭와 목穆은 동향과 서향으로 모셨었다. 집이 남북으로는 짧고 동서로는 길어 인종과 명종을 합사하게 되면 좁아서 용납할 수 없었다. 그러므로 대신이 집을 일부 헐어서 남쪽을 길게 보완하여 위패를 용납할 수 있게 하고자 하였다. 선생은 "옛날 합사하는 자리는 태조는 동향이고 소와 목은 남향과 북향인데, 우리나라는 종묘에 합사하는 의식이 없고, 원묘[18]에서만 합사를 지내는데 위패를 모시는 자리도 옛날의 법도대로가 아니다. 이 기회에 태조의 자리를 동향으로 바로잡고 소와 목을 남북으로 서로 마주하게 한다면 집을 헐고 고치는 폐단이 없을 것이며, 세속을 따르다가 고치어 옛날의 법도로 돌아가는 미덕도 될 것이다"라고 하여 그림을 그리고 설명을 붙여서 올렸다. 임금이 대신들에게 의논하게 하니, 원묘에서는 고례古禮를 실시할 수 없으며, 또 이렇게 자리를 정한 지 이미 140년이 지났으니 지금에 와서 바꿀

---

17) 文昭殿은 조선 태조의 비 神懿王后 韓氏를 모신 사당이다. 이곳에 태조 이하의 위패를 봉안하였다.

18) 原廟란 종묘 이외에 새로 지은 사당을 말하는데, 여기서는 文昭殿을 가리킨다.

수는 없다고 하여 시행되지 않았다. 【이이의 「경연일기」】

◑8-12 己巳二月, 先生請於文昭殿, 正太祖東向及昭穆之位, 不從. 時仁明兩廟, 將祔文昭殿, 殿之祫享位次, 太祖居北南向, 昭穆東西向, 而殿宇南北短東西長, 仁明祔于祫享, 則殿窄不容, 故大臣欲折開殿宇, 補其南以容加設之位. 先生以爲"古者祫享之位, 太祖東向, 昭穆南北向, 我朝宗廟, 無祫享之儀, 只於原廟有祫享, 而位次非古. 若因此會正太祖東向之位, 南北昭穆相對, 則無折開殿宇之弊, 有因俗反古之美." 遂作圖爲說而進之, 上議于大臣, 以爲原廟不可施古禮, 且此位之設, 已過百四十年, 今不可遷變, 議遂不行. 【李珥 「經筵日記」】 *『栗谷全書』, 卷28, 29쪽a, 「經筵日記」*

◑8-13 옛날에 강등된 사가私家의 어버이에게는 제사지내지 않는다는 글이 있기는 하지만 인정人情의 지극함은 끝내 막을 수 없다. 만일 조금도 인정을 실시하지 못하게 하면 감정을 크게 격발시키는 폐단이 있을까 두렵다. 【「기명언에게 답한 글」】

◑8-13 古雖有降私不祭之文, 然人情極處, 終是遏不得. 若一切使不得少伸, 恐或有激成大發之弊. 【「答奇明彦」】 *『退溪先生文集』, 卷18, 1쪽b, 「書·答奇明彦」*

◑8-13-1 덕흥군[19]의 제사일에 선생은 『송사宋史』 복濮·수秀 두 왕의 원묘[20]에

19) 德興君은 고려 충선왕의 셋째 아들이다. 어려서부터 원나라에 있었으며 고려에 많은 해를 끼쳤다. 고려의 왕이 되려고 고려에 침입하였다가 참패를 당하고 돌아갔으며 원에서도 백관들의 미움을 받았다. 이러한 악행으로 인해 나라에서 그의 제사를 금지한 듯하다.

20) 園廟란 무덤을 가리킨다. 濮은 濮安懿王을 가리키며, 秀는 秀安僖王을 가리킨다.

나오는 의제기관儀制記官과 공물차헌관供物差獻官 등의 일을 인용하셨다.

◑8-13-1 德興君忌祭時, 先生引『宋史』濮秀二王園廟, 儀制記官, 供物差獻官等事. *『退溪先生文集』, 卷18, 1쪽b, 「書 · 答奇明彦」*

◑8-14 옛날 임금들은 백성들을 부상당한 사람을 간호하듯이 돌보았으며, 갓난아기를 보호하듯이 하였다. 부모가 자식을 사랑하는 마음은 지극하지 않음이 없으니, 자식이 질병이나 굶주림, 추위를 만나면 슬퍼하고 마음 아파하고 불쌍하게 여겨 자기가 아픈 것처럼 할 뿐만이 아니라, 끌어안고 어루만지며 진심으로 구하여 멀리하지 않으며 음식을 먹이고 약물로 치료한다. 이렇게 하고서도 혹 죽으면 그래도 감히 하늘을 원망하지 않고 치료가 미진하였음을 가슴 아파한다. 아마도 매우 애통해하는 감정의 당연한 바일 것이다. 어찌 백성의 부모가 되어 정치를 행하면서 백성들의 질병이 심하고 굶주림과 추위가 절박한데도 모르는 체할 수 있겠는가! 이미 먹을 것이 끊어지게 하고 약물을 못 사용하게 하고서, 또 다른 중요한 일을 구실 삼아 차마 못할 일을 하며 몰고 재촉하고 핍박하여 물과 불 가운데로 빠져들게 할 수 있겠는가! 【「무진차자」】

◑8-14 古之人君, 視民如傷, 若保赤子. 父母愛子之心, 無所不至, 如遇其疾病飢寒, 則哀傷惻怛, 不啻在己, 提抱撫摩, 誠求不遠, 飮食以飼哺之, 藥物以救療之. 如此而或至於死, 猶不敢怨天, 而自傷其救療之未盡. 蓋其深哀至痛之情所當然也. 安有爲民父母而行政, 於其疾病之極, 飢寒之迫, 則若不聞知. 旣絶其口食, 又廢其藥物, 而

이들 두 왕의 원묘에 관한 기록이 『宋史』 권123, 「志」 제76, '禮' 26에 나온다.

托辭於他事之重, 忍所不忍, 驅催蹙迫, 以納於水火之中. 【「戊辰箚」】 *『退溪先生文集』, 卷7, 1쪽a, 「箚·戊辰經筵啓箚一」*

◑8-15 국가가 어지럽게 되고 망하는 화는 대개 민생고로 말미암아 일어나며, 구름처럼 많은 군사가 흙덩이처럼 무너지는 형세는 항상 백성들의 유리流離에서 일어난다. 【위와 같음】

◑8-15 國家亂亡之禍, 率由於民嵒. 雲合土崩之勢, 恆起於民流. 【上同】 *『退溪先生文集』, 卷7, 1쪽a, 「箚·戊辰經筵啓箚一」*

◑8-16 당현종[21]은 지혜로운 임금이니, 관작官爵을 상으로 주는 잘못을 모르는 것이 아니다. 태평한 때에 사치하고 절약하지 않아 창고가 텅 비어 다른 계책을 낼 방법이 없어서 어쩔 수 없이 그렇게 하였을 뿐이다. 지금 창고가 텅 비었으니 용도를 절약하여 사변事變을 만났을 때 큰 낭패에 이르지 않게 해야 한다. 【경자(1540) 12월 8일 조강, 「당후일기」】

◑8-16 唐玄宗, 明達之主, 非不知以官爵賞功之非也. 以昇平奢侈不節用, 府庫虛竭, 計無所出, 不得已爲之耳. 方今府庫虛竭, 請節約用度, 設遇事變, 不至大狼狽也. 【庚子十二月八日朝講「堂后日記」】 *『退溪先生言行錄』, 卷3, 「告君陳誡」*

◑8-17 성인聖人이 사람을 가르칠 때는 각자의 재능에 따라서 가르친다. 임

21) 현종은 당나라 6대 황제로 즉위 초에는 姚崇·宋璟 등을 등용하여 선정을 베풀다가, 양귀비를 총애하여 국정을 게을리 하여 마침내 안녹산의 난을 만나 황제에서 물러나 上皇이 되었다.

금은 임금과 스승의 책임을 겸하고 있으니, 인재를 기를 때는 이것을 본받아야 한다. 그리고 사람을 쓸 때도 이것을 본받아야 한다. 【정미(1547) 9월 27일 조강, 「당후일기」】

◑8-17 聖人教人, 各因其才, 人君兼君師之責, 養育人材, 當以此爲法. 而其於用人, 亦當以是爲則也. 【丁未九月二十七日朝講「堂后日記」】 *『退溪先生言行錄』, 卷3, 「告君陳誡」*

◑8-18 임금에게 이렇게 말씀하셨다. "예로부터 임금이 처음 정치를 시작할 때는 맑고 밝아서 바른 사람이 등용되지만, 임금에게 지나친 점이 있으면 간언을 하고, 잘못이 있으면 쟁론을 하니, 임금이 싫어하고 괴롭게 여기는 마음이 생기게 됩니다. 이에 간사한 사람들이 틈을 타서 부추기니, 임금은 마음속으로 이러한 사람들을 등용하면 모든 일이 자신이 바라는 대로 될 것이라고 생각하여, 이때부터 소인들하고만 어울리게 되니, 바른 사람들은 손댈 곳이 없게 됩니다. 그 후 간사한 신하들은 뜻을 얻어 같은 무리들을 끌어들여 못할 짓이 없게 됩니다." 【『연보』】

◑8-18 言於上曰, "自古人君, 初政清明, 正人見用, 君有過則諫之, 有失則爭之. 人君必生厭苦之意, 於是奸人乘隙而逢迎之. 人主之心, 以爲若用此人, 則吾所欲無不如意, 自此與小人合, 而正人無著手處. 然後奸臣得志, 招朋引類, 無所不爲矣." 【『年譜』】 *『退溪先生年譜』, 卷2, 16쪽a, 「年譜·(穆宗隆慶)三年己巳」*

◑8-19 세상에는 훌륭한 인재들이 많지만 모두 과거에 의해서 못 쓰게 된

다.【「신계숙에게 답한 글」】

◑8-19 世間無限好人才, 盡爲科目壞了.【「答申啓叔」】*『退溪先生文集』, 卷38, 30쪽a, 「書·與申啓叔」*

◑8-20 국가에서 과거를 설치할 때 어찌 학자들이 학문을 하지 않기를 바라서 설치하였겠는가? 내외의 경중에는 스스로 분별이 있으니, 만일 이것을 분명하게 판단한다면 경전을 두루 외우는 것도 어찌 학문이 아니겠는가!【정사성의 기록】

◑8-20 國家設科, 豈欲士之不爲學耶? 內外輕重, 自有分別, 若於此判斷得分明, 則誦貫經傳, 獨非爲學耶?【鄭思誠錄】*『芝軒先生文集』, 卷3, 2쪽a, 「雜著·師訓箚錄」*

○8-21 새로 들어온 사람을 괴롭히는 폐단은 오랑캐 풍속이 아니면 말세의 일이다. 신진 학자로 하여금 예의염치禮義廉恥를 잃게 하고서도 걱정하지 않는다면 선비의 기풍에 대한 해가 어떠하겠는가! 선배와 후배 사이의 예는 국법으로 정하여져 있으니, 혹 후배 가운데 선배를 경시하는 자가 있으면 공론公論으로 규탄하는 것이 옳다.【위와 같음】

○8-21 侵苦新來之弊, 若非胡風, 必是衰世事也. 使新進之士, 喪其禮義廉恥之心, 而莫之恤, 其有害於士風, 爲如何也? 至於先後進相待之禮, 自有國典, 其間如有後進輕先進者, 以公論糾彈可也.【上同】*『退溪先生言行錄』, 卷5, 「論科學之弊」*

◇8-21-1 새로 들어온 사람이란 새로 급제한 사람을 가리킨다.

◇8-21-1 新來, 俗稱新及第之人.

○ 8-22 옛 법도를 지키고 상도常道를 따르는 신하들에게만 의지한다면 지치至治를 일으키는 데 방해가 될 것이며, 일을 만들기를 좋아하는 신진학자들만 지나치게 믿는다면 어지러움을 일으키게 될 것이다. 【「육조소」】

○ 8-22 專倚於守舊循常之臣, 則有妨於奮興至治. 偏任於新進喜事之人, 則亦至於挑生亂階. 【「六條疏」】 *『退溪先生文集』, 卷6, 36쪽b, 「疏·戊辰六條疏」*

○ 8-23 가뭄으로 말미암아 자주 사면한다면 선한 자들이 해를 받고 간사한 사람들이 기뻐할 것이다. 요즈음 간사한 무리들은 가뭄이 심하면 반드시 사면할 것이라 생각하여, 죄를 지은 자도 사면을 바라고 고의로 범죄를 저지르는 자들도 거리낌이 없으니 폐단이 적지 않다. 【『연보』】

○ 8-23 因旱數赦, 則衆善受害, 奸人致喜. 近者, 奸細之徒, 意謂旱極必赦. 作罪者希望, 故犯者無忌, 其弊不小矣. 【『年譜』】 *『退溪先生年譜』, 卷1, 5쪽a, 「年譜·(世宗嘉靖)十九年庚子」*

○ 8-24 간관諫官은 임금의 귀와 눈이니 보고 들은 대로 보고하여야 한다. 그런데 완석[22]을 베풀어 모든 사람이 동의한 뒤에야 보고하고, 의견이 일치하지 않으면 바른 주장이라도 올리지 않으니 어찌 그 해가 크지 않겠는가! 옛날에는 아래로 백관百官에 이르기까지 각기 맡은 바에 따라서 간언을 하였으니, 어찌 완석이 있었겠는가! 【『습유』】

---

22) 完席은 사헌부 관원들이 어떤 일을 시행할 때 사람들을 물리치고 쭉 둘러앉아서 의논하는 자리이다. 圓議席 또는 完議席이라고도 한다.

○ 8-24 諫官爲人主耳目, 當各以所聞見論啓. 而必設完席, 僉議書同然後方啓, 議若不合, 則雖有正論, 亦不得行, 其爲害豈不大哉! 古者下至百工, 各執藝以諫, 亦何嘗有完席乎? 【『拾遺』】 *『鶴峯先生文集續集』, 卷5, 12쪽a, 「雜著 · 退溪先生言行錄」*

○ 8-25 사관史官을 8명이나 둔 것은 역사를 중시한 까닭이니, 각기 직분을 다하여야 할 것이다. 지금 사관들은 모두 자리만 지키며 공밥을 먹고 하급관리에게 일을 맡기고 있다. 그의 견해가 꼭 옳은 것도 아닌데다가 직필直筆을 하면 혹 생각이 다른 상급자가 지워 버린다. 만세에 믿음을 전하는 글이 이미 너무나도 대충이니 한심한 일이다. 【위와 같음】

○ 8-25 史官多至八員者, 所以重史也, 所當各盡其職. 而今則諸員皆尸素, 而委置下番一人. 所見未必皆正, 而直筆時, 或爲右位不同志者所抹去. 萬世傳信書, 草草已甚, 可爲寒心. 【上同】 *『鶴峯先生文集續集』, 卷5, 12쪽a, 「雜著 · 退溪先生言行錄」*

○ 8-26 국가가 왜인倭人에게 강화를 허락하여도 좋지만 조금이라도 방비를 게을리해서는 안 됩니다. 예로써 접견하여도 좋지만 지나치게 치켜주어도 안 됩니다. 곡식과 폐물로 환심을 얻어 실망하지 않게 하는 것은 좋지만 만족할 줄 모르고 계속 요구하는 데 지나치게 주어서도 안 됩니다. 【「왜의 사신을 거절하지 말라는 소」】

○ 8-26 國家之於倭人, 許其和可矣. 而防備不可以少弛也. 以禮接之可矣, 而推借不可以太過也. 以糧幣縻其情, 無使失望可矣, 而不可因無厭之求, 贈賂之太濫也. 【「勿絶倭使疏」】 *『退溪先生文集』, 卷*

6, 7쪽a,「疏 · 甲辰乞勿絶倭使疏」

○ 8-27 금수禽獸를 기르는 방법으로 금수를 기르면 금수가 본성에 만족을 얻게 되며, 이적夷狄을 대우하는 방법으로 이적을 대우하면 이적이 분수에 편안함을 얻게 된다.【위와 같음】

○ 8-27 以禽獸畜禽獸, 則物得其性. 以夷狄待夷狄, 則夷安其分.【上同】
『退溪先生文集』, 卷6, 7쪽a,「疏 · 甲辰乞勿絶倭使疏」

제9편

정사政事

* 23조목이다.

○ 9-1 신하는 사사로이 교류함이 없어야 하고 일에는 반드시 명분과 의리가 있어야 한다. 김안국[1]이 왜인을 지나치게 후대하여 이들이 더욱 방자하고 탐욕스러워졌으니, 안국의 죄가 없지 않다. 저들이 또 망령되게 자기에게 충성한다고 생각하고 호초를 선물로 보내었는데, 조정에서는 그 집으로 하여금 받도록 허락하였다. 우리 조정의 신하로서 일본에 충성하기에 힘쓰는 것, 이것이 무슨 명분이고 무슨 의리인가! 그의 집으로 하여금 결국 이 물건을 받도록 한다면, 신은 안국의 눈이 장차 지하에서 감기지 못할까 두렵다. 【「왜국 사신을 거절하지 말라는 소」】

○ 9-1 人臣無私交, 事必有名義. 金安國待倭人過厚, 致此輩益肆貪縱, 安國不無罪焉. 彼且妄謂之忠於己而有胡椒之饋, 朝廷許令其家受之. 以本朝之臣, 而勸忠於日本, 此何名義! 若令其家竟受此物, 則臣恐安國之目, 將不瞑於地下矣. 【「勿絶倭使疏」】 *『退溪先生文集』, 卷6, 7쪽a, 「疏 · 甲辰乞勿絶倭使疏」*

1) 金安國(1478~1543)은 호가 慕齋이다. 조선 전기의 문신이자 학자로, 예조판서 · 대사헌 · 병조판서 등의 요직을 두루 거쳤다.

○9-1-1 모재慕齋 본전本傳에 기록되어 있다. "신미일에 일본 사신 붕중弸中이 빙문하였다. 공을 선위사宣慰使로 삼으니 붕중은 크게 받들고 감복하여 인사하고 돌아갈 때는 눈물을 흘리며 이별을 애석해하였다."

○9-1-1 慕齋本傳曰, "辛未, 日本使弸中來聘. 以公充宣慰使, 弸中大加推服, 及其辭歸, 涕泣惜別." *『湖陰雜稿』, 卷7, 38쪽b, 「碑誌 · 有明朝鮮國崇政大夫議政府左贊成兼知經筵春秋館成均館事弘文館大提學藝文館大提學五衛都摠府都摠管世子貳師贈謚文敬金公神道碑銘 幷序」*

○9-2 나라에 바칠 곡물을 징발하지 않을 수는 없지만, 정해진 수량을 채우려고 사람을 괴롭히는 정치는 베풀지 않는 것이 좋다. 【「정자중에게 답한 글」】

○9-2 國穀雖不可不徵, 毋以必取盈而加忍人之政, 乃爲善也. 【「與[2]鄭子中」】 *『退溪先生文集』, 卷26, 5쪽b, 「書 · 與鄭子中別紙」*

○9-3 그대가 다스리는 곳에 백성들의 생활에 대한 원망이 없지 않다고 하니, 친구들 사이에 번거롭게 왕래한 탓이 크다. 지금 고칠 수 있다면 빨리 고치고, 줄일 수 없다면 훌쩍 떠나 고향인 금계錦溪로 돌아가 머무는 것이 상책이다. 【「황중거에게 답한 글」】

○9-3 聞仁政之下, 不無下民暑寒之咨, 多由於親舊應酬之擾所致. 今若可改則速改, 不可收殺, 不如飄飄然歸臥錦溪, 爲上策耳. 【「答黃仲擧」】 *『退溪先生文集』, 卷20, 21쪽b, 「書 · 答黃仲擧」*

○9-4 옛날 민간에서 제왕의 사당이나 묘당廟堂을 세운 것이 어찌 모두 조정

---

2) 『이자수어』에는 '答'으로 되어 있으나 『문집』에 따라 '與'로 바로잡는다.

의 명령에 의해서 세웠겠는가! 한때의 민속이 끼친 덕을 잊지 못하여 세운 것이다. 그러나 지금은 옛날과 시대가 다르고, 남들의 견해가 자기의 견해와 다르니, 능묘陵廟나 고치고, 비문이나 새로 새기고 나무를 벤다거나 소를 먹이는 일이나 엄하게 금지하고 말아야 한다. 【「이강이에게 답한 글」】

○ 9-4 古者帝王祠廟, 立於民間者, 豈皆出於朝命, 亦出於一時, 民俗之不忘遺德. 然今時與古時不同. 人見與己見不同. 只當修治陵廟, 改刻碑文. 嚴禁樵牧而已. 【「答李剛而」】 *『退溪先生文集』, 卷21, 29쪽a, 「書·答李剛而」*

○ 9-5 아들 준寯에게 보낸 편지에서 말씀하셨다. "보내 준 여러 가지 물건들이 녹봉에서 쓰고 남은 것이라 하더라도 많아서는 안 된다. 억지로 힘써 지나치게 한다면, 관리된 자로서 맑은 마음으로 일을 살피는 도리가 아니다. 이와 같은 데 습관이 된다면 뒷날 수습하기 어려워질 것이다. 요즈음 문음인門蔭人들을 보면 자기 한 몸만을 이롭게 하여 남으로 하여금 번민하게 한다. 사람의 마음은 매우 위태로우니 진실로 경계할 만하다." 【『언행록』】

○ 9-5 與子寯曰, "所送雜物, 雖俸食之餘, 亦必不多. 若勉强過爲, 則非居官者淸心省事之道. 竊恐習慣如此, 後日難收拾也. 近見門蔭人, 專利一己, 令人懣悶. 人心至危, 眞可戒也." 【『言行錄』】 *『退溪先生續集』, 卷7, 10쪽a, 「書·答子寯」*

○ 9-6 또 말씀하셨다. "듣건대, 사신의 행차가 국경에 닿을 때까지도 도착하지 못했다고 하는구나. 너는 모든 일에 있어서 바쁘게 기일 안에

도달할 생각을 하지 않으니, 이것은 매우 옳지 않은 일이다. 충분히 조심하고, 어떤 사건이라도 일어나게 하여 늙은 아비를 부끄럽게 만들지 말거라. 대개 국사國使를 대우하는 예의는 지극히 융성하게 하는 법인데, 소홀하게 하여 제때에 도착도 하지 못하는 일이 있을 수 있겠느냐!"【위와 같음】

○9-6 又曰, "聞不及客行之入界. 汝於凡事, 每不爲汲汲趁期之計, 此甚不可. 須十分操心, 勿至生事爲老父羞. 大抵國使, 待之之禮極隆, 何可慢忽, 而有不及事之累乎!【上同】*『退溪先生續集』, 卷8, 6쪽a, 「書·答子寯」*

○9-7 "부형이 읍재邑宰가 되었을 때, 자제가 따라가는 것이 의리상 어떠합니까?"라고 물었더니, 이렇게 대답하셨다. "국법에 따라 헤아려 본다면 처자는 데리고 가야 하지만, 이미 출가한 딸은 데리고 갈 수 없게 되어 있으니, 자제가 따라가지 않는 것이 옳다. 다만 옛날 일로 헤아려 본다면, 이신보[3]가 연산鉛山에 임명되었을 때, 연평 선생이 때때로 왕래하셨으며, 가끔은 부인과 함께 가기도 하셨다. 아버지가 아들을 따라가는 것도 가능한데 하물며 자제이겠는가! 그러나 옛날과 오늘날은 마땅함을 달리하며, 중국과 우리나라는 군현郡縣의 제도가 크게 다르다. 중국에서는 군현을 다스리는 자에게는 모두 월급이 있어서, 부모를 모시고 자식을 기르며, 친척까지 모셔도 오히려 지장이 없다. 지금 우리나라는 월급제도가 없고 관아의 물건을 자기의 필요에 따라서 사용하니, 자제들을 많이 이끌고 관사官舍를 어지럽힌다면

---

3) 李信甫는 주희의 스승인 延平 李侗의 둘째 아들이다.

어찌 의리에 합당하겠는가! 자제들이 인사하러 왕래하더라도 오래 머물러서 폐를 끼쳐서는 안 된다."【『습유』】

○ 9-7 問, "父兄爲邑宰, 子弟從往, 於義何如?" 曰, "以國法揆之, 妻子當率去, 而已嫁之女, 不許帶行, 則子弟之不去爲是. 但以古事揆之, 李信甫任鉛山時, 延平先生時亦往來, 或與夫人同往. 以父從子猶可, 況子弟乎! 然古今異宜, 而中原與本國, 郡縣之制, 大有不同. 中原爲郡縣者, 皆有月俸, 雖仰事俯育, 以及親戚, 猶無害也. 今則無月俸之制, 而以官物爲己用, 則多率子弟, 溷煩官舍, 豈合於義乎! 爲子弟者, 雖因覲省往來, 不可留連以貽其弊."【『拾遺』】*『鶴峯先生文集續集』, 卷5, 12쪽a, 「雜著·退溪先生言行錄」*

○ 9-8 주州와 군郡을 다스릴 때는 백성을 사랑하는 것을 주로 삼아 성심으로 다스리셨다.【『통술』】

○ 9-8 在州郡, 以愛民爲主, 而行之以誠心.【『通述』】*『文峯先生文集』, 卷4, 18쪽b, 「雜著·退溪先生言行通述」*

○ 9-9 관리로서 정치를 할 때는 간결하고 고요함과 어지럽게 하지 않는 것을 한결같이 숭상하셨다. 백성들에게 거두는 세금은 가볍고 간략하게 하셨지만, 백성들이 마땅히 해야만 하는 일에 대해서는 증감增減이 없으셨다. 도를 어기며 명성을 구하는 일은 하지 않았기 때문에 군에서 혁혁한 명성은 없으셨다.【『습유』】

○ 9-9 吏治一以簡靜不擾爲尙. 其收賦於民也, 雖甚輕約, 而若民所當爲者, 則亦無所增減. 不爲違道干譽之事, 故居郡無赫赫之聲.【『拾遺』】*『鶴峯先生文集續集』, 卷5, 12쪽a, 「雜著·退溪先生言行錄」*

○ 9-10 선생이 단양을 떠나 죽령에 도착하셨을 때, 관리가 삼 다발을 짊어지고 와서 바치며 말하기를 "이것은 관아의 밭에서 생산된 것으로, 노자로 삼는 것이 전례로 되어 있으므로 가지고 와서 바칩니다"라고 하였다. 선생은 화를 내어 물리치고 "내가 명령하지 않았는데 네가 왜 짊어지고 왔느냐?"라고 말씀하시고 매를 때리려다가 그만두셨다. 싣고 온 것은 서적뿐이었다. 【『기선록』】

○ 9-10 先生之去丹陽也, 行到竹嶺, 官人負麻束而前曰, "此衙田所產, 例爲行需, 故追納之." 先生怒而卻之曰, "非我所令, 汝何負來?" 欲笞而止. 所載只書籍而已. 【『記善錄』】 *『艮齋先生文集』, 卷6, 1쪽a, 「溪山記善錄下」*

○ 9-11 옛날의 향대부[4]라는 직책은 덕행德行과 도예道藝로써 인도하고, 따르지 않음을 형벌로써 바로잡았다. 선비들도 반드시 집에서 수양하고 마을에서 드러난 뒤에 빈객으로서 나라에서 일어날 수 있었으니, 이렇게 한 이유가 무엇이었겠는가? 효제孝悌와 충신忠信은 인도人道의 큰 근본이요, 집안과 향당은 실제로 그가 행하는 장소이다. 선왕의 가르침은 이것을 중시하였으므로 이와 같이 법을 세웠다. 후세에 이르러 법제는 비록 폐해졌을지라도 떳떳한 인륜의 법칙은 본래 스스로 그러하니, 어찌 옛날과 오늘날의 마땅함을 헤아려 권면하고 징계하지 않을 수 있겠는가! 【「향약입조서」】

○ 9-11 古者鄕大夫之職, 導之以德行道藝, 而糾之以不率之刑. 爲士者, 亦必修於家, 著於鄕而後, 得以賓興於國, 若是者何哉? 孝悌忠信, 人

---

4) 鄕大夫는 周代의 벼슬로서 한 마을의 政敎와 禁令을 맡았다.

道之大本, 而家與鄕黨, 實其所行之地也. 先王之敎, 以是爲重, 故其立法如是. 至於後世, 法制雖廢, 而彝倫之則, 固自若也, 惡可不酌古今之宜, 而爲勸懲也哉! 【「鄕約立條序」】 *『退溪先生文集』, 卷42, 9쪽b, 「序 · 鄕立約條序附約條」*

○ 9-12 향약鄕約의 조례條例는 다음과 같다. 부모에게 순종하지 않는 자,－불효한 죄에 대하여는 나라에서 정한 형벌이 있다. 그러므로 이하의 죄에 대해서만 열거한다－ 형제 사이에 서로 다투는 자,－형이 나쁘고 아우가 옳으면 같이 처벌한다. 형은 바르고 아우가 그르면 아우만 처벌한다. 둘 다 잘잘못이 비슷하면 형은 가볍게 아우는 무겁게 다스린다－ 집안의 도리를 어지럽히는 자,－부부 사이에 때리고 욕한 자, 본처를 쫓아낸 자(처가 잘못하였으면 감등한다) 남녀 사이에 구별이 없는 자, 첩과 처의 서열을 바꾸는 자, 첩을 처로 삼는 자, 서자庶子를 적자適者로 삼는 자, 적자로서 서자를 돌보지 아니하는 자, 서자로서 도리어 적자를 능멸하는 자이다－ 관청에까지 문제를 일으켜 고을의 풍속에 영향을 미친 자, 함부로 위세를 부려 관官을 어지럽히고 마음대로 행하는 자, 향장鄕長을 능욕한 자, 수절守節하는 과부를 유혹하고 협박하여 더럽히고 간통한 자,－이상은 상 · 중 · 하로 나누어 엄벌한다－ 친척과 화목하지 않은 자, 본처를 멀리하고 박대한 자,－처에게 잘못이 있는 경우에는 감등한다－ 이웃과 불화한 자, 친구 사이에 서로 때리고 욕하는 자, 염치를 돌아보지 않고 선비의 기풍을 더럽히고 무너뜨리는 자, 자기의 강함을 믿고 약한 자를 무시하고 욕하며 침탈하여 싸움을 일으키는 자, 무뢰하게 무리를 모아

자주 난폭한 짓을 저지르는 자, 공적이나 사적으로 모여 관청의 정치에 대하여 시비하는 자, 헛말을 꾸며 남을 죄에 빠뜨리는 자, 환난을 보고 힘이 미치면서도 앉아서 보고 구하지 않는 자, 관리로 임용되어 공무를 빙자하여 폐단을 일으키는 자, 혼인과 상례나 제사에 있어서 이유 없이 때를 지나치는 자, 집강[5]을 업신여기고 향령鄕令을 따르지 않는 자, 향론鄕論에 따르지 아니하고 도리어 원망을 품는 자, 집강이 사적으로 향참鄕參에 불러들인 자, 구관舊官을 전별하는 모임에 이유 없이 참여하지 않는 자, – 이상은 상 · 중 · 하로 나누어 중벌中罰로 처벌한다 – 공적인 모임에 늦게 도착한 자, 어지럽게 앉아 법도를 잃은 자, 좌중座中에서 시끄럽게 싸우는 자, 마음대로 자리를 비워 놓고 물러나는 자, 이유 없이 먼저 나가는 자, – 이상은 상 · 중 · 하로 나누어 하벌下罰로 처벌한다 – 아주 나쁜 향리鄕吏로서 관리와 사람들에게 폐를 끼친 자, 공물貢物 값을 지나치게 거두어들이는 자, 서인庶人으로서 선비를 능멸하는 자.

○ 9-12 鄕約立條曰, 父母不順者, 不孝之罪, 邦有常刑, 故姑擧其次. 兄弟相鬩者, 兄曲弟直, 均罰. 兄直弟曲, 止罰弟. 曲直相半, 兄輕弟重. 家道悖亂者, 夫妻歐罵, 黜其正妻(妻悍逆者減等), 男女無別, 嫡妾倒置, 以妾爲妻, 以孽爲嫡, 嫡不撫孽, 孽反凌嫡. 事涉官府, 有關鄕風者, 妄作威勢, 擾官行私者, 鄕長凌辱者, 守身孀婦, 誘脅汚奸者, 已上極罰上 · 中 · 下. 親戚不睦者, 正妻疎薄者, 妻有罪者, 減等. 隣里不和者, 儕輩相歐罵者, 不顧廉恥, 汚壞士風者, 恃强凌弱, 侵奪起爭者, 無賴結黨, 多行狂悖者, 公私聚會, 是非官政者, 造言構虛, 陷人罪累者, 患難力及, 坐視不救者, 受官差任, 憑公作弊者, 婚姻

5) 執綱은 면장이나 이장 등을 가리킨다.

喪祭, 無故過時者, 不有執綱, 不從鄕令者, 不伏鄕論, 反懷仇怨者, 執綱徇私, 冒入鄕參者, 舊官餞亭, 無故不參者, 已上中罰上·中·下. 公會晩到者, 紊坐失儀者, 座中喧爭者, 空坐退便者, 無故先出者, 已上下罰上·中·下. 元惡鄕吏, 人吏民間作弊者, 貢物使濫徵價物者, 庶人凌蔑士族者. *『退溪先生文集』, 卷42, 9쪽b, 「序·鄕立約條序附約條」*

◑9-13 모든 일을 처리함에 있어서, 다른 사람의 구속을 받거나 형편상 여러 사람의 생각을 어길 수 없는 경우에는, 도리에 크게 어긋나지 않는다고 생각되면 그들에게 따르도록 힘쓰며 자신의 마음공부를 더욱 쌓아야 한다. 마음공부도 없이 갑자기 고상한 일을 행하고자 하면, 사람들이 다투어 괴이하게 여기고 비방하게 된다. 집안에서의 일도 그러하니, 이러한 경우에 처신하기가 어렵다. 【김부륜의 기록】

◑9-13 凡處事若拘於他人, 而勢難違衆, 則觀其不甚害理者, 而或勉從之, 惟內自益著工夫耳. 若內無工夫, 而遽爲高格之事, 則人爭怪之而致謗矣. 凡在一家之內亦然, 此人之所難處也. 【金富倫錄】 *『雪月堂先生文集』, 卷4, 8쪽a, 「雜著·退溪先生言行箚錄」*

◑9-14 도저히 어떻게 할 수 없는 일의 경우에, 마땅한 도리가 없으면 어쩔 수 없이 차선의 도리를 선택하여 따라야 한다. 이것이 바로 권도權道이니, 이러한 상황에서의 마땅한 처신이다. 【「이숙헌에게 답한 글」】

◑9-14 凡事到無可柰何處, 無恰好道理, 則不得已擇其次者而從之. 乃所謂權, 亦此時所當止之處也. 【「答李叔獻」】 *『退溪先生文集』, 卷14, 17쪽a, 「書·答李叔獻」*

◆9-14-1 위의 편지에 이렇게 나온다. "다리의 살을 베어서 부모의 병을 치료한 일에 대해서는 선유先儒들이 이미 극진하게 논하였다. 상황은 매우 절박하고 그렇다고 다른 사람에게서 취할 수는 없는 경우에, 혹 어쩔 수 없이 권도로 그렇게 할 수는 있다. 생각건대 이 밖에 더 이상 다른 도리가 없는 경우, 차라리 자신의 몸을 손상시켜서라도 부모의 목숨을 구하려는 행위도 자식의 지극한 걱정에서 나온 것이기는 하지만, 결국 이것이 효도라고 사람들에게 가르칠 수는 없다. 그러므로 주자가 '효도에 가깝다'고만 말하고 지선한 행동이라고 하지 않았다."

◆9-14-1 原書曰, "割股, 先儒之論盡矣. 至於迫切之極, 旣不可取之他人, 則容有不得不權以處之者. 蓋此外更無他道理, 則寧毁體而救親命, 亦人子至痛之情, 然終不可以是訓人爲孝. 故朱子止謂之'庶幾', 而不以爲至善也." *『退溪先生文集』, 卷14, 17쪽a, 「書·答李叔獻」*

◇9-14-2 우경선이 물었다. "사람의 살로써 사람의 병을 고치는 일이 세상에 있을 수 있겠습니까? 그렇게 해서는 안 된다는 것을 분명하게 알면서 우선 시험 삼아 해 보는 행위를 이치에 밝은 사람은 그렇게 하지 않습니다. 어찌 몸을 손상시켜 목숨을 구제하는 일이 있을 수 있겠습니까! 그리고 그렇게 하는 것이 한때의 지선한 행동이 되겠습니까! 주자가 '가깝다'고 한 말은 '성심으로 그렇게 하면, 이러한 행위로 명예를 얻고자 하는 사람보다 낫다'는 의미에 지나지 않을 뿐입니다. 이러한 행위를 옳게 여긴 것은 아닙니다. 김탁영金濯纓이 호인[6]에 대한 대답을 비난하는 글을 지어 창려공[7]을 공격하였습니다. 그 내용에, '훌륭한 의사가 방서[8]를 인용하여, 「약에다 사람의 살을 섞어 복용하지 않는다면 병이 낫지

6) 楊慶이 아버지가 병이 났는데 가난하여 의사를 부를 돈이 없자 다리의 살을 베어 약으로 바쳐 고친 고사가 있다.(『宋史』, 권456) 이러한 행위가 효도인가 아닌가 논란이 일었는데 韓愈는 鄠人對를 지어 옹호하였다.
7) 昌黎公의 昌黎는 당나라 韓愈(768~824, 자는 退之)의 호이다. 이 이야기는 한유집 외집에 실려 있다.
8) 方書는 신선의 술법을 기록한 책이다.

않는다」고 말한다면, 그 말을 허탄하게 여겨 어머니가 죽는 것을 앉아서 보면서 그 말을 따르지 않을 것인가?'라고 하였습니다. 저는 '훌륭한 의사라면, 반드시 이러한 말을 하지 않을 것이다'라고 생각합니다. 탁영은 이러한 말에 미혹되지만 창려는 이러한 말에 미혹되지 않을 것입니다." 선생은 대답하셨다. "내가 혹자의 질문을 받고, 주자가 그렇게 한 사람의 정성을 취하여 '효도에 가깝다'라고 말씀하신 듯하여 지난번에 이와 같이 말하였다. 나중에 생각하여 보니 결국 만족스러운 표현이 아닌 듯하다. 이 일은 창려공과 그대의 생각이 옳다."

◇9-14-2 禹景善問, "用人肉而治人病? 天下寧有是理耶, 明知其不然, 而姑且試之, 明理者所不爲也. 豈有毁體而可救其命! 亦豈是一時所當止之處耶! 朱子'庶幾'之言, 不過曰'若誠心爲之, 則猶勝於以此要譽者'云耳. 非以此爲是也. 金濯纓作非鄂人對, 以攻昌黎公. 其言曰, '就令善醫引方書, 「以爲非人肉合藥無良云爾」, 將以彼爲誕, 坐視其母之死而不從耶?' 性傳亦以爲'苟有善醫者, 必不爲此言.' 濯纓雖惑於此言, 昌黎必不惑於此言也." 先生答曰, "緣或問取其誠以爲'庶幾', 故向者爲說如此. 後來思之, 終覺有未安處. 此事當以昌黎與公說爲正." *『退溪先生文集』, 卷32, 9쪽a, 「書 · 答禹景善問目」*

◇9-14-3 주자가 말씀하셨다. "넓적다리의 살을 베는 것은 옳지 않다. 성심으로 그렇게 하고 남이 알아주기를 바라지 않는다면 효도에 가깝다. 지금은 이러한 일로 명예를 얻으려는 자가 있다."

◇9-14-3 朱子曰, "刲股固自不是. 若誠心爲之, 不求人知, 亦庶幾. 今有以此要譽者." *『朱子語類』, 卷17, 제48조*

◆9-14-4 주자가 또 말씀하셨다. "효는 명덕明德이다. 그러나 효에도 마땅한 법도가 있다. 법도에 미치지 못하면 본래 옳지 않지만, 법도에 지나치면 넓적다리의 살을 베는 등의 일이 있게 된다."

◆9-14-4 又曰, "孝是明德. 然自有當然之則. 不及固不是, 若過其則, 必有刲股

之事."『朱子語類』, 卷14, 제115조

◐9-15 일이 어떻게 할 수 없는 곳에 이르면 사람의 힘으로 어떻게 할 수 있는 바가 아니니, 오직 그가 처할 도리를 스스로 다하기를 생각해야 한다. 여러분들이 각기 자기의 행동을 조심하여, 나의 영귀[9]를 버리지 말고, 병풍처럼 굴곡을 이루지 말기를 바라노라.[10] 【「구경서에게 답한 글」】

◐9-15 事至無可柰何處, 皆非人力所能如何, 惟思自盡其所處之道. 日冀諸公各敬爾儀, 毋舍我靈龜, 毋屈曲如屛風. 【「答具景瑞」】『退溪先生文集』, 卷33, 2쪽b, 「書·答具景瑞」

◆9-15-1 『역』 이괘頤卦 초효에 "너의 영귀를 버리고, 나를 보고 턱을 떨구니 흉하다"라고 나온다. 『본의本義』에서 "영귀는 먹지 않는 동물이다. 턱을 떨군다는 것은 먹고 싶어하는 모습이다"라고 풀이하였다.

◆9-15-1 『易』頤初九, "舍爾靈龜, 觀我朶頤, 凶."『周易』, 頤卦 初九, 「爻辭」『本義』, "靈龜不食之物. 朶頤欲食之貌".『周易本義』, 頤卦 初九, 「爻辭」

◆9-15-2 『남사南史』 「왕원전王遠傳」에서 왕원은 지위가 광록훈光祿勳이었는데, 당시 사람들이 "원은 병풍과 같이 굴곡을 이루어 세속을 좇아, 바람과 이슬을 막을 수 있었다"[11]고 하였으니, 사물의 이치를 거스르지 않을 수 있음을 말한 것이다.

◆9-15-2 『南史』, 王遠位光祿勳, 時人謂"遠如屛風, 屈曲從俗, 能蔽風露", 言能不虧物理也.

---

9) 靈龜는 '자신의 훌륭한 점'을 의미한다.

10) 屛風은 굴곡이 있어서 접도록 되어 있다. 상황에 따라서 자신의 삶의 태도를 바꾸지 말라는 부탁이다.

11) 『南齊書』 권46, 「列傳」 제27에 해당 내용이 나온다.

◑9-16 나로서는 도를 다하였으나 면하지 못한다면 내가 어떻게 할 수 없는 것이니, 이것이 이른바 명命이다. 나만 어떻게 할 수 없는 것이 아니라, 나를 해하려는 자로부터 말하더라도 또한 어떻게 할 수 없는 것이 있다. 【「이굉중에게 답한 글」】

◑9-16 在我者盡道, 而猶未免, 則吾無如之何, 是所謂命也. 非獨吾無如之何, 雖自害我者言之, 亦無如之何. 【「答李宏仲」】*『退溪先生文集』, 卷35, 31쪽b, 「書·答李宏仲」*

◑9-17 자신에게 과연 비판받을 만한 내용이 있어서 남들이 비판하였다면 시론時論이 옳은 것이다. 만일 그렇지 아니하고 상대가 나를 미워하여 그렇게 말하였다면 나에게 손상될 것이 무엇이 있겠는가! 【「김계진에게 답한 글」】

◑9-17 吾身果有可毀之實, 時論當矣. 如其不然, 而或出於憎嫌之際, 於我何損乎! 【「答金季珍」】*『退溪先生文集』, 卷15, 39쪽a, 「書·答金季珍」*

9-17-1 당시에 김계진金季珍이 비판을 받아 옥당玉堂에서 쫓겨났기 때문에 이렇게 말씀하셨다.

9-17-1 時季珍被言罷出玉堂, 故云.

◑9-18 세상에 드러나고 숨고 말하고 침묵하는 등의 모든 행동을 상황에 따라 바꾸며 자신을 수양하지 않을 수 없다. 그러므로 주자와 같이 굳세고 굽히지 않는 성격을 지닌 분도 만년에 세상에 대응한 방법이 건도[12]에서 순희[13] 연간의 행동과는 크게 달랐으니, 뜻이 변한 것

이 아니라 시대적 상황이 그렇게 하지 않을 수 없었기 때문이다. 내가 요즈음 서울에서 책을 빌리고 학문을 강론한 일들이, 지금 생각하여 보면 사람들의 감정을 건드리고 비웃음 살 일들이 많았던 것 같다. 그러나 나의 동지들과 틈을 타서 몰래 하였기 때문에, 지목의 대상이 되지 않은 것은 아니지만 크게 사건을 일으키지 않게 된 것은 시대적 상황 탓이다. 【「정자중에게 답한 글」】

◑9-18 凡吾之顯晦語默, 不可不隨時消息以善身也. 故以朱子之剛立不屈, 晩年所以應世者, 與乾道·淳熙間所爲, 大不同, 非志變也, 時不得不然也. 滉頃年在城中, 求書論學等事, 自今思之, 多有觸忌取笑者 然皆與吾同志之人, 乘間而密爲之, 雖不無指目, 而不大段起鬧者, 時然耳. 【「答鄭子中」】*『退溪先生文集』, 卷24, 21쪽b, 「書·與鄭子中」*

◑9-19 조군曺君[14]은 세상에 높은 이름을 떨치고 있다. 아마도 그 사람은 사물의 세계 바깥으로 우뚝 솟아나고 깨끗하여 티끌세상을 벗어나 천하의 어떤 물건도 그의 마음을 건드리지 못하리라고 생각하였다. 저 시골의 한 여인이 행동을 잘하였느냐 못하였느냐 하는 것은 얼마나 더러운 문제인가! 이 사람으로서 이러한 사건에 대한 이야기를 들으면 귀를 씻고 못들은 듯이 해야 한다. 그런데 그 일 때문에 자신의 높은 절개를 훼손시키며 남과 시비를 다투며 심기心機를 소모하며 몇

---

12) 乾道는 남송 효종의 연호로서 1165~1173년이다.
13) 淳熙는 남송 효종의 연호로서 1174~1189년이다.
14) 曺君은 남명 조식(1501~1572)을 가리킨다. 이황과 조식은 같은 시대를 살며 서로 존경하였으나, 성격상 차이는 컸다. 이황이 온화하고 자기 반성적인 데 반해 조식은 호방하고 진취적이었다.

년이 되도록 그칠 줄을 모르니, 참으로 이해하지 못할 일이다. 【「이강이에게 답한 글」】

◑9-19 曹君有高世重名. 意謂其人必亭亭物表, 皎皎霞外, 天下萬物, 無足以攖其心. 彼鄕里一婦失行與否, 是何等一塵穢事! 使斯人而遇說此事, 宜若洗耳而不聞. 乃爲之自貶損高節, 與人爭是非, 費盡心機, 至於積年, 而猶不知止, 誠所未曉 【「答李剛而」】 *『退溪先生文集』, 卷22, 30쪽a, 「書 · 答李剛而」*

○9-19-1 임훈林薰이 선생에게 와서 말하기를, "남명이 제자들로 하여금 음란한 여자의 집을 헐게 하였는데 매우 마땅하지 않습니다. 홀로 산중에서 자기 할 일을 하는 것만 못합니다" 하니, 선생은 "이 말이 옳다"라고 하셨다.

○9-19-1 林公薰來言於先生曰, "南冥令弟子等撤毁淫婦家, 甚不當. 莫如獨採我薇蕨也." 先生曰, "此言當." *『艮齋先生文集』, 卷6, 1쪽a, 「溪山記善錄下」*

○9-20 공이 불행하게 이러한 어려운 일을 당하더라도, 조목조목 따지어 변명하거나 탄식할 필요가 없다. 교제를 온전하게 하려고 바랄 필요도 없다. 스스로 반성하여 입장을 확실하게 정하고 자세를 바르게 하고서, 그 일에 대하여 듣지도 않은 듯이 초연하게 처신하고, 그 일과 아무 상관이 없는 듯이 거리낌 없이 처신하고, 전혀 그 일을 알지도 못하는 듯이 무관심하게 처신하여라. 이렇게 하는 가운데 자신의 참된 즐거움이 무궁할 것이다. 그렇게 하지 아니하고 교제를 온전하게 하려고 생각하여, 조목조목 따져 변명하며 상대의 뜻에 맞추려고 하면, 굴욕을 더욱 심하게 당하고 결국은 교제도 온전하게 할 이치도 없게 될까 두렵다. 【위와 같음】

○ 9-20 公不幸而遭此變, 亦不須分疏, 亦不須傷歎. 亦不當以全交爲望. 惟當自反而牢定脚跟, 硬著脊梁, 超然若不聞其事, 洒然無相及其事, 邈焉爲不知也者而處之. 吾這裏眞樂, 自無窮矣. 不然, 若以全交爲念, 而有分疏求合之意, 則吾恐受屈滋深, 而終無可全之理也. 【上同】*『退溪先生文集』, 卷22, 30쪽a, 「書 · 答李剛而」*

○ 9-21 전염병으로 부모가 돌아가신 경우에 피해서 살려고 하는 것은 옳지 못하다. 그러나 염殮을 하고 빈소를 차린 다음의 행동에는 좀 생각하여 볼 점이 있다. 피한다고 해서 모두가 다 사는 것은 아니지만 피하는 것은 삶의 방법이요, 피하지 않는다고 해서 모두 다 죽는 것은 아니지만 피하지 않는 것은 죽음에 이르는 방법이다. 그렇다면 이때에는 어떤 사람에게 장사와 제사를 부탁하고 잠시 그곳을 피하여 뒷일을 도모해야지, 꼭 자신을 죽음의 위험이 있는 곳에 둘 필요가 있겠는가! 【「이평숙에게 답한 글」】

○ 9-21 染疫遭罔極之變者, 不當避而求生. 若在旣斂殯後, 容有可議者, 何也. 蓋避者, 未必皆生, 然而避者, 生之道也, 不避者, 未必皆死, 然而不避者, 死之道也. 然則當此時, 欲付葬祭於何人, 必處其身於死地而不少避, 以圖後事乎! 【「答李平叔」】*『退溪先生文集』, 卷37, 31쪽b, 「書 · 答李平叔」*

○9-21-1 또 말씀하셨다. "비유를 들어 보자. 부모와 함께 물이나 불과 같은 위급한 재난을 당하였을 경우에는 불에 타거나 물에 빠질 위험을 피하지 말고 서로 열심히 구해야 한다. 그런데도 부모는 타거나 빠져서 죽고 자신은 우연히 살아나게 되었다고 가정하자. 염을 하고 빈소를 다 차리고 나

서 뒷일을 돌아보지 아니하고 도리어 물이나 불에 자신을 맡긴다면 그의 행동이 옳겠는가, 잘못이겠는가?"

○9-21-1 又曰, "比如人至親, 同遭水火之急, 固當不避焚溺, 以相極救. 及不免焚溺, 而一有偶脫者. 斂殯旣畢, 乃不顧後事, 反自投於水火, 則其所處得失, 何如也?" *『退溪先生文集』, 卷37, 31쪽b, 「書·答李平叔」*

○9-22 선생의 생질인 신홍조辛弘祖가 고을에서 옥사獄事가 생겼을 때, 그로 하여금 왕래하거나 편지를 보내지 못하게 하시고, 태수에게도 그렇게 하셨다. 오해받을 일에 대해서는 이렇게 조심하셨다. 【『기선록』】

○9-22 先生甥辛弘祖訟于本縣, 令不相往來, 不通書札, 其於太守亦如此. 其審嫌疑至此. 【『記善錄』】 *『艮齋先生文集』, 卷6, 1쪽a, 「溪山記善錄下」*

○9-23 도산정사陶山精舍 아래 어량[15]이 있었다. 관청에서 엄하게 금지하여 개인의 자격으로 물고기를 잡을 수 없었다. 선생은 매년 여름마다 시냇가의 집에 머물렀지만 한 번도 이곳에 가신 일이 없었다. 이것은 오해를 피하기 위함이었다. 남명이 이 사실을 듣고 웃으며 "너무 지나치게 쩨쩨하다"고 하였다. 선생은 말씀하셨다. "남명이라면 그렇게 하는 것이 옳겠지만 나는 이렇게 하는 것이 옳다. 능력이 모자라는 나로서 능력이 있는 유하혜[16]를 배우는 것이 마땅하지 않겠느냐?" 【『습유』】

---

15) 魚梁은 물이 한 군데로만 흐르도록 물살을 막고 통발을 놓아 물고기를 잡을 수 있도록 한 장치이다.

16) 柳下惠는 중국 춘추시대 노나라의 대부로서 성은 展, 이름은 禽이다. 柳下라는 곳에 살았고 시호가 惠이기 때문에 보통 유하혜라 불린다. 그는 성격이 남과 잘 어울리고 온화하여 맹자가 '온화한 聖人'이라고 불렀다.

○9-23 陶山精舍下有漁梁. 官禁甚嚴, 人不得私漁. 先生每當暑月, 則必居溪舍, 未嘗一到于此. 蓋避嫌也. 南冥聞之笑曰, "何太屑屑也?" 先生曰, "在南冥則當如彼, 在我則當如是. 以吾之不可學柳下惠之可, 不亦宜乎?" 【『拾遺』】 *『鶴峯先生文集續集』, 卷5, 12쪽a, 「雜著 · 退溪先生言行錄」*

○9-23-1 『가어』에 나온다. "노魯에 홀로 사는 남자가 있었다. 이웃의 과부가 밤에 내린 폭풍우로 집이 무너져 달려가서 머물게 하여 달라고 부탁하였다. 그 남자가 받아들이지 않았다. 과부가 '당신은 유하혜만 못하다'고 하였다. 노의 남자가 '유하혜라면 가능하지만 나는 확실히 안 된다. 능력 없는 나로서 능력 있는 유하혜를 배우고자 한다.'"

○9-23-1 『家語』曰, "魯有獨處者, 隣之嫠婦, 夜暴風雨室壞趨而託焉. 魯人不納, 婦曰, '子不如柳下惠.' 魯人曰, '柳下惠則可, 吾固不可. 將以吾之不可學柳下惠之可.'" *『孔子家語』, 「好生」*

○9-23-2 또 이공간에게 답하셨다. "어량 위는 물고기를 잡는 것이 금지된 곳이니, 오해를 피하는 것이 당연하다."

○9-23-2 又答李公幹曰, "漁梁以上, 禁臠所在, 當避瓜李之嫌." *『退溪先生文集』, 卷15, 21쪽a, 「書 · 與李公幹暨諸兄弟」*

○9-23-3 또 황중거에게 답하셨다. "이곳은 물고기를 잡는 것이 금지된 곳이니, 감히 가까이 하지 않는 것이 도리에 마땅하다. 예의상 조심해야 하기 때문이다."

○9-23-3 又答黃仲擧曰, "此是禁臠之地, 其不敢近, 乃理之當然. 禮所當謹故耳." *『退溪先生文集』, 卷20, 15쪽a, 「書 · 答黃仲擧」*

제10편

교도敎導

* 24조목이다.

○ 10-1 숨어서 이상을 추구하는 선비와 도道를 강구하고 사업을 연마하는 사람들은 대개 시끄러운 세상을 싫어한다. 조용히 천하의 의리를 살펴 덕을 쌓고 인仁을 익숙하게 익히는 것을 즐거움으로 삼기 때문에 서원書院에 가기를 즐긴다. 국학과 향교가 조정과 시장이 있는 성곽 중에 있으면서 앞에서는 학칙의 구애를 받고 뒤에서는 온갖 사물들의 유혹을 받게 되는 것과 비교한다면 그 공과 효과를 어찌 함께 비교할 수 있으리오!【「심방백에게 올린 글」】

○ 10-1 隱居求志之士, 講道肄業之倫, 率多厭世之囂. 靜以閱天下之義理, 以蓄其德, 以熟其仁, 以是爲樂, 故樂就於書院. 其視國學鄕校在朝市城郭之中, 前有學令之拘礙, 後有異物遷奪者, 其功效豈可同日而語哉!【「上沈方伯」】*『退溪先生文集』, 卷9, 4쪽a, 「書·上沈方伯」*

○ 10-1-1 또「이대용서원기후」에 나온다. "오늘날 학교가 서울과 지방에 두루 펴져 있다. 선비가 여기에서 공부하면 충분하다. 서원에서 취할 것이 무엇이 있다고 이와 같이 간절한가? 아마도 학사행정에 구애되지 아니하고 학문에 전념할 수 있기 때문이 아니겠는가!"

○ 10-1-1 又書「李大用書院記後」曰, "今之學校, 遍于中外, 士之遊居於此足矣.

何所取於書院, 惓惓若是? 其不以無拘於學政, 而可專於吾學也耶!" 『退溪先生文集』, 卷43, 25쪽a, 「跋 · 書李大用研經書院記後」

○10-1-2 「이산서원기」에 나온다. "문장과 과거와 이록利祿을 추구하는 습성이 사람의 마음을 무너뜨려 미친 지경으로 내달리게 하는데도 돌이키지 않는다. 서울의 국학과 지방의 향교가 모두 무엇을 가르쳐야 할 것인가를 깜깜하게 모르고 학문에 전혀 힘쓰지 않는다. 이러하기 때문에 뜻이 있는 선비는 산이나 들판으로 숨어 들어가 함께 들은 것을 강구하고, 도道를 밝혀 자기를 완성하고 남을 완성시키니, 후세에 서원이 만들어지게 된 것은 형편상 어쩔 수 없이 그렇게 된 것이다."

○10-1-2 「伊山書院記」曰, "文詞科擧利祿之習, 潰人心術, 馳狂瀾而莫之回, 則內而國學, 外而鄕校, 皆昧然莫知其敎, 漠然無事乎學矣. 此有志之士所以遁逃於山巖藪澤之中, 相與講所聞, 以明其道, 以成己而成人, 則書院之作於後世, 勢不得不然." 『退溪先生文集』, 卷42, 28쪽a, 「記 · 伊山書院記」

○10-1-3 또 말씀하셨다. "노사老師와 숙유宿儒를 어른으로 모셔서 가르치지 않기 때문에 서원에 들어간 사람들이 한갓 훌륭하고 진취적인 뜻만 지녔을 뿐 결국은 비천한 습속에 물들게 됨을 면하지 못한다."

○10-1-3 又曰, "不以老師宿儒爲山長, 以主敎而倡率焉, 故入院之士, 徒有 斐然狂簡之志, 而竟未免奪於俗習之卑." 『退溪先生文集』, 卷42, 28쪽a, 「記 · 伊山書院記」

○10-2 중국에서는 서원에 대하여 반드시 도道를 아는 유학자들을 선택하여 어른과 주인으로 모셔서 이끌게 하였기 때문에, 도술道術이 분열되지 않아 학자들이 나아갈 길을 알게 되었다. 【「영봉서원기」】

○10-2 上國之於書院, 必擇儒先之知道者, 爲之山長, 主盟以倡率, 故道術不分, 而學者知所趍. 【「迎鳳書院記」】 『退溪先生文集』, 卷42, 31쪽

b,「記 · 迎鳳書院記」

○ 10-3 교육은 위에서 시작되어 아래에까지 도달되어야 뿌리가 깊어서 멀고 오래 갈 수 있다. 그렇지 않으면 근원이 없는 물과 같아서 아침에 가득 찼다가 저녁이면 없어져 버릴 것이니, 어찌 오래 갈 수 있겠는가!【「심방백에게 올리는 글」】

○ 10-3 敎必由於上而達於下, 然後其敎也有本, 而可遠可長, 不然, 如無源之水朝滿而夕除, 豈能久哉!【「上沈方伯」】*『退溪先生文集』, 卷9, 4쪽a, 「書 · 上沈方伯」*

○ 10-4 하夏 · 은殷 · 주周 삼대 이래로 나라에서 학자를 대우하는 도가 송宋보다 나은 때가 없었다. 그러나 권세를 잡은 소인들이 세상의 공의公議와 싸워 군자들을 간사하고 거짓된 무리라고 지목하고 배척하여, 세상에 용납되지 않게 하였다. 원조元朝 때만 도리어 이러한 일이 없어서 학자들로 하여금 도학道學을 꺼리지 않게 하였으니, 제법 숭상할 만하다.【「시집」】

○ 10-4 三代以下國家待士之道, 莫善於宋. 然小人得志者, 力戰天下之公議, 指君子爲奸僞, 斥逐排擯, 使之不容於世. 惟元朝卻無此事, 使士不諱道學, 差可尙耳.【「詩」】*『退溪先生文集』, 卷2, 3쪽a, 「詩 · 閒居, 次趙士敬, 具景瑞, 金舜擧, 權景受諸人唱酬韻, 十四首」 중 제6수의 해설*

○ 10-4-1 시의 내용은 이러하다. "원나라가 중국을 몇 년이나 더럽혔던가? 유학은 이때에 한 번 새로워졌다네. 가련하구나, 오랑캐의 덕으로서도 이처

럼 산림에서 도道를 강구하는 사람을 몰아내지는 않았다."

○ 10-4-1 詩曰 "元虜中州溷幾春, 斯文猶得一番新, 可憐穢德能如許, 不廢山林講道人." *『退溪先生文集』, 卷2, 3쪽a, 「詩 · 閒居, 次趙士敬, 具景瑞, 金舜擧, 權景受諸人唱酬韻, 十四首」*

○ 10-5. 대사성에 임명되어 4학[1]에 통문通文을 돌려 학생들에게 유시諭示하였는데 대략 다음과 같은 내용이다. "학교는 교화의 근원으로서 선善을 가장 중요시해야 하는 곳이며, 선비는 예의의 으뜸으로서 원기元氣가 깃드는 곳이다. 나라에서 학교를 세워 선비를 양성하려는 뜻은 대단히 웅대한 것이니, 사제 간에는 더욱 예의를 중시하여 스승은 엄격하고 학생은 공경하여 각각의 도리를 다해야 한다. 지금부터 학생들은 일상생활에서부터 예의에서 벗어나는 일이 없도록 해야 하며 서로 타이르고 격려해서 지금까지의 나쁜 습관에서 벗어나는데 힘써야 한다. 집에서 부형을 섬기는 마음을 확대하여 밖에서는 윗사람을 섬기는 예를 다해야 한다. 내적으로는 충실하고 신실하기를 힘쓸 것이며 외적으로는 공손히 행동하여 나라에서 문사文士를 숭상하여 교화를 일으키고 학교를 세워 선비를 양성하는 뜻에 부응해야 한다."【『연보』】

○ 10-5 拜大司成, 通文四學, 諭諸生, 略曰, "學校, 風化之源, 首善之地, 士子, 禮義之宗, 元氣之寓也. 國家設學以養士, 其意甚隆, 師生之間, 尤當以禮義相先, 師嚴生敬, 各盡其道. 自今諸生, 凡日用飮食,

1) 四學은 나라에서 선비를 가르쳐 기르기 위하여 서울의 중앙과 동 · 남 · 서에 세운 네 학교이다. 조선 태종 11년(1411)에 세웠다가 고종 31년(1894)에 폐지하였다. 국초에는 북학까지 5학이 있었으나, 북학은 곧 폐지되었다. 예조에 소속되어 있다.

無不周旋於禮義之中, 惟務更相飭勵, 灑濯舊習. 推入事父兄之心, 爲出事長上之禮. 內主忠信, 外行遜悌, 以副國家右文興化設學養士之意."【『年譜』】*『退溪先生年譜』, 卷1, 11쪽b, 「年譜·(世宗嘉靖)三十二年癸丑」*

○ 10-6 대사성이 되어서 인재를 양성하는 것을 자신의 임무로 삼아 4학에 통문을 돌려 학문에 힘쓸 것을 권장하고, 또 학문하는 방법에 대한 책문[2]을 내었다. 그러나 당시 선비들의 습속이 이미 타락했으므로 그것을 우원迂遠한 문제라고 생각하여 책문에 답하는 학생이 한 명도 없었다.【『습유』】

○ 10-6 爲大司成, 以作人爲己任, 通文四學以勸勉, 又發策問, 以爲學之道. 時士習已敗, 反以爲迂, 無一人對策者.【『拾遺』】*『退溪先生言行錄』, 卷3, 「七·居官·附敎子弟居官」*

○ 10-6-1 책문 중에 "오늘날에는 오늘날의 사람이 되는 것이 마땅하다고 생각해서, 자신은 강학하는 데 힘쓰지 않을 뿐 아니라, 거기다가 다른 사람이 도에 뜻을 두고 공부하는 것조차 비웃고 괴롭히며, 입을 다물게 하여 한마디도 못하게 한다", "이런 사람은 어찌 성균관 안에 들일 수 없을 뿐이겠는가! 또한 나라의 죄인의 아니겠는가!" 등등의 말을 선생은 뒤에 삭제하였다. 그리고 그 아래 다음과 같이 적었다. "나 황滉이 이 제목을 냈을 때 성균관 안에 비방이 들끓었다. 그래서 병을 핑계로 물러나게 되었는데 당시에는 내 말이 잘못되었다는 것을 몰랐다. 지금 읽어보고 나서야 이 말이 편벽되고 지나쳐서, 충후한 마음으로 간절하게 인

---

2) 策問은 과거의 시험과목의 한 가지로서, 정치에 대해 어떤 문제를 제시하고 그에 대한 대책을 답안으로 써 올리게 한 것이다. 이황의 이 책문에 대하여 수험생들이 시험거부를 한 것을 알 수 있다.

도하여 성취하게 하는 뜻이 못됨을 알게 되었다. 학생들이 원망하여 노여워한 것도 당연하다. 지금 생각해 보면 너무나 부끄럽지만 지금 그 실수를 어떻게 할 수 없다. 이제 그 책문 안에서 그것을 지우고 그 아래 이러한 사실을 기록해서 나의 실수를 드러내어 뒷날의 경계로 삼고자 한다. 아! 겉으로 드러나는 것은 평소의 수양에 기인한다고 하니, 책문 중에서 다른 말 가운데도 이와 비슷한 곳이 많은데도 아직 깨닫지 못하고 있을까 두렵다."

○ 10-6-1 策題中有"居今之世, 但當爲今之人, 非惟自不務講學, 又嗤病他人之志道者, 使噤口結舌而不敢出一言", "若是者, 豈徒學宮之所不齒, 無亦聖朝之罪人也耶!" 等語先生後削去之, 仍書其下曰, "滉旣出此題, 學中頗騰謗, 因遂病辭而退, 當時猶不自知吾言之失. 今而讀之, 始覺此言褊薄過當, 殊非忠厚懇惻誘掖成就之意, 宜諸生之怨怒也. 追思甚愧, 而玷不可磨. 謹削去題內, 而識之於其後, 以見吾過, 爲後日之戒. 噫, 所發因於所養, 卷中他語, 類此者尙多, 而未之覺, 又可懼也." *『退溪先生文集』, 卷41, 40쪽a, 「雜著 · 策問」*

○ 10-7 성균관 유생들은 음식의 좋고 나쁨으로 선비를 잘 양성하느냐 그렇지 못하느냐를 판단하였다. 그래서 조금이라도 마음에 안 들면 비방이 들끓게 되어 관원이 칭찬을 받으려고 너무 푸짐하게 차려내는 경우가 있게 되었다. 그리하여 창고가 탕진되어 담당 관리도 부지하지 못하게 되니, 선생은 그것을 대단히 비루하게 여기셨다. 대사성이 되어서 예禮와 의義로써 선비를 키울 뿐 입맛을 맞추고 몸을 편안히 하는 것에는 힘을 쓰지 않으셨다. 성균관 사람들은 그것을 이상히 여기고 노여워하였다. 선생은 선비들의 습관을 이미 바꿀 수 없다고 생각하여 얼마 안 있어 병을 핑계 삼아 나가지 않으셨다. 【위와 같음】

○ 10-7 館學儒生, 以飮食美惡, 爲養士之能否, 少不如意, 謗議沸騰, 官員

或曲爲要譽, 供頓極其豐美, 庫子蕩盡, 典僕亦不支, 先生甚鄙陋之. 及爲大司成, 惟以禮義養士, 而口體之養, 不爲致力, 館中怪怒. 先生知士習不可變, 未幾稱疾不出. 【上同】*『鶴峯先生文集續集』, 卷5, 22쪽b, 「雜著 · 退溪先生言行錄」*

○ 10-8 하늘로부터 아름다운 덕을 받았으므로 사람들은 모두 선善을 좋아한다. 그러니 세상의 영재들 가운데 진심으로 배우기를 바라는 자가 어찌 적겠는가! 만약 세상의 환난을 저지를 우려가 있다고 해서 꾸짖어 못하게 하면, 이것은 후세의 모범이 되라는 상제의 뜻을 배반하는 것이며 세상 사람의 도道를 향한 길을 끊어 버리는 것이니, 하늘과 성인에게 너무나 큰 죄가 되는 것이다. 【「조건중에게 답한 글」】

○ 10-8 降衷秉彝, 人同好善, 天下英才其誠心願學者何限! 若以犯世患之故而一切訶止之, 是違帝命錫類之意, 絶天下向道之路, 吾之得罪於天與聖門已甚. 【「答曹楗仲」】*『退溪先生文集』, 卷10, 4쪽b, 「書 · 答曹楗仲」*

○ 10-9 사람들의 품성은 만 가지로 다르다. 처음 배울 때에 예리한 사람은 단계를 무시하고 뛰어넘으려 하고, 둔한 사람은 정체되어 막힌다. 옛것을 좋아하는 사람은 교만한 듯하고, 뜻이 큰 사람은 미친 듯하며, 배움이 미숙한 사람은 위선적인 것 같으며, 좌절했다가 다시 분발한 사람은 기만적인 것 같기도 하다. 처음엔 간절했다가 나중에는 소홀해지는 사람도 있고, 잠시 그만두었다가 후에 다시 회복하는 사람도 있다. 외면에 병이 있는 사람도 있고 내부에 병이 있는 사람도 있으니, 이런 경우들을 다 열거할 수 없을 정도이다. 그 중 마음을 전일

하게 해서 뜻을 이루어 성과를 기약할 수 없는 자라면 죄가 없다고 할 수 없지만, 그 마음은 높이 살 만한 것으로 오히려 우리와 같은 처지의 사람들이다. 그러니 세상을 속여 명성을 훔친다고 한데 몰아서 배척할 수야 있겠는가! 그 사람들 역시 함께 권면해야 할 사람들이다. 【위와 같음】

○ 10-9 人之資稟, 有萬不同. 其始學也, 銳者淩躐, 鈍者滯泥, 慕古者似矯, 志大者似狂, 習未熟者如僞, 蹞復奮者如欺, 有始懇而終忽者, 有旋廢而頻復者, 有病在表者, 有病在裏者, 凡若此者, 不勝枚擧. 其不能專心致志以期於有成者, 固不能無罪, 然其心可尙, 猶是此一邊人. 其可槩以欺盜而揮斥之乎! 其亦在所相從而共勉也. 【上同】 *『退溪先生文集』, 卷10, 4쪽b, 「書·答曹楗仲」*

○ 10-10 옛 성현이 사람들에게 학문을 가르칠 때, 어찌 사람마다 도道를 알기를 바라지 않았겠으며, 잠깐 서서 이야기하는 사이에라도 모든 내용을 전하여 주기를 바라지 않았겠는가! 그러나 그렇게 할 수 없었다. 도道가 전해지는 것을 아깝게 여겨서 다른 사람에게 비근한 내용만 말한 것이 아니라, 사정상 어쩔 수 없어서 그렇게 한 것이다. 【「황중거에게 답한 글」】

○ 10-10 古之聖賢教人爲學, 豈不欲人人知道, 而立談之頃, 盡擧以傳附耶! 然而不能者, 非靳道之傳而畫人於卑近也, 勢有所不可也. 【「答黃仲擧」】 *『退溪先生文集』, 卷19, 21쪽a, 「書·答黃仲擧論白鹿洞規集解」*

○ 10-11 사람을 가르칠 때 반드시 『소학』을 먼저 가르치셨다. 그 다음에 『대학』·『심경』·『논어』·『맹자』·『주자서절요』를 차례대로 가르

쳤으며 여러 경서經書는 그 다음에 가르치셨다. 【『기선록』】

○ 10-11 教人, 必以『小學』先之. 次及『大學』, 次及『心經』, 次及『論』·『孟』, 次及『朱書』, 而後及之於諸經. 【『記善錄』】 *『艮齋先生文集』, 卷6, 23쪽a, 「記善總錄」*

○ 10-12 반드시 충성스럽고 신실하며, 독실하고 겸허하며 공손한 태도를 지니도록 가르치셨다. 【우성전의 기록】

○ 10-12 教人, 必以忠信篤實謙虛恭遜. 【禹性傳錄】 *『退溪先生言行錄』, 卷1, 「教人」*

○ 10-13 앉아 계실 땐 언제나 단정하고 엄숙하였으며 손발을 움직이지 않으셨다. 그래서 학생들이 모시고 앉아 있어도 감히 쳐다보질 못하였다. 그러나 앞으로 나가서 가르침을 받을 때는 온화한 기운이 넘쳤으며, 정성스럽고 곡진하게 깨우쳐 주어 처음부터 끝까지 환해져서 의심나거나 모호한 부분이 없도록 하셨다. 【정사성의 기록】

○ 10-13 坐必端嚴, 手足不動, 諸生侍坐不敢仰視. 及進前受學, 和氣薰然, 誨諭諄諄, 從頭至尾, 洞然無疑晦. 【鄭士誠錄】 *『芝軒先生文集』, 卷3, 2쪽b, 「雜著·師訓箚錄」*

○ 10-14 일상의 공부로부터 시작하여 형이상학적인 근본에까지 통달하는 것(下學上達)이 본디 올바른 순서이다. 그러나 학생들이 오래도록 공부해도 얻는 것이 없으면 중도에서 그만두기가 쉬우니, 본원本源을 가르쳐 주는 것이 낫다고 생각하셨다. 그래서 선생은 학생들을 가까이 불러서 원두처[3]를 가르쳐 주실 때가 많았다. 【정유일의 기록】

○ 10-14 下學上達, 固是常序, 然學者習久無得, 則易至中廢, 不如指示本源也. 故先生接引學者, 頗指示源頭處. 【鄭惟一錄】 *『文峯先生文集』, 卷4, 18쪽b, 「雜著 · 退溪先生言行通述」; 『文峯先生文集』, 卷5, 17쪽a, 「閑中筆錄 · 閑中筆錄」*

○ 10-15 사람을 가르칠 때는 먼저 그 사람이 어디에 뜻을 두었는가를 보고 언제나 그 사람의 능력에 따라 가르쳐 주셨다. 뜻을 세우는 것(立志)을 가장 먼저 할 일로 여겼으며, 자신의 삶의 완성(爲己), 마음을 삼가는 것(謹獨), 기질을 변화시키는 것(變化氣質)을 공부로 여겼다. 학생들이 도에 뜻을 두는 것이 성실하고 독실하면 기뻐하시며 더욱 전진하도록 독려하셨고, 학문을 향한 마음이 해이해지면 걱정하며 격려하셨다. 간절하고 정성스럽게 이끌고 가르치는 것이 한결같이 정성에서 나온 것이어서, 듣는 사람들이 감동하여 분발할 것을 결심하지 않는 이가 없었다. 【『통술』】

○ 10-15 其教人也, 先觀其志之所向, 莫不隨才授學, 而以立志爲先, 以爲己謹獨, 變化氣質爲工. 見學者志道誠篤, 則喜而勉進, 向學懈弛, 則憂而激厲. 懃懃懇懇於提撕誘掖之間者, 一出於誠, 聞者亦無不感而思奮矣. 【『通述』】 *『文峯先生文集』, 卷4, 18쪽b, 「雜著 · 退溪先生言行通述」*

○ 10-16 사람을 깨우쳐서 그 사람이 스스로 기뻐 따르면 좋지만, 만약 억지로 이끌어서 행하게 한다면 그것은 왕공王公의 일로 평범한 사람들

3) 源頭處는 존재와 가치의 근원이 되는 太極 또는 태극에서 만물의 조화 생성까지를 도식화한 「太極圖」를 가리킨다.

이 감히 할 수 없는 일이다. 【「기명언에게 답한 글」】

○ 10-16 諭人而人自樂從, 亦無不可, 若欲率人以强之必行, 則乃王公之事, 匪匹夫所敢爲也. 【「答奇明彦」】 *『退溪先生文集』, 卷17, 13쪽b, 「書·答奇明彦」*

○ 10-16-1 당시에 선생 증조曾祖[4]의 신주神主가 소종가[5]에 있었다. 조카가 주사[6]가 되니 이미 4대였는데, 조카의 손자가 주사가 되었으니 이미 6대이다. 집안 어른들이 모여 의론하기를 "증조는 우리 집안을 크게 보호하였으니, 일반 예법에 따라서 조천[7]해서는 안 된다"고 하였다. 주사는 문중의 의론을 아직도 존중하여 조천하지 않으려 하고 있다. 그 아래로 조천해야 하는 두 분도 문중의 의론으로 막혀 있다. 일의 형편이 어그러져 결단하여 행할 수 없다고 한다.

○ 10-16-1 時先生曾祖神主在小宗家. 族姪主祀, 已爲四代, 至族姪之孫主祀, 則爲六代矣. 門長曾有僉議, 謂"曾祖於吾門, 最有庇廕, 不當循例祧遷." 云, 主祀者尙守門議, 不欲遷出, 而其下亦有當祧二位, 尼於門議事勢緯繣未能斷然行得故云云. *『退溪先生文集』, 卷17, 13쪽b, 「書·答奇明彦」*

○ 10-17 속담에 "버릇없는 아이가 부모를 욕한다"는 말이 있다. 집안의 자식을 미리 단속하지 않으면 반드시 버릇이 없어지고 그것이 심해지면 부모를 욕하게까지 된다는 것이다. 이렇게 되면 자식도 자식답지 못하지만, 자식을 이 지경까지 가도록 한 것은 또한 부모의 잘못

---

4) 이황의 증조 이름은 禎이다.

5) 小宗家는 大宗에서 갈라져 나간 방계 집안이다.

6) 主祀는 제사를 받들어 모시는 사람이다.

7) 祧遷은 왕가에서 종묘의 본전 안의 位牌를 다른 사당인 永寧殿으로 모셔 옮기는 일을 말하는데, 여기서는 사당의 신주를 폐하는 것을 가리킨다. 조선시대 일반 선비들은 3대조까지만 신주를 사당에 모시고 제사지냈다.

이다. 【「일본사신을 거절하지 말라는 소」】

○ 10-17 諺云, "驕子罵母." 夫家人之子, 不預防撿, 則必至於驕, 驕而不止, 或至於罵, 是子雖不子, 使子至此, 亦父母之過也. 【「勿絶倭使疏」】*『退溪先生文集』, 卷6, 7쪽a, 「疏 · 甲辰乞勿絶倭使疏」*

◐ 10-18 어떤 사람이 선생에게 다음과 같이 말하였다. "자제를 가까이 두고 엄격하게 가르칠 수 없는 것은 세상 풍속이 쇠퇴하고 야박해져서 인심이 옛날과 같지 않기 때문이다." 선생이 이에 대답하셨다. "그렇다. 나도 또한 그러하다. 다만 세상 풍속 때문만이 아니다. 내 덕이 또한 엷어져서 자제들이 스스로 외경하게 할 수가 없다. 옛사람들은 비록 자제를 멀리했지만 반드시 호령하고 단속하고 타이를 수 있었다. 얼마나 덕이 융성하면 그럴 수 있는지 모르겠다." 【『기선록』】

◐ 10-18 或言於先生曰, "切近子弟, 不能嚴教者, 實由於世衰俗薄, 人心不古也." 曰, "然, 吾亦如此, 非但世衰, 我且德薄, 不能使自畏敬矣. 古人雖疏遠子弟, 行必有號令檢勅, 不知有何許盛德而然耶." 【『記善錄』】*『艮齋先生文集』, 卷6, 8쪽a, 「溪山記善錄下」*

◐ 10-19 유중엄에게 말씀하셨다. "눈에 뵈는 친구들 중에 학문이 크게 진척되는 자를 보지 못했고, 학문을 돈독하게 믿는 자도 보지 못했다. 아마도 내가 하는 일이 믿을 만하지 못하여 그런 듯하니, 정말 걱정스럽고 두려운 일이다." 【『습유』】

◐ 10-19 謂柳仲淹曰, "眼中朋友, 未見有長進者, 又不曾信向此事. 豈吾所爲者, 無足信耶, 甚可憂懼." 【『拾遺』】*『鶴峯先生文集續集』, 卷5, 33쪽b, 「雜著 · 退溪先生言行錄」*

◑10-20 거문고를 탄다든가(鼓瑟)[8] 안석에 기대어 앉는다든가(隱几)[9] 하는 일은 성인이 사정에 따라 사람을 가르쳤던 한 방법이다. 우리들이 이것을 무턱대고 따라한다면 잘못이다. 【「조기백에게 답하는 글」】

◑10-20 鼓瑟隱几, 聖人因事教人之一道, 我輩而效此, 亦妄. 【「答趙起伯」】*『退溪先生文集』, 卷38, 6쪽b, 「書 · 答趙起伯大學問目」*

◑10-21 돌아가시기 전달에 이미 중병을 앓고 있었는데도 학생들과 강론하는 것이 평소와 다름이 없어서, 학생들이 오랜 뒤에야 알았다. 강론을 그만둔 지 며칠 안 있어 병은 이미 위중해졌다. 【『습유』】

◑10-21 易簀前月, 已被重疾, 而尙與諸生講論, 無異平昔, 諸生久乃覺之, 輟論數日, 疾已革矣. 【『拾遺』】*『鶴峯先生文集續集』, 卷5, 33쪽b, 「雜著 · 退溪先生言行錄」*

◑10-22 아무리 사소하고 쉬운 질문일지라도 반드시 한동안 생각한 뒤에 답하셨고 곧바로 대답하시는 일이 없었다. 【위와 같음】

◑10-22 人有質問, 則雖淺近說話, 必留小間而答之, 未嘗應聲而對. 【上同】*『鶴峯先生文集續集』, 卷5, 33쪽b, 「雜著 · 退溪先生言行錄」*

◑10-23 간혹 과거공부에 대해 물으면 구구하게 사양하지도 않았지만 권하

---

8) 『論語』「陽貨」 제18장에 나오는 이야기이다. 孺悲라는 사람이 공자를 만나려고 왔는데, 공자는 병을 핑계로 면회를 거절하고, 그가 돌아갈 때쯤에는 비파를 타서 그에게 들리게 함으로써 사실은 자신이 병이 난 것이 아님을 알려줌으로써 상대에게 자신의 잘못을 반성하게 하였다고 한다.

9) 『孟子』「公孫丑下」 제11장의 내용을 가리킨다. 맹자가 제나라를 떠나 晝 땅에 머물 때 왕을 위해서 맹자를 만류하려는 자가 앉아서 이야기를 하였는데, 맹자는 응답을 하지 아니하고 책상에 기대고 누워 있었다.

지도 않았다. 학생이 과거를 준비하기 위해 선생 문하에 머물면서 배우기를 청하면 선생은 다음과 같이 말씀하셨다. “각자가 원하는 대로 학업을 익혀야 하겠지만, 과거 문장은 여기 머물러서 배울 필요가 없다.” 【위와 같음】

◑ 10-23 或以科業來問, 則亦不苟辭, 而非所勸也. 士子, 適值科擧, 請留習科文, 先生曰, “凡肄業, 各有所欲, 習科文, 不須留此也.” 【上同】 *『鶴峯先生文集續集』, 卷5, 32쪽b, 「雜著 · 退溪先生言行錄」*

◑ 10-24 「이산원규伊山院規」에 다음과 같은 말이 있다. “학생들은 독서하는 데 사서四書와 오경五經을 본원으로 삼고, 『소학』과 『가례』를 입문으로 삼아, 국가가 선비를 양성하는 방법을 따르고 성현의 친절한 가르침을 지켜, 모든 선善이 본래 내게 갖추어져 있다는 것을 알고, 옛날의 도道를 오늘날에도 실천할 수 있다는 것을 믿어야 한다. 그리고 모두가 몸소 행하여 마음에 체득하고, 본체를 밝혀 적용할 수 있는 학문에 힘써야 한다. 모든 역사서와 제자서諸子書, 문집文集과 문장文章, 그리고 과거공부도 하지 않을 수 없으니, 두루두루 널리 통달하도록 힘써야 한다. 그럼에도 내외 · 본말 · 경중 · 완급의 차례를 알아서 항상 스스로 격려하고 고무하여 타락하지 않도록 해야 한다. 그 외에 간사하고 괴이하며 음란하고 편벽된 글은 모두 원내에 들여 눈에 가까이 하여 도를 어지럽히고 뜻을 미혹하는 일이 없도록 해야 한다. 뜻을 굳게 세우고, 방향을 바르게 해서, 원대한 학업의 성취를 기약하며, 도의를 행할 것을 목표로 삼는 학생은 옳은 학문을 하는 것이다. 마음가짐이 비루하고, 선택하고 버리는 것이

분명하지 못하며, 지식이 저속하고 비천한 것에서 벗어나지 못하며, 바라는 것이 이익과 욕심뿐인 자는 그른 학문을 하는 것이다. 만일 성품과 행실이 괴상하여, 예법을 비웃고 성현의 말씀을 모독하며 경전을 비방하고 도를 거스르며 험악한 말로 부모를 욕하는 등 다른 사람들과 동떨어져 함께 따르지 않는 자가 있다면, 원내에서 같이 의논하여 쫓아내야 한다. 학생들은 항상 각자의 방에서 조용히 거하면서 독서에 정신을 집중하여, 의심나거나 어려운 문제를 함께 강구하는 일이 아니라면 함부로 다른 사람의 방에서 쓸데없는 이야기로 헛되이 시간을 보내어, 서로 간에 어지러운 생각으로 학업을 소홀히 하는 일이 없도록 해야 한다. 이유 없이 자주 출입해서는 안 된다. 의관을 입고 기거하여 언행하며 서로 간절하게 가르치기에 힘쓰고 서로 보고서 좋은 것은 본받아야 한다. 성균관 명륜당에 이천 선생의 「사물잠」[10]과 회암 선생의 「백록동규」[11] · 「십훈」[12]과 진무경[13]의 「숙흥야매잠」[14]을 써서 걸었는데 그 뜻이 아주 좋다. 원내에도 이것을 모든 벽에 걸어 서로 바로잡아 주고 경계하도록 하라. 책은 밖으로 가지고 나갈 수 없고 여자는 문안으로 들일 수 없으며 술을 빚어서는 안 되며 형벌은 쓰지 않는다. 책은 나가면 잃기

---

10) 「四勿箴」은 『論語』 「顔淵」 제1장에 나오는 "예에 맞는 일이 아니면 보지 말고, 예에 맞는 일이 아니면 듣지 말고, 예에 맞는 것이 아니면 말하지 말고, 예에 맞지 않으면 행동하지 말라"는 공자의 가르침에 대하여 정이천이 지은 잠언을 가리킨다. 『二程文集』 권8에 실려 있다.

11) 「白鹿洞規圖」는 『聖學十圖』 중 제5도이다.

12) 「十訓」은 「朱子十悔訓」으로서 주희가 후대 사람들을 경계하기 위해 사람이 일생을 살아가면서 후회하기 쉬운 것 가운데 가장 중요한 열 가지를 뽑아 제시한 것이다.

13) 陳茂卿은 주희의 문인인 陳栢으로, 茂卿은 그의 자이다.

14) 「夙興夜寐箴」은 『聖學十圖』 중 제10도이다.

쉽고 여자는 들이면 잘못되기 쉬우며 술은 학사學舍에서 빚을 것이 못되며 형벌은 유자儒者의 일이 아니다.”【「잡저」】

◑ 10-24 「伊山院規」曰, “諸生讀書, 以四書五經爲本原, 『小學』·『家禮』爲門戶, 遵國家作養之方, 守聖賢親切之訓, 知萬善本具於我, 信古道可踐於今, 皆務爲躬行心得明體適用之學. 其諸史子集, 文章科業之業, 亦不可不爲之傍務博通, 然當知內外本末輕重緩急之序, 常自激昂, 莫令墜墮, 自餘邪誕妖異淫僻之書, 幷不得入院近眼, 以亂道惑志. 諸生立志堅固, 趍向正直, 業以遠大自期, 行以道義爲歸者爲善學, 其處心卑下, 取舍眩惑, 知識未脫於俗陋, 意望專在於利欲者爲非學, 如有性行乖常, 非笑禮法, 侮謾聖賢, 詭經反道, 醜言辱親, 敗羣不率者, 院中共議擯之. 諸生常宜靜處各齋, 專精讀書, 非因講究疑難, 不宜浪過他齋, 虛談度日, 以致彼我荒思廢業. 無故, 切無頻數出入, 凡衣冠作止言行之間, 各務切偲, 相觀以善. 泮宮明倫堂, 書揭伊川先生「四勿箴」, 晦庵先生「白鹿洞規」·「十訓」, 陳茂卿「夙興夜寐箴」, 此意甚好, 院中亦宜以此揭諸壁上, 以相規警. 書不得出門, 色不得入門, 酒不得釀, 刑不得用. 書出易失, 色入易汚, 釀非學舍宜, 刑非儒冠事.”【「雜著」】*『退溪先生文集』, 卷41, 51쪽a, 「雜著·伊山院規」*

제11편

경계警戒

* 61조목이다.

○ 11-1 이 일은 평생토록 고생스럽게 힘써야만 겨우 가까워질 수 있는 것인데, 첫발을 내딛었을 때 실없는 명성이 먼저 퍼지게 되면 원하는 것과 배워야 할 것이 아직 이루어지지도 않았는데 사람들이 나를 놀랍게 평가하여 성현의 경지라고 추키는가 하면, 성현의 사업을 이루도록 요구한다. 이것을 두려워할 줄 모르고서 그대로 받아들여 자처한다면 실상과 이름이 부응하지 않는 곳이 있게 되고, 그곳을 꾸미고 덮어 가리다가 보면 자신을 속이고 남도 속이게 된다. 이것은 필연적인 형세이다. 그렇게 된다면 결국 거꾸러져 실패하는 것이 뭐가 이상하겠는가! 【「기명언에게 답하는 글」】

○ 11-1 此事極一生辛苦工夫, 僅可庶幾, 而擧足之始, 虛聲先播, 凡所願所學, 未爲實得, 而人之處我已可駭, 不以聖賢地位推之, 則以聖賢事業責之. 若不知懼, 又受而自處, 則其名實未副之處, 不免有文飾蓋覆, 以自欺而欺人, 此勢所必至. 然則其末之顚蹶, 何足異哉! 【「答奇明彦」】 *『退溪先生文集』, 卷16, 2쪽a, 「書·答奇明彦」*

○ 11-2 의리義理를 따질 때는 대단히 정밀하고 넓게 해야 하지만, 가끔은 임시방편으로 선유先儒들의 이론을 끌어다가 자신이 모자라는 부분을

메워서, 그것으로 변론에 대한 답으로 삼는다. 이것은 과거응시자가 고사장에 들어가서 시험문제를 보고는 옛날에 있었던 사실을 찾아서는 조목마다 대답하는 것과 마찬가지이니, 설령 그 이론이 충분히 옳다고 할지라도 실제로 자신과는 전혀 무관한 얘기가 되는 것이다. 이렇게 되면 공연히 시간을 내서 다툼으로써 성문聖門에서 크게 금하는 일을 저지르게 될 뿐이다. 하물며 그 이론이 반드시 옳은 것일 수도 없는 데야! 【위와 같음】

○ 11-2 辨析義理, 固當極其精博. 往往臨時搜採先儒之說, 以足己闕, 以爲報辨之說. 此如學子入場見題, 獵故實以對逐條者. 假使如此, 得十分是當, 實於身, 已無一毫貼近, 只成閑爭競, 以犯聖門之大禁, 况未必眞能是當耶! 【上同】 *『退溪先生文集』, 卷17, 2쪽a, 「書·與奇明彦」*

○ 11-3 일을 좋아하여 조용히 지내지 못하는 습관과 괴이한 것을 세워서 명성을 구하는 병통에 대하여, 세상 사람들은 언제나 학문에 뜻을 둔 사람의 짓으로 돌려 비난하니 세상은 정말로 험난하다. 그러나 오늘날 학문에 뜻을 두었다는 사람들을 자세히 관찰하면, 학문에서는 성과가 없으면서도 건너뛰어서 이미 이 습관과 이 병에 빠진 사람들이 과연 많으니, 참으로 후배들이 절실하게 경계해야 할 것이다. 그러나 어찌 이것을 징계한다고 하여 세속과 한 무리가 되어서 함께 더러운 짓을 하려고 할 수야 있겠는가! 【「송과우에게 답한 글」】

○ 11-3 喜事不靜之習, 立異干名之病, 世人每以歸誚於向學之人, 世固爲險隘矣. 然細觀今之所謂志學之人, 於學未有所得而已, 先蹉入於

此習此病者, 果多有之, 斯固後生之切戒. 然豈懲此而欲其爲同流合汚之行也哉! 【「答宋寡尤」】 *『退溪先生文集』, 卷13, 19쪽a, 「書·答宋寡尤」*

○ 11-4 학문을 한다고 이름이 나면 사람들은 온갖 것을 그에게 요구하니, 이것은 위험한 일이다. 하물며 실상과 다른 말로 스스로 또는 서로 칭찬해서 사람들의 비웃음과 노여움을 불러서야 되겠는가! 【「홍응길에게 준 글」】

○ 11-4 人有爲學之名, 人必以百責歸之, 此危道也. 況自相以無實之辭, 稱美推許, 以招人之笑怒哉! 【「與[1]洪應吉」】 *『退溪先生文集』, 卷13, 6쪽b, 「書·與洪應吉」*

○ 11-4-1 또 말씀하셨다. "보내 주신 편지에서 추켜세워 말씀하신 바는 너무 지나쳐서 한마디도 실상에 해당하는 것이 없습니다. 감히 이 글을 받고 사람에게 보여 주지는 않았으나 하늘도 그르다고 할 것이니, 걱정스러워서 편안하지 않습니다. 감히 돌려드리니 그 중에서 몇몇 항을 지우고 다른 종이를 붙여, 도道에 뜻을 두고 옛날을 사모하며 서툴지만 힘써 노력한다는 뜻만을 적어 다시 부쳐 주시오."

○ 11-4-1 又曰, "辱書所以見推者大過, 無一句可當之實. 冒受此書, 雖不以示人, 天亦非之, 怛然不寧. 敢以回納, 須就其間, 截去二三行, 補以他紙, 略道其向道慕古, 拙修勉强之意, 還以見寄." *『退溪先生文集』, 卷13, 6쪽b, 「書·與洪應吉」*

○ 11-5 속인들은 옛것을 공부하는 사람을 까닭 없이 싫어한다. 그대와 같은

1) 『이자수어』에는 '答'으로 되어 있으나 『문집』에 따라 '與'로 바로잡는다.

가난한 선비가 나와 같은 외롭고 졸렬한 사람과 상종하다가 느닷없이 사람들 앞에서 옛 예법을 행한다면, 실로 신의를 얻지 못한 채 사람들이 의심하고 노여워하여 괴롭히며 욕보이는 곤란함을 당하게 될까 두렵다. 그리고 끝내 수습하지 못하고 스스로도 굳게 설 수 없게 된다면, 이미 내면에 얻은 약간의 것들조차 함께 망치게 될 것이다. 【「금문원에게 답하는 글」】

○ 11-5 俗於學古之人, 無故嫌憎. 君一介寒士, 與我孤拙之人相從, 而卒然行古禮於人人之前, 誠恐不及見信, 而先遭怪怒摧辱之困, 使末梢無收拾, 無以自樹立, 則將幷與其些少內得者而廢之. 【「答琴聞遠」】 *『退溪先生文集』, 卷36, 25쪽b, 「書 · 答琴聞遠」*

○ 11-6 이웃에 한 유자儒者가 사는데 전에 모재[2]와 사재[3] 두 선생 문하에서 수학했었다. 그 사람의 뜻이 대단히 독실해서 두 선생이 매우 칭찬하였다. 그 사람은 드디어 과거공부를 대수롭게 여기지 않고, 경서류를 읽을 때 다만 슬쩍 보기만 할 뿐, 과거 공부하는 사람처럼 숙독하고 외우지 않았다. 그렇게 해도 책을 볼 때는 이해하지 못하는 것이 없어서, 자신의 학문이 남보다 낫다고 생각하고 전혀 비천하게 처신하지 않았다. 그러다가 변고를 겪게 되어 비판을 피하고 재난을 당할까 두려워하여 드디어는 함부로 살게 되었다. 그래서 독서하고 배송하는 공부를 다시 하지 않게 되고, 또 문장도 제대로 지을 수 없으니, 이래가지고는 과거를 보아 출세하려고 바란들 될 수 있겠는

---

2) 慕齋는 金安國(1478~1543)의 호이다.
3) 思齋는 金正國(1485~1541)의 호이다. 김안국의 동생이다.

가! 내가 그 사람됨을 보았는데 자질이 비범하였다. 그러나 이미 학문을 통하여 힘을 얻지도 못하고, 과거를 통하여 명성을 이루지도 못하여 지금은 보통 사람과 다를 것이 없으니, 참으로 애석하고 경계 삼을 만한 일이다. 그대는 이것을 닮지 않기를 바란다. 다만 걱정스러운 것은, 한 생각에 얽매이게 되면 거기에 치우칠 수밖에 없다는 것이다. 친구들 중에 사람이 변해서 나중에는 돌연 딴 사람인 것 같은 경우가 자주 있다. 조금 얻으면 조금 달라지고 많이 얻으면 많이 달라진다. 성균관에 들어왔다고 이전과 달라지고 벼슬하게 되었다고 또 전과 달라진다. 그 중에 지키는 것을 바꾸지 않고 끊임없이 노력하며 스스로 부족하다고 여겨 정진하기를 바라는 사람은 전혀 없거나 겨우 있는 정도이다. 이것은 다른 이유가 아니라 내심內心에 얻은 것이 없기 때문이니, 그래서는 상황에 따라 물들게 되는 것이 당연하다. 그대는 이것을 닮지 말기 바라노라. 【위와 같음】

○ 11-6 此間寓隣有一儒, 舊嘗受業於慕齋思齋兩先生門下, 其志甚篤, 兩先生極稱許. 此人遂不屑學業, 於經書之類, 但看過而已, 不曾熟讀背誦如學者之所爲. 當其看時, 無不曉解, 意謂吾有過人之學, 自處殊不卑. 厥後, 經涉變故, 避譏畏禍, 遂自放倒, 亦不再加讀誦工夫, 亦不能爲製述事業. 如是, 雖欲科擧發迹, 得乎. 予觀其人, 資質非凡, 而旣不得力於學問, 又不成名於科目, 今與恆人無異, 甚可惜也, 亦可戒也. 願君勿似之. 第所可憂者, 旣係念於此, 則無不偏重於此, 朋友中前後變遷, 其終頓似別人者, 比比有之. 小得則小異, 大得則大異, 入泮則異於前, 立朝則又異於前, 其中不易所守, 勉勉不已, 自虛求益者, 絶無而僅有. 此非他故, 無得

於內, 故隨地而受染, 固當爾也. 願足下又勿似之. 【上同】『退溪先生文集』, 卷36, 28쪽a, 「書 · 答琴聞遠」

○ 11-7 기고봉이 나와 함께 사단칠정四端七情에 대해 서찰을 주고받으며 논했는데, 남명이 이 일을 대단히 비판하였다. 심지어는 세상을 속여서 명성을 훔치려는 짓이라고 지목하기까지 하였는데, 이 말은 참으로 약석藥石처럼 유익한 말이요, 이렇게 평가되는 것은 참으로 두려워해야 할 일이다. 【「이강이에게 답하는 글」】

○ 11-7 奇斯文, 曾與滉論四端七情書札往復事, 南冥極以爲非, 至以欺世盜名目之. 此言眞藥石, 此名甚可懼. 【「答李剛而」】『退溪先生文集』, 卷21, 39쪽b, 「書 · 答李剛而」

○11-7-1 또 말씀하셨다. "남명의 말은 바로 나를 가리킨 것은 아니고, 나와 함께 편지를 주고받으며 논변한 사람을 가리켜 말한 것일 뿐이다. 그리고 전에 내가 이 말을 그대에게 얘기한 것은 남명을 오해하거나 노여워해서 말한 것은 아니다. 우리들이 날마다 성현의 말씀을 익히면서도 실천이 미치지 못한다면, 세상을 속인다고 말할 수도 있지 않겠는가! 스스로는 명성을 훔치려는 마음이 없고, 세상에서 혹 멋대로 이렇게 말하였다 하더라도, 그들이 말하는 명성을 훔쳤다는 점이 전혀 없다고는 말하지 못할 것이다. 그러니 남명의 말을 어찌 기명언만이 경계하고 두려워해야 할 것이겠는가! 실로 우리들 모두가 종신토록 힘써 행해야, 겨우 면할 수 있을 것이다."

○11-7-1 又曰, "南冥所言, 非直指老拙, 乃指與老拙往復論辨之人而言耳. 然前日滉所以擧此言於左右者, 非有嫌怒於南冥而云, 吾輩日講聖賢之言, 而躬行不逮, 其謂之欺世, 不亦可乎. 雖自無盜名之心, 而世或謾以此

名歸之, 其謂之盜名, 亦不可謂盡無也. 然則南冥之言, 豈獨奇明彥所當警懼, 實吾輩皆當策勵終身, 庶乎其可免矣." 『退溪先生文集』, 卷21, 42쪽b, 「書·答李剛而」

○11-7-2 또 정자중에게 답한 글에서 말씀하셨다. "우리들이 마음으로 배우기를 원한다면, 처음부터 어찌 명성을 훔치고 사람을 속이려는 뜻이야 있겠는가. 뜻을 세우는 것이 독실하지 못한 가운데 도를 따르는 일을 그만두지 아니하고, 때때로 입으로 천리를 말하게 될 때 근거 없는 명성이 떠돌아 이미 막을 수 없게 된다. 그런데 내가 일상에서 실천하는 내용이 그들에게 전혀 믿고 의지할 만한 점이 없다면 명성을 도적질하고 속였다는 책망을 면하려고 한들 어찌 가능하겠는가!"

○11-7-2 又「答鄭子中」曰, "吾輩中心願學, 初豈有盜名欺人之意. 但立志不篤, 遵道不廢, 往往口談天理之際, 游聲已不禁矣, 而在我日用躬行之實, 一無有可靠處. 然則雖欲免盜欺之責, 何可得." 『退溪先生文集』, 卷26, 5쪽b, 「書·與鄭子中」

○11-7-3 남명의 편지는 앞의 「교도」 주에 보인다.

○11-7-3 南冥書見「敎導」篇註.

○11-8 나는 본래 문호를 열어 제자들을 가르칠 생각이 없었다. 간혹 오는 사람들이 있었는데, 그들이 모두 사리에 밝지는 못하였다. 어떤 자는 지나치게 나를 추켜올리는가 하면, 어떤 자는 스스로 너무 잘난 체한다. 어떤 자는 상식에 맞지 않는 행동을 하는가 하면, 어떤 자는 사실을 과장해서 말하고, 어떤 자는 남의 단점을 함부로 공격하기도 하며, 어떤 자는 세상의 환난에 너무 쉽게 대든다. 이런 일들은 모두

사람의 원망과 분노를 사기에 충분하여 계속 시끄러운 일을 불러일으키니, 이것이 내가 평소부터 대단히 걱정하는 일들이다. 【「우경선에게 답한 글」】

○ 11-8 吾本無開門授徒之意, 間有來者. 其人不能皆曉事, 或過爲推重, 或自處太高, 或行詭於常, 或言浮其實, 或妄攻人短, 或輕犯世患. 凡此等事, 皆足以招人怨怒, 連累起鬧, 此滉素深憂者. 【「答禹景善」】 *『退溪先生文集』, 卷31, 2쪽b, 「書 · 答禹景善」*

○ 11-9 "소인小人이면서도 철저하게 소인이 되지 못하는 사람은 어째서입니까?" 하고 물으니, 이렇게 대답하셨다. "자신을 변호하며 두 가지(義利) 사이에서 왔다 갔다 하여, 의義를 행하려고 하면서도 실제로는 이익과 욕망에 이끌리고, 이익을 추구하려 하면서도 의義를 아주 끊어버리지 못하여서 이리 저리 옮겨 다니는 데 마음의 힘(心機)을 다 소모할 뿐이니, 비록 형편없는 소인은 아니라고 할지라도 어떻게 줏대 있는 군자가 되겠는가! 선비가 되어서 학문이 밝지 못하고 인식이 지극하지 못하면 이런 경우를 면하기 어렵다." 【『질의』】

○ 11-9 問, "爲小人亦不索性者, 如何?" 曰, "回護自家, 周旋於二者之間, 欲爲義而實牽於利欲, 欲爲利而又不欲去義, 屈曲遷就, 費盡心機, 雖不可爲無狀小人, 亦豈得爲立脚君子乎. 爲士而學不明知不至, 則其免於此者, 鮮矣." 【『質疑』】 *『艮齋先生續集』, 卷3, 58쪽b, 「心經質疑」*

○ 11-10 과거공부의 폐해가 바로 이와 같으니, 세상의 얼마나 많은 영재가

온통 이 일의 구속에 휘말려 인생을 헛되이 보내는지 모르겠다. 매번 탄식을 하면서도 어찌할 수가 없다. 【「유희범에게 답한 글」】

○ 11-10 擧業所奪, 正是如此. 不知世間幾多英才, 滾同爲此一事所壞, 枉過了一生. 每歎而無如何也. 【「答柳希范」】 *『退溪先生文集』, 卷37, 10쪽b, 「書 · 答柳希范」*

○ 11-11 선생이 다음과 같이 말씀하셨다. "나는 비록 과거에 응시하기는 했지만 애당초 당락當落에는 마음 쓰지 않았다. 스물네 살 때까지 연이어 세 번을 떨어졌지만 낙담하는 마음은 없었다. 그런데 어느 날 시골집에 있을 때, 어떤 사람이 와서 갑자기 '이서방' 하고 불렀다. 나를 부르는가 생각하고 천천히 상황을 보니 늙은 종을 찾고 있었다. 그래서 탄식하며 '내가 명성을 이루지 못해서 이런 수모를 당하는구나' 하고 생각하였다. 이렇게 해서 창졸간에 자신이 과거의 당락에 관심이 있음을 깨닫게 되었다. 과거가 사람을 동요시키는 정도는 대단히 무섭다." 【『습유』】

○ 11-11 先生曰, "余雖應擧, 而初不屑屑得失. 二十四歲時, 連屈三試, 亦無落魄意思. 一日在里第, 忽有人來呼李書房者, 意謂招我, 徐而察之, 則乃尋老奴者也. 仍歎曰, '我未成一名, 故致有此辱也.' 造次之頃, 便覺得失之關心, 科目之動人, 甚可懼也." 【『拾遺』】 *『鶴峯先生文集續集』, 卷5, 19쪽a, 「雜著 · 退溪先生言行錄」*

○ 11-12 세상에서 이익에 사로잡힌 사람들에 대하여 얘기하며, 거듭 탄식하다가 팔짱을 끼고서 "우리 친구들은 이러한 마음을 깊이 반성해서

소인이 되지 않을 수 있겠는가?"라고 말씀하셨다. 【위와 같음】

○11-12 嘗語及世之役於利者, 反復嗟惜, 拱手謂在坐曰, "凡我同人, 須猛省此心, 勿爲小人之歸可乎?" 【上同】 *『鶴峯先生文集續集』, 卷5, 37쪽b, 「雜著·退溪先生言行錄」*

○11-13 한갓 사모하는 마음만 있을 뿐, 주저 없이 몇 발짝이라도 내어 딛으려 하지 않으며, 매번 기다리는 마음만 있고 한 순간도 곧바로 체득하지 못하고, 다만 이와 같이 때때로 스스로를 돌아보고 슬퍼 탄식할 뿐이라고 하자. 그는 비록 도에 전혀 마음을 두지 않은 사람과는 다르다 할지라도 아마 크게 다르지는 않을 것이다. 【「김사순에게 답한 글」】

○11-13 徒有慕向之心, 不肯直前, 行得數步, 每有等待之意, 不能當下體得一刻, 但如此時時自顧, 慨然發歎而已. 雖與全不向道者有間, 恐無以大相遠也. 【「答金士純」】 *『退溪先生文集』, 卷34, 23쪽a, 「書·答金士純」*

○11-14 이미 가버린 시간은 좇을 수 없지만 앞으로의 공부는 나에게 달려 있다. 힘써 생각하고 스스로 분발하여서 쉽게 시류에 휩쓸리지 말라. 【「김응순에게 답한 글」】

○11-14 已逝光陰難追, 而方來工夫在己. 勉思自拔, 毋輕流循. 【「答金應順」】 *『退溪先生文集』, 卷33, 12쪽a, 「書·答金應順」*

○11-14-1 또 말씀하셨다. "서울이 확실히 좋다. 그러나 시류에 휩쓸리는 것은 깊이 경계하는 것이 좋다. 한 번 실족하면 구덩이에 빠지게 된다."

○11-14-1 又曰, "城中固好, 但切戒流循爲佳, 一蹉脚, 則便墮落坑坎中." *『退溪先生文集』, 卷33, 11쪽a, 「書·答金應順」*

○11-15 사람이 학문을 제대로 하지 않으므로 자신의 부족함을 모르고, 자신의 부족함을 모르기 때문에 남이 자신의 단점을 얘기하는 것을 들으면 화를 낸다. 【「정자중에게 준 글」】

○11-15 人惟不學, 故不知其不足, 不知其不足, 故聞過而怒. 【「與[4]鄭子中」】 *『退溪先生文集』, 卷26, 5쪽b, 「書·與鄭子中」*

○11-16 혼자서 만족해하면 다른 사람의 말을 듣지 않게 되고, 빨리 이루려고 하면 모든 이치를 탐구하지 않게 된다. 【「기명언에게 답한 글」】

○11-16 自喜則不聽人言, 欲速則不究衆理. 【「答奇明彦」】 *『退溪先生文集』, 卷16, 19쪽a, 「書·答奇明彦」*

○11-17 자기가 있다는 것을 알 뿐 남이 있음을 모르는 것은 작은 병이 아니다. 이 병을 먼저 고친 뒤에야 이 학문에 대해 함께 논할 수 있다. 【위와 같음】

○11-17 但知有己, 不知有他人, 不是小病. 惟當先去此病, 然後可與論此學耳. 【上同】 *『退溪先生文集』, 卷16, 14쪽b, 「書·答奇明彦」*

○11-18 사람이 독실하게 믿고서 배움을 좋아하지 못하면, 바람이 불어 풀이 흔들리는 것만 봐도 놀라고 두려워서 실수를 하게 된다. 얼굴을

4) 『이자수어』에는 '答'으로 되어 있으나 『문집』에 따라 '與'로 바로잡는다.

돌리고 나쁜 짓을 하면서도 지목되지 않기를 바라는 자는 말할 필요도 없다. 우리들은 스스로를 반성해서 절벽처럼 우뚝한 지조를 세우기에 힘써야 한다. 【「정자중에게 답한 글」】

○ 11-18 人不能篤信好學, 才見風吹草動, 便驚惶失措, 回面汚行, 以蘄免於指目, 爲是者不足言. 吾輩正當自反, 而厲壁立之操耳. 【「答鄭子中」】 *『退溪先生文集』, 卷26, 9쪽a, 「書·答鄭子中」*

○ 11-19 선생은 말씀하셨다. "내가 금난수의 집에 갈 때 산길이 상당히 험난하였다. 그래서 고삐를 당기며 경계하는 마음을 늦추지 않았는데, 돌아올 때는 약간 취해서 오던 길이 험했다는 것을 문득 잊어버리고 마치 탄탄대로를 가듯 마음 놓고 갔으니, 마음을 잡고 놓음이 참으로 무서운 것이다." 【『습유』】

○ 11-19 先生曰, "嘗往琴蘭秀家, 山蹊頗險. 去時則按轡警馭, 心常不弛, 及還微醉, 頓忘來路之險, 縱然安行, 如履坦道, 心之操舍, 甚可懼也." 【『拾遺』】 *『鶴峯先生文集續集』, 卷5, 17쪽a, 「雜著·退溪先生言行錄」*

○ 11-20 남녀 사이는 큰 욕심이 머무는 곳이요, 부부는 인륜이 시작하는 곳이다. 그러므로 선왕의 가르침은 언제나 근원을 막고 예방에 힘썼다. 그런데 오늘날 무리 지어 앉아 농지거리를 하는 것이 모두 욕구덩이의 일이다. 더러운 생각이 항상 이부자리에 있고, 문란한 말들이 안방에서 거리낌 없이 나오고, 심지어는 글로 써서 서로 돌려 읽고 서로 좋아하고 어깨를 치고 장단을 맞추면서 하루 종일 웃음을

그치지 못한다. 이러한 습관은 하루아침에 한 곳에서 이루어진 것이 아니니, 그 유래가 깊다. 옛날 중국 오호[5]의 난리가 어찌 청담[6]과 관계가 있겠는가마는 그런데도 논하는 자들은 그 허물을 왕이보[7] 등의 무리에게 돌렸다. 하물며 오늘날 숭상하는 것은 청담에 비할 정도가 아니니, 어찌 세상 도덕의 융성 쇠퇴와 관계가 없겠는가!【「풍기군수에게 주려고 서원에 대하여 논한 글」】

○ 11-20 男女, 大慾之所存, 夫婦, 人倫之所始, 故先王之教, 每窒其源而謹其防. 今羣居談謔, 盡是辱坑之事, 穢念常在於襟裾, 媟語不憚於閨門, 至形於筆札, 轉相贊誦, 拍肩擊節, 嗢噱終日. 此風之作, 非一朝一處然也, 其所由來者遠矣. 昔五胡之亂, 何預於淸談, 而尙論者歸咎於王夷甫諸人, 矧今之所尙, 又非淸談之比也, 則豈不關於世道之升降耶!【「擬與豐基郡守論書院」】*『退溪先生文集』, 卷12, 34쪽a, 「書 · 擬與豐基郡守論書院事」*

○ 11-21 욕심은 매우 위험한 것이다. 천지를 떠받치고 해와 달을 관통할 만한 기상을 지닌 사람도 하루아침에 아리따운 여인의 뺨에 나타난 미소를 보고는 기상이 꺾이고 욕망에 빠져 들어, 이와 같이 욕을 당하여 천하 사람들의 비난을 받고 웃음거리가 되었다.[8] 그러므로 주

---

5) 五胡는 중국 서북부에서 중국 본토로 이주한 다섯 민족인 匈奴 · 羯 · 鮮卑 · 氐 · 羌을 말한다. 이들은 중국의 5호16국시대의 주인공으로서 선비족의 북위가 이를 통일하여 남북조시대를 연다.

6) 淸談은 중국 위진시대 때 세상일을 버리고 명예와 이익을 떠나 산림에 은거하여 高節을 숭상하고 老壯의 玄學을 숭상하던 사람들을 일컫는다. 竹林七賢이 가장 유명하다.

7) 王夷甫는 晉 王衍으로서 夷甫는 그의 자이다. 그는 風姿가 高徹하였으며, 청담을 좋아하였다.

자께서는 "한평생을 호랑이 꼬리를 밟듯, 봄날에 얼음을 밟듯 조심스럽게 지낸다"고 하시고, "눈이 다 녹기도 전에 풀이 이미 싹튼다"는 경계를 항상 지니셨다. 【「기명언에게 답한 글」】

○ 11-21 人欲之險, 乃有以拄天地貫日月之氣節, 一朝摧銷陷沒於一妖物頰上之微渦, 取辱至此, 爲天下詬笑. 故朱夫子嘗云, "寄一生於虎尾春氷", 而常持"雪未消草已生"之戒. 【「答奇明彥」】 *『退溪先生文集』, 卷16, 19쪽a, 「書·答奇明彥」*

○ 11-21-1 주자가 지은 「해계海溪의 호씨胡氏집에 머물며」라는 시에 이렇게 나온다. "십년을 강호江湖에 살아, 한 몸 가벼이 여기게 되었으나, 돌아와 여와[9]의 미소를 대하니 도리어 애정이 돋아났도다. 세상살이 도중 욕망처럼 위태로운 것은 없으니, 얼마나 많은 사람들이 이로 말미암아 평생을 그르쳤던고!"

○ 11-21-1 朱子「宿海溪胡氏館詩」曰, "十年湖海一身輕, 歸對黎渦却有情. 世路無如人欲險, 幾人到此誤平生." *『朱子大全』, 卷5, 「宿梅溪胡氏客館 觀壁間題詩 自警 二絶」*

○ 11-21-2 택지가 화답한 글이 매우 절실한 경계의 말이었다. 그래서 운을 따서 시를 지어 답하셨다. "말이 지나치게 경솔함을 나무란 것이 아니요, 시를 지어 감정에 치우칠까 경계하고자 한 것뿐이라네. 귀찮게 시를 지어 두려워하고 조심함을 더하게 하노니, 호랑이 꼬리를 밟듯 봄 얼음을 밟듯 일생을 보내야 한다오."

---

8) 송나라 명신인 胡銓은 금나라와의 和議를 반대하다가 멀리 유배된 뒤, 돌아오는 길에 湘潭의 胡氏 집 동산에서 술을 마시면서 여인의 유혹에 빠져 큰 봉변을 당하였다. 그 후 주희는 이 고사를 보고 시를 지었다.

9) 黎渦는 梨渦·酒渦·酒窠라고도 한다. 여인의 두 볼이 오목하게 들어가 보조개가 보이는 것으로 미녀를 가리킨다.

○11-21-2 擇之所和語, 極警切. 次韻謝之曰, "不是譏訶語太輕, 題詩只要警流情. 煩君屬和增危惕, 虎尾春氷寄一生." 『朱子大全』, 卷5, 「擇之所和生字韻 語極警切 次韻謝之 兼呈伯崇」

○11-21-3 택지에게 두 번째 답시를 보내셨다. "그대처럼 두려워하고 조심하는 사람은 경솔하지 않으리니, 어지러운 세상 어떤 곳에 관심이 쏠리리오! 오묘한 경敬의 무궁한 뜻에 따라야 하리니, 눈이 다 녹기도 전에 풀이 이미 싹튼다오."

○11-21-3 再答擇之曰, "兢惕如君不自輕, 世紛何處得關情. 也應妙敬無窮意, 雪未消時草已生." 『朱子大全』, 卷5, 「再答擇之」

○11-21-4 호담암[10]이 해외에 나갔다가 북쪽으로 돌아와 호담湖潭의 호씨원胡氏園에서 술을 마시며, 시중들던 기생 여청에게 시를 지어 주었다. 시의 내용 가운데 이러한 말이 나온다. "임금의 은혜로 돌아와 이곳에서 술에 취하니, 곁에 있는 여청의 뺨에는 미소가 일어나네."

○11-21-4 胡澹庵自海外北歸, 飮湘潭胡氏園, 爲侍妓黎蒨作詩云, "君恩許歸此一醉, 傍有黎頰生微渦." 『鶴林玉露』, 卷12

○11-22 여와의 미소에 대한 경계는 직접 두려워할 만한 일을 경험하였기 때문에 한 말이 아니겠는가! '한 칼로 베어버린다'는 말은 또한 대혜[11]의 글 가운데서 본 일이 있다. 아마도 그 사람(禪師)은 이렇게 할 수 있는데 우리는 이렇게 하지 못하여, 저 사람으로 하여금 무르익은 제패[12]를 가지고서 도리어 잘난 체하고 큰소리치며 우리 명교

10) 澹庵은 胡銓의 호이다. 호전은 송나라 고종 때 進士가 되어, 간신 秦檜의 처형을 상소하였다가 제명당하기도 한 강직한 인물이다. 저서로 『澹庵集』이 있다.

11) 大慧는 주희가 살던 때의 禪師인 宗杲(종고)의 호이다. 저서로 『臨濟正宗記』와 『正法眼藏』이 있다.

名教를 하는 사람을 능멸하고 무시하게 하였다. 이것은 성인을 배우는 우리들의 커다란 죄요, 크게 부끄러운 일이다. 그래서 주자는 "호랑이 꼬리를 밟듯 봄 얼음을 밟듯 일생을 보낸다"는 경계의 시를 지었으니, 힘쓰지 않을 수 있겠는가!【「정자중에게 답한 글」】

○ 11-22 黎渦之警, 得非有親歷可畏事故有此言耶. 一刀兩斷, 亦嘗於大慧書中見此語. 顧彼能是, 而我乃不能是, 使彼挾稊稗之秋, 反高視大言, 以陵轢名教中人. 此爲吾徒學聖人者之大罪過大羞恥也, 則朱子詩'虎尾春氷寄此生'之戒, 可不勉哉【「答鄭子中」】*『退溪先生文集』, 卷26, 12쪽b, 「書 · 答鄭子中」*

○ 11-23 번화하고 소란하게 노는 가운데서 사람의 마음은 바뀌기 쉽다. 내가 이러한 상황에 대처하는 공부를 하여 거의 동요하지 않게 되었다. 그러나 내가 의정부의 사인舍人으로 있을 때 노래하는 기생들이 앞을 메우자 기뻐하는 마음이 일어남을 알아차렸다. 욕망을 심하게 막아 구덩이에 빠지는 것을 겨우 면하기는 하였으나, 일의 중요성으로 말한다면 죽음과 삶의 갈림길이니, 두려워하지 않을 수 있겠는가!【『습유』】

○ 11-23 紛華波蕩之中, 最易移人. 余嘗用力於此, 庶不爲所動, 而嘗爲政府舍人, 聲妓滿前, 便覺有一端喜悅之心, 惟痛加窒欲, 僅免坑塹, 其機則生死路也, 可不懼哉!【『拾遺』】*『鶴峯先生文集續集』, 卷5, 26쪽b, 「雜著 · 退溪先生言行錄」*

---

12) 稊稗는 곧 피이다. 이황은 稗을 피에 비유하고 名教인 유학을 오곡에 비유하고 있다. 『孟子』 「告子上」 제19장에 "오곡은 아름다운 곡식이다. 그러나 익지 않으면 피만도 못하다. 저 仁도 익숙하도록 해야만 한다"라고 나온다.

○11-23-1 또 이렇게 말씀하셨다. "관서[13] 지방은 평소에 번화하기로 알려져 그곳에서 타락의 구덩이에 빠지는 자들이 연이어 있었다." 선생이 자문[14]과 점마[15]를 위하여 의주義州에 한 달 동안 머무르며 절대로 여자를 가까이 하지 않으셨다. 지나는 길에 평양에 들리니, 감사가 명기名妓를 예쁘게 단장시켜 천거하였으나, 끝내 한 번도 돌아보지 아니하셨다.

○11-23-1 又曰, "關西素稱紛華, 士之落於坑塹者, 前後相望." 先生嘗爲咨文點馬, 以事留義州一月, 絶不近色, 行過平壤, 監司飾名妹以薦, 竟不一顧. *『鶴峯先生文集續集』, 卷5, 26쪽b, 「雜著 · 退溪先生言行錄」*

○11-24 굳셈(剛)은 군자의 덕이지만 조금 지나치면 사납게 화를 내는 지경에 이르기 쉽다. 이제까지 그대의 태도를 보면 이러한 뿌리가 있는데, 술 마신 뒤끝마다 그렇게 행동하니, 이것은 더구나 조그만 병통이 아니다. 그대가 문밖출입을 삼가고 잘못을 뉘우친다면 이러한 잘못을 깨닫게 될지 모르겠다. 【「조사경에게 준 글」】

○11-24 剛雖君子之德, 小過則入於暴悍强忿. 從來竊瞯君姿有此根本, 而又每發於酒後, 此尤非小患. 不知君杜門思過, 能念及此乎. 【「與[16]趙士敬」】 *『退溪先生文集』, 卷23, 20쪽a, 「書 · 與趙士敬」*

○11-25 평소에 술 취하는 실수를 저질렀으나, 근년에 점차 고치게 되어 이제는 이러한 잘못에서 벗어나게 되었다고 생각하였다. 지난달 방백[17]의 방문을 받고, 우연히 흥겨운 감정이 일어나 모르는 사이에

---

13) 關西는 摩天嶺 서쪽 지역이다. 평안도를 가리킨다.
14) 咨文은 중국과 왕복하는 공문서이다.
15) 點馬는 중국으로 보내는 말을 점검하는 일을 말한다.
16) 『이자수어』에는 '答'으로 되어 있으나 『문집』에 따라 '與'로 바로잡는다.
17) 方伯은 觀察使 즉 지금의 도지사이다.

매우 취하여 심하게는 법도를 잃게까지 되었다. 술이 깬 뒤 생각하여 보니, 한퇴지韓退之가 말한, "산마루에 한 치라도 완전히 오르기 전에는, 자칫하면 천 길 낭떠러지 아래로 떨어지게 된다"[18]는 경우와 같았다. 조심을 하느냐 하지 않느냐에 따른 선악의 갈라짐이 이와 같구나. 【「황중거에게 답한 글」】

○ 11-25 素有沈酒之失, 近年稍稍醫治, 自謂已免此過. 前月方伯見訪, 偶發情興, 不覺昏醉, 多至失常. 醒而思之, 正如韓子所謂"躋攀分寸不可上, 失勢一落千丈强." 一操舍之間, 而善惡之分如此. 【「答黃仲擧」】 *『退溪先生文集』, 卷20, 26쪽a, 「書 · 答黃仲擧」*

○ 11-26 다음과 같이 주계酒誡를 지어 김응순에게 주셨다. "아! 누룩이 사람을 심하게 해침이여, 내장을 상하게 하여 질병이 생기게 하고, 성품을 미혹되게 하여 덕을 잃게 하도다. 개인적으로는 몸을 해치고 국가적으로는 나라를 넘어지게 하도다. 내가 그 해독을 경험하였거늘, 그대는 그 구덩이에 떨어졌구나. 그것을 막고자 주계를 지으니, 어찌 함께 힘쓰지 아니하리오. 힘써 제지하면 스스로 많은 복을 구하는 길이니라." 【『문집』】

○ 11-26 酒誡贈金應順曰, "嗟哉麴糵, 禍人之酷. 腐腸生疾, 迷性失德. 在身戕身, 在國覆國. 我嘗其毒, 子陷其窞. 抑之有誡, 胡不共勖. 剛以制之, 自求多福." 【『文集』】 *『退溪先生文集』, 卷44, 2쪽a, 「箴銘 · 酒誡, 贈金應順」*

---

18) 『昌黎先生集』 권5, 「聽穎師彈琴」이다.

○ 11-27 네가 이번 모임에서나 동년[19]의 연회석에 참여하는 모든 경우에 충분히 조심하고 삼가서, 기쁘다고 광망狂妄한 짓을 해서는 안 된다. 선생이 시키는 장난이라면 따르지 않을 수 없지만, 잠시 해서 책망이나 면하면 그만이다. 매우 음란하고 어지러우며 비루하고 오만한 짓을 해서 배우들이 하는 것처럼 남이 웃고 즐길 거리나 제공해서는 안 된다. 내가 후배들을 보니 조그마한 이름만 얻어도 스스로 평생의 커다란 일로 생각하여, 본성을 잃고 미친 듯이 취한 듯이 행동하니 매우 걱정스럽고 우스운 일이다. 【「손자 안도에게 준 글」】

○ 11-27 汝於今行及凡赴同年筵席, 十分操持, 愼勿乘喜多作狂妄事. 凡先生所令戲事, 雖不可不從, 聊暫爲之, 僅以免責而已. 不可極爲淫媟鄙慢之態, 以供人笑樂, 如倡優輩所爲也. 吾見後生輩得小小名字, 自以爲平生一大事, 多失常性, 如狂如醉, 甚可憫笑. 【「與[20]安道孫」】*『退溪先生文集』, 卷40, 19쪽b, 「書·與安道孫」*

◑ 11-28 너는 여러 어른들 앞에서는 마음을 비우고 기운을 가라앉혀, 일치하지 않는 여러 가지 주장들을 참작하며 듣고서, 천천히 – 어떤 판본에는 '깊이' 라고 되어 있다 – 구명하고 자세히 살펴, 장점을 취하여 너에게 도움이 되도록 하여야 한다. 그런데 지금 거칠고 엉성한 견해를 가지고서 편벽되게 자신의 의견만 주장하여 입에서 나오는 대로 말하며, 높은 음성으로 큰소리치며 여러 어른들의 주장을 능가한다고 하여 보자. 너의 주장이 이치에 어긋나지 않는다 하더라

19) 同年은 같은 해에 과거에 합격한 사람이다.
20) 『이자수어』에는 '答'으로 되어 있으나 『문집』에 따라 '與'로 바로잡는다.

도 이미 무례하게 성내어 외친 것이 되니, 학문상의 도움을 추구하는 학자의 도리가 아니다. 하물며 망령된 견해로 남을 그르치면서 이렇게 해서야 되겠는가! 빨리 고치도록 하여라. 【위와 같음】

◑11-28 汝於諸丈前, 當虛心下氣, 參聽衆論之不一, 徐徐一本作深究而細察之, 以庶幾從其長而得其益, 可也. 今乃以粗疎之見, 偏主己意, 信口騰說, 高聲大叫, 以凌駕諸丈說, 假使汝說不違理, 已是咆哮無禮, 非學者求益之道. 況妄見誤入而如此, 其可乎. 其速改之.【上同】*『退溪先生文集』, 卷40, 26쪽a,「書·與安道孫」*

◑11-29 시를 짓는 것은 말단의 재주라고 하지만, 성정에 근본을 두어야 하며 체제와 격식이 있으니, 진실로 쉽사리 이룰 수 있는 것이 아니다. 어떤 자는 말이 방탄放誕하게 되거나, 뜻이 난잡하게 되어도 일체 문제 삼지 않고 입에서 나오는 대로 붓 가는 대로 어지럽게 써 내려간다. 이렇게 하는 것을 능력이 있다고 생각하여 계속 익혀 나간다면, 조심하여 말하고 흩어진 마음을 거두어들이는 방법에 대하여 더욱 방해가 될 것이다.【「정자정에게 준 글」】

◑11-29 詩雖末技, 本於性情, 有體有格, 誠不可易而爲之. 言或至於放誕, 義或至於厖雜, 一切不問, 而信口信筆, 胡亂寫去. 以此等事爲能, 而習熟不已, 尤有妨於謹出言收放心之道.【「與[21]鄭子精」】*『退溪先生文集』, 卷35, 1쪽a,「書·與鄭子精」*

◑11-30 너는 모든 일을 삼가고 신중히 해야 한다. 지금 네가 김이정에게

21)『이자수어』에는 '答'으로 되어 있으나『문집』에 따라 '與'로 바로잡는다.

보낸 편지를 보니, 초서로 크고 어지럽게 갈겨썼으니 어떤 생각에서 그렇게 하였느냐? 신중하게 행동하고 거칠고 광망狂妄한 짓을 하기를 좋아하지 말라. 【『언행록』】

◐11-30 汝凡事當謹愼, 而今見寄而精書, 大字亂草, 此何意耶? 愼勿好爲麤狂之態. 【『言行錄』】 *『退溪先生言行錄』, 卷2, 「家訓」*

◐11-31 어떤 사람이 '태진[22]이 임공도사[23]를 보내어 당唐 천자에게 보답하는 시'를 지었다. 그 시를 평가하려 하자 선생은 밀치며 "태진의 일은 백낙천[24]이 서술하기 시작하고, 어무적[25]이 펴서 넓혔다. 대장부의 입으로 어떻게 음란하고 추한 말을 할 수 있겠는가." 【『습유』】

◐11-31 人有作'太眞送臨邛道士, 報唐天子詩', 欲課之. 先生批曰, "太眞事, 白樂天始作俑, 魚無迹極鋪張之, 大丈夫口中, 豈可狀出淫醜之語也." 【『拾遺』】 *『鶴峯先生文集續集』, 卷5, 27쪽a, 「雜著·退溪先生言行錄」*

◐11-32 자신을 위한 일이나 남을 위한 일이나, 본래 한 가지 일이다. 남을 위한 말이 헛되고 과장된다면 스스로 처신함도 헛되고 과장됨을 알 수 있다. 【「김사순에게 준 글」】

◐11-32 爲己爲人本一事, 爲人之言虛夸, 則其自處虛夸, 亦可知. 【「與[26]

---

22) 太眞은 당현종의 귀비가 된 양귀비를 가리킨다.

23) 臨邛道士는 白居易(772~846)가 백락천이 당현종과 양귀비 사이의 애정을 읊은 「長恨歌」에 나오는 道士이다. 그는 현종을 위하여 양귀비의 혼백을 불러왔다.

24) 樂天은 당의 대표 시인인 白居易의 자이다. 그는 「長恨歌」·「琵琶行」 등의 대중 작품을 지어 서민들에게 칭송받았다.

25) 魚無迹은 연산군 때의 시인으로, 자는 潛夫, 호는 浪仙이다.

金士純」】『退溪先生文集』, 卷34, 15쪽b, 「書·與金士純」

◑11-33 내가 출신[27]한 첫 해에 서울에 머물며, 매일 사람들에게 이끌리어 연회하며 술을 마셨다. 조금 한가한 날이 있으면 곧 심심한 마음이 일어나곤 하였다. 밤이 되어 생각하여 보면 마음에 부끄럽지 않은 때가 없었다. 근년에 와서야 다시는 이러한 마음이 없게 되었고, 또 부끄러움도 면하게 되었다. 맹자의 "생활이 기풍을 변화시키고, 가꾸는 내용에 따라 모양이 바뀐다"[28]는 말을 믿지 않을 수 있겠는가! 【『기선록』】

◑11-33 吾出身初年, 在京師, 每爲人所牽援, 逐日宴飮. 少有暇日, 輒生無聊之心, 而夜來思之, 未嘗不有愧於心. 近年以來, 無復有是心, 而又免其恥, 孟子所謂"居移氣養移體"者, 不其信乎. 【『記善錄』】『艮齋先生文集』, 卷6, 10쪽b, 「溪山記善錄上」

◑11-34 활쏘기는 남자들이 하는 일로서 옛날에는 가장 중시되었다. 그러나 활쏘기를 통하여 덕을 살피는 일이 없어진 지 오래되었다. 날마다 거칠고 잡된 사람들과 서로 친압親狎해야 하니, 손해가 이미 깊다. 그리고 조정에서 처리하는 것을 보더라도, 오직 군마를 담당하게 하거나 변방을 지키는 임무만 맡긴다. 자신이 제갈공명이나 악붕거[29]가 한 일을 할 수 있는 사람이 아니라면, '자신이 하고 싶은 바

26) 『이자수어』에는 '答'으로 되어 있으나 『문집』에 따라 '與'로 바로잡는다.
27) 出身은 文武科나 雜科에 합격하고 아직 벼슬에 나서기 전을 가리킨다.
28) 『孟子』 「盡心上」 제36장에 나오는 말이다.
29) 岳鵬擧는 남송의 충신인 岳飛의 자이다. 그는 고종 때에 반적을 토벌하고 자주

를 따르는 것'(從吾所好)[30]만 못할 듯하다. 【「정자중에게 답한 글」】

◑ 11-34 射爲男子事, 古所最重. 然觀德之意, 寂寥久矣. 日與麤人雜類相狎, 損害旣深, 又朝廷所以見處者, 或專以軍馬邊圉之任, 自非諸葛孔明岳鵬擧事業, 恐不如'從吾所好'之爲得也. 【「答鄭子中」】 *『退溪先生文集』, 卷24, 29쪽b, 「書·答鄭子中」*

◑ 11-35 함형에게 말씀하셨다. "그대는 서울에서 이와 같은 태도를 취하였는가? 지금 그대가 서울에 돌아가면 사람들이 지목해서 '아무개가 아무개를 만나고 와서부터 이와 같은 여러 가지 태도를 취한다'고 말할 것이다. 그렇게 되면 어찌 그대가 용납되기 어려울 뿐이겠는가? 나를 구실로 삼을 것이니, 그처럼 남과 달리 행동해서는 안 된다. 그렇게 행동하지 않더라도 학문이야 어떤 경지엔들 도달하지 못하겠는가!" 【『질의』】

◑ 11-35 謂咸亨曰, "公在京如此做容儀否? 今若歸京, 人必目之曰, '某往見某而來, 如此做許多模樣' 豈徒公之難容? 以予爲口實, 不可恁地異於人也. 雖不恁地做所學, 何所不至." 【『質疑』】 *『艮齋先生續集』, 卷3, 37쪽a, 「心經質疑」*

◑ 11-36 옛날 선비들을 보면, 그들의 생활이 어려울수록 뜻은 더욱 분발하고 절개는 더욱 기특하였다. 한 번 어렵고 일이 안 된다고 해서 곧 자신이 지키던 것을 잃어버린다면 선비라고 할 수 없다. 【「김응순에게 답한 글」】

金軍을 무찔렀으나 秦檜의 참소로 옥사하였다.

30) 『論語』 「述而」 제11장에 나오는 공자의 말이다.

◑11-36 觀古之士, 其窮愈甚, 其志益勵, 其節益奇. 若因一困拂而遽喪其所守, 則不可謂之士矣. 【「答金應順」】 *『退溪先生文集』, 卷33, 14쪽a, 「書 · 答金應順」*

◑11-37 옛날 사람들은 학문에 뜻을 두게 되면 곤궁하다고 해서 학문을 그만두지 않았다. 곤궁하다고 해서 학문을 그만두는 것은 애당초 학문에 뜻을 둔 자가 할 일이 아니다. 【「금문원에게 준 글」】

◑11-37 古人苟志於學, 不以窮困而廢, 窮而遂廢, 初非志學者爲耳. 【「與[31]琴聞遠」】 *『退溪先生文集』, 卷36, 30쪽a, 「書 · 與琴聞遠」*

◑11-38 옛날 사람들은 곤궁함을 통하여 학문이 더욱 진전되었는데, 오늘날 사람들은 곤궁함을 통하여 뜻이 더욱 투박하게 된다. 【「조사경에게 준 글」】

◑11-38 古人因困窮而學益進, 今人因困窮而志益媮. 【「與[32]趙士敬」】 *『退溪先生文集』, 卷23, 2쪽a, 「書 · 與趙士敬」*

◑11-39 뜻이 참으로 독실하다면 곤궁하다는 것만으로 어찌 빼앗길 수 있으리오! 옛날 사람들은 곤궁함을 통하여 "마음을 움직이게 하고 참을성을 기른다."[33] 그러므로 학업이 전진한다. 오늘날 사람들은 곤궁함에 의해서 뜻을 무너뜨리고 사물을 좇는다. 그러므로 학업이 무

31) 『이자수어』에는 '答'으로 되어 있으나 『문집』에 따라 '與'로 바로잡는다.

32) 『이자수어』에는 '答'으로 되어 있으나 『문집』에 따라 '與'로 바로잡는다.

33) 『孟子』「告子下」 제15장에 나오는 말이다. 動心은 仁義禮智의 본심을 활성화하는 것이며 忍性은 聲色臭未를 따르고자 하는 기질의 성을 재제하는 것이다. 즉 전자는 存天理에 해당하며 후자는 遏人欲에 해당된다.

너진다. 【위와 같음】

◑11-39 苟志之誠篤, 一窮字豈能奪之! 古人因窮而動心忍性, 故業進. 今人因窮而壞志逐物, 故業頹. 【上同】 *『退溪先生文集』, 卷23, 7쪽a, 「書·與趙士敬」*

◑11-40 『논어』에서 "가난하고 비천함은 사람들이 싫어하는 것이지만, 정상적으로 얻은 것이 아니라 하더라도 버리지 않는다"[34)]라고 하였다. 군자는 몸을 닦고 도를 지키니, 대인大人의 덕이 갖추어지게 되면 천작[35)]이 따름이 마땅하다. 불행하게도 빈천하다면 이는 나에게 빈천할 이유가 없는데 빈천하게 된 것이다. 이러한 경우에 빈천을 편안하게 여기고 벗어나려고 하지 않아야 한다는 것이다. 만일 내가 바둑이나 장기를 두고 싸우고 사치하고 음란하게 함부로 놀며 빈천하게 될 만한 일은 다하여 빈천하게 되고서, 빈천을 벗어나려고 노력하지 않으며, "나는 빈천을 편안하게 여기고자 하노라"고 빗대어 말한다면 옳겠는가? 【『사서석의』】

◑11-40 『論語』曰, "貧與賤, 雖人之所惡也, 不以其道得之, 不去也." 君子修身守道, 大人之德備, 是宜天爵從之, 不幸而貧賤焉, 是我無貧賤之道, 而得貧賤. 如此者當安之而不去. 若我爲博奕鬪狠奢侈淫

---

34) 『論語』「里仁」 제5장에 나오는 말이다.

35) 天爵이라는 말은 『孟子』「告子上」 제16장에 나오는 말이다. 여기서 天爵이란 "인의충신과 선을 즐기기를 게을리 하지 않는 것"을 의미하며, 人爵이란 관직을 의미한다. 고대 중국에서는 天命사상에 의거하여 천자는 물론 모든 관리는 하늘을 대신하여 하늘이 할 일을 하는 사람이라고 여겼다. 『書經』「虞書·皐陶謨」에서는 "관직을 폐하지 말라. 하늘이 할 일을 사람이 대신하는 것이다"라고 나온다. 여기서 이황이 가리키는 天爵은 『孟子』「告子上」 제16장에서는 人爵에 해당하는 관직을 의미한다.

肆, 凡可以取貧賤之道, 以致貧賤, 亦將不去之, 諉曰, "我欲安貧賤也." 則其可乎?【『四書釋義』】*『四書釋義』, 「論語釋義 · 里仁」*

○ 11-41 졸렬함을 메우는 데는 부지런함만한 것이 없으며, 번잡함을 구제하는 데는 고요함만한 것이 없다. 사람을 만나면 온갖 일의 잘못된 까닭을 알고자 한다. 이 두 가지 말을 나는 앉은자리 옆에 써 붙이고서 자신을 반성하였다.【『기선록』】

○ 11-41 補拙莫如勤, 救煩莫如靜, 逢人卽有求, 所以百事非, 此兩語, 吾嘗書坐側以自省.【『記善錄』】*『艮齋先生文集』, 卷6, 10쪽a, 「溪山記善錄上」*

○ 11-42 김부필이 "서원의 학전學田만 가지고는 수입이 모자라니, 창고에 있는 곡식을 가지고 이익을 늘린다면 어떠합니까?" 하고 물었다. 선생은 "'이익을 늘린다'는 말은 유자로서 말할 바가 못 된다"고 말씀하셨다.【『습유』】

○ 11-42 金富弼問, "書院學田所入不足, 請儲穀息利?" 先生曰, "'息利'二字不是儒者所道."【『拾遺』】*『鶴峯先生文集續集』, 卷5, 46쪽b, 「雜著 · 退溪先生言行錄」*

○ 11-43 곤궁해서 밭을 파는 것은 본래 도리를 크게 해치는 일이 아니다. 값의 고하高下를 계산할 때 지나친 것은 깎아 공평한 수준을 따르고자 하는 것도 면할 수 없는 도리이다. 그러나 자신에게만 이롭게 하여 남을 해치고자 하는 마음이 있다면 이것은 순舜과 도척盜跖이

갈라지는 곳이다. 이러한 마음에 대하여 빨리 정신을 긴장하여 의義인가 이익인가를 나누어 구별하여 소인이 됨을 면하기만 하면 군자가 된다. 반드시 팔지 않는 것을 고상하다고 생각할 필요는 없다. 그러나 이러한 일에 오래 마음을 두다 보면 더럽고 천한 지경에 빠지기 쉬우니, 항상 자신을 격앙시켜야만 겨우 타락하지 않을 수 있다. 【「정자중에게 답한 글」】

○ 11-43 竊以賣田, 本非甚害理, 計直高下之際, 約濫從平, 亦理所不免. 但一有利己剋人之心, 便是舜跖所由分處, 於此亟須緊著精采, 以義利二字剖判, 才免爲小人, 卽是爲君子, 不必以不買爲高也, 然此等事, 留心之久, 易陷人於汚賤之域, 切宜常自激昂, 庶不墜落也. 【「答鄭子中」】 *『退溪先生文集』, 卷24, 13쪽b, 「書·答鄭子中」*

○ 11-44 아들 준에게 이렇게 경계하셨다. "집안 자제들은 근신謹愼하고 법을 두려워하기에 힘써야 한다. 그 곡식이 이미 관의 곡식인데 – 당시에 선생의 영천 전장田庄에서 거두어들인 곡식 가운데서 관청에 바칠 부분을 사채私債로 하여 구휼의 밑천으로 삼고자 하였다 – 임의로 취해서 사용한다면 이것이 어찌 책을 읽어 의義를 아는 유학을 하는 자제의 일이라고 할 수 있겠느냐? 네가 만일 이러한 마음을 고치지 않고, 뒷날 마을에서 행세하게 된다면 도처에서 잘못을 저지를 것이니, 어찌 근심하지 않을 수 있겠는가!" 【『언행록』】

○ 11-44 戒子寯曰, "人家子弟, 當以謹愼畏法爲務. 其穀旣爲官穀, 時先生榮川田庄所收穀, 自官封爲私債將充賑資. 乃任然取用, 此豈儒門子弟讀書知義者事耶? 汝若不改此心, 後日居鄕行世, 到處作過, 豈不爲憂." 【『言行錄』】『退溪先生言行錄』, 卷2, 「家訓」

○ 11-45 형의 손자인 종도에게 말씀하셨다. "네가 어렵게 사느라 지장이 많아서 학업에 전념하지 못하는 것은 걱정스러운 일이다. 그러나 부득이한 형편 때문이니 어찌 피할 수 있겠느냐! 더욱 분발해서 집안에서나마 쓸데없는 일을 덜고 독서해야만 한다. 생업을 돌본다는 핑계로 학업을 전폐해서야 되겠느냐!" 【위와 같음】

○ 11-45 與兄孫宗道曰, "汝窮生多累不得專業, 是爲可慮. 然亦出於事勢之不得已, 安可避哉. 惟當更加奮勵, 雖在家中, 猶可撥冗讀書, 何得託以治生而專廢耶!" 【上同】『退溪先生言行錄』, 卷2, 「家訓」

○ 11-46 맹자께서 말씀하셨다. "남의 아버지를 죽이면 남도 자기 아버지를 죽인다. 남의 형을 죽이면 남도 자기 형을 죽인다. 자기 아버지와 형을 자기가 죽인 것은 아니지만 한 사람을 건너 간접적으로 죽인 것이 된다."[36] 아, 남의 어버이를 욕하는 자가 이러한 이치를 염두에 두지 않아서야 되겠는가! 노예 · 도적 · 이적夷狄 · 금수禽獸 등은 얼마나 천한 명칭들인가! 입에서 악한 말이 나와서 남의 어버이에게 가해지자마자 귀에 들리는 추한 말이 이미 나의 어버이에게 미치고 있다. 그렇다면 스스로 욕한 것은 아니라 하더라도 어찌 한 사람을 사이에 둔 간접적인 행위일 뿐이겠는가! 그런데도 말하는 자는 꺼리지 아니하고 듣는 자도 화를 내지 않으며, 도리를 어겨 함부로 말하고 음란하고 외설스러워 못하는 말이 없다. 입에 담을 수도 없고

36) 『孟子』「盡心下」 제7장에 나오는 말이다.

귀로 차마 들을 수도 없어, 몸이 떨리고 마음이 아프며 하늘이 놀라고 귀신이 비판한다. 아, 어버이를 욕되게 하면 살고, 어버이를 욕되게 하지 않으면 죽는 한이 있더라도 양심이 있는 자라면 오히려 어버이를 욕되게 하면서까지 삶을 도모하려고 하지는 않을 것이다. 하물며 어버이를 욕되게 하지 않더라도 반드시 죽는 것도 아닌 경우이랴! 저편에서 욕을 보이더라도 자식이라면 오히려 자신의 죄로 여겨야 할 텐데, 하물며 나 때문에 욕을 보인 데서야! 이러한 사람에 대해서라면 남들은 본심을 잃지 않았다고 말하더라도 나는 믿지 않으리라. 【「풍기군수에게 보내려던 서원에 대하여 논한 글」】

○ 11-46 孟子曰, "殺人之父, 人亦殺其父, 殺人之兄, 人亦殺其兄, 非自殺之也, 一間耳." 噫, 辱人之親者, 其不念此理乎! 夫奴隷盜賊夷狄禽獸, 是何等賤稱. 脫口之惡, 甫加人親, 入耳之醜, 已及吾親, 然則非自辱之也, 何啻一間之逼耶. 言者不忌, 聽者不怒, 悖慢淫褻, 無所不至, 口不可道, 耳不忍聞, 體慄心痛, 天驚鬼議. 嗚呼, 辱親則生, 不辱親則死, 苟有良心者, 猶不肯辱親以求生, 況不辱親者未必死耶. 辱之自彼, 人子猶當自以爲罪, 況自我辱之耶. 若是者, 雖謂之不失本心, 吾不信也. 【「擬與豐基郡守論書院」】 *『退溪先生文集』, 卷12, 34쪽a, 「書·擬與豐基郡守論書院事」*

○ 11-47 『시경』에 "백성들의 잘못된 말을 어찌 징계하지 않는가, 나의 벗이 공경한다면 참언讒言이 일어나겠는가!"[37]라고 하였다. 난세에 참언의 화가 뿌리가 연결되어 가지에까지 미친다. 친구 사이는 의義를

---

37) 『詩經』「小雅·沔水」에 나온다.

함께하는 같은 몸이다. 친구의 화는 바로 자신의 화이며 친구의 근심은 바로 자신의 근심이다. 그러므로 처음에는 친구가 어지러운 세상을 염려하기를 바라면서 어지러움을 그치게 할 방법을 걱정하니, 이것은 다른 사람에 대한 걱정이다. 끝에 가서는 친구에게 스스로 반성해서 참언을 쉬게 할 방법을 도모하니, 이것은 자신에 대한 반성이다. 독자가 이것을 통하여 시인의 충후忠厚하고 간절한 뜻을 이해한다면 좋을 것이다. 【『삼경석의』】

○ 11-47 『詩』曰, "民之訛言, 寧莫之懲, 我友敬矣, 讒言其興." 亂世讒賊之禍, 根連條逮. 朋友義均同體, 友之禍, 卽己之禍, 友之憂, 卽己之憂. 故始冀友念亂而憂所以弭亂, 卽憂[38]於人也, 終勸友反己而謀所以息讒, 卽反諸己也. 讀者以是, 認得詩人忠厚懇惻之意, 則善矣. 【『三經釋疑』】 *『三經釋疑』, 「詩釋義 · 彤弓」*

○ 11-48 옛날 사람들이 "사람을 대하면 곧 요구하니, 일마다 천해지는 것이다"라고 하였다. 세상의 일을 가만히 보면 바로 이 한 글자(求)가 병통이 된다. 【「정자중에게 답한 글」】

○ 11-48 古人有言曰, "見人輒有求, 所以事事賤." 嘿觀世間事, 正是此一字爲病. 【「答鄭子中」】 *『退溪先生文集』, 卷27, 20쪽a, 「書 · 答鄭子中」*

○ 11-49 선조의 산소에 석물[39]을 만들려고 하는데 노탄[40]이 부족하므로 형

---

38) 『이자수어』에는 '愛'로 되어 있으나 『삼경석의』를 따라 '憂'로 간주하여 해석하였다.
39) 石物은 무덤 앞에 돌로 만들어 놓은 사람 · 짐승 · 床 · 燈 · 기둥 등의 물건들을 말한다.
40) 爐炭은 화로의 숯불을 말하는데 여기서는 석물을 가리키는 듯하다.

편상 관아에서 몇 개 빌려다 보충하지 않을 수 없었다. 그런데 이 일이 마음에 걸린다. 이 한 가지 일로 끝나지 않고 앞으로 계율을 깨뜨리는 해가 될까 매우 두렵다. 다른 사람에게 부탁하는 편지를 써 달라고 하면 스스로 요구하는 것과는 차이가 있지만, 남의 천시와 미움을 받는 경우가 많기 때문에 보통 부탁을 들어주는 자가 열 명에 두세 명도 안 되어 가끔은 부끄러움을 당하고 만다. 그렇다고 일체 하지 않으려고 하면 인정에 가깝지 않은 것 같으니, 해야 하는가 그만두어야 하는가를 가리기가 참으로 쉽지 않은 듯하다. 【위와 같음】

○ 11-49 欲爲先塋石物之故, 爐炭不足, 勢不免求數石於官以補之. 以此爲心, 將恐不獨此一事, 深懼破戒之害也. 爲人作請簡, 雖與自己之求有間, 然亦多爲人所賤惡, 故尋常所聽從者十居二三, 往往猶有羞吝, 欲一切不爲, 則又不近情, 可否之擇, 眞不易也. 【上同】 *『退溪先生文集』, 卷27, 20쪽a, 「書 · 答鄭子中」*

○ 11-50 감정이 격발하며 활동적인 사람(激昂軒輊)이 힘없이 가라앉은 사람(委靡頹塌)보다는 더 낫지만, 이러한 성격을 믿고 자부하여 남이 자신보다 못하다고 생각한다면, 반드시 잘난 체하고 함부로 행동하며 법도를 따르지 아니하고 남들에게 오만하고 세상을 가벼이 여길 것이다. 세상에 그러한 행동을 하게 되면 무한한 병통과 후회스럽고 부끄러운 일들이 생길 것이다. 【「송과우에게 답한 글」】

○ 11-50 激昂軒輊, 固勝於委靡頹塌. 然苟恃此自負而謂人之莫己若也, 則必至於矜豪縱肆, 不循軌度, 傲物輕世, 其行於世也, 有無限病痛

悔吝. 【「答宋寡尤」】 *『退溪先生文集』, 卷13, 19쪽a, 「書 · 答宋寡尤」*

◑11-51 언젠가 『소학』을 보니, "다른 사람에게 보낸 편지를 뜯어보거나 묵혀 두어서는 안 된다"[41]고 하여 이 말을 항상 기억하고 있었다. 책의 제목을 쓰고 난 다음 책의 차례를 펼쳐 보다가 책의 5권 첫머리에 이 두 장의 편지가 있는 것을 우연히 보았다. 펴 보려고 생각하니 남에게 보낸 편지와 다름이 없다고 생각되어 펴 보지 않았다. 그냥 책 사이에 끼워서 돌려보내려고 생각하니, 그대가 내가 펼쳐 본 것으로 의심할 듯하여 마음이 편하지 않으므로, 이처럼 봉투에 넣어 돌려보내고 아울러 그 이유도 밝힌다. 【「조사경에게 준 글」】

◑11-51 嘗見『小學』中有云, "人附書信, 不可開拆沈滯." 此言常所記念. 寫題目, 披閱卷次, 偶見第五卷初面, 有此二書, 因思開見, 則與人附書無異. 故旣不開見, 又思挾置而還, 則君必疑我披見, 亦似不便, 故如是封還, 且告其故. 【「與[42]趙士敬」】 *『退溪先生文集』, 卷23, 54쪽b, 「書 · 與趙士敬」*

○11-51-1 또 말씀하셨다. "끼워둔 편지에 관한 일은 편지 안에 다른 사람에게 말할 수 없는 일이 있다고 해서 그렇게 하는 것만은 아니다. 옛날 사람들은 남의 편지를 뜯어보지 아니하고 남의 사적인 편지를 엿보지 않았으니, 도리상 이렇게 해야만 할 뿐이다."

○11-51-1 又曰, "挾簡事, 非謂其中有不可對人言之事. 自是古人不拆人簡, 不窺人私書, 道理當如此耳." *『退溪先生文集』, 卷23, 55쪽a, 「書 · 答趙士敬」*

41) 『小學』 「嘉言」 제78조에 나온다.
42) 『이자수어』에는 '答'으로 되어 있으나 『문집』에 따라 '與'로 바로잡는다.

○ 11-52 덕이 높지 않으면서 갑자기 경륜의 책임을 맡는 것은 솥 안에 든 음식을 쏟게 되는[43] 말미가 된다. 자신의 정성이 신임을 얻지도 않은 상태에서 계속하여 억지로 말을 한다면 욕을 당하게 되는 길이다. 【「기명언에게 답한 글」】

○ 11-52 德之未崇, 而遽任經綸, 覆餗之階也. 誠之未孚, 而强聒不舍, 辱身之道也. 【「答奇明彦」】 *『退溪先生文集』, 卷16, 14쪽b, 「書 · 答奇明彦」*

◑ 11-53 한 걸음 떼어놓고 입 한 번 여는 사이에 칭찬받지 않으면 비난받게 된다. 비난받는 것은 본래 두려운 일이지만 칭찬받는 것도 걱정할 만한 일이다. 옛날 사람들이 후배들을 경계한 말 가운데 "오늘 임금 앞에서 장려를 받고 내일 재상에게 칭찬받는 가운데 그것으로 말미암아 자신의 법도를 잃는 경우가 많다"고 하였다. 이것은 참으로 매우 절실한 말이다. 【「정자중에게 답한 글」】

◑ 11-53 一投足一開口之間, 不得譽則必得毁, 得毁固可畏, 得譽更可憂. 古人戒後進之言曰, "今日人主前得一獎, 明日宰相處得一譽, 因而自失多矣." 此誠切至之論. 【「答鄭子中」】 *『退溪先生文集』, 卷24, 26쪽a, 「書 · 答鄭子中」*

○ 11-53-1 조언서가 조충정에게 말하였다. "오늘 임금 앞에서 한두 마디 권장의 말을 듣고, 내일 재상에게서 한두 마디 칭찬의 말을 듣고서 자기가 지키던 지조를 잃는 자들이 때때로 많이 있었다."

○ 11-53-1 趙彦瑞謂趙忠定曰, "今日上前, 得一二語獎諭, 明日於宰相處, 得一

---

43) 『주역』 '鼎卦 九四' 「爻辭」에 "솥이 다리가 부러져 公의 솥에 담긴 음식을 쏟으니, 그 모습이 부끄럽고 흉하다"고 하였다. 여기서 솥 안의 음식을 쏟는다는 것은 대신이 자신의 책임을 다하지 못한다는 것을 가리킨다.

二語褒拂, 往往喪其所守者多矣." 『齊東野語』, 卷8, 「趙德莊誨後進」

○11-53-2 또 정자중에게 답하셨다. "우리들이 몸을 조심하고 임금을 섬기는 데 다른 방법이 없다. 입으로는 과장된 말을 하지 않고 손은 헛되이 놀리지 않으며 다리는 참된 곳만 밟는다. 이와 같이 하고서 걱정스럽게 두루 살펴 한 시대에 두려움을 줄만 하지 않다면 끝에 가서 낭패를 당하는 근심을 면할 수 있을 것이다. 그렇지 않으면 끝에 가서는 반드시 수습하기 어려운 낭패를 당하게 될 것이다."

○11-53-2 又答鄭子中曰, "吾輩持身, 與事君無異道, 正當口絶誇辭, 手無虛著, 脚踏實地. 如是, 旁觀悶悶, 無足以聳動一時, 猶可以免末稍狼狽之憂, 不然, 厥終必有大難收拾致郞當者." 『退溪先生文集』, 卷26, 20쪽a, 「書·答鄭子中」

○11-54 부귀는 얻기 쉽고 명예와 절조는 보전하기 어렵다. 말세의 풍속은 잘한다고 인정받기도 쉽지만, 험난한 도는 다하기 어렵다. 어렵고 쉬운 것의 사이를 밝게 살피고 자세하게 실천해야만 평소의 학문을 거의 저버리지 않을 수 있을 것이다. 【위와 같음】

○11-54 富貴易得, 名節難保, 末俗易高, 險道難盡. 難易之間, 正當明著眼審著脚, 庶不負平生所學也. 【上同】 『退溪先生文集』, 卷24, 26쪽a, 「書·答鄭子中」

○11-54-1 주자가 석응지[44]에게 답한 편지에, "부귀는 얻기 쉽고 명예와 절조는 보전하기 어렵다는 이 말은 천근한 말이기는 하나 어찌 소홀히 여길 수 있으리오!"라고 하셨다.

○11-54-1 朱子答石應之書曰, "富貴易得, 名節難保, 此雖淺近之言, 然亦豈可

44) 石應之는 주희의 문인인 石宗昭로, 應之는 그의 자이다.

忽哉!"『朱子大全』, 卷54, 제4, 「答石應之」

○11-54-2 또 정자명[45]에게 이렇게 답하셨다. "지난날 어떤 선배들이 젊어서는 당시의 촉망을 받았으나 만년이 되어서는 사람들의 뜻에 차지 아니하였다. 그 이유는 강학을 정밀하게 하지 않고, 성인聖人 문하 학문의 광대한 규모를 보지 못하고 조그만큼 이룬 것만 있어도 학업은 이 정도가 끝이라고 생각하여 더 이상의 진보를 바라지 않아서 그렇다. 형공[46]이 말한 '말세의 풍속에서는 높아지기도 쉽지만, 험난한 도는 다하기 어렵다'는 내용을 징험할 수 있다."

○11-54-2 又答鄭子明曰, "向來一番前輩, 少日粗有時望, 晩年出來. 往往不滿人意, 正坐講學不精, 不見聖門廣大規模, 小有所立, 卽自以爲事業止此, 更不求長進了. 荊公所謂'末俗易高險道難盡'者, 亦可驗也." 『朱子大全』, 卷25, 제22, 「答鄭自明書」

○11-55 말년에 지나치게 방비함이 없지 않았지만, 그러나 마음을 조금만 잘못 써도 몸을 잃고 절조를 잃는 지경에 이르고 말 것이다. 【「황중거에게 답한 글」】

○11-55 末路過防, 誠不可無, 但用心之少差, 必陷於失身喪節之域. 【「答黃仲擧」】 『退溪先生文集』, 卷19, 31쪽b, 「書·答黃仲擧」

○11-56 바름을 지키려니 막히는 것이 많고, 여러 사람들이 하는 대로 따르자니 몸을 잃게 되니, 이것이 가장 어려운 일이다. 【위와 같음】

---

45) 鄭子明은 주희의 문인이다.

46) 荊公은 송나라 철종 때 荊國公에 봉해진 王安石을 가리킨다. 그는 신종 때 재상으로서 개혁을 시도하였으나 실패하였다. 시문에도 능력이 있어 당송팔대가의 한 사람으로 꼽힌다.

○ 11-56 守正則多礙, 隨衆則失身, 此爲第一難事耳.【上同】*『退溪先生文集』, 卷20, 4쪽b,「書·答黃仲擧」*

○ 11-57 반드시 먼저 자신을 숨김으로써 덕을 기르고 세상에 대응하는 방법으로 삼아야 한다. 그렇지 않으면 나의 학문이 이루어지기도 전에 먼저 세상을 놀라게 하여 거꾸러지고 말 것이니, 이른바 도움 되는 것이 없고 해되는 것만 있게 된다는 것이다.【「정경석에게 답한 글」】

○ 11-57 須先以韜晦, 爲養德酬世之方, 不然, 吾學未成, 而先以駭世致踣, 所謂無益而有害者也.【「答丁景錫」】*『退溪先生文集』, 卷33, 7쪽a,「書·答丁景錫」*

○ 11-58 벼슬길에 나가서도(賢關) 맹문孟門산과 같은 험난함이 있을 것이니, 모든 일에 자신을 숨기고 자기 몸을 잃지 않고 날마다 학문의 진전을 도모하는 것이 요체가 되는 방법이다.【「조사경에게 준 글」】

○ 11-58 賢關亦有孟門之險, 凡百務爲韜晦, 惟不自失, 而日求益, 是爲要法.【「與[47]趙士敬」】*『退溪先生文集』, 卷23, 2쪽b,「書·與趙士敬」*

○ 11-59 세상과 맞지 않고 모가 나는 상태를 버리면 타락하게 되고, 시류時流에 벗어나는 행동을 하게 되면 세상의 의심을 받게 되니, 이것이 가장 어려운 점이다. 그러나 자신을 숨기는 가운데 맹렬한 성찰을 계속하여 함부로 행동함이 없게 해야 한다.【「우경선에게 답한 글」】

○ 11-59 去乖崖則墜墮, 脫流循則觸訝, 最是難處. 然晦養中不廢猛省, 不使

---

47)『이자수어』에는 '答'으로 되어 있으나『문집』에 따라 '與'로 바로잡는다.

至猖獗【「答禹景善」】『退溪先生文集』, 卷32, 22쪽b, 「書·答禹景善」

○ 11-60 이숙헌李叔獻이 도움이 될 만한 말을 요구하자, 선생은 한참 묵묵히 계시다가 "마음가짐에는 속이지 않는 것을 귀중하게 여겨야 하고, 조정에서는 일을 벌이기 좋아하는 것을 경계해야 한다"고 하셨다. 【구봉령의 기록】

○ 11-60 李叔獻請益, 先生默然良久曰, "持心, 貴在不欺, 立朝當戒喜事." 【「具鳳齡錄」】『退陶先生言行通錄』, 卷2, 「類編·記先生教人之方」

○ 11-61 면할 수 없는 일인데 구차한 방법으로 한때 모면한다면 끝내는 반드시 처리하기 어려움이 있을 것이다. 【「우경선에게 답한 글」】

○ 11-61 所不可免, 而苟免一時, 其終必有難處者. 【「答禹景善」】『退溪先生文集』, 卷32, 22쪽b, 「書·答禹景善」

제12편

이단異端

* 17조목이다.

○ 12-1 우리나라에 있어서 이단의 해로는 불교가 심하여, 고려는 그 때문에 나라가 망하기에 이르렀다. 우리 조정의 성대한 정치로도 그 뿌리를 자르지 못하여 때때로 기회를 엿보아 세력이 성대해지곤 하였다. 선왕들이 곧 그 잘못을 깨닫고 신속하게 제거하였지만 여파와 끼친 흔적이 아직도 남아 있다. 간혹 노장의 허탄함을 즐기고 숭상하여 성인을 모멸하고 예禮를 멸시하는 기풍이 일어나기도 한다. 관중과 상앙의 술업術業은 다행히 전해지지 않았지만 공을 계산하고 이익을 도모하는 폐단은 고질이다. 향원鄕原[1])처럼 덕을 어지럽히는 습속은 말류末流들의 세상에 대한 아첨에서 시작되고, 도道를 어지럽히는 속학俗學의 근심은 명예를 추구하는 과거지망생으로부터 맹렬하게 타오르기 시작한다. 하물며 명예가 걸린 벼슬길에서 기회를 엿보고 틈을 타서 배반하고 속이는 무리들이 어찌 전혀 없다고 할 수 있겠는가!

---

1) 『論語』「陽貨」 제13장에서 공자는 "鄕原은 덕을 해치는 사람이다"라고 하였으며, 맹자는 공자의 이러한 입장을 계승하여 향원을 사이비군자의 대표 인물로 지적하였다. 『孟子』「盡心下」 제37장에 해당 내용이 나온다. 맹자의 설명에 의하면 향원이란 세속에 어울려 좋은 평판과 이익을 다 누리되, 남에게 약점을 노출시키지 않는 원만형 인간이다. 그러나 그에게는 요순의 道를 실현하려는 이상적 가치의식이 없는 기회주의자로 묘사되고 있다.

이러한 사실을 통하여 본다면 오늘날의 인심은 바르지 못한 정도가 심하다고 할 수 있다. 【「육조소」】

○ 12-1 東方異端之害, 佛氏爲甚, 而高麗氏以至於亡國. 雖以我朝之盛治, 猶未能絶其根柢, 往往投時而熾漫. 雖賴先王旋覺其非而汎掃去之, 餘波遺燼, 尙有存者. 老莊之虛誕, 或有耽尙, 而侮聖蔑禮之風間作. 管商之術業, 幸無傳述, 而計功謀利之弊猶錮. 鄕原亂德之習, 濫觴於末流之媚世, 俗學迷方之患燎原於擧子之逐名. 而況名途宦路, 乘機抵巇, 反側欺負之徒, 亦安可謂盡無也. 以此觀之, 今之人心不正甚矣. 【「六條疏」】 *『退溪先生文集』, 卷6, 36쪽b, 「疏 · 戊辰六條疏」*

○ 12-2 명도明道 선생께서 "불교는 우리 유학과 구절마다 같고 일마다 같지만 같지 않다"고 하셨다. 지금 같은 점이 있음을 확실하게 알지만 우리들은 같지 않은 점을 찾아 입장을 확고하게 지녀야 한다. 【「노이재에게 답한 글」】

○ 12-2 明道先生云, "釋氏於吾儒, 句句同事事同. 然而不同." 今雖固知其有同, 然如我輩當尋箇不同處, 堅定脚跟. 【「答盧伊齋」】 *『退溪先生文集』, 卷10, 12쪽b, 「書 · 答盧伊齋」*

○ 12-3 '허虛'자의 폐단이 학자들로 하여금 허무虛無에 관한 주장을 따르게 해서 노불老佛의 지역에 빠지게 한다고 해서, '허'자를 사용하지 않고 '실實'자만 굳게 지킨다면[2] 학자들로 하여금 상상하고 헤아려 참으로 무위진인無位眞人이 으리으리하게 저쪽에 있다고 생각하게 할 것

---

2) 이황은 眞理는 진실무망의 입장에서 보면 지극히 實한 것이지만, 무성무취의 입장에서 보면 지극히 虛한 것이라고 한다.

이다. 【「기명언에게 답한 글」】

○ 12-3 '虛'字之弊, 將使學者, 胥爲虛無之論, 而淪於老佛之域, 不用虛字, 膠守'實'字, 又將使學者, 想像料度, 以爲實有無位眞人閃閃爍爍地在那裏看也. 【「答奇明彦」】 *『退溪先生文集』, 卷16, 19쪽a, 「書·答奇明彦」*

○ 12-4 '오悟'라는 한 글자를 힘써 주장하는 것은 인도에서 건너온 돈오頓悟를 주장하는 학파의 방법으로 우리 유가의 종지 가운데 이러한 말이 있다고는 듣지 못하였다. 【「남시보에게 답한 글」】

○ 12-4 '悟'之一字, 力主言之, 此則蔥嶺帶來頓逌家法, 吾家宗旨, 未聞有此. 【「答南時甫」】 *『退溪先生文集』, 卷14, 1쪽a, 「書·答南時甫」*

○ 12-5 석씨釋氏는 성性이 리理인 것을 알지 못하여, 정령精靈 신식神識을 성性으로 보았다. 그래서 죽어서도 없어지지 않고 갔다가 다시 온다고 하였으니, 어찌 이러한 이치가 있겠는가! 【「정자중에게 답한 글」】

○ 12-5 釋氏不知性之爲理, 而以所謂精靈神識者當之. 謂死而不忘去而復來, 則安有是理耶. 【「答鄭子中」】 *『退溪先生文集』, 卷24, 6쪽a, 「書·答鄭子中」*

○ 12-6 항상 유가경전만 읽을 때는 매우 독실하게 믿어 어떤 것도 생각을 돌릴 수 없다고 생각하였으나, 혹 고증이 필요하여 두루 다른 책에까지 미치게 되어 오래도록 보다가 보면 빠져 들 염려가 없지 않았다. 비로소 유가의 도道에 대하여 입장이 굳지 않고 안목이 분명하지 않음을 알게 되었다. 【「김돈서에게 답한 글」】

○ 12-6 常讀吾書, 自謂篤信之至, 無物可回, 然或因考證而傍及異書, 著意之久, 不無浸淫之慮. 方知於吾道立脚不牢著眼不明. 【「答金惇敘」】 *『退溪先生文集』, 卷28, 16쪽b, 「書 · 答金惇敍」*

○ 12-7 이렇게 말씀하신 일이 있다. "내가 불경佛經을 읽고 올바르지 못한 숨은 논리를 파헤치기를 바랐지만, 물을 건너려는 자가 물의 깊이를 시험하려다가 마침내 빠져 버리게 될까 봐 두려웠다. 학자가 경전을 읽어 도를 알게 되고 믿게 된다면, 이단의 문자는 전혀 몰라도 무방하다." 【『습유』】

○ 12-7 嘗曰, "我欲看佛經, 以覈其邪遁, 而恐如涉水者, 初欲試其淺深, 而竟有沒溺之憂耳. 學者但當讀書, 知得盡信得及, 如異端文字, 專然不知, 亦不妨也." 【『拾遺』】 *『鶴峯先生文集續集』, 卷5, 49쪽b, 「雜著 · 退溪先生言行錄」*

○ 12-8 우리의 도가 스스로 만족스러운데 하필 이학異學에 굽히고 들어가서 이학을 끌어들여 하나가 되기를 구하리오! 지난날 그대가 『장자莊子』를 보더니, 지금 그대가 이미 그 독에 빠져든 것 같다. 이학이 쉽사리 사람을 변화시키니 매우 두렵다. 【「남시보에게 답한 글」】

○ 12-8 吾道自足, 何必匍匐於異學, 而援引求合乎. 向者, 公看莊子, 今覺已中其毒. 異學移人之易, 深可畏. 【「答南時甫」】 *『退溪先生文集』, 卷14, 15쪽a, 「書 · 答南時甫」*

○ 12-9 젊은 시절에 청량산에 가서 노닐며 「백운암기」를 지었다. 그 절의 승려가 목판에 새겨 암자의 벽에 걸어 두었다. 선생이 나중에 듣고

서 즉시 제거하게 하셨다. 승려가 와서 시를 청하면 비록 거절은 하지 않았지만, 안개나 노을 물 돌 등의 경치만 읊어서 보냈지 불교에 관해서는 한 마디도 언급하심이 없었다. 만년까지도 거의 지은 것이 드물다. 【『습유』】

○ 12-9 少時遊淸涼山, 作「白雲庵記」, 寺僧刊留菴壁. 先生晩乃聞之, 卽令去之. 山僧來請詩, 雖或不拒, 而但寫煙霞水石之勝以附之, 無一字及於僧家者. 晩年亦鮮有作. 【『拾遺』】 *『鶴峯先生文集續集』, 卷5, 50쪽a, 「雜著 · 退溪先生言行錄」*

○ 12-10 "육상산의 학문을 어째서 이단이라고 합니까?"라고 물었다. "불자佛者들은 천리를 끊고 발부髮膚를 훼손시킨다. 지금 상산은 이러한 일은 하지 않지만 한 번에 깨닫는 돈오의 학문을 한다. 궁리는 정신을 피곤하게 한다고 해서 문학問學공부를 하지 않는다. '불립문자不立文字 · 견성성불見性成佛'[3]을 주장하는 석씨와 무엇이 다른가? 이것이 상산이 우리의 도道와 다른 점이다. 그런데 유가와 불가의 차이는 터럭 같은 차이에서 나누어지니, 우리 도道의 공이 얕게 되면 반드시 불가에 귀의하게 된다. 【위와 같음】

○ 12-10 問, "象山之學, 何故謂之異端." 曰, "爲佛者, 滅絶天理, 虧毁髮膚. 今象山非有此事, 只是爲一超頓悟之學. 以窮理爲疲精神, 不做問學工夫. 正如釋氏不立文字見性成佛, 何異? 此象山所以爲異於吾道也. 然儒釋之間判於毫釐, 吾道之功淺, 則定歸於釋矣."

---

3) '不立文字 · 見性成佛'은 불교 禪宗의 宗旨이다. 문자로 된 학문의 연구는 필요 없고 마음 가운데서 본성을 깨달으면 바로 부처가 된다는 주장이다.

【上同】*『艮齋先生續集』, 卷3, 66쪽b, 「心經質疑」*

○ 12-11 선학禪學은 기름과 같아서 가까이 하면 곧 더러워지게 된다. 양명은 웅변으로써 학설을 이루어 주장하니 더욱 사람들을 현혹시키기 쉽다. 【「홍응길에게 준 글」】

○ 12-11 禪學如膏油, 近人則輒汚. 陽明又以雄辯濟之, 尤易惑人. 【「與洪應吉」】*『退溪先生文集』, 卷13, 5쪽b, 「書·與洪應吉」*

○ 12-12 양명의 학문은 상당히 잘못되어 있다. 그 마음은 사납고 자기 마음대로 하며, 그의 논변은 장황하게 휘날려 사람들을 현혹시켜 지키는 바를 잃게 한다. 인의仁義를 해치고 천하를 어지럽힐 자가 이 사람이 아니라고 하기 힘들 것이다. 궁리의 학문을 배격하고자 주자의 학설을 홍수와 맹수의 재앙처럼 배척하였으며, 번문繁文의 폐단을 제거하기 위해서 진시황의 분서焚書를 공자가 산술[4]한 뜻과 같다고 하였다. 그의 말이 이와 같으니, 스스로는 미치고 미혹되고 마음을 잃은 사람이 아니라 생각하더라도 나는 믿지 않는다. 【「잡저」】

○ 12-12 陽明學術頗忒. 其心强狠自用, 其辯張皇震輝, 使人眩惑而喪其所守. 賊仁義亂天下, 未必非此人也. 欲排窮理之學, 則斥朱說於洪水猛獸之災, 欲除繁文之弊, 則以始皇焚書, 爲得孔子刪述之意. 其言若是, 而自謂非狂惑喪心之人, 吾不信也. 【「雜著」】*『退溪先生文集』, 卷41, 29쪽b, 「雜著·白沙詩教傳習錄抄傳, 因書其後」*

---

4) 刪述에서 刪은 깎는다는 뜻으로 공자가 『詩經』 3천여 수의 시를 줄여서 305편으로 만들고 『書經』을 추려서 만든 것을 가리킨다. 述은 『周易』을 밝혀 풀어 쓴 것을 가리킨다.

◑12-13 주자가 만년에 문장의 의미에 얽매인 제자들이 많은 것을 보고, 과연 본체本體를 지적해서 가르쳐 "덕성을 존중할 것"(尊德性)을 중시하는 데로 돌아갔다는 주장은 있다. 그러나 이러한 사실이 어찌 양명이 말한 것처럼 "학문에 종사하는 것"(道問學)을 전폐하고 사물의 이치를 민멸泯滅하려고 한 것이겠는가! 하물며 『대학』을 공부하려는 자는 먼저 『소학』을 익혀야 하고, 사물의 이치를 궁구하려는 자는 함양에 힘써야 한다는 것은 확실히 주자의 본뜻이다.[5)]『대학혹문』과 「오회숙[6)]에게 답한 편지」에 드러나 있으며, 이러한 종류의 글은 매우 많다. 어찌 사람들로 하여금 공허한 외적인 것을 추구하게 하여 본원을 잊게 한 것이겠는가! 제자들이 간혹 "입과 귀로 하는 학문"(口耳之學)에로 흐르게 된 것은 못난 학자들이 스스로 저지른 잘못일 뿐이다. 【위와 같음】

◑12-13 朱子晚年, 見門弟子多繳繞於文義, 果頗指示本體, 而有歸重於尊德性之論. 然是豈欲全廢道問學之工, 泯事物之理, 如陽明所云者哉! 況入『大學』者先『小學』, 欲格物者務涵養, 此固朱子之本意. 而見於『大學或問』與「答吳晦叔書」, 若此類甚多. 何嘗使人逐虛外而忘本原哉. 其或流於口耳者, 乃末學之自誤耳. 【上同】 *『退溪先生文集』, 卷41, 29쪽b, 「雜著 · 白沙詩敎傳習錄抄傳, 因書其後」*

---

5) "군자는 덕성을 존중하되 학문에 종사한다"(君子尊德性而道問學)는 『中庸』 제27장에 나오는 말이다. 주희는 敬을 통한 덕성의 존중 함양과 학문을 통한 窮理 · 致知, 즉 居敬과 窮理를 학문의 두 기둥으로 생각하였다. 그러나 두 가지 가운데서 거경을 통한 덕성의 함양이 궁리에 앞서 요청되는 것임을 『大學或問』 및 여러 곳에서 밝히고 있다. 이것은 주자학의 기본 입장이자 퇴계학의 기본 입장이기도 하다. 이황이 지적하듯이 주희가 덕성의 존중을 소홀히 하였다는 평가는 정당하다 할 수 없다.

6) 吳晦叔은 주희의 講友로서 이름은 翌이다.

◑12-14 양명은 "오늘날 사람들은 학문을 익히고 토론할 때 진실하게 알기를 기다린 뒤에야 실천공부를 한다고 하며 드디어는 종신토록 실천하지 않으며 종신토록 알지도 못한다"[7]고 비판하니, 이 말은 "입과 귀로 하는 학문"에만 종사하는 못난 학자들의 폐단을 절실하게 지적한 것이다. 그러나 억지로 천착하여 '인식과 실천이 하나라는 주장'(知行合一說)을 만들어, 아름다운 여자를 보고 더러운 냄새를 맡는 것을 인식에 소속시키고, 아름다운 여자를 좋아하고 더러운 냄새를 싫어하는 것을 실천에 소속시킨다. 그리고 "보고 냄새를 맡을 때에 이미 스스로 좋아하고 싫어하는 것이지, 보고 난 뒤에 따로 마음을 두어 좋아하는 것은 아니며, 냄새를 맡고 난 뒤에 별도로 마음을 세워 싫어하는 것은 아니다"[8]라고 한다. 이러한 사실을 가지고 '인식과 실천은 하나'라는 주장을 증명하려 하니 그럴 듯하다. 양명은 사람이 선善을 보고 좋아하는 것이 과연 아름다운 여자를 보고 스스로 진실로 좋아할 수 있는 것과 같을 수 있다고 생각하였는가? 사람이 선하지 않은 것을 보고 싫어하는 것이 과연 더러운 냄새를 맡고 스스로 싫어할 수 있는 내용과 같을 수 있다고 생각하였는가? 공자는 "나는 아름다운 여자를 좋아하듯이 덕을 좋아하는 자를 보지 못하였다"[9]라고 말하고, 또 "나는 어질지 않은 것을 싫어하는 자를 보지 못하였다"[10]라고 말하였다. 생각건대, 사람의 마음이 형기形氣에서 발한 것은 배우지 않아도 저절로 알고 힘쓰지 않아도 저절로 행

7) 『傳習錄』「徐愛錄」 제5조에 나온다.
8) 『傳習錄』「徐愛錄」 제5조에 나온다.
9) 『論語』「衛靈公」 제13장에 나온다.
10) 『論語』「里仁」 제6장에 나온다.

할 수 있지만 의리義理의 경우에는 그렇지 않다. 배우지 않으면 알지 못하고 힘쓰지 않으면 실천할 수 없다. 양명은 저 형기에서 나오는 행위를 끌어다가 이 의리의 인식과 실천에 관한 것을 밝히려고 하니, 전혀 불가한 일이다. 의리의 인식과 실천은 합하여 말하면 '서로 의지하여 함께 행하여야 하는 것'(相須並行)으로 한 가지라도 빠뜨려서는 안 된다. 나누어 말하면 인식을 실천이라고 할 수 없는 것은 실천을 인식이라고 할 수 없는 것과 마찬가지이니, 어찌 합하여 하나라고 말할 수 있겠는가? 양명의 견해는 오직 본심에만 머물러 조금이라도 바깥으로 사물과 관계되는 것을 두려워한다. 그래서 본심에만 나아가서 인식과 실천이 하나라고 생각하여 합하여 말한다. 【위와 같음】

◑ 12-14 陽明謂, "今人且講習討論, 待知得眞了, 方做行的工夫, 遂終身不行, 亦遂終身不知." 此言切中末學徒事口耳之弊. 然强鑿爲知行合一之論, 以見好色聞惡臭屬知, 好好色惡惡臭屬行. 謂"見聞時已自好惡了, 不是見了後又立箇心去好, 不是聞了後別立箇心去惡." 以此爲證似矣. 然而陽明信以爲人之見善而好之, 果能如見好色自能好之之誠乎? 人之見不善而惡之, 果能如聞惡臭自能惡之之實乎? 孔子曰, "我未見好德如好色者." 又曰, "我未見惡不仁者." 蓋人之心發於形氣者, 不學而自知, 不勉而自能, 至於義理則不然也. 不學則不知, 不勉則不能. 陽明乃欲引彼形氣之所爲, 以明此義理知行之說則大不可. 義理之知行, 合而言之, 固相須並行而不可缺一. 分而言之, 知不可謂之行, 猶行不可謂之知也. 豈可合而爲一乎? 陽明之見, 專在本心, 怕有一毫外涉於事物. 故只就本心上認知行爲一而衮合說去. 【上同】 『*退溪先*

生文集』, 卷41, 23쪽b, 「雜著 · 傳習錄論辯」

○ 12-15 마음에 근본을 두지 않고 밖으로 의식儀式과 절도節度만 익히는 자는 진실로 배우와 다를 것이 없다. – 양명이 말하였다. "만약 어떤 의식과 절도의 마땅함을 얻게 된 것을 지선至善이라 말한다면, 지금 배우가 따뜻하고 시원하게 하며 여러 가지로 봉양하는 의식과 절도가 마땅한 것도 지선이라고 말할 수 있을 것이다"[11] – 그러나 '사람의 윤리'(民彝)와 '사물의 법칙'(物則)이 하늘이 준 진실하고 지극한 리理라는 것을 듣지 못하였는가! 주자가 말한 "경敬을 주로 해서 근본을 세우고 리理를 궁구해서 앎을 극진하게 한다"는[12] 것을 듣지 못하였는가! 마음이 경敬을 주로 해서 사물의 진실하고 지극한 리理를 궁구하여, 마음이 리의理義를 깨달아 "눈에 온전한 소가 없게"(目中無全牛)[13] 되면, 안과 밖이 환하게 통하고, 정밀하고 거친 것이 한 갈래로 된다. 이러한 과정을 거쳐 뜻을 성실하게 하고(誠意), 마음을 바르게 하고(正心), 몸을 닦고(修身), 가정과 국가로 미루어 나아가고, 천하에까지 통달하게 한다면 성대함을 막을 수 없을 것이다. 이러한 학문에 종사하는 사람을 배우라고 할 수 있겠는가! 학문을 익혀 리理를 궁구하는 것은 바로 본심本心의 본체本體를 밝히고, 본심의 작용

11) 『傳習錄』「徐愛錄」 제4조에 나온다.
12) 『朱子大全續集』 권2, 제1번째 편지「答蔡季通」에 나오는 말이다.
13) 『莊子』「養生主」에 "臣이 좋아하는 것은 道요 기술의 단계는 넘어섰습니다. 신이 처음 소를 잡을 때는 눈에 보이는 것이 모두 소였지만 3년이 지난 뒤에는 눈에 온전하게 보이는 소가 없었습니다"라고 나온다. 소를 잡는 庖丁이 신기에 도달한 단계를 이야기한 것이다. 이황은 사람이 理義를 온전하게 알면 모든 사물이 고정된 개체로서 보이지 않음을 설명하기 위하여 장자의 표현을 빌려다 사용하고 있다.

作用을 통달하게 하는 것이다. 그런데 도리어 모든 사물을 배제하고 모든 것을 본심 안으로 거두어들여서만 말하려고 하니, 이렇게 되면 석씨釋氏의 견해와 무엇이 다르겠는가! 【위와 같음】

○ 12-15 不本諸心而但外講儀節者, 誠無異於扮戲子. 陽明曰, "若只些儀節, 求得是當, 便謂至善, 卽如今扮戲子扮得許多溫凊奉養的儀節, 是當, 亦可謂之至善矣." 獨不聞民彝物則, 莫非天衷眞至之理乎! 亦不聞朱子所謂"主敬以立其本, 窮理以致其知"乎! 心主於敬, 而究事物眞至之理, 心喩於理義, 目中無全牛, 內外融徹, 精粗一致. 由是而誠意正心修身, 推之家國, 達之天下, 沛乎不可禦. 若是者可謂扮戲子乎! 講學窮理, 正所以明本心之體, 達本心之用. 顧乃欲事事物物一切掃除, 皆攬入本心衮說了, 此與釋氏之見何異. 【上同】 *『退溪先生文集』, 卷41, 23쪽b, 「雜著 · 傳習錄論辯」*

◑ 12-16 북경은 사방의 중심으로 유명한 사람들이 모여드는 곳이다. 선비들의 기풍과 학문이 저와 같이 잘못되었다니, 모르겠지만 저절로 그런 것이겠는가? 도리어 사람이 실로 그렇게 만든 것이다. 지금 말한 내용과 전일의 윤자고[14]의 대답과 위시량[15]의 여러 설들을 고찰하여 보건대, 육상산과 선학禪學이 이처럼 천하를 휩쓸고 있다니, 사람으로 하여금 크게 탄식하게 만든다. 북경에 간 사람이 많았지만 이러한 사람을 만나 이러한 이야기를 하고 온 사람은 얼마 없다. 공이 수백 명의 유생을 만나 이러한 정론正論을 펼쳐 대략이나마 그들의

---

14) 尹子固(1537~1616)의 이름은 根壽이다. 子固는 그의 자이다.
15) 魏時亮(1529~1591)은 명나라 사람으로 中書舍人 및 南京刑部尙書 등을 지냈다. 許國과 함께 조선에 사신으로 오던 중 선조가 즉위하였다.

미혹됨을 점검하였으니 쉬운 일이 아니었다. 다만 오경吳京과 작별 인사를 나누고자 하였으나 서로 어긋났다고 하니, 과연 이것은 한탄스러운 일일 따름이다.【「유이현에게 답한 글」】

◑12-16 京師四方之極, 聲名所萃. 士習學術汚舛如彼, 不知是天然耶. 抑人實爲之. 以今云云, 揆前日尹子固問答及魏時亮諸說, 陸禪懷襄於天下乃如是, 令人浩歎不已. 然入燕者數多, 能遇此等人, 作此等話頭者亦無幾. 公能遇數百諸生, 發此正論, 略點檢其迷, 不易得也. 第吳京欲相送, 與之相違, 果是爲恨事耳.【「答柳而見」】*『退溪先生文集』, 卷35, 16쪽a, 「書·答柳而見」*

◆12-16-1 서애의 「행장」에 이렇게 나온다. "기사년(1569)에 서장관書狀官으로 북경에 갔다. 그때 나이가 28세였다. 태학에 들어가려고 하니 태학의 생도 수백 명이 와서 보았다. 공이 그들에게 명나라의 이름난 유학자들 가운데서 누구를 으뜸으로 삼느냐고 물었다. 한참 동안 서로 돌아보다가 '왕양명과 진백사[16]를 으뜸으로 삼는다'라고 하였다. 공은 말하기를 '백사는 도를 정밀하게 보지 못하였고, 양명은 선학자禪學者로서 얼굴만 바꾼 사람이니, 설문청[17]이 정도正道를 행하는 것만 못하다'라고 하였다. 신안 사람인 오경이라는 자가 기뻐하여 나와서 말하기를, '근래에 학술이 잘못되어 학자들이 길을 잃고 있는데, 공이 정론을 밝혀 그들의 잘못을 배척하니 우리 도道의 다행이다'라고 하였다. 서반序班이 중과 도교인을 앞줄에 세우려고 하자, 공은 여러 생도들에게 '여러분들은 장보관章甫冠을 쓰고서 도리어 저들의 뒤에 있으려고 하는가?'라고 하였다. 생도들은 '저들은 관직이 있기 때문이다'라고 하였다. 그래서 서

16) 陳白沙(1428~1500)의 이름은 獻章이다. 白沙는 그의 호이다. 육구연을 계승하여 '마음이 곧 理'라는 설을 주장하였다.

17) 薛文淸은 薛瑄(1389~1464)으로, 文淸은 그의 시호이다.

반을 불러 '우리들은 관복을 입은 사람으로서 도교인이나 중의 뒤에 설 수 없다'라고 하였다. 서반이 홍로鴻臚에게 말하여 그들을 뒤로 물러나게 하니 뜰에 있던 사람들이 놀랐다."

◆12-16-1 西厓「行狀」云, "己巳以書狀官赴京師. 時年二十八. 將入班太學生數百人來觀. 公問本朝名儒, 以何人爲宗, 相顧良久曰, '王陽明陳白沙爲宗.' 公曰, '白沙見道未精, 陽明亦禪學之換面者, 不如薛文淸出於正也.' 有新安人吳京者喜而前曰, '近來學術詭外, 士失趍向, 公能發正論以斥之, 吾道之幸也.' 序班引僧道二流序於前列, 公謂諸生曰, '諸生冠章甫, 顧反居彼後乎?' 諸生曰, '彼有官故也.' 公招序班謂曰, '吾輩以冠裳之人, 不可立於道釋之後.' 序班言鴻臚, 卻二流置後, 廷中動色."

『西厓先生年譜』, 卷3 附錄, 1쪽a, 「行狀」

◐12-17 정좌靜坐의 학문은 이정二程 선생에게서 시작되었는데, 선禪으로 의심받는다. 그러나 연평과 주자의 경우는 심학心學의 본원이지 선禪이 아니다. 백사와 의려[18]의 경우에는 일을 싫어하고 안정을 구하여 선禪에 빠졌다. 그러나 의려는 백사에 비하여 비교적 실實한 데 가까우며 바르다. 양명의 경우는 선禪인 듯하면서도 선禪이 아니오, 전적으로 정靜을 주로 하는 것도 아니지만 바른 도道를 심하게 해친다. 그러므로 지금 백사와 양명을 『연평문답延平問答』 후에 기록하고, 그 뒤에 의려로써 끝을 맺어, 정학靜學은 잘못되기 쉬우니 소홀히 해서는 안 된다는 것을 드러내었다. 【「이평숙에게 답한 글」】

◐12-17 靜坐之學, 發於二程先生, 而其說疑於禪. 然在延平朱子, 則爲心學之本源而非禪也. 如白沙醫閭, 則爲厭事求定而入於禪. 然醫閭比之白沙, 又較近實而正. 至於陽明, 似禪非禪, 亦不專主於靜, 而

---

18) 賀醫閭는 명나라의 학자로 이름은 欽이다. 醫閭는 그의 호이다.

其害正甚矣. 今故錄白沙, 陽明於『延平問答』後, 而終之以醫閭, 以見靜學之易差而不可忽也.【「答李平叔」】*『退溪先生文集』, 卷41, 31쪽b, 「雜著 · 抄醫閭先生集, 附白沙, 陽明抄後, 復書其末」*[19]

◇12-17-1 『의려선생집』을 초록抄錄하고 그 뒤에 『백사집』과 『양명집』의 초록을 붙이고 그 뒤에 말기末記를 쓰고 또 후론後論을 지었다. 후론의 내용은 이러하다. "내가 이 설을 짓고 난 뒤 말의 뜻이 좀 소략하다고 느꼈는데, 그 뒤 풍성인豊城人 양렴[20]의 「이락연원록신증변伊洛淵源錄新增辯」에서 다음과 같이 말하였다. '정좌의 설은 명도가 사상채에게 말하였고, 이천도 누가 정좌하고 있는 것을 볼 때마다 그가 학문을 잘한다고 찬탄하였다. 그러나 이천은 이미 정靜이 편벽될 것을 걱정하였다. 명도는 다른 날 또 「성질이 고요한 자가 학문을 할 수 있다」[21]라고 하였으므로, 주자는 명도가 사람들에게 정좌를 가르쳤다고만 말하였다. 주자가 장원덕[22]에게 대답한 내용은 명도는 정靜에 대하여 자주 말하였고, 이천은 말은 하였지만 그렇게 생각하지는 않았다는 의미가 아니겠는가! 요컨대, 명도가 정靜을 말한 것은 '경敬'자의 뜻으로 말한 것이다. 이천은 학자들이 깨우치지 못할까 두려워 특별히 밝혔다. 그 뒤 양구산 · 나예장 · 이연평 일파는 모두 고요한 가운데 희노애락喜怒哀樂이 발하기 이전의 기상을 관찰하였고, 사상채는 정靜을 중시하여도 무방하다고 하였으니, 이러한 내용이 어찌 명도의 가르침이 아니겠는가? 윤화정의 경우는 시종 '경敬'자만 중시하였으니, 이것은 이천의 가르침이 아니겠는가!' 양공의 이러한 주장은 나의 설과 서로 도움이 되겠기에 지금 여기에 그 내용을 모두 기록한다."

---

19) 『이자수어』에서는 이 글의 출처를 「答李平叔」이라 밝히고 있으나, 현재 『퇴계선생문집』에서는 이 글에서 발견된다.
20) 楊廉은 명나라의 학자로 자는 方震, 月湖先生이라고 불린다.
21) 『二程外書』 권1, 「朱公掞錄拾遺」에 나온다.
22) 張元德(1161~1237)은 주희의 문인으로 이름은 治이다. 元德은 그의 자이다.

◇12-17-1 抄『醫閭先生集』, 附白沙陽明抄後復書其末. 又後論曰, "滉既爲此說. 而頗自覺語意之疎, 後得豐城楊廉『伊洛淵源錄新增辯』曰, '靜坐之說, 明道擧以告上蔡, 伊川每見人靜坐, 亦歎其善學, 但伊川則已慮靜之爲有偏矣. 惟明道他日復謂「性靜者可以爲學」, 則夫朱子獨言明道敎人靜坐者. 朱子答張元德, 豈非在明道則屢言之, 在伊川則雖言之, 而不復以爲然乎? 要之, 明道言靜卽敬字之義. 伊川恐學者未悟, 故加別白焉. 其後如龜山·如豫章·如延平一派, 皆於靜中觀喜怒哀樂未發氣像, 而上蔡亦謂多著靜不妨, 此豈非明道之敎乎? 至和靖, 終始一箇敬字做去, 豈非伊川之敎乎?' 楊公此論, 與鄙說相發, 今備錄於此." *『退溪先生文集』, 卷41, 31쪽b, 「雜著·抄醫閭先生集, 附白沙, 陽明抄後, 復書其末」*

제13편

성현聖賢

* 69조목이다.

13-1 공자와 맹자 문인들의 이 도道에 대한 수준에는 얕고 깊음과 높고 낮음 가운데 득실도 있지만, 아마 단지 스승이 가르치는 말에 따라 누르기도 하고 높이기도 하고 나아가기도 하고 물러나기도 하는 사이에 얻었을 것이다.【『리학통록』】

13-1 孔孟門人之於斯道, 其淺深高下, 有得有失, 或只因師門教誨之言, 抑揚進退之間而得之.【『理學通錄』】*『退溪先生續集』, 卷8, 1쪽 a, 「序・理學通錄序」*

◑13-2 안자의 마음처럼 인仁을 어기지 않게 되어 나라를 다스리는 일이 그 가운데 있게 될 것이며, 증자처럼 충서忠恕로 일관됨을 얻게 되어 도道를 전할 책임이 자신에게 있게 될 것이다.【「성학십도를 올리는 차자」】

◑13-2 顔子之心不違仁, 而爲邦之業在其中, 曾子之忠恕一貫, 而傳道之責在其身.【「進聖學十圖箚」】*『退溪先生文集』, 卷7, 4쪽b, 「箚・進聖學十圖箚」*

◑13-3 양웅은 성性에 대하여 "선과 악이 뒤섞여 있다"[1]고 말하였다. 그는 커다란 근본(大本)을 이미 잘못 알고 있으니, 어찌 도道에 대하여 얻은 것이 있겠는가! 【「이강이에게 답한 글」】

◑13-3 楊雄之言性, 曰善惡混, 其於大本, 已錯看了, 更何有所得於道耶. 【「答李剛而」】 *『退溪先生文集』, 卷22, 2쪽b, 「書 · 答李剛而」*

◑13-4 소강절은 법문法門에 대하여 괴이한 일을 하였으니, 이미 사법師法으로 삼기 어렵다. 이연평은 세상을 끊고 정좌하였으니, 오로지 표준으로 삼는다면 한쪽으로 치우치는 폐단에 빠질 수도 있다. 【「송과우에게 답한 글」】

◑13-4 康節打乖法門, 旣難於師法. 延平絶世靜坐, 若專以爲標準, 亦或有流於一偏之弊. 【「答宋寡尤」】 *『退溪先生文集』, 卷13, 19쪽a, 「書 · 答宋寡尤」*

◇13-4-1 정자程子가 요부堯夫의 「타괴음」시에 화답하기를, "괴이한 일을 하는 것(打乖)이 몸을 편안하게 하려는 것이 아니요, 도가 커야 비로소 티끌세상과 함께할 수 있다오"라고 하였다. ―원주 : 타打는 거듭한다(打疊)는 뜻이고, 괴乖는 어긋난다는 뜻이다. 어긋난 짓을 거듭함으로써 세상과 어울린다는 의미이다―

◇13-4-1 程子和堯夫「打乖吟」云, "打乖非是要安身, 道大方能混世塵." 註, 打謂打疊, 乖謂乖戾, 言打疊乖戾, 以混世也. *『二程文集』, 卷3, 제32 「和邵堯夫打乖吟二首」*

⬙13-4-2 웅씨는 "타괴는 요부의 자호自號이다"라고 하였다.

⬙13-4-2 熊氏曰, "打乖, 堯夫自號."

---

1) 『法言』 「修身」에 나오는 말이다.

◆13-4-3 주자가 여백공에게 답한 편지에 "강절康節은 법문에 대하여 괴이한 일을 하였으니, 바른 가르침이 아니다"라고 말하였다.

◆13-4-3 朱子答呂伯恭書曰, "康節恐是打乖法門, 非師受之正." *『朱子大全續集』, 卷5, 제1「答呂東萊」*

◆13-4-4『명신록名臣錄』에 "연평은 세상일을 40여 년 동안 끊었다"라고 하였다.

◆13-4-4『名臣錄』, "延平謝絶世故餘四十年." *『宋名臣言行錄外集』, 卷11*

◐13-5 내가 "곡哭을 하고 나서는 노래를 부르지 않는다"[2]는 것에 대한 이천의 설을 미루어 생각하여 보니, 보내온 편지에서 말한 내용과 같았다. 주자는 "이천이 옳지 않다"[3]고 하므로 의심이 되었다. 생각건대 당시에 기쁜 일이나 슬픈 일이 있으면 조정에 있는 사람들이 모두 함께 참여하였던 것 같다. 그런데 하루에 길한 일과 흉한 일이 연이어 일어나 금방 파하였다 금방 모였다 하면 예禮가 번거롭게 되고 정情도 흩어지게 된다. 그러니 다음날 이른 아침에 다시 모이는 것이 더 나을 듯하다. 보통 사람들이 친척의 상喪이 났다고 들으면 즉시 달려가는 예例로써 논하는 것은 마땅하지 않다. 이천이 어찌 생각하지 않고서 잘못 말하였겠는가!【「정자중에게 답한 글」】

◐13-5 滉嘗推得伊川引"哭則不歌"之說, 正與來喩同矣. 朱先生乃"以伊川爲不是", 竊有疑焉. 蓋是時, 一慶一弔, 皆同朝共擧. 一日之間, 吉凶相襲, 旋罷旋集, 禮瀆情散, 恐不如翌日早朝之爲得. 不宜以恆人聞親戚之喪卽趍奔赴者例論之也, 伊川豈不思而失言於其間

---

2)『論語』「述而」제9장에 나오는 말이다.

3)『朱子語類』권97 제91조에 해당 내용이 나온다.

哉【「答鄭子中」】『退溪先生文集』, 卷27, 13쪽b, 「書 · 答鄭子中別紙」

◑13-6 윤화정[4]은 조정의 부름을 받았지만 굳게 사양하였다. 억지로 일으켰으므로 부득이해서 나갔다. 화정의 사람됨은 경敬을 유지하는 공부는 깊지만 경륜經綸의 재능은 본래 결핍되어 있다. 애초에 자신의 능력을 알고 사양하였으면 끝까지 사양하였더라면 좋았을 텐데 결국 뜻대로 되지 않았으니, 애석한 일이다. 【「홍퇴지에게 답한 글」】

◑13-6 和靖被召力辭, 强起之, 不得已而出. 和靖爲人, 雖持敬功深, 本乏經綸之才, 初旣自知而辭之, 當終遂力辭乃善, 而竟不如志, 惜哉【「答洪退之」】『退溪先生文集』, 卷9, 18쪽b, 「書 · 答洪相國退之」

◑13-7 화정이 관음觀音을 영접한 일은 진실로 그 뜻을 알 수 없다. 정자程子나 주자라면 반드시 그렇게 하지 않았을 것이다. 후학들이 어찌 감히 이러한 일을 본받겠는가! 【「정자중에게 답한 글」】

◑13-7 和靖迎觀音事, 誠不知其意. 如程朱子, 必不爲之, 後學亦何敢學此等事耶. 【「答鄭子中」】『退溪先生文集』, 卷25, 34쪽a, 「書 · 答鄭子中別紙」

◇13-7-1 화정이 종반從班으로 있을 때 조정의 학사들이 천축天竺의 관음을 교외에서 맞이하였는데, 화정도 함께 갔다. 어떤 사람이 "어찌 관음을 맞이하십니까?" 하고 물으니, 선생은 "사람들이 모두 맞이하는데 내가 어찌 감히 사람들을 어기겠는가!"라고 대답하였다. "그러면 절을 하시렵니까?" 하고 또 물었다. "물론 절을 해야지" 하고 대답하셨다. 또 "어쩔

4) 尹和靖은 程頤의 문인으로 이름은 焞이고 자는 彦明이다.

수 없어서 절을 하는 것입니까? 아니면 진심으로 절을 하는 것입니까?" 하고 물으니, "관음도 현자이다. 현자를 보면 성경誠敬의 자세로 절을 하는 법이다"라고 대답하였다.

◇13-7-1 和靖在從班時, 朝士迎天竺觀音於郊外, 和靖與往, 有問, "何以迎觀音?" 先生曰, "衆人皆迎, 某安敢違象.?" 又問曰, "然則拜乎?" 曰, "固將拜也." 問者曰, "不得已而拜與, 抑誠拜與?" 曰, "彼亦賢者也. 見賢斯誠敬而拜之矣." *『宋元學案』, 卷27, 「和靖學案」*

◑13-8 유정부[5]는 스승을 배반하고 이적夷狄의 가르침을 따랐다. 맹자를 만난다면 증자와 다르다는 탄식을 맹자가 진상陳相을 위해서만 발하지는 않을 것이다. 【위와 같음】

◑13-8 游定夫倍師從夷. 如遇孟子, 恐異於曾子之歎, 不獨發於陳相也. 【上同】 *『退溪先生文集』, 卷24, 13쪽b, 「書·答鄭子中」*

⬙13-8-1 주자가 "유선생은 대체로 선학禪學을 하였다"라고 말하였다.

⬙13-8-1 朱子曰, "游先生大是禪學." *『朱子語類』, 卷101, 제9조*

◑13-9 호치당[6]의 일[7]은 인륜상 큰 변고로서, 처리한 방법도 매우 불만스럽다. 그러나 문정[8]을 아버지로 삼고, 당시의 사우師友가 모두 훌륭한 현자로 여기는 사람인데다, 치당의 사람됨도 매우 강하고 곧아서

---

5) 游定夫(1053~1123)는 정이의 문인으로 이름은 酢이다.

6) 胡致堂(1098~1157)의 이름은 寅이고 자는 明仲이다. 楊時의 문인이다.

7) 호치당은 호안국의 양자이자 후사였다. 후에 생모가 죽었을 때, 기년복을 입었는데 이것을 두고 비판을 하는 이가 많았다. 특히 당시 조정을 장악한 秦檜(1090~1155)에 의해 탄핵당하였다.

8) 文定은 胡安國(1074~1138)의 시호이다.

바른 도道를 행하는 사람인데 어찌 예의를 무시하고 함부로 행하였겠는가? 이미 적모嫡母에게 양육되었다면 낳은 어머니에 대한 예는 낮추어야 하는 것은, 임금이 양자養子가 되어 왕통을 계승하게 되면 사적인 부모에 대해서는 의리를 돌아볼 수 없는 것과 같으므로 어쩔 수 없어서 그렇게 행하였을 뿐이다. 【위와 같음】

◑13-9 胡致堂事, 人倫大變, 其所處亦甚未安. 然以文定爲父, 而一時師友, 皆大賢之人. 致堂爲人, 又極剛正, 直道而行, 豈無禮義而妄爲之乎. 恐旣養於嫡母, 則所生母爲其所壓, 如人君入繼大統, 則不得顧私親之義, 故不得不然耳. 【上同】 *『退溪先生文集』, 卷24, 13쪽b, 「書·答鄭子中」*

◆13-9-1 이강이에게 답한 편지에 "호인이 태어나자 그 어머니는 기르지 않으려고 그를 가마솥에 넣었다. 문정의 부인이 그를 가마솥에서 가져다가 길렀다"고 말하였다. 또, "호치당을 낳은 어머니는 『제도야어』[9]에 의하면 문정의 첩임이 틀림없다. 어떤 자는 문정의 제부弟婦가 낳았다고 말하지만 이 설은 믿을 만한 것이 못된다"라고 말하였다.

◆13-9-1 答李剛而曰, "胡寅初生, 其母將不擧, 納之釜中. 文定夫人取之釜中而養之也." *『退溪先生文集』, 卷22, 1쪽a, 「書·答李剛而」* 又曰, "胡致堂生母, 據『齊東野語』等諸書, 爲文定之妾, 無疑. 或以爲文定弟婦所生. 此說不足信也." *『退溪先生文集』, 卷22, 2쪽b, 「書·答李剛而」*

◇13-9-2 또 『질의』에서는 이렇게 말하였다. "호치당은 안국의 형제의 첩의 아들이다. 태어났을 때 그의 어머니가 버리려고 하여 이미 가마솥에 있었다. 안국의 부인이 꿈에 큰 물고기가 가마솥에서 뛰는 것을 보고 깨어나 가

9) 송나라 때 周密이 지은 것으로 20권으로 되어 있다.

져다가 길러서 자기의 아들로 삼았다. 생각건대 중국의 적서嫡庶에 대한 구별은 우리나라와는 달라서 서자庶子도 선비가 되므로 호굉[10] 등이 형으로 여기고 안국이 죽자 상례를 친상親喪과 같이 치렀다."

◇13-9-2 又『質疑』曰, "胡致堂, 安國同生妾子也. 始生, 其母將棄之, 已在釜中. 安國夫人夢, 見大魚躍釜中, 覺而覓取之, 養爲己子. 蓋中原嫡庶之分, 與我東異, 庶子亦爲士, 故宏等以爲兄, 安國卒, 執喪如親喪." *『艮齋先生續集』, 卷3, 1쪽a, 「心經質疑」*

◇13-9-3 주자가 지은 유빙사[11]의 묘표墓表에서 말하기를, "시랑侍郎인 호명중胡明仲공은 일찍 계부의 후사로 들어가서 낳은 부모를 알지 못하였다. 마을 사람들이 몰래 의논하는 사람은 많아도 이야기하여 주는 사람이 없었다. 선생만은 편지를 보내어 그렇게 된 까닭의 본말을 말하였다. 호공은 그 말에 감동되어 자주 돌아가서 문안드렸다. 은혜에 대한 예의가 대략 갖추어지니 의논이 조금 멈추어지게 되었다"라고 하였다.

◇13-9-3 朱子劉聘士墓表曰, "胡公明仲侍郎, 蚤出爲季父後, 不自知其本親. 鄕人多竊議之, 而莫以告. 先生獨爲移書, 具陳本末所以然者. 胡公感其言, 爲數歸省. 恩禮略備, 議以小息." *『朱子大全』, 卷90, 제12 「聘士劉公先生墓表」*

◑13-10 창주에서 석전釋奠의 예를 행한 것은 선생이 만년에 도통道統의 전수를 자임하지 않을 수 없었기 때문에 이러한 예禮를 시행하고서도 의심받지 아니하였다. 보통 사람으로서 이것을 본받고자 한다면, 크게 어리석은 사람이거나 크게 망령된 사람이다. 주자가 그날 선성先聖에게 절을 하니, 석전에 비교할 바는 아니었지만 함부로 그렇게 하

10) 胡宏(1105~1161)의 호는 正峰이고, 자는 仁仲이다.
11) 劉聘士는 주희의 장인인 劉勉之(1091~1149)를 가리킨다. 그의 호는 白水이다.

면 안 될 듯하다. 이곳에서는 항상 이 일에 뜻은 있으면서도 지금까지 그렇게 하지 못하고 있다. 【「송과우에게 답한 글」】

◑13-10 滄洲釋奠之禮, 乃先生晩年以道統之傳, 有不得不自任者, 故設此禮而不疑. 若恆人而欲效嚬, 非大愚則大妄也. 其日拜先聖, 雖非釋奠之比, 亦恐未可率然爲之. 此中每有意於此事, 而迨不敢焉. 【「答宋寡尤」】*『退溪先生文集』, 卷13, 19쪽a, 「書·答宋寡尤」*

◇13-10-1 주자는 죽림정사가 완성되자 생도들을 거느리고 선성先聖과 선사先師에게 사채[12)]의 예를 행하였다. 그리고 또 날이 밝기 전에 일어나서 가묘家廟에 절을 하고 이어서 선성先聖에게까지 절을 하였다.

◇13-10-1 朱子竹林精舍成, 率諸生, 行舍菜禮于先聖先師. 又未明而起, 拜於家廟以及先聖.

◑13-11 회옹 선생은 몸소 도통의 책임을 지고, 선학禪學이 세상을 미혹시키는 것을 걱정하여, 어쩔 수 없이 그 설을 열심히 공격하였다. 저들도 대항하여 싸워 거의 원수가 되었다. 그러나 이쪽이 천하 사람들의 마음을 승복시키니, 저들의 문인과 제자들이 미워할 뿐만 아니라 버리고 도망쳐 귀복하는 자도 가끔 있었다. 【「황중거에게 답한 글」】

◑13-11 晦翁先生身任道統之責, 憂禪學之惑世, 不得不力攻其說. 彼乃角立而忿爭, 幾成仇怨, 賴在此者有以大服天下之心, 故彼門人弟子, 不惟不成猜狠, 逃墨來歸者, 往往有之. 【「答黃仲擧」】*『退溪先生文集』, 卷19, 32쪽a, 「書·答黃仲擧」*

---

12) 舍菜는 채소를 놓고 지내는 공자의 제사이다.

◑13-12 주자가 처음 진안경[13)]을 얻고서 매우 기뻐하여 친구 사이에서 자주 칭찬하였다. 대개 그의 학문이 변설辨說에 뛰어나서 문인들 가운데 거기에 미치는 자가 거의 없었기 때문이었다. 애석하게도 그는 그의 장점에 국한되어 실천공부를 소홀하게 여겼으니, 이른바 "지자智者는 지나치다"[14)]는 경우에 해당된다. 언젠가 강의를 하며 선생이 그의 잘못을 알고서 지극하게 논해서 깨우쳐 주고자 하였으나, 그는 곧 그의 주장을 숨겼다. 이것으로 본다면 은미한 사이에 드러나는 그의 마음의 병도 적지 않다.【「정자중에게 답한 글」】

◑13-12 朱子初得陳安卿, 甚喜之, 屢稱於朋友間. 蓋其學長於辨說, 門人鮮及之者. 惜其局於所長, 不屑踐履工夫, 正所謂"智者過之"也. 嘗於講席, 先生覺其有誤處, 欲極論而曉之, 他便隱其說. 以是觀之, 其心術隱微之間, 病亦不少.【「答鄭子中」】*『退溪先生文集』, 卷24, 13쪽b, 「書 · 答鄭子中」*

○13-12-1 「북계본전」에 의하면, "선생은 사람들에게 남쪽으로 온 이래 우리의 도는 진순을 얻어서 기쁘다고 자주 말하곤 하였다. 문인들이 의문 나는 것이 있어 서로 일치하지 않는 질문을 하면 공이 잘 물었다고 칭찬하였다"고 한다.

○13-12-1 「北溪本傳」, "先生數語人以南來, 吾道喜得陳淳. 門人有疑問未合者, 則稱公善問." *『宋史』, 「列傳 · 道學4 · 朱氏門人 · 陳淳」*

○13-12-2 주자가 요자회[15)]에게 답한 편지에, "지난날 안경과 말을 하다가 서로

---

13) 陳安卿(1153~1217)은 주희의 문인으로 이름은 淳, 호는 北溪이다. 安卿은 그의 자이다.

14) 『中庸』 제4장에 나오는 말이다.

15) 寥子晦은 주희의 문인으로 이름은 德明이다. 子晦는 그의 자이다.

일치하지 않는 것이 있었는데, 그가 곧 숨겨서 더 이상 말하지 못하였다. 드디어 그와 지극하게 논란을 하지 못한 것이 지금까지 한이 된다" 라고 말하였다.

○13-12-2 朱子答廖子晦書, "安卿向來, 說得旣不相合, 渠便藏了, 更不說著, 遂無由與之極論, 至今以爲恨." *『朱子大全』, 卷45, 제40, 「答廖子晦」, 제18*

○13-13 주자는 정자程子가 밝히지 못한 것을 밝혔으나 문인들이 득력得力한 수준은 정자의 문인에 미치지 못하였다. 맹자가 이전의 성인이 밝히지 못한 것을 밝혔으나 만장萬章 · 공손추公孫丑 등이 자유子游와 자하子夏 등에 미치지 못한 것과 마찬가지이다. 【위와 같음】

○13-13 朱子發程門所未發, 而門人得力, 不及於程門人, 亦如孟子發前聖所未發, 而萬章 · 公孫丑之徒, 不及於游 · 夏. 【上同】 *『退溪先生文集』, 卷24, 13쪽b, 「書 · 答鄭子中」*

○13-14 맹자가 "말로써 양주楊朱와 묵적墨翟에 항거할 수 있는 자는 성인의 문도門徒이다"[16]라고 말하였다. 나는 "고정考亭의 도道를 존경할 수 있는 자는 고정의 문도이다"라고 말하리라. 【『리학통록』】[17]

○13-14 孟子曰, "能言拒楊墨者, 聖人之徒也." 愚亦曰, "能尊考亭之道者, 是亦考亭之徒也." 【『理學通論』】 *『退溪先生文集』, 卷8, 1쪽a, 「序 · 理學通錄序」*

☯13-15 진서산[18]은 논의할 때 가끔 문장가적인 기풍이 있지만, 그의 인품

16) 『孟子』 「滕文公下」 제9장에 나오는 말이다.

17) 『이자수어』에서는 이 글의 출처를 『리학통론』이라 밝히고 있으나, 현재 『퇴계선생문집』에서는 『리학통록』의 서문에서 발견된다.

은 매우 높고 리理를 밝게 보아 조예가 깊으니, 주자 이후 한 사람일 뿐이다. 【「황중거에게 답한 글」】

☯13-15 眞西山議論, 雖時有文章氣習, 然其人品甚高, 見理明而造詣深, 朱門以後一人而已. 【「答黃仲擧」】 *『退溪先生文集』, 卷20, 27쪽a, 「書·答黃仲擧問目」*

○ 13-16 이종[19]은 미원[20]에 의하여 세워졌으니, 일이 찬탈에 가깝다. 천 년이 지난 지금까지 사람들로 하여금 팔뚝을 걷어붙이고 분개하고 탄식하게 하는데 하물며 당시의 사람들이야 어떠하였겠는가! 그래도 찬탈이라고 논의하지 못하는 것은 미원이 태후의 명령에 따라 세웠기 때문이다. 서산은 왕부王府의 교수로서 빈사賓師의 지위에 있었으니, 궁중 관리의 지위에 머물던 왕王·위魏[21]와는 비교가 되지 않는다. 또 그는 왕부에서 왕의 잘못을 보고 성의를 다하여 직간하다가 그의 말이 쓰이지 않게 된 이후에 힘써 외직을 청하여 떠났다. 이종이 즉위하자 불러서 강직講職을 제수받자 즉시 오고 사양하지 않았다. 생각건대 이전에 저 사람의 신하가 되지 않았기 때문에 이후에 이 사람의 신하가 될 수 있는 것이다. 이 때문에 이후의 논자들이

---

18) 眞西山(1178~1235)의 이름은 德秀이다. 西山은 그의 호이다. 저서에 『心經』, 『大學衍義』 등이 있다.

19) 理宗은 남송의 5대 황제로 재위년은 1225~1264년이다.

20) 史彌遠의 자는 同叔, 시호는 忠獻이다. 영종이 죽은 뒤 조서를 꾸며 皇子를 폐하고 이종을 세웠다.

21) 王·魏는 당나라 초기의 신하인 王珪(570~639)와 魏徵(580~643)을 이른다. 당고조의 태자인 李建成(589~626)을 모셨다. 玄武門의 變(626)으로 이건성의 동생 李世民이 황태자가 되었고, 이후 왕규와 위징은 당태종 이세민의 신하가 되었다. 두 모두 용감하게 직언한 것으로 유명하다.

이전에 떠난 것은 앞을 내다볼 줄 아는 밝은 지혜라고 말하고 나중에 이른 것은 임금을 선택할 줄 안다고 하니 이 말이 맞다. 그가 이종에게 처음에 제왕濟王[22]의 억울함을 극진하게 말하고 힘껏 은전恩典을 베풀 것을 주장하였다. 그런데 이 때문에 여러 소인들의 탄핵을 받아 쫓겨나게 되었다. 이미 제왕에 대한 의리를 저버리지도 않았고 이종의 잘못을 따르지도 않았으니, 훌륭한 현자의 일이다. 중인들은 알지도 못하면서 함부로 공격하고 폄하하니 우리들이 바른 도道를 해치는 의논을 도와서는 안 될 것이다. 【「정자중에게 답한 글」】

○ 13-16 理宗爲彌遠所立, 其事近纂. 千載之下, 尙令人扼腕憤歎, 況當時之人乎! 然猶不可以纂論者, 彌遠以太后之命立之也. 且西山於王府爲敎授, 乃處賓師之位, 非如王魏爲宮僚之比. 又其在王府, 見王過失, 竭誠直諫, 不用而後, 力請外而去. 及理宗卽位, 召除講職, 卽至不辭. 蓋以前非爲臣於彼, 故後可爲臣於此. 是以後之論者, 以前去爲先見之明, 後至爲能擇其君, 斯言當矣. 其於理宗初, 又極陳濟王之冤, 力主贈典之擧, 乃以此爲羣小劾逐而去, 旣不負濟王之分義, 亦不循理宗之過惡, 大賢之所爲. 衆人固不識, 而輒肆攻貶, 恐我輩不當助爲害正之論也. 【「答鄭子中」】 *『退溪先生文集』, 卷27, 13쪽b, 「書 · 答鄭子中別紙」*

○ 13-16-1 또 정도가에게 답하였다. "사미원과 정청지가 임금을 폐하고 다른 임금을 세운 일은 확실히 천리天理가 용납하지 않는 일이다. 그러나 제왕

22) 남송의 황태자였던 趙竑(?~1225)을 말한다. 그는 폐위된 후 濟王으로 봉해졌다가 후에 사미원의 핍박으로 자살한다.

濟王이 제왕의 지위에 오르지 않은 때에 미원이 태후에게 물어서 황자를 폐하고 이종을 세운 죄를 임금이 신하를 죽인 죄로 논단할 수는 없다. 이 때문에 서산과 학산[23]이 신하로서 섬기면서도 의심하지 않았다. 그러나 이때에 부백성[24]과 양간[25]은 불러도 나아가지 않았다. 이 일은 더욱 사람의 뜻을 기쁘게 한다."

○13-16-1 又答鄭道可曰, "史彌遠・鄭清之廢立之惡, 固天理所不容. 但濟王未登極, 彌[26]遠稟太后而廢立理宗之罪, 不可以臣弑君論斷. 此西山・鶴山所以臣事而不疑也. 然是時傅伯成・楊簡, 召而不至, 是則更快人意耳." *『退溪先生文集』, 卷39, 3쪽b, 「書・答鄭道可問目」*

○13-17 문산[27]이 동송신을 죽일 것을 요구하였으나, 허락하지 않자 벼슬을 그만두고 떠나 종신토록 그렇게 지낼 듯이 하였다. 그가 다시 나오게 된 것은 이른바 "머리를 풀어 헤친 채 갓끈을 매고"[28] 달려가야 하는 급한 일이니, 어찌 진의중[29]을 헤아릴 여유가 있었겠는가? 이제는 작은 절개를 가리키면서 큰 절개를 논의하려고 하니, 개미가 나무를 흔들려한다는 기롱을 면하지 못할까 걱정이다. 【「조사경에게 답한 글」】

○13-17 文山乞斬董宋臣, 不聽則致仕而去, 若將終身, 及其再出, 則所謂

23) 魏鶴山(1178~1237)의 이름은 了翁으로 주희를 私淑하였다. 鶴山은 그의 호이다.
24) 傅伯成(1143~1226)의 자는 景初이다. 주희의 문인이다.
25) 楊簡(1141~1226)의 자는 敬仲이다. 육구연의 문인이다.
26) 원문에는 '浦'이지만 문맥에 따라 '彌'로 바로잡는다.
27) 文文山(1236~1283)의 이름은 天祥이고, 자는 履善이다. 文山은 그의 호이다. 開慶 원년(1259), 몽고군이 침입하여 환관인 董宋臣이 遷都를 주장하자 그를 죽이도록 상소하였다. 허락하지 않자 물러났다가, 그 뒤 나라가 위급해졌을 때 의병을 모아 항전하다가 죽임을 당하였다.
28) 『孟子』「離婁下」 제26장에 나오는 말이다.
29) 陳宜中은 남송 말기의 權臣으로 자는 與權이다.

"被髮纓冠"之急, 何暇計陳宜中耶? 今欲指小節以議大節, 恐未免蚍蜉撼樹之譏也. 【「答趙士敬」】 *『退溪先生文集』, 卷23, 15쪽a, 「書·答趙士敬」*

○ 13-18 왕노재[30]의 학술은 본래 문제점이 많다. 그가 그린 「인심도심도」는 진실로 의심할 만한 곳이 있다. 그의 서설序說도 매우 분명하지 못하다. 【「조사경에게 답한 글」】

○ 13-18 王魯齋學術固多病, 「人心道心圖」, 誠有可疑處, 其自序說, 亦殊未瑩. 【「答趙士敬」】 *『退溪先生文集』, 卷23, 25쪽b, 「書·答趙士敬」*

○ 13-18-1 또 이강이에게 답하셨다. "노재의 천지만물론에는 듣고 본 기이한 것들이 많아 흥미를 일으키는 내용도 있다. 그러나 이 사람의 견해는 평이하고 실제적이지 않으며, 억지로 끌어다가 설명하는 곳이 매우 많으니, 모든 내용을 믿을 만하다고 할 수 없다."

○ 13-18-1 又答李剛而曰, "魯齋天地萬物論, 其中多奇聞異見, 儘有聳動人處. 但此老所見不平實, 其牽拽强說處殊多, 未敢皆以爲可信." *『退溪先生文集』, 卷22, 10쪽a, 「書·答李剛而」*

○ 13-19 허형[31]의 출처에 대하여 물으니, 이렇게 대답하셨다. "구경산[32]의 무리는 모두 원元을 섬긴 잘못에 대하여 비판한다. 그러나 이때는 이적이 중화의 주인이 되어, 천리와 인간의 윤리와 전장典章과 문물

---

30) 王魯齋(1197~1274)의 이름은 柏으로, 주희의 3傳 제자이다. 魯齋는 그의 호이다.
31) 許衡(1209~1281)은 송~원 사이의 학자로 호는 魯齋이다. 원나라의 集賢大學士 겸 國子祭主로서 원나라가 성리학을 국학으로 받아들이도록 하였다.
32) 丘瓊山(1419~1495)은 명나라의 학자로 이름은 濬이다. 文淵閣大學士를 지냈으며, 『大學衍義補』·『家禮義節』 등의 저술을 남겼다.

이 거의 다 없어질 뻔하였다. 하늘이 허형을 낳은 것은 우연이 아닌 듯하다. 허형이 자신의 수양만 하고 과감하게 세상을 잊었다면 천리를 누가 밝히고 사람의 윤리를 누가 바로잡았겠는가! 천하가 마침내 오랑캐의 풍속으로 변하더라도 구할 수 있는 자가 없었을 것이다. 나로서 생각하건대 허형이 세상을 위하여 나선 것은 의리를 해치지 않은 듯하다."【『습유』】

○ 13-19 問許衡出處. 曰, "丘瓊山輩皆詆事元之非, 但此時夷狄主華, 天理民彝, 典章文物, 絶滅殆盡. 天之生衡, 似非偶然. 衡若獨善而果於忘世, 則天理誰明, 民彝誰正! 天下其終爲左衽莫之捄矣. 以愚觀之, 衡之爲世而出, 似不害義."【『拾遺』】*『退溪先生言行錄』, 卷5, 「論人物」*

○ 13-19-1 또 이강이에게 답하셨다. "노재의 『천문』[33]에 '태극太極 이전에 이 도道가 홀로 서 있었다. 도가 태극을 낳으니, 태극은 하나로서 셋(天·地·人)을 머금고 있다'고 하니, 한 구절도 병통이 없는 곳이 없다. 노재의 견해에 전혀 잘못이 없다고는 못하더라도 이렇게 심하지는 않을 것이다. 아마도 그 글은 거리낌 없이 어떤 일이나 하는 자가 노재에 가탁하여 거짓으로 지은 것이 아닐까 생각한다."

○ 13-19-1 又答李剛而曰, "魯齋『千文』, 所謂'太極之前, 此道獨立, 道生太極, 函三爲一.' 無一句無病痛. 竊疑魯齋所見, 或不能無所差誤, 不應如此之甚. 得非其書是無忌憚者, 託魯齋而僞爲者耶." *『退溪先生文集』, 卷22, 9쪽a, 「書·答李剛而」*

◑ 13-20 "명대의 학자들은 모두가 대개 불교적 기미가 있는데, 설문청[34]만

33) 『千文』은 『稽古千文』을 말한다.

은 참으로 성현의 종지를 얻었다." 또 말하길 "문청의 학문은 평생 동안의 노력이 모두 '경敬'자에 있었다고 하였다." 【위와 같음】

◑13-20 皇明學者, 大抵皆有蔥嶺氣味, 獨薛文清眞得聖賢宗旨. 又曰, "文清之學, 平生用功, 都在敬字上." 【上同】 *『鶴峯先生文集續集』, 卷5, 12쪽a, 「雜著 · 退溪先生言行錄」*

◑13-21 의려[35] 선생의 학문은 진백사[36]를 스승으로 삼고 있지만, 이 학문을 독실하게 믿어 백사의 선학禪學에 전적으로 떨어지지는 않은 듯하니, 매우 기쁘다. 【「홍응길에게 준 글」】

◑13-21 醫閭先生師陳白沙, 而篤信此學, 似不全墮於白沙禪學, 殊可喜. 【「與洪應吉」】 *『退溪先生文集』, 卷13, 6쪽a, 「書 · 與洪應吉」*

◑13-22 나정암[37]은 우리 학문에서 조금 엿본 것이 없지 않지만, 잘못 들어간 곳은 바로 리理와 기氣가 둘이 아니라는 설에 있다. 【「리와 기는 하나이다는 말을 비판하는 변증」】

◑13-22 羅整庵於此學, 非無一斑之窺, 而誤入處, 正在於理氣非二之說. 【「理氣辨」】 *『退溪先生文集』, 卷41, 20쪽b, 「雜著 · 非理氣爲一物辯證」*

◑13-23 정암의 견해는 가장 중요한 부분이 잘못되어 있으니, 나머지 정밀

---

34) 薛文清은 薛瑄(1389~1464)으로, 文清은 그의 시호이다.

35) 賀醫閭는 명나라의 학자로 이름은 欽이다. 醫閭는 그의 호이다.

36) 陳白沙(1428~1500)의 이름은 獻章이다. 白沙는 그의 호이다. 육구연을 계승하여 '마음이 곧 理'라는 설을 주장하였다.

37) 羅整庵(1465~1547)의 이름은 欽順이다. 整庵은 그의 호이다. 理氣一物說을 주장하여 이황의 비판 대상이 된다. 저서에 『困知記』·『整庵存稿』 등이 있다.

한 내용도 숭상할 것이 못된다. 그래도 양명과 대립하여 선학禪學의 잘못을 논쟁할 수 있는 사람은 정암뿐이었다. 【「홍응길에게 답한 글」】

◑13-23 整庵所見, 於大頭腦處錯了, 其他精到處, 似未足尙. 猶能與陽明角立, 以爭禪學之非, 是爲整庵而已. 【「答洪應吉」】 *『退溪先生文集』, 卷13, 5쪽a, 「書 · 與洪應吉」*

◑13-24 진백사는 대개 유학을 크게 이반하지 않았다. 그러나 그가 깨달은 내용은 끝내 선가禪家의 방법에 의해서였다. 그러므로 나정암이 이미 지적하였지만 그의 고제高弟인 하극공도 스승에게는 지나치게 높은 뜻이 있었다고 하였다. 후학들은 그의 좋은 점은 따르고 잘못된 점은 고쳐야 한다. 【「『백사시교양명전습록』 후기」】

◑13-24 陳白沙大槩不甚畔去, 但其悟入處, 終是禪家伎倆, 故羅整庵已言之, 而其高弟賀克恭, 亦謂其師有過高之意. 後學從其善而改其差, 可也. 【「白沙詩敎陽明傳習錄後」】 *『退溪先生文集』, 卷41, 29쪽b, 「雜著 · 白沙詩敎傳習錄抄傳. 因書其後」*

◑13-24-1 또 황중거에게 답하셨다. "백사도 환관에게 지조를 잃었다는 비판을 받았다. 아마도 이것은 과장하기 좋아하는 입에서 나온 듯하다. 그의 학술을 보면 전적으로 선학적禪學的인 허虛를 숭상하니, 허虛로 말미암아 행동을 함에 있어서 거친 상태를 면하지 못한 점이 있었던 것이 아닐까?"

◑13-24-1 又答黃仲擧曰, "白沙亦有失節於貂璫之譏, 此則恐出於吹毛之口. 然觀其學術, 專是禪虛, 得非緣虛甚, 不免有制行之疏處耶?" *『退溪先生文集』, 卷19, 33쪽b, 「書 · 答黃仲擧」*

◑13-25 우선생[38]을 문묘에 종사하는 일에 관하여, 오늘날 사람들이 사현四賢[39]을 종사하려고 하는 논의로 미루어 생각한다면 선생이 사현만 못하지 않다. 그러나 종사의 법은 매우 중요하다. 우리들의 식견이 아직 지극하지 못하니, 이러한 큰일을 결정함에 있어서 가볍게 의논해서는 안 된다. 【「구여응에게 답한 글」】

◑13-25 禹先生從祀事, 以今人欲祀四賢之論推之, 先生未必在四賢之後. 然從祀之典極重, 吾輩識見未到, 斷此等大事, 未可以輕議. 【「答具汝膺」】 *『退溪先生文集』, 卷36, 24쪽a, 「書 · 答具汝膺」*

○13-25-1 또 조사경에게 답하셨다. "우좨주의 기풍과 절개는 우리나라 고금에 있어서 어찌 흔히 얻을 수 있는 것이겠는가! 학교를 세워 현인을 제사 지내는 일이 이미 세상에서 시작되었는데 우리 마을에만 없다는 것은 우리들의 수치이다."

○13-25-1 又答趙士敬曰, "禹祭酒風節, 東方古今, 豈可多得. 立學祀賢, 旣昉於世, 而吾鄕獨闕, 此吾輩之恥也." *『退溪先生文集』, 卷23, 10쪽a, 「書 · 與趙士敬」*

◑13-25-2 「역동서원기」에서 말씀하셨다. "선생에 대하여 사관은 '아무개는 경사經史에 통달하였는데 역학易學에는 더욱 깊었다. 『주역정전』이 처음 전해졌을 때 이해할 수 있는 자가 없었다. 아무개는 문을 닫고 연구하여 그 뜻을 이해하여 생도들에게 의리의 학문과 행동을 가르쳤으니, 선생의 학문은 고루한 세상의 습속을 벗어나서 용문龍門[40]의 여운에서 얻음이 있었다'고 하였다. 이미 경사와 의리의 학문과 행동에 통달하였다

38) 禹倬(1263~1342)을 말한다. 고려 후기의 유학자로 易東先生이라고도 불렸다.
39) 광해군 때 이황과 함께 문묘에 배향된 鄭汝昌 · 金宏弼 · 趙光祖 · 李彦迪을 가리킨다.
40) 二程을 가리킨다. 龍門石窟 앞을 흐르는 물이 伊川이다. 程頤는 여기서 호를 취하였다.

고 하니, 정자程子의 『역전』으로 말미암아 다른 여러 경전에까지 통하고 학업이 넓어 공이 성대함을 볼 수 있다."

◑13-25-2 又「易東書院記」曰, "先生史稱之曰, '某通經史, 尤深於易學. 『程傳』初來, 無能知者, 某閉門參究而得其旨, 教授生徒, 義理之學行, 則先生之學, 其有以脫去世習之陋, 而有發於龍門之餘韻者矣.' 既云通經史義理之學行, 則因程易而達諸經, 業廣而功懋, 又可見矣." *『退溪先生文集』, 卷42, 45쪽a, 「記 · 易東書院記」*

◑13-26 이자현[41]은 겸손한 말과 두터운 예禮로도 그의 절개를 굽히게 할 수 없었으며, 천사千駟의 말과 만종萬鍾의 녹봉으로도 그의 마음을 움직일 수 없었다. 가슴속에 즐거움이 있는 자가 아니면 어찌 이와 같이 할 수 있었겠는가! 【시집】

◑13-26 李資玄卑辭厚禮, 不足以屈其節, 千駟萬鍾, 不足以動其心, 非有所樂於胸中者, 安能如是哉! 【詩集】 *『退溪先生文集』, 卷1, 12쪽b, 「詩 · 過淸平. 有感」*

◑13-27 정자程子가 말하기를, "사람은 남을 대하여 잘못이 있는 가운데서도 잘못이 없는 점을 찾아야 한다. 잘못이 없는 가운데 잘못을 찾아서는 안 된다"[42]라고 하였다. 포은의 정일精一한 충성과 커다란 절개라면 천지를 경영하고 우주를 떠받칠 만한데도, 남을 공격하기 좋아하고 남의 장점을 이루어 주기를 즐기지 않으며 의논하기를 좋아하는 자들은 끊임없이 시끄럽게 비판한다. 나는 그럴 때마다 듣기

41) 李資玄(1061~1125)은 고려의 학자로 춘천 청평산에 암자를 짓고 禪學을 연구하였다.
42) 『二程遺書』 권21상 제21조에 나오는 말이다.

싫어 귀를 막고 싶다. 【「정도가에게 답한 글」】

◑13-27 程子曰, "人當於有過中求無過, 不當於無過中求有過." 以圃隱之精忠大節, 可謂經緯天地棟梁宇宙, 而世之好議論喜攻發, 不樂成人之美者, 嘵嘵不已, 滉每欲掩耳而不聞. 【「答鄭道可」】 *『退溪先生文集』, 卷39, 3쪽b, 「書 · 答鄭道可問目」*

⬙13-27-1 "남명 선생이 정포은의 출처에 대하여 의심하였으며, 내 생각에도 정포은이 죽은 사실은 자못 웃음거리가 되는 듯합니다"라고 말하였더니 이렇게 답하셨다.

⬙13-27-1 問, "南冥曹先生嘗以鄭圃隱出處爲疑, 鄙意鄭圃隱一死頗可笑"云云, 故答之以此. *『退溪先生文集』, 卷39, 3쪽b, 「書 · 答鄭道可問目」*

⬙13-27-2 『기선록』에는 이렇게 나온다. "덕홍이 물었다. '전 왕조의 말에 왕위를 계승한 자는 신辛씨인데도 정포은은 그때 충절을 세우지 못하였으니, 공이 있다고 하지만 어찌 속죄하기에 충분하겠습니까?' 선생은 이렇게 답하셨다. '그렇지 않다. 계승한 자가 신씨라고는 하지만 왕씨의 종묘와 사직이 망하지 않았으므로 포은은 그대로 섬겼다. 바로 진秦의 여呂[43]나 진晉의 우牛[44]와 같은 경우이다. 『강목』에서 왕도[45] 등을 배척하지 않았으니, 포은은 바로 이러한 의리를 얻었다.'"

⬙13-27-2 又『記善錄』曰, "德弘問, '前朝王氏之後, 繼立者辛氏, 而鄭圃隱先生, 不立忠節, 雖有功, 何足贖哉?' 先生曰, '不然. 繼立者雖辛氏, 而王氏宗社未亡, 故圃隱猶事之. 正如秦之呂晉之牛, 而『綱目』不斥王導之流, 圃隱正得此義.'" *『退溪先生文集攷證』, 卷7, 2쪽a, 「第三十九卷書 · 答鄭道可問目」*

---

43) 呂는 진시황의 아버지라는 설이 있는 呂不韋(?~BC 235)를 가리킨다.
44) 牛는 동진(317~419)의 제1대 황제인 元帝의 아버지 牛氏를 가리킨다.
45) 王導(276~339)는 동진의 대신으로, 元帝를 보좌하여 두터운 신임을 얻었다.

◑13-28 양촌의 학술은 깊고 넓다. 이 『도설圖說』을 만든 것이 그 증거이다. 그러나 선현의 학설에 비추어 생각하여 보면, 학자들에게 천착하고 견강부회하는 병통을 열어 주게 될까 두렵다. 【「김신중에게 답한 글」】

◑13-28 陽村學術淵博, 爲此『圖說』, 極有證據. 但以先賢之說揆之, 恐不免啓學者穿鑿傅會之病耳. 【「答金愼仲惇敍」】 *『退溪先生文集』, 卷28, 1쪽a, 「書·答金惇敍」*

◇13-28-1 양촌은 『입학도설』을 지었다.

◇13-28-1 陽村著『入學圖說』.

◑13-29 점필공[46]은 시와 문장을 제일로 삼고 이 학문과 이 도는 마음에 두지 않았다. 한훤당[47]은 이것을 책망하였다. 스승과 제자라는 중요한 관계였지만 지기志氣가 같을 수 없었다. 그러나 끝까지 관계를 저버리지는 않았다. 【「이강이에게 답한 글」】

◑13-29 佔畢公惟以詩文爲第一義, 未嘗留意於此學此道, 而寒暄以是歸責. 雖以師弟之分之重, 固不能志同氣合, 而終不相貳也. 【「答李剛而」】 *『退溪先生文集』, 卷22, 18쪽b, 「書·答李剛而」*

◆13-29-1 또 배여우에게 답하셨다. "점필옹에게는 과연 남명이 말한 것과 같은 점이 있다. 그러나 유학을 도운 공이 크니, 어찌 심하게 배척할 수야

---

46) 佔畢齋는 金宗直(1431~1492)의 호이다.

47) 寒暄堂은 金宏弼(1454~1504)의 호이다. 그는 金宗直의 문하에서 『소학』을 배우고 스스로 小學童者라 불렀다. 1504년 갑자사화 때 賜死되었다. 그의 문하에서 趙光祖, 李長坤, 金安國 등이 배출되었다.

있겠는가? 서원을 만들고 사당을 세우는 것이 마땅하다."

◆13-29-1 又答裵汝友曰, "佔畢翁果有如南冥所云, 然亦甚有扶植處, 何可深斥? 作院立祠, 不可不爾也." 『退溪先生文集』, 卷35, 5쪽a, 「書·答裵汝友」

◆13-29-2 한훤당의 『연보』에 나온다. "점필재는 이조판서가 되어서도 특별히 한 일이 없었다. 선생은 시를 올려 풍자하였다. 점필재는 불쾌하게 여기고 그의 화답시에서 상당히 불평을 하였다. 이때부터 필재를 의심하게 되었다."

◆13-29-2 寒暄『年譜』曰, "佔畢齋爲吏曹參判, 亦無建立事. 先生上詩諷之, 畢齋不悅, 其和詩頗不平. 自是貳於畢齋." 『寒岡先生文集』, 卷15, 1쪽a, 「年譜·寒暄堂金先生年譜」

◑13-30 한훤당의 학문은 실천은 독실하지만 학문공부는 미진한 듯하다. 【『습유』】

◑13-30 寒暄之學, 踐履雖篤, 而於道問學工夫, 恐未盡也. 【『拾遺』】 『鶴峯先生文集續集』, 卷5, 12쪽a, 「雜著·退溪先生言行錄」

○13-31 주周가 쇠퇴한 이후 성현의 도가 어떤 한 시대에도 시행될 수 없었지만, 만세에 전해질 수 있었다. 공자·맹자·정자·주자의 덕德과 재능으로 나라에 등용되면 왕도王道를 일으키는 것이 손을 뒤집는 것처럼 쉬울 듯하다. 그러나 결국 성취한 것은 말을 세워 후세에 전한 것에 지나지 않았다. 그 이유가 무엇이겠는가? 하늘의 뜻은 본래 알 수 없지만, 사람의 일도 일괄적으로 논할 수는 없다. 그렇다면 선생이 조정에 나아가 왕도를 일으키는 것을 표방하였다면 세상에서 성공할 수 없었던 것은 괴이할 것이 없다. 오직 한스러운 것은

물러나 왕도의 내용을 크게 천명하여 우리나라의 미래를 행복하게 하지 않은 것일 뿐이다. 또 하늘이 이 사람에게 커다란 임무를 내리고자 하였으니, 어찌 젊어서 학문을 한 번 이룬 것으로 곧 충분할 수 있었겠는가? 반드시 중년과 만년이 되도록 덕을 쌓아 덕이 충만한 뒤에야 크게 갖추어졌을 것이다. 선생이 당시에 갑자기 등용되지 않고 편안히 집에서 먹고 살며, 가난한 집안에 숨어 지내는 가운데 이 학문을 더욱 크게 힘써 연마하고 침잠·함양하여 여러 해를 쌓았다고 가정하자. 그래서 연마하고 궁구한 것은 관철되어 더욱 고명高明하고, 쌓고 기른 것은 높고 깊어져 더욱 박후博厚해져서 정자程子와 주자의 학문 근원을 환하게 알고 공자와 맹자의 말소리를 들었다고 하자. 이렇게 되었다면 한때 임금과 뜻이 맞아서 뜻이 행하여졌어도 좋고 행하여지지 않아도 좋으니, 그 기회에 이 도道와 인간을 위하여 할 수 있는 것은 말을 세워 후세에 전하는 한 가지일 뿐이었을 것이다. 지금 선생은 그렇지 않다. 첫째는 불행하게도 너무 급하게 발탁되었으며, 두 번째는 불행하게도 물러나려던 뜻을 이루지 못하였고, 세 번째는 불행하게도 유배되던 즉시 죽음의 명령을 받아, 앞에서 말한 중년과 만년에 이르도록 덕을 쌓아 덕을 충만하게 할 겨를이 없었으니 말을 세워 후세에 전하는 일도 이미 미칠 수 없게 되었다. 하늘이 이 사람에게 커다란 임무를 내리고자 한 뜻이 결국 어떻게 되었는가! 이 때문에 오늘날 그가 남긴 것을 통하여 사람의 마음을 착하게 하고 바른 학문을 여는 도道로 삼고자 하면, 단적으로 근거를 둘 만한 곳을 거의 찾을 수 없다. 말다툼하는 무리와 한가하게 잡담이나 하는 자들이 도리어 화와 복, 성공과 실패 사이를 넘어서지 못하여 세상의 도道가 더욱 투박偸薄하게 되니, 함부로 서로 지목하며 시끄럽게 비난한다. 몸조심하는 자는 꺼리는 바가 있게 되었고, 자식을 가르치는 자는 훈계로 삼으며, 선량한 사람을 해치는 자는 효시로 삼아, 우리 도道의 병통을 더욱 심하게 하였다. 【「정암[48] 행장」】

○ 13-31 自周衰以來, 聖賢之道不能行於一時, 而惟得行於萬世. 夫以孔孟程朱之德之才, 用之而興王道, 猶反手也, 而其終之所就, 不過曰立言垂後而止耳. 其故何哉? 在天者, 固不可知, 而在人者, 又未可以一槩論也. 然則先生之進, 旣以是名, 其不得有爲於世, 無怪也. 獨恨夫退不克大闡其實, 以幸我東方之來者耳. 且夫天將降大任於是人也, 豈能一成於早而遽足哉? 其必有積累飽飫於中晩而後大備焉. 向使先生, 初不爲聖世之驟用, 得以婆娑家食之餘, 隱約窮閻之中, 益大肆力於此學, 磨礱沈涵, 積以年時之久. 硏窮者貫徹而愈高明, 蓄養者崇深而愈博厚, 灼然有以探源乎洛建, 而接響乎洙泗. 夫如是, 則其遇於一時者, 行亦可也, 不行亦可也, 所恃以爲斯道斯人地者, 有立言垂後一段事爾. 今先生則未然. 一不幸而登擢太驟, 再不幸而求退莫遂, 三不幸而讁日斯終, 向之所謂積累飽飫於中晩者, 皆有所不暇矣. 其於立言垂後之事, 又已無所逮及焉, 則天之所以降大任於是人之意, 終如何也! 用是之故, 由今日欲尋其緖餘, 以爲淑人心開正學之道, 則殆未有端的可據之處, 而斷斷之徒, 悠悠之談, 反不能脫然於禍福成敗之間, 以至世道之益媮, 則乃有肆作指目, 以相訾嗸. 行身者有所諱, 訓子者以爲戒, 仇善良者用爲嚆矢, 以重爲吾道之病焉. 【「靜庵行狀」】 『退溪先生文

48) 靜庵은 趙光祖(1482~1519)의 호이다.

集』, 卷48, 28쪽a, 「行狀 · 靜庵趙先生行狀」

○ 13-32 도학에 대하여 우리나라의 선현들이 비록 문왕을 기다리지 않고도 홍기한 자가 있지만, 끝내 귀착점은 절의와 장구 문사文詞의 사이에 머무르고 말았다. 전적으로 자기 자신을 위한 학문(爲己之學)에 힘쓰고 진실하게 실천학문을 한 자는 오직 한훤뿐이다. 【위와 같음】

○ 13-32 我東國先正之於道學, 雖有不待文王而興者, 然其歸終在於節義章句文詞之間. 求其專事爲己, 眞實踐履爲學者, 惟寒暄爲然. 【上同】 『退溪先生文集』, 卷48, 28쪽a, 「行狀 · 靜庵趙先生行狀」

○ 13-33 장기를 두는 자가 한 수 잘못 두면 전체 형세를 망치게 된다. 근세 사림의 화는 대개 수를 잘못 두어 일어난 것이다. 기묘사화 때의 영수領袖는 도道를 이루기 전에 갑자기 커다란 이름을 얻어 경국제세經國濟世를 자임하였으니, 이것은 이미 수를 잘못 두어 망치게 되는 길이다. 【「판서 박순에게 답한 글」】

○ 13-33 博者, 一手虛著, 全局致敗. 近世士林之禍, 率因虛著而作. 己卯領袖人, 學道未成而暴得大名, 遽以經濟自任. 此已是虛著取敗之道. 【「答朴參判淳」】 『退溪先生文集』, 卷9, 36쪽b, 「書 · 答朴參判淳」

○ 13-33-1 또 말씀하셨다. "넘어진 수레가 앞에 있으니, 뒤에 따라가는 자가 더욱 앞으로 나아가기 어렵다. 잘 들리지 않는 귀를 지닌 사람이 그래도 시끄러운 소리는 듣고서 걸핏하면 기묘사화의 잔당이라고 지목하니, 이것은 바로 화를 남에게 덮어씌우는 말이다."

○ 13-33-1 又曰, "覆車在前, 故踵後者尤難進步. 病人聾耳, 猶聞浮囂之徒動, 以

小己卯目之, 此乃載禍相餉之言." 『退溪先生文集』, 卷9, 36쪽b, 「書·答朴參判淳」

○ 13-34 조정암이 올린 계문啓文의 초본抄本을 내가 직접 본 후, 술에 취한 듯 깨어난 듯하여 반달에 가까운 날이 지났으나 낫지 않는다. 생각건대 이 사람이 어려움을 알지 못한 것은 아니요, 어려움은 알되 실수로 믿는 곳이 있어서 그렇게 하였다. 뿐만 아니라 참으로 물러날 길이 없어서 그렇게 된 것이다. 길이 영웅으로 하여금 손수건에 눈물이 가득하게 한 자가 죽은 제갈량 한 사람만이 아닌 것을 알 수 있다. 또 그때 일의 형세를 보면 정국공신靖國功臣의 공을 빼앗은 일이 아니더라도 한 번의 패배를 면할 수 없었다. 여러 간신들을 자극하여 놀라운 일을 촉발한 것은 바로 이 일 때문이었다. 이것은 여러 현신들이 위태로운 일을 당하여 조심하지 않고 너무 급하게 앞으로만 나갔기 때문이다. 【「기명언에게 준 글」】

○ 13-34 趙靜庵陳啓抄, 滉自見此文字來, 如醉如醒, 半月十日, 猶不能瘳也. 竊料斯人也非不知爲難, 知難而誤有所恃, 亦非獨誤恃之故. 良由求退無路而致之, 可知, 是長使英雄淚滿巾者, 不獨死諸葛一人也. 且觀當時事勢, 雖不有靖國奪功事, 亦不免一敗. 然所以激衆奸而促發駭機, 正由此一事, 是乃諸賢臨危不戒, 直前太銳之故. 【「與奇明彦」】 『退溪先生文集』, 卷18, 4쪽a, 「書·與奇明彦」

○13-34-1 『습유』에 나온다. "정암은 이미 일이 잘못될 것을 알고 억제하는 마음이 상당히 있었다. 그러나 여러 사람들이 도리어 잘못이라고 생각하며, 창을 거꾸로 잡고 공격하기까지 하니, 어찌할 수 없었다."

○13-34-1 『拾遺』曰, "靜庵已覺其敗事, 頗自裁抑, 而諸人反以爲非, 至欲倒戈相攻, 無如之何耳." *『鶴峯先生文集續集』, 卷5, 12쪽a, 「雜著 · 退溪先生言行錄」*

◑13-35 선생은 가르침 받은 곳이 없이 스스로 이 학문에 분발하여, 은연중에 덕이 날로 드러나 행동으로 징험되었으며, 밝게 글로 써서 말을 후세에 전하였다. 우리나라에서 찾는다면 그와 비슷한 사람이 거의 드물다. 【「회재[49] 행장」】

◑13-35 先生無授受之處, 而自奮於斯學, 闇然日章而德符於行, 炳然筆出而言垂于後者. 求之東方, 殆鮮有其倫. 【「晦齋行狀」】 *『退溪先生文集』, 卷49, 1쪽a, 「行狀 · 晦齋李先生行狀」*

◑13-36 선생이 학문에서 정밀한 조예를 갖춘 견해나 홀로 자득한 오묘함은 망기당 조한보에게 보낸 무극태극無極太極에 관한 4·5통의 편지에 가장 잘 드러나 있다. 【위와 같음】

◑13-36 先生之學, 其精詣之見, 獨得之妙, 最在於與曹忘機漢輔論無極太極書四五篇. 【上同】 *『退溪先生文集』, 卷49, 1쪽a, 「行狀 · 晦齋李先生行狀」*

◑13-37 회재가 정암보다 낫다는 말은 밖에서 하지 말라. 회재의 학문이 정암보다 우수하지만 당시에 도를 주창하고 후세에 학풍을 수립한 것은 정암이 우수하다. 회재가 더 우수하다고 말하면 사람들이 마음으로 승복하지 않을 것이다. 【「김이정에게 답한 글」】

---

49) 晦齋는 李彦迪(1491~1553)의 호이다.

◑13-37 晦齋勝靜庵之言, 亦毋出也. 其學固優於趙, 但論其倡道當時, 樹風後世, 則靜庵爲優, 若以李爲優, 人心不服.【「答金而精」】『*退溪先生文集*』, *卷30, 32쪽b,* 「*書·答金而精*」

◑13-38 조선의 사현四賢이 덕이 있기는 하지만 공자의 묘당에 배향하는 문제는 쉽사리 의논할 수 없다. 당시에 성균관 유생들이 공자의 묘당에 종사를 요청하는 상소를 올렸는데 선생은 듣고서 끝내 옳게 여기지 않았다.【『습유』】

◑13-38 我朝四賢, 雖有功德, 至於享聖廟, 則亦未可輕議也. 時館學儒生上疏請從祀, 先生聞之, 終不以爲是.【『拾遺』】『*鶴峯先生文集續集*』, *卷5, 12쪽a,* 「*雜著·退溪先生言行錄*」

◑13-38-1 또 김이정에게 답하셨다. "한훤·일두[50]·정암·회재를 종사하는 일은 아주 중대한 일이다. 유생들이 경솔하게 상소하여 청하니, 이미 옳지 않은 일이다. 우리들이 경솔하게 취하고 버릴 사람을 정하며 우열을 판단하는데, 이러한 일을 어찌 쉽게 할 수 있겠는가! 잠시 그만두고 논하지 않는 것이 좋을 것이다."

◑13-38-1 又答金而精曰, "從祀寒暄·一蠹·靜庵·晦齋, 莫大事. 儒生輕易上請, 已爲不可. 吾等輕易定取舍, 判優劣, 亦豈可易爲乎! 姑置勿論, 可也. 『*退溪先生文集*』, *卷30, 16쪽b,* 「*書·答金而精*」

◑13-39 청송[51]은 고상하게 은둔하여 처음부터 끝까지 잘 살았다. 진실로

50) 一蠹는 鄭汝昌(1450~1504)의 호이다.

51) 聽松은 成守琛(1493~1564)의 호이다. 牛溪 成渾의 아버지이다. 기묘사화 때 스승 조광조가 처형된 이후 일체 벼슬을 받지 않았다.

말세에 보기 어려운 사람이다. 【「이중구에게 답한 글」】

◑13-39 聽松高遯, 善其終始, 誠末世難見之人. 【「答李仲久」】 *『退溪先生文集』, 卷11, 14쪽b, 「書·答李仲久」*

◑13-39-1 또 성호원[52]에게 답하셨다. "보낸 편지에서 언급한 선공先公의 묘갈문墓碣文에 나오는 '기미를 보고 명철하게 처신하였다'에 대하여 공과 숙헌[53]이 열심히 따졌다. 화를 피하려고 한 것을 바른 방법이 아니라고 생각한 것은 곽림종[54]이 공경할 사람이 못된다고 그렇게 생각하는 것인가? 기묘년의 일에 대하여 나는 선공의 처신이 바르다고 생각한다."

◑13-39-1 又答成浩原曰, "示喩先公碣文, '見幾明哲'等語, 公及叔獻力加分疏. 意以要避禍, 爲非正法, 郭林宗爲不足尙而云云耶? 如己卯間事, 妄謂如先公所處, 乃正也." *『退溪先生文集』, 卷12, 40쪽a, 「書·答成浩原」*

◑13-39-2 또 김이정에게 답하셨다. "성군[55]은 편지에서 '선공이 명철보신明哲保身 할 생각은 본래 없었으며, 벼슬하지 않은 것은 다만 병이 많아서일 뿐이요, 벼슬길에 나서지 않은 것은 세상과는 상관이 없었으니, 화가 저절로 미치지 않은 것일 뿐이다'라고 말하였다. 내 생각에는 예로부터 고상하게 은둔한 학자들의 생각은 본래 모두가 이와 같다. 만일 다만 병으로 나아가지 아니하고 세상과 무관하다고 해서 고상하게 은둔한 학자라는 이름을 들을 수 있다면 세상에서 고상하게 은둔한 학자가 어찌 드물며 귀하겠는가! 만일 이러한 말들을 다 빼 버린다면 선생의 마음에 품은 뜻이 그 정도에 머물지 않았을 듯하다."

---

52) 浩源은 成渾(1535~1598)의 자이다.

53) 叔獻은 李珥(1536~1584)의 자이다.

54) 郭林宗은 후한의 郭泰(太)로서 林宗은 그의 자이다. 널리 학문을 통하여 제자가 수천에 이르렀으며, 인물 평가를 잘 하였으나 심한 말을 하지 않아서 黨錮의 화가 일어났으나 홀로 면할 수 있었다.

55) 成君은 成渾을 가리킨다.

◑13-39-2 又答金而精曰, "成君書又力言, '其先志本無明哲保身之意, 其不仕也只爲多病不出, 與世無關, 而禍患自不及'云云. 愚意自古高隱之士, 意思本皆如此. 若只因病不出, 與世無關, 而可得高隱之名, 則世之高隱之士, 豈鮮得而可貴乎! 若盡去此等語, 又恐先生之蘊, 不止於是." *『退溪先生文集』, 卷30, 39쪽a, 「書·答金而精」*

◑13-40 충암[56]의 학문이 처음에는 노장老莊에 빠졌지만 견해가 사실은 남보다 한 등급 높았다. 그의 「귀양소」나 「사직소」 등은 지성에서 나온 것이다. 이러한 견식을 지니고서도 자기 뜻을 얻지 못하고 마침내는 커다란 화를 당하게 되었으니, 어찌 슬프지 아니한가! 【「홍응길에게 준 글」】

◑13-40 冲庵學問, 初雖陷於老莊, 所見實高人一等. 其歸養辭職等疏, 出於至誠. 有此見識, 而不得如其志, 終蹈大禍, 豈不悲哉! 【「與洪應吉」】 *『退溪先生文集』, 卷13, 8쪽a, 「書·與洪應吉」*

◑13-41 화담[57]이 어찌 감히 백사[58]를 바라볼 수 있겠는가! 백사도 허탕虛蕩하여 선禪에 빠졌지만, 그의 인품은 뛰어나고 시원하게 트였으며, 시詩도 고묘高妙하다. 화담은 바탕이 질박한 듯하면서도 사실은 허탄하고, 학문은 높은 듯하면서도 사실은 잡박하다. 리기理氣를 논한 데 이르러서는 들쑥날쑥 끌어들인 내용들이 원두처原頭處에 대해서

---

56) 冲庵은 金淨(1486~1521)의 호이다. 조광조와 함께 至治主義의 실현을 위하여 노력하다가 기묘사화로 賜死되었다.

57) 花潭은 徐敬德(1489~1546)의 호이다.

58) 白沙는 陳獻章(1428~1500)의 호이다. 그는 吳與弼에게 수학하여 陸九淵의 '마음이 곧 리'라는 설을 계승하였다.

는 전혀 분명하지 아니하고, 그의 시와 문장도 좋은 곳은 좋지만 좋지 않은 곳도 많다. 백사에게 비교한다면 잘못일 듯하다. 오늘날의 사람들은 스승에 대해서 지극하게 추존하기에만 힘쓰고 정당한가 정당하지 않은가는 따지지 않는다. 그렇게 하고서 세상에 자랑하고자 한다면 생각이 공평하지 않은 것이다. 옛날 사람들이라고 하여 스승을 지극하게 존경하지 않은 것은 아니었다. 호오봉[59]의 『지언』 중 잘못된 내용에 대하여 장남헌은 숨기지 않았으며, 양구산의 말이라도 불교와 노자와 관련된 것이 있으면 주회암은 숨기지 않았다. 구산의 말뿐 아니라, 이연평의 말이라도 잘못된 점이 있으면 회암이 거짓으로 옹호하지 않은 것은, 진리는 지극히 공평한 것이어서 조그마한 사사로운 뜻도 둘 수 없기 때문이다. 【「남시보에게 답한 글」】

◐13-41 花潭何敢望白沙. 白沙雖亦虛蕩入禪窟去, 其人品超邁爽徹, 詩亦高妙. 花潭, 其質似朴而實誕, 其學似高而實駁, 其論理氣處, 出入連累, 全不分曉原頭處. 其詩文, 好處好, 不好處亦多. 若擬於白沙, 恐失其倫也. 大抵近世諸人, 於其師門, 務極推尊, 更不論當與不當, 欲以之誇耀世俗, 其用意不公. 古人尊敬師門, 非不至也, 五峯『知言』駁處, 南軒不諱, 龜山之言, 苟涉佛老處, 晦庵不隱. 非徒龜山, 雖延平之言有少差, 晦菴亦不回護者, 此理至公, 著一毫私意不得耳. 【「答南時甫」】 *『退溪先生文集』, 卷14, 13쪽b, 「書·答南時甫」*

◐13-41-1 사람들이 초당 허엽[60]을 화담의 문인으로 지목하였다.

◐13-41-1 諸人指許草堂曄, 花潭門人也.

---

59) 五峰은 胡宏(1105~1161)의 호이다. 胡安國의 아들이며 張栻은 그의 제자이다.
60) 許曄(1517~1580)은 자가 太輝이고 호가 草堂이다.

◑13-41-2 또 정자중에게 답하셨다. "화담의 견해는 매우 정밀하지 못하다. 그가 저술한 여러 설들을 보면 병통이 없는 편篇이 없다."

◑13-41-2 又答鄭子中曰, "花潭所見, 殊未精, 觀其所著諸說, 無一篇無病痛." *『退溪先生文集』, 卷25, 19쪽a, 「書·答鄭子中講目」*

◑13-41-3 또 황중거에게 답하셨다. "화담과 남명은 모두 평소에 깊이 사모하는 사람들인데 어찌 함부로 비판하고 배척하겠는가? 좋아하는 사람이라고 하여 사적으로 아첨하거나 지나치게 칭찬하기를 바라지는 않으므로 '학문을 그만두었다'(下帷)는 평가나 '순수하지 못하다'는 주장을 하였다. 도의道義로써 인물을 논하면서 자기가 그러한 경지에 도달하지 못하였다고 해서 조금이라도 구차한 이야기를 하는 것은 용납할 수 없다."

◑13-41-3 又答黃仲擧曰, "花潭南冥, 皆素所慕用之深, 豈敢妄肆詆斥? 惟不欲阿私所好而溢爲稱譽, 故有下帷之評, 未醇之論. 旣以道義論人物, 不容以己之未至, 而少有苟且之談." *『退溪先生文集』, 卷19, 31쪽b, 「書·答黃仲擧」*

◑13-41-4 또 정자중에게 답하셨다. "허태휘가 편지로 화담이 횡거와 무엇이 다르냐고 하였다. 그래서 나는 '화담의 저술 가운데서 「서명」[61]에 비교할 만한 것이 어떤 책이며, 『정몽』[62]에 비교할 만한 책이 어떤 것이 있는지 모르겠다'고 대답하였다."

◑13-41-4 又答鄭子中曰, "太輝書來. 有與橫渠何異之云. 滉答之曰, '花潭著述, 不知其可比「西銘」者何書, 可比『正蒙』者何書.'" *『退溪先生文集』, 卷25, 19쪽a, 「書·答鄭子中講目」*

◑13-41-5 또 남시보에게 답하셨다. "화담의 견해는 기수氣數 한쪽에 익숙하여,

---

61) 「西銘」은 장재의 저작으로 『聖學十圖』 중 제2도에 실려 있다.
62) 『正蒙』은 15편으로 이루어진 장재의 대표적인 저술이다.

그의 설은 리理를 기氣로 인식하거나 기氣를 가리켜 리理라고 하는 것을 면하지 못한다."

◑13-41-5 又答南時甫曰, "花潭所見, 於氣數一邊路熟, 其爲說未免認理爲氣, 亦或有指氣爲理者." *『退溪先生文集』, 卷14, 7쪽b, 「書 · 答南時甫」*

◑13-41-6 「리와 기는 하나이다는 말을 비판하는 변증」에서 "화담은 끝내 '리理' 자를 투철하게 알지 못하였다"고 하였다.

◑13-41-6 「理氣辨」曰, "花潭終見得理字不透." *『退溪先生文集』, 卷41, 20쪽b, 「雜著 · 非理氣爲一物辯證」*

◑13-42 오늘날 글공부로 출세하여 이익을 누리는 경학자들은 도학道學 두 글자를 근훼菫喙[63]보다도 더 해롭게 여겨 도학에 대해서는 입 한 번 열지 않고 글 한 번 쓰지 않는 것을 제일로 여긴다. 이 사람－박송당朴松堂[64]을 가리킨다－은 세속에서 몸을 떨쳐 창을 던지며 학문을 강구하며, 창을 옆에 끼고서도 도를 생각하였다. 중도에 욕을 당하기는 하였으나 스스로 그만두지 않고 옛날 현인들이 사람을 가르친 법을 취하여 주석하여－송당이 지은 『백록동규집해』를 가리킨다－ 세상을 깨우치니, 의연한 대장부라 하겠다. 그의 견해가 아직 소탈함을 면하지 못한 것이 애석할 뿐이다. 【「황중거에게 답한 글」】

◑13-42 今之經生學士以文字發身享利者, 其視道學二字, 不啻如菫喙, 未嘗開一口下一筆, 憪然自以爲得計. 斯人也謂朴松堂自挺於流俗之中, 乃能投戈講學, 橫槊思道. 雖中遭折辱, 不自沮廢, 至取前賢教人之法, 註釋『白鹿洞規集解』以曉世. 亦可謂毅然大丈夫矣. 惜其所見猶

63) 菫喙는 附子 · 바곳이라고도 한다. 독초인데 뿌리는 약으로도 쓰인다.

64) 松堂은 朴淳(1523~1589)의 호이다.

未免疎脫. 【「答黃仲擧」】『退溪先生文集』, 卷19, 21쪽a, 「書 · 答黃仲擧論白鹿洞規集解」

◑13-42-1 또 남시보에게 답하셨다. "송당의 질문은 의심스러운 점이 있다. 그의 문인들의 추존은 실상을 지나친 듯하다."

◑13-42-1 又答南時甫曰, "松堂之學, 有可疑處, 其門人推尊, 似恐過實." 『退溪先生文集』, 卷14, 13쪽b, 「書 · 答南時甫」

◑13-43 김하서[65]라는 사람은 현실세계 가운데 살지만 마음은 현실을 넘어 있다. 학문의 초입처初入處는 노장에 상당히 기울었으며, 중년에는 시와 술로 몸을 망쳤으나, 만년에는 유학에 뜻을 두었다고 들었다. 근래에 그가 학문에 관하여 논한 글을 보건대, 그의 견해가 매우 정밀하니 매우 가상한 일이다. 【「기명언에게 답한 글」】

◑13-43 金河西, 其人遊於域中, 而放懷物表. 其初入處多在老莊, 中年頗爲詩酒所壞, 聞其晩年留意此學. 近方得見其論學文字, 其見儘精密, 甚可嘉尙. 【「答奇明彦」】『退溪先生文集』, 卷16, 14쪽b, 「書 · 答奇明彦」

◑13-44 이일재[66]의 견해는 정밀하지 못하고 그의 설에도 잘못이 많다. 이 사람은 독서를 열심히 하지 않고, 지나치게 바로 자기 자신을 믿는다고 들었다. 그러니 그의 잘못이 반드시 어디서 배워서 그러한 것

65) 河西는 金麟厚(1510~1560)의 호이다. 김안국의 제자로 을사사화 이후에는 고향 長城에 은거하여 학문에 전력하였다.

66) 李一齋는 李恒(1499~1576)으로서 一齋는 그의 호이다. 리기일원론을 주창하여 이황의 비판을 받는다.

은 아닌 듯하다. 【위와 같음】

◑13-44 李一齋, 所見未精, 其爲說亦多誤. 聞此老不甚讀書, 而徑自信太過, 其所誤未必有所從來. 【上同】 *『退溪先生文集』, 卷17, 23쪽b, 「書 · 重答奇明彦」*

◑13-45 내가 남명과는 신교神交를 한 지 오래되었다. 오늘날 남쪽의 고상한 학자로는 이 한 사람을 꼽을 뿐이다. 다만 예로부터 고상한 학자는 대개 기이한 것을 좋아하고 자기 마음대로 한다. 기이한 것을 좋아하면 상도常道를 지키지 않게 되고, 자기 마음대로 하면 남의 말을 듣지 않는다. 【「이강이에게 답한 글」】

◑13-45 南冥吾與之神交久矣. 當今南州高士, 獨數此一人. 但念自古高尙之士, 例多好奇自用, 好奇則不遵常軌, 自用則不聽人言. 【「答李剛而」】 *『退溪先生文集』, 卷21, 26쪽a, 「書 · 答李剛而」*

◑13-45-1 남명의 「두류산 기행문」에 대한 후기에서 이렇게 말씀하셨다. "어떤 자는 남명이 기이한 것을 숭상하고 좋아하여 중도로써 요약하기 어렵다고 의심한다. 아! 예로부터 산림에 은거하여 사는 자들은 대개 이러하였으니, 이러하지 않다면 남명이 되기에 부족할 것이다. 그의 음악적 기질의 유래는 알 수 없는 점이 좀 있다. 여기에 대해서는 판단을 내리는 후인이 반드시 있을 것이다."

◑13-45-1 書南冥「遊頭流錄」後曰, "或以其尙奇好異, 難要以中道爲疑者. 噫, 自古山林之士, 類多如此, 不如此, 不足以爲南冥矣. 若其節拍氣味所從來, 有些子不可知處. 斯則後之人必有能辨之者." *『退溪先生文集』, 卷43, 17쪽a, 「跋 · 書曹南冥遊頭流錄後」*

◑13-45-2 황중거에게 답하는 편지에서 말씀하셨다. "「계복당명」은 광탕曠蕩하고

아득하여 노자나 장자의 글에서도 볼 수 없는 내용이다."

◑13-45-2 答黃仲擧書曰, "「雞伏堂銘」, 曠蕩玄邈, 雖於老莊書中, 亦所未見." *『退溪先生文集』, 卷20, 15쪽a, 「跋 · 答黃仲擧」*

◑13-46 이풍후[67]라는 사람은 독실하게 공부하고 힘써 실천하여 때로 뛰어나 남을 놀라게 하는 일이 있었으므로, 그가 이끄는 학도들도 떨치고 일어났으니, 쇠퇴한 세상에서 이러한 사람을 어찌 쉽사리 얻을 수 있겠는가? 그가 만든 「심성정도心性情圖」와 설說 · 시詩 등에 나타난 도학道學의 정밀한 부분에 대해서는 가볍게 헤아릴 수 없다. 【「김이정에게 답한 글」】

◑13-46 李風后, 其人能篤學力行, 往往有絶異驚人之事. 故其倡率學徒, 亦能有勇動振作之效, 衰世豈易得此人哉. 其作「心性情圖」幷說詩等, 其於道學精微處, 恐未可輕擬也. 【「答金而精」】 *『退溪先生文集』, 卷29, 24쪽a, 「書 · 論李仲虎碣文, 示金而精」*

◑13-46-1 또 말씀하셨다. "이풍후는 중도를 지나쳐 높은 폐단이 있다."

◑13-46-1 又曰, "李風后, 似有過中爲高之弊." *『退溪先生文集』, 卷29, 24쪽a, 「書 · 論李仲虎碣文, 示金而精」*

◑13-46-2 또 말씀하셨다. "사람의 행적을 기록하여 후세에 전할 때는 쓸데없이 과장하여 드러내는 말을 하지 말아야 참으로 그 사람의 일이 된다. 마땅하고 마땅하지 않는 것을 생각하지 않고 오직 찬양하기에만 힘쓴다면, 후세에 보는 자가 있다고 하더라도 다른 사람을 보게 될 것이다.

67) 李風后는 李仲虎(1512~1554)로서 風后는 그의 자이다. 어려서부터 학문에 힘써 金安國의 절찬을 받았다.

사실 당시의 이풍후가 아닌 사람을 보게 되니, 무슨 보탬이 있겠는가?"

◑13-46-2 又曰, "爲人記行傳後, 須勿爲虛張誇逞之語, 乃眞是其人之事. 若不問當否, 惟務贊揚, 則後世雖有見之者, 是別有一般人. 其實非當年李風后也, 何益之有?" *『退溪先生文集』, 卷29, 24쪽a, 「書 · 論李仲虎碣文, 示金而精」*

◐13-46-3 이풍후의 이름은 중호이며, 호는 이소재이다.

◐13-46-3 李名仲虎号履素齋.

◐13-47 과회[68]의 잘못된 곳은 선학禪學을 통하여 길을 잘못 들어선 것 같다. 【「기명언에게 답한 글」】

◐13-47 寡悔誤處, 似是從禪學中錯入路頭來. 【「答奇明彦」】 *『退溪先生文集』, 卷17, 23쪽b, 「書 · 重答奇明彦」*

◐13-47-1 또 말씀하셨다. "사람들이 '과회는 선학禪學의 기미가 상당히 있으며 『곤지기』[69]를 존경하고 믿는다'고 한다."

◐13-47-1 又曰, "人言寡悔頗說禪味, 尊信『困知記』. *『退溪先生文集』, 卷17, 23쪽b, 「書 · 重答奇明彦」*

◐13-47-2 과회는 노소재盧穌齋의 자이다.

◐13-47-2 寡悔, 盧穌齋字也.

◑13-48 최고운[70]은 완전히 불교를 좋아한 사람이다. 함부로 공자의 사당에

---

68) 寡悔는 盧守愼(1515~1590)의 자이다. 己丑獄事 때 鄭汝立을 천거했던 관계로 파직당하였다. 양명학을 연구하고 불교의 영향도 받았다.

69) 『困知記』는 羅欽順의 대표적인 저술이다.

70) 崔孤雲은 崔致遠(857~?)으로서 孤雲은 그의 자이다. 당나라에 유학하여 과거에 급

배향한다면 그의 정신이 어찌 제사를 받아들이겠는가! 【「김이정에게 답한 글」】

◑13-48 崔孤雲乃全身是佞佛之人, 濫廁祀列, 彼其神豈敢受享乎! 【「答金而精」】 *『退溪先生文集』, 卷13, 32쪽b, 「書·答金而精」*

◐13-48-1 또 『습유』에 나온다. "최고운의 「불소佛疏」 등의 작품을 볼 때마다, 매우 싫어서 그만두어 버렸다. 문묘에 종사한다면 어찌 돌아가신 성인을 심하게 욕보이는 것이 아니겠는가!"

◐13-48-1 又『拾遺』曰, "每見孤雲佛疏等作, 未嘗不深惡而絶之. 與享文廟, 豈非辱先聖之甚!" *『鶴峯先生文集續集』, 卷5, 12쪽a, 「雜著·退溪先生言行錄」*

◐13-49 매월당[71]은 일종의 특이한 사람으로, 은미한 이치를 찾고 괴이한 행동을 하는 사람에 가깝다. 마침 그러한 세상을 만나서 높은 절개를 이루었을 뿐이다. 유양양[72]에게 준 편지나 『금오신화』 등을 보면, 고원高遠한 식견을 지녔다고 지나치게 허여할 수는 없는 듯하다. 【「허미숙에게 답한 글」】

◐13-49 梅月堂別是一種異人, 近於索隱行怪之徒, 而所値之世適然. 遂成其高節耳, 觀其與柳襄陽書·『金鰲新話』之類, 恐不可太以高見遠識許之也. 【「答許美叔」】 *『退溪先生文集』, 卷33, 25쪽a, 「書·答許美叔」*

제하고 벼슬을 살았다. 특히 당에서 지은 「討黃巢檄文」은 명문으로 알려졌다. 귀국하여 아찬까지 되었으나 말년에는 난세를 비관하여 해인사에서 여생을 마쳤다. 고려 때 문묘에 배향되고 文昌候에 추봉되었다.

71) 梅月堂은 金時習(1435~1493)의 호이다.

72) 柳襄陽은 柳希齡(1480~1552)을 가리킨다. 襄陽府使를 지냈으므로 그렇게 부른다. 김시습과 친교가 있었으며 『梅月堂文集』에 그에게 보낸 편지가 실려 있다.

◑13-50 명언[73]은 참으로 닭의 무리를 피하는 높이 나는 학이다. 지키는 바와 처신하는 것이 이와 같으니, 다른 날 어떤 경지에까지 다다를지 알 수 없다. 다만 조정에서 이 사람을 어떻게 양성하여야 할지 모를 뿐이다. 【「황중거에게 답한 글」】

◑13-50 明彦眞是昂鶴避雞羣者, 而所守所處之不凡又如此, 他日固未可量也. 但未知朝廷所以養成此人, 當如何耳. 【「答黃仲擧」】 *『退溪先生文集』, 卷20, 5쪽b, 「書 · 答黃仲擧」*

◑13-50-1 또 말씀하셨다. "명언이 그저께 편지를 보냈는데 또 크게 웅변을 펼치니, 참으로 기특한 사람이다. 다만 남을 이기기 좋아하는 단서가 좀 있다."

◑13-50-1 又曰, "明彦昨寄書來, 又大張雄辨, 儘是奇士, 但不無好勝之端." *『退溪先生文集』, 卷20, 15쪽a, 「書 · 答黃仲擧」*

◑13-50-2 또 정자중에게 답하셨다. "명언은 기특한 사람이다. 그러나 그의 학문은 잡박한 데서 시작하여 아직 다 고치지 않았는데도 자신의 주장이 지나치고, 마음을 비우고 뜻을 겸손하게 지니며, 한 걸음 뒤로 물러났다가 앞으로 나아가려는 생각이 없다. 도道의 극치에까지 나아가지 못할까 매우 두렵다. 대개 이러한 사람은 세상에 한번 알려지거나, 시대의 쓰임이 되면 곧 좋지 않은 일이다."

◑13-50-2 又答鄭子中曰, "明彦直是奇士, 但其爲學, 初從駁雜處轉身來, 猶有轉未得底, 而遽自主張太過, 畧無虛心遜志却步求進之意. 深恐難於造道之極致也. 大抵這邊人, 一或爲世所知, 爲時所用, 便是不好消息." *『退溪先生文集』, 卷25, 2쪽b, 「書 · 答黃仲擧」*

◑13-50-3 또 김이정에게 답하셨다. "사단四端 칠정七情과 리기理氣의 관계에 대

73) 明彦은 奇大升(1527~1572)의 자이다. 호는 高峰이다.

하여 명언이 힘써 배척하였다. 근래에 호남湖南에서 편지를 보내어 '자세히 참고하고 연구한 뒤에 비로소 잘못됨을 알았다'고 말하였다. 그리고 「총설」과 「후설」 두 편을 지어 보냈는데 내용이 순수하고 올바르다. 이제야 그 사람의 안목이 높고 선입견을 위주로 삼지 않으며, 밝고 환한 근원처를 이처럼 초연하게 홀로 자득하였다는 것을 알겠다. 간혹 나의 변론 가운데 있는 병통처를 지적한 곳도 이치에 합당하다."

◐13-50-3 又答金而精曰, "四七理氣之辨, 明彦亦力加排擯. 近在湖南寄書來, 自言仔細參究, 始知其非誤. 因著「總說」·「後說」二篇來, 其言粹然一出於正, 乃知人眼目旣高, 不以先入爲主, 而能超然獨得於昭曠之原如此. 又其間指說出滉辨語有病處亦中理." *『退溪先生文集』, 卷30, 7쪽b, 「書·答金而精」*

○13-50-4 또 정자중에게 답하셨다. "나는 명언의 사람됨을 매우 중시한다. 이미 얻고서도 물러나 더욱 공부하니, 이 한 가지만으로도 남이 미치지 못하는 점이다. 다만 호기豪氣가 제거되지 않아 의리義理의 학문에 대하여 아직 자세하고 정밀하게 연마하지 않았다. 자기의 견해와 맞지 않는 남의 얘기를 들으면 곧 붓을 들어 그 사람을 공격할 형세를 갖추고, 어지럽게 변설한다. 마치 자기의 주견을 세워 남을 이기기를 구하는 것 같으니, 아마도 이것은 작은 병통이 아니다. 예로부터 학문에 뜻을 둔 많은 학자가 크게 성취하지 못한 병통이 모두 여기에 있다."

○13-50-4 又答鄭子中曰, "滉甚重明彦之爲人, 其旣得了, 又退加工, 只此一事, 人所不及處. 但其豪氣未除, 於義理之學, 尙未見細意硏精. 才見人說話, 有不合己見處, 便奮筆作勢, 一向攻他胡說將去, 似有立己求勝之意, 恐此不是小病. 從古許多志學之士, 所以不至於大段成就者, 其患盡在這裏." *『退溪先生文集』, 卷25, 12쪽a, 「書·答鄭子中」*

○13-50-5 또 황중거에게 답하셨다. "이번 천거로 많은 사람을 얻었다. 기대승이라는 사람은 학문과 인물이 이전에 들은 사람들보다 낫다. 조정에서

이 사람을 등용한다면 유학의 커다란 경사이다."

○13-50-5 又答黃仲擧曰, "今擧多得人, 有奇大升者學問人物, 過於前所聞, 聖朝得此儒用, 實斯文大慶也." 『退溪先生文集』, 卷19, 17쪽a, 「書 · 答黃仲擧」

○13-50-6 또 기명언에게 답하셨다. "세상 사람들은 내가 사람을 몰라보고 잘못 천거하였다고 다투어 말한다. 나는 아직도 잘못 천거하였다는 후회를 하지 않는다. 왜냐하면 내가 그대에게 기대하는 바를 사람마다 아는 것이 아니기 때문이다. 종신토록 영웅스러운 기질에 부림을 당하고 허탕한 습성에 얽매이며 술의 곤란을 당하고 방탕한 놀이에 빠져 성현의 삶과 전혀 동떨어지게 된다면, 그대를 비판하는 세상 사람들은 사람을 진실로 잘 본 것이 될 것이다. 그러면 내가 천거를 잘못한 데 대하여 후회하지 않으려고 한들 어찌 가능하겠는가!"

○13-50-6 又答奇明彦曰, "世人爭言滉不知人而失薦對, 滉尙未有失薦之悔者, 以其所望於左右, 有非人人所與知也. 若使終身爲英氣所使, 蕩習所累, 困於麴糵, 溺於戱放, 卒與聖賢門墻, 相去百千萬里之遠, 則是世人之攻左右者, 誠爲知人. 滉雖欲不悔於失薦, 何可得!" 『退溪先生文集』, 卷18, 20쪽a, 「書 · 答奇明彦」

○13-50-7 또 말씀하셨다. "예로부터 어찌 이성과 욕망이 함께 행해지고, 경敬과 방자함이 같이 행해질 수 있는 방법이 있겠는가? 어찌 마음속은 정자程子와 주자이면서 바깥은 혜강[74]과 완적[75]일 수 있겠는가?"

○13-50-7 又曰, "自古安有理欲幷行, 敬肆雙行之道? 豈有內程朱外嵇阮之君子乎?" 『退溪先生文集』, 卷19, 21쪽b, 「書 · 答奇明彦」

◐13-51 이강이는 좋은 곳은 매우 좋지만 식견이 투철하지 못하여 만년에

---

74) 嵇康(224~263)은 竹林七賢의 한 사람으로, 노장사상을 숭상하였다.

75) 阮籍(210~263)은 竹林七賢의 한 사람으로, 술을 좋아하고 예법을 멸시하였다.

절개를 지키지 못할까 걱정이 있다. 【위와 같음】

◐13-51 剛而好處甚好, 第恐見識有未透處, 不無晩節之可憂. 【上同】 *『退溪先生文集』, 卷20, 24쪽b, 「書 · 答黃仲擧」*

○13-52 조사경은 요즈음 비로소 의리義理의 좁은 길을 얻었다. 참으로 얻기 어려운 일이다. 그러나 때로는 알지 못하는 것을 지나치게 고집하는 것을 벗어나지 못한다. 【위와 같음】

○13-52 士敬如今始得義理蹊徑, 眞箇難得. 但不免時有太執不通處. 【上同】 *『退溪先生文集』, 卷20, 26쪽a, 「書 · 答黃仲擧」*

○13-52-1 또 조사경에게 답하셨다. "공은 비록 굳세다고 자부하지만 모든 것이 선善한 굳셈은 아니다. 도리어 사납고 포학한 병통이 더 많고 겸손하고 공순恭順하게 마음을 비우고 남을 받아들이는 뜻이 적다."

○13-52-1 又答趙士敬曰, "公雖自負於剛, 而不盡爲剛善. 反多出於强戾暴悍之病, 少無謙恭遜順, 虛以受人之意." *『退溪先生文集』, 卷23, 13쪽b, 「書 · 與趙士敬」*

○13-52-2 또 말씀하셨다. "친구들 가운데 도道를 믿게 된 자는 혹 지나치게 고집하여 세속을 놀라게 하고, 믿지 않는 자는 세속을 좇아 스스로 포기한다. 너무 고집해서 세속을 놀라게 한다는 것은 그대가 술을 끊은 것과 같은 일을 가리키는 것이 아닐까? 술을 마시지 않는 것은 매우 좋은 생각이지만 옛날 성현 가운데 술을 마시지 않는다고 하여 어찌 주례酒禮까지 완전히 폐지한 사람이 있는가?"

○13-52-2 又曰, "朋友間信及者, 或至太執而駭俗, 不信者, 徇俗以自棄. 所謂太執駭俗者, 將非謂左右之不飮酒一事耶? 不飮極是好意, 但從古聖賢, 豈有爲不飮而全廢酒禮者耶?" *『退溪先生文集』, 卷23, 8쪽a, 「書 · 與趙士敬」*

○13-52-3 또 김신중 · 김돈서에게 답하셨다. "사경이 술에 취하여 물에 빠져 물 가운데 누워서 하늘의 별을 바라보고, 여강[76]의 배 위에 누워 있는지 의심하였다고 들었다. 그 일은 가소로운 일이니, 고개지[77] · 육탐미[78]가 없어서 그림을 그려 볼 수 없는 것이 한이다."

○13-52-3 又答金愼仲敦敍曰, "聞士敬醉墮水中, 臥看天星, 訝是驪江船上. 其事可笑, 恨無顧陸輩作畫看也." *『退溪先生文集』, 卷27, 37쪽b, 「書 · 答金愼仲惇敍」*

○13-53 황중거는 시원하게 트이고 민첩하다. 만년에는 도학道學을 좋아하여 주州에서 학문을 이끌고, 벼슬과 학문에 힘써 수고로움으로 말미암아 병이 나서 가마에 실려 돌아오다가 양양[79] 길가에서 죽었다. 매우 애통한 일이다. 【「이강이에게 답한 글」】

○13-53 黃仲擧開爽敏快. 晩好此學, 在州殊有倡率之事, 盡力仕學, 因勞生病, 擔輿而歸, 卒於襄陽道上, 甚可哀痛. 【「答李剛而」】 *『退溪先生文集』, 卷22, 5쪽b, 「書 · 答李剛而」*

○13-53-1 또 정자중에게 답하셨다. "황중거의 소견이 깊고 꼼꼼한 것은 아니지만 부지런하고 독실하여 도움이 적지 않았다. 지금은 세상을 떠나고 없으니, 오늘날의 기대는 오직 자중 그대에게 있다."

○13-53-1 又答鄭子中曰, "黃仲擧所見, 雖未深密, 猶甚能勤懇, 爲益不少. 今又已矣, 所望於今, 惟在子中." *『退溪先生文集』, 卷26, 5쪽b, 「書 · 與鄭子中」*

○13-53-2 또 구경서具景瑞에게 답하셨다. "성주星州[80]는 본래 문사文士들이 만

76) 驪江은 경기도 驪州에 있는 물 이름이다.
77) 顧愷之는 중국 동진의 화가로서 중국 회화사상 인물화의 최고봉으로 일컬어진다.
78) 陸探微는 중국 육조시대 송나라의 화가로서 당시부터 높이 평가되었다.
79) 襄陽은 지금의 醴泉을 가리킨다.

년을 보내기 좋은 곳으로, 깊이 들어갈수록 경치가 더욱 좋다. 학업을 이루지 못하고 갑자기 이러한 지경에 이르렀으니, 그의 뜻을 매우 슬퍼한다."

○13-53-2 又答具景瑞曰, "星州本爲文士晩節漸入佳境. 業未究而遽至於此, 其志甚可悲傷也." 『退溪先生文集』, 卷33, 1쪽a, 「書 · 答具景瑞」

○13-54 서울에서 이이가 방문하였다. 비에 갇혀 삼일 동안 머물다가 떠났다. 그 사람은 밝고 시원하며 기억하고 본 것이 많으며 유학에 상당히 뜻을 두었다. "후생後生이 두렵다"81)고 하더니, 공자께서 참으로 나를 속이지 않았도다. 그가 훌륭한 시문을 숭상한다고 들었으므로 억제하려고 시를 짓게 하지 않았다. 떠나는 날 아침에 눈이 내려 시를 짓게 하였더니 말(馬)에 의지한 채 몇 수를 지었다. 시는 사람만은 못하였으나 볼 만하였다. 【「조사경에게 답한 글」】

○13-54 漢中李生珥來訪. 關雨留三日乃去. 其人明爽多記覽, 頗有意於吾學. "後生可畏", 前聖眞不我欺也. 曾聞其太尙詞華, 欲抑之, 不令作詩. 去日朝雪作, 試使吟咏, 倚馬出數首, 詩則不如其人, 然亦可觀. 【「答趙士敬」】 『退溪先生文集』, 卷23, 9쪽b, 「書 · 答趙士敬」

○13-54-1 『율곡집栗谷集』에 기록되어 있다. "이珥가 예안을 지나다가 알현하고 율시律詩 한 수를 지어 바쳤다. '시내는 수洙와 사泗82)로 나누어지고, 봉우리는 무이산武夷山83)이 우뚝하도다. 천 권의 책을 읽으며 살아가

---

80) 황중거(1517~1563)는 1560년부터 1563년까지 星州牧使를 지냈다.

81) 『論語』「子罕」 제23장에 나오는 말이다.

82) 洙와 泗는 중국 산동성 곡부에 있는 물 이름이다. 洙는 泗의 지류이다. 공자가 이곳에서 태어나서 그곳에서 죽었다. 그래서 수사 또는 수사학이라고 하면 공자나 공자학을 가리킨다.

지만, 몸을 숨기는 데는 몇 칸의 집으로 족하네. 가슴은 열려 비 온 뒤 갠 하늘의 달과도 같고, 담소는 나의 광란을 멈추게 하였네. 소자는 도를 듣고자 하여, 반나절의 한가함도 가벼이 하지 않았네.' 퇴계는 이렇게 화답하였다. '병든 나는 문을 굳게 닫아 봄도 보지 못하였는데, 그대가 찾아와 몸과 마음을 열어 깨워 주는구나. 비로소 헛되게 이름난 선비가 없음을 알았으니, 몇 년 전에 인사하지 못한 것이 부끄럽소. 오곡은 피처럼 익는 것을 용납하지 않으니, 티끌세상 노닐다 보면 거울을 갈고 새롭게 하는 것을 허락하지 않는다오. 실정보다 지나친 시나 이야기는 그만두고 노력하여 공부하는 것을 각각 힘쓰세.'"

○ 13-54-1 『栗谷集』曰, "珥過禮安謁之, 呈一律云, '溪分洙泗派, 峯秀武夷山, 計活經千卷, 行藏屋數間, 襟懷開霽月, 談笑止狂瀾, 小子求聞道, 非偸半日閒.' 退溪和云, '病我牢關不見春, 公來披豁醒心神, 始知名下無虛士, 堪愧年前闕敬身, 嘉穀莫容稊熟美, 游塵不許鏡磨新, 過情詩話須刪去, 努力工夫各自親.'" *『栗谷先生全書』, 卷14, 39쪽b, 「雜著·瑣言」*

○ 13-55 이함형은 사람이 탁 트이고 슬기로우며, 열심히 학문을 하여 함께 있으면 유익함이 있다. 【위와 같음】

○ 13-55 李咸亨, 其人開悟, 刻意向學, 共處, 令人有益. 【上同】 *『退溪先生文集』, 卷23, 54쪽a, 「書·答趙士敬」*

○ 13-56 정추만은 거친 곳은 너무나 거칠어 세속의 웃음거리가 되지만, 좋은 곳은 매우 좋아 우리가 따라가기 힘들다. 【「정자중에게 답한 글」】

○ 13-56 秋巒, 疏處太疏, 世俗之所嗤點, 好處甚好, 吾輩之所難得. 【「答鄭子中」】 *『退溪先生文集』, 卷25, 24쪽a, 「書·答鄭子中」*

---

83) 중국 복건성에 있는 산 이름으로, 주희가 이곳에서 살았다.

○13-56-1 추만에게 답하는 편지에서 말씀하셨다. "그대는 술을 좋아하고 책을 게을리 하니, 문을 닫고 오래도록 고요히 지내지 못할까 두렵다."

○13-56-1 又答公書曰, "君嗜在麯糵, 志怠書冊, 恐不能久於杜門守寂." 『退溪先生文集』, 卷13, 1쪽a, 「書·答鄭靜而」

○13-57 김취려는 상당히 뜻을 세웠으니, 그와 함께 있으면 유익하다. 【위와 같음】

○13-57 金就礪儘有志, 與之處殊亦有益. 【上同】 『退溪先生文集』, 卷26, 9쪽a, 「書·答鄭子中」

○13-58 김사순은 밝고 뛰어나며 학문을 좋아하니, 매우 쉽지 않은 일이다. 【위와 같음】

○13-58 金士純明穎嗜學, 甚不易. 【上同】 『退溪先生文集』, 卷26, 12쪽b, 「書·答鄭子中」

○13-58-1 또 안도에게 답하셨다. "김사순·우경선 두 친구는 뜻이 훌륭하고, 학문에만 전념한다. 마음을 이렇게 성실하고 절실하게 세운다면 무엇을 구한들 얻지 못하겠으며, 어떠한 학문인들 이루지 못하겠는가!"

○13-58-1 又答安道曰, "金·禹兩友, 志趣甚好, 能專意此事, 立心之誠切如此, 何求不得, 何學無成!" 『退溪先生文集』, 卷40, 20쪽b, 「書·與安道孫」

○13-58-2 또 금문원에게 답하셨다. "김사순은 민첩하고 학문을 좋아한다. 그와 함께 공부하면 매우 유익함을 느낀다."

○13-58-2 又答琴聞遠曰, "金士純敏而嗜學, 與之共業, 甚覺有益." 『退溪先生文集』, 卷36, 34쪽a, 「書·答琴聞遠」

○13-59 박자진은 너무 일찍 이름을 얻어, 실상이 이름에 미치지 못한다. 평소 그를 위하여 걱정하였는데 과연 넘어지고 말았다. 【「정자중에게 답한 글」】

○13-59 朴子進名太早, 實不掩. 尋常爲其人憂之, 果然跲躓. 【「答鄭子中」】 *『退溪先生文集』, 卷27, 21쪽a, 「書 · 答鄭子中」*

○13-60 임운이라는 사람은 순수하고 재주가 뛰어나며, 학문이 있다. 【「오천의 여러 사람에게 답한 글」】

○13-60 林芸, 其人純茂, 有學. 【「答烏川諸君」】 *『退溪先生文集』, 卷27, 31쪽b, 「書 · 答烏川諸君」*

○13-60-1 임운의 자는 언성이고 호는 첨모당이며 갈천[84]의 아우이다.

○13-60-1 林字彦成, 号瞻慕堂, 葛川弟.

○13-61 오자강은 타고난 성격이 질박하고 진실하며 학문에도 매우 간절하고 독실하게 힘쓴다. 【「유희범에게 답한 글」】

○13-61 吳子强資性朴實, 用力於此學, 亦甚懇篤. 【「答柳希范」】 *『退溪先生文集』, 卷37, 1쪽b, 「書 · 答柳希范」*

○13-61-1 또 말씀하셨다. "그의 귀한 점은 말의 새로운 뜻을 밝혀 주면 선입견에 구애되지 않고 이전의 잘못을 깨닫고 나의 말을 믿는 것이다. 나의 설에 잘못이 있으면 구차하게 동의하지도 않는다."

○13-61-1 又曰, "所貴, 其語意, 如發得新意, 則不滯於先入之說, 便能悟前誤而

84) 葛川은 林薰(1500~1584)의 호이다.

相信得及. 浼說有誤處, 亦不苟同."『退溪先生文集』, 卷37, 1쪽b, 「書·答柳希范」

○ 13-62 정구는 매우 영민하다. 그러나 그의 영민함이 도리어 그의 병통이 될까 두렵다. 【위와 같음】

○ 13-62 鄭逑甚穎敏, 但恐其敏處反爲其病. 【上同】『退溪先生文集』, 卷37, 1쪽b, 「書·答柳希范」

○ 13-63 우리 고장의 벗들 가운데서 조사경 같은 사람은 확실하게 뜻을 굳혔다. 그러나 이치를 투철하게 보지 못하니, 병통이 적지 않다. 이대용과 김돈서는 모두 전일과 같지 않다. 이대용은 상중喪中에서도 주자의 편지 한 부를 손으로 늘 베껴 와서 질문하였다. 그의 지향志向을 알 만하고 타고난 바탕도 매우 아름다워 더욱 기대하였다. 그런데 그 뒤로는 입을 다물고 도학道學에 대하여 다시는 말하지 않았다. 몇 구절 몇 글자로 혹 격려하여 보지만 미소를 짓거나 겸손한 말을 할 뿐이다. 김돈서도 상중에는 뜻이 매우 독실하더니, 그 뒤 한두 번 성균관에 다녀온 뒤로는 갑자기 이전과 달라졌다. 요즈음은 역시 입을 닫고 학문에 대하여 말하지 않는다. 늙은이가 혼자 산중에 살며 누구와 함께 절차탁마할꼬! 【「정자중에게 답한 편지」】

○ 13-63 鄕間朋友如趙士敬, 確實又有志, 但見理未透, 病痛不少. 李大用金惇敍, 皆不如前日. 李在喪次, 手寫朱子書一通, 每來質問, 其志向可知, 而天資甚美, 故尤所期望, 其後絶口, 更不道此學. 片句隻字, 雖或激勸, 不過微笑, 或發謙言而已. 金亦持服日, 意向甚篤, 其後一二次入泮來, 輒與前不同, 今則亦絶口不言學矣. 老夫獨處

山樊, 誰與切磨!【「答鄭子中」】『退溪先生文集』, 卷25, 22쪽b, 「書·與鄭子中別紙」

○ 13-64 "오늘날 누가 학문을 제대로 할 수 있습니까?" 하고 물었다. 선생은 말씀하셨다. "말하기 쉽지 않습니다." "기고봉과 이구암[85] 같은 사람은 어떠합니까?" "이구암은 두텁고 무거우며 인仁에 가까워 고인의 길을 따르고 자취를 지킬 것이니, 끝내 머리를 돌려 다른 곳으로 나아가지는 않을 것입니다. 그러나 견해가 커다란 강령을 뚫어보지 못함이 애석할 뿐입니다. 대체로 세상에 자신에게 절실한 근본에서 공부를 하는 사람이 없습니다. 조남명은 장자의 학문을 주창하고 노소재는 육상산의 견해를 지키니, 매우 두렵습니다. 기고봉은 백 척 되는 장대 끝에서 한 걸음 더 나아갈 수 있을지 모르겠습니다. 그렇지 않으면 육상산의 학문이 중국에서만 성하지는 않을 것입니다."【『기선록』】

○ 13-64 問, "今世誰能學問?" 先生曰, "未易言也." "如奇高峯李龜巖者, 何如?" 曰, "此人厚重近仁, 而循塗守轍, 必終不回頭, 向別處去. 但所見猶未能透得大綱領, 這可惜耳. 大凡世無切己根本上做工夫底人, 有曹南冥倡南華之學, 盧穌齋守象山之見, 甚可懼也. 不知高峯百尺竿頭, 更進就一步乎. 不然則陸學之盛, 恐不獨於中原也."【『記善錄』】『艮齋先生文集』, 卷6, 1쪽a, 「溪山記善錄下」

○ 13-65 선생은 스스로 묘지명을 지으셨다. "나면서 어리석고 자라서는 병도 많았네. 중간에 어찌하여 학문을 즐기다가, 만년에 어이하여 벼슬을

---

85) 李龜巖은 李楨(1512~1571)으로서 龜巖은 그의 호이다.

탐했던고. 학문은 구할수록 더욱더 멀어지고, 벼슬은 사양해도 더욱더 주어지네. 나아가 행하고자 하면 넘어지니, 물러나 바름을 지키기나 하려네. 나라 은혜 부끄럽고 성인 말씀 두려운데, 말씀은 산처럼 높고 높으며 은혜는 물처럼 끊임이 없네. 관복을 훌훌 벗어 버리고 뭇 비방을 소홀히 여겼네. 내 생각을 저렇게도 막으니 내 즐기는 것을 누가 즐길까! 고인을 생각하니 내 마음을 이미 알건만, 뒷사람이라고 내 마음을 몰라줄까? 근심 가운데 즐거움 있고 즐거움 가운데 근심 있네. 조화를 타고 다하여 돌아가니, 무엇을 더 바라리오."

○ 13-65 先生自撰墓碣銘曰, "生而大癡, 壯而多疾. 中何嗜學, 晚何叨爵. 學求愈邈, 爵辭愈嬰. 進行之跲, 退藏之貞. 深慚國恩, 亶畏聖言. 有山嶷嶷, 有水源源. 婆娑初服, 脫略衆訕. 我懷伊阻, 我佩誰玩. 我思古人, 實獲我心. 寧知來世, 不獲今兮. 憂中有樂, 樂中有憂. 乘化歸盡, 復何求兮." *『退溪先生年譜』, 卷3, 9쪽b, 「附錄 · 墓碣銘」*

○ 13-65-1 돌아가시며 경계를 남기셨다. "조그마한 돌 앞면에는 '늦게 도산으로 물러나 은거한 진성眞城 이공李公의 묘'라고 쓰고, 뒷면에는 『가례』에 따라 고향과 집안 계통과 뜻과 행실과 출처를 간략하게 서술하여라. 이 일을 만일 다른 사람에게 짓게 한다면, 친구인 기고봉 같은 이는 반드시 내용도 없는 말을 장황하게 늘어놓아 세상의 웃음거리가 될 것이다. 그러므로 항상 나의 생각을 스스로 서술하고 싶었다. 먼저 명문을 짓고 나머지는 이럭저럭 하다가 마치지 못하였다. 명문초고가 여러 가지 초고 가운데 섞여 있을 것이니, 찾아서 사용하면 될 것이다."

○ 13-65-1 遺戒, "小石書其前面云, '退陶晚隱眞城李公之墓', 其後略敍鄕里世系志行出處, 如『家禮』中所云. 此事若託他人製述, 相知如奇高峯, 必張皇無實之事, 以取笑於世, 故常欲自述所志, 先製銘文. 其餘因循未畢,

草文藏在亂草中, 搜得則用其銘, 可也." 『退溪先生年譜』, 卷2, 21쪽a, 「年譜 · (穆宗隆慶)四年庚午」

○13-66 고봉 기대승이 말하였다. "선생은 어려서 단정하고 예절 바르며, 자라서는 더욱 함양하여 유순하게 되셨다. 중년 이후에는 외적인 것을 추구하는 뜻을 끊고, 정신을 전일하게 하여 학문만 강구하셨다. 미묘한 이치를 훤하게 뚫어 보고 내면에 쌓인 것이 겉으로 들어나 사람들이 측량할 수 없었으나, 또한 겸허하게 낮추어 아무것도 지니지 않은 듯이 행동하셨다. 생각건대 날마다 자신을 새롭게 하며 위로 진리에 도달하여 스스로 그만둘 수 없으셨을 것이다. 나아가고 물러나거나 시대를 살펴 의리를 헤아림에 있어서는 자신의 마음에 편안하기를 구할 뿐 끝내 굽히는 바가 없으셨다. 선생의 논저論著는 자상하고 여유가 있으며 밝고 위대하여 한결같이 순수하고 바르다. 공자 · 맹자 · 정자 · 주자의 말에 비추어 헤아려 보면 맞지 않는 것이 드물다. 또한 '천지에 세워도 어긋나지 않고 귀신에게 질정하여도 의심할 여지가 없다'[86]고 하겠다." 【「묘갈명서문」】

○13-66 奇高峯大升曰, "先生幼而端序, 長益涵揉, 中歲以後, 絶意外慕, 專精講究. 洞朗微妙, 充積發越, 人莫能測, 而方且謙虛卑遜, 若無所有. 蓋其日新上達, 有不能已者. 至於出處去就, 相時度義, 務求吾心之所安, 而終亦無所詘焉. 其所論著, 反夏紆餘, 光明俊偉, 粹然一出於正, 揆諸孔孟程朱之言, 其不合者寡矣, 亦可謂'建諸天地而不悖, 質諸鬼神而無疑'也." 【「碣銘序」】 『退溪先生年譜』, 卷3, 9쪽b, 「附錄 · 墓碣銘」

86) 『中庸』 제28장에 나오는 말이다.

○13-67 월천 조목은 말하였다. "우리나라는 외지고 좁아서 선비들의 견문에 제한이 있다. 위에서는 전한 것이 없고 아래서는 계승할 것이 없다. 비록 학문을 시작한 자가 있다 하더라도 진리에 도달한 사람이 드물다. 학문이 바르고 크며, 의리가 정밀하고 깊으며, 공부가 지극히 주밀하고, 마음가짐과 행실이 확실하고, 마음을 가라앉혀 발분하고 도道를 체득하고 덕德을 이룬 자를 찾는다면 나 목의 눈에는 한 사람이 있을 뿐이다."【『언행총록』】

○13-67 月川趙穆曰, "我東僻陋, 士局見聞, 上無以傳, 下無所承, 雖有作者, 鮮克必至. 求其學問之正大, 義理之精深, 功夫之至到, 操履之堅確, 潛心發憤, 體道成德者, 以穆所見, 一人而已."【『總錄』】*『退溪先生年譜』, 卷3, 1쪽a, 「附錄 · 言行總錄」*

○13-68 간재 이덕홍은 말하였다. "우리 선생은 먼지 묻고 좀먹은 서적에서 흥기하여 은연중 성현이 서로 전한 묘한 뜻과 합치되었다. 천 년 동안 끊어졌던 주공 · 공자 · 정자 · 주자의 도道를 다시 밝게 하여, 질박하고 누추한 우리나라를 추로鄒魯 같은 도의의 고장으로 만들었다. 선생의 공은 회옹晦翁에 못지않아 백세百世 유학의 원조가 될 것이다."【『기선록』】

○13-68 艮齋李德弘曰, "惟我先生特起於塵編蠹簡之中, 暗合於聖賢相傳之妙, 使周孔程朱之道, 復明於千載絶學之後, 使海外朴陋之鄕, 化而爲鄒魯道義之方, 先生之功, 不在晦翁之下, 而爲百世斯文之祖矣."【『記善錄』】*『艮齋先生文集』, 卷6, 23쪽a, 「記善總錄」*

◑13-69 학봉 김성일은 말하였다. "평이하고 명백한 것은 선생의 학문이요,

정대正大하고 광명한 것은 선생의 도道이다. 온화한 바람 상서로운 구름은 선생의 덕이요, 일상의 옷감이나 곡식은 선생의 문장이다. 가슴속은 가을 달이나 얼음 병처럼 맑게 확 트였고, 기상은 정밀한 금이나 아름다운 옥처럼 온화하고 순수하다. 침착하고 무겁기는 산악과 같고, 고요하고 깊기는 깊은 샘과 같다. 바라보면 덕을 이룬 군자라는 것을 알 수 있다."【『습유』】

◐13-69 鶴峯金誠一曰, "平易明白, 先生之學也, 正大光明, 先生之道也, 和風景雲, 先生之德也, 布帛菽粟, 先生之文也. 襟懷洞徹, 如秋月冰壺, 氣象溫粹, 如精金美玉. 凝重如山岳, 靜深如淵泉, 望之可知其成德君子."【『拾遺』】*『退陶先生言行通錄』, 卷3, 「行實 第3」*

⬙13-69-1 또 『실기』에서 말하였다. "선생은 여러 유학자들을 집대성하였다. 위로는 끊어진 실마리를 잇고 아래로는 후학을 열어 주어, 공자 · 맹자 · 정자 · 주자의 도가 세상에 환하게 다시 밝게 하였으니, 우리나라에서 찾는다면 기자箕子 이후 한 사람일 뿐이다. 남명 조식은 '이 사람은 왕을 보좌할 학문을 지니고 있다'고 하고, 고봉 기대승은 '그의 마음은 가을 달 차가운 물과 같다'고 하였으며, 문인 조목은 '그의 학문은 주자의 적통嫡統을 얻었다'고 하였다. 세상에서 모두 잘 지적한 말이라고 생각하였다."

⬙13-69-1 又『實記』曰, "先生集大成於羣儒, 上以繼絶緖, 下以開來學, 使孔孟程朱之道, 煥然復明於世, 求之東方, 箕子後, 一人而已. 南冥曹植曰, '斯人有王佐之才', 高峯奇大升曰, '其心如秋月寒水', 門人趙穆曰, '其學得朱子嫡統', 世以爲知言." *『退陶先生言行通錄』, 卷1, 「實記」*

-안정복의 발문

주자가 죽은 후 302년째 되는 해에 퇴계 이자李子가 동방에 태어나, 유학의 도를 자신의 책임으로 삼아 주자의 학문을 해석하고 밝히셨다. 평일에 저술한 내용이 풍부하고, 문하 제자들의 기록이 많으니 동방이 개국한 이후 없던 일이다. 다만 글이 많아 사람들로 하여금 망양의 탄식(望洋之歎)[1]을 하게 한다. 성호星湖 이선생이 이것을 두려워하여 강학하는 여가에 선생의 글에 더욱 힘을 써, 예에 관해서는 『유편類篇』을 짓고 사칠론四七論에 관해서는 조목조목 변론하였으며, 요체가 되는 말을 절약하여 『도동록道東錄』을 지으셨다. 다른 책은 이미 완성하였으나, 『도동록』은 수정하지 못하여 늘 한으로 여기셨다. 나의 똑똑하지 못함을 염두에 두지 아니하고 교정을 부탁하셨다. 그래서 원본을 가져다가 줄이기도 하고 더하기도 하며, 편차篇次는 『근사록』을 따르기로 하였다. 윤동규尹東圭 씨와 왕복하며 참고하고 교정하여 세 번 원고를 바꾼 뒤에 책이 이루어졌다. 책이 이루어지자 선생은 책 이름을 고쳐 『이자수어李子粹語』라고 하셨다. 자子라고 일컬은 것은 후인들이 존경하고 사모한다는 말이다. 우리나라 사람들의 존경과 사모가 퇴

1) 망양의 탄식(望洋之歎)이란 힘이 미치지 못하는 한탄, 또는 멀리 바라보는 모양이다. 『莊子』「秋水」에 나온다. 望羊 또는 望佯이라고도 쓰인다.

계에 대해서보다 지나친 경우가 없으니, '이자'라는 칭호에 대해서 우리나라 사람들의 이의異議가 없을 것이다. 어떤 사람은 이 책이 말과 행동을 다 기록하고 있는데 '수어粹語'라고만 일컫는 것은 만족스럽지 못하다고 의심한다. 이것은 그렇지 아니하다. 『국어國語』는 '어語'라고 하지만 일이 그 가운데 기록되어 있으며, 『논어』는 '어'라고 하지만 행동이 그 가운데 있다. 『이정수언二程粹言』이나 『주자어류朱子語類』 같은 책들은 모두 행동과 일의 내용을 번갈아 가며 싣고 있다. 옛날 사람들의 이와 같은 예例가 이미 있고, 하물며 이 책은 여러 글들에서 순수하고 아름다운 말들을 뽑아 편찬하였으니, 어찌 방해될 것이 있겠으며 한쪽으로 치우쳤다는 혐의가 있겠는가! 아, 중니仲尼가 죽자 미묘한 말이 끊어지고, 70제자가 흩어지자 대의大義가 어긋나게 되었다. 어찌 옛날만 그러하겠는가? 선생이 돌아가신 지 이제 184년이다. 선생의 글은 있지만 선생을 계승하여 홍기하는 자가 없으니, 탄식하지 않을 수 있겠는가! 어리석은 내가 듣건대, "공자 · 맹자의 말은 왕조의 법령과 같고, 정자 · 주자의 말은 엄한 스승의 꾸지람과 같고, 퇴계의 말은 자애로운 아버지의 훈계와 같다"고 한다. 성현의 어떠한 가르침인들 학자에게 약석藥石이 되지 않으리오! 하물며 이선생은 땅이 같고 시대가 가까워 감홍이 더욱 절실하다. 진실로 이 책을 읽고 가슴에 지녀 체득하고 실천하면 자애로운 아버지의 훈계를 받는 것과 같을 것이다. 이것은 이선생이 후인들에게 기대한 것이며 후인들이 이선생을 존경하여 스승으로 모시는 일의 참된 내용이다. 그렇게 한 뒤에야 우리 선생이 제목을 붙인 뜻을 저버리지 아니하고, 우리들이 편찬한 일도 쓸데없는 일이 되지 아니할 것이다. 우리 고장의 군자들이여 어찌 함께 힘쓰지 않을 수 있겠는가!

계유(1753) 섣달 초하루 아침에, 후학인 한산漢山 안정복安鼎福이 두 번 절하고 조심스럽게 쓴다.

朱子歿三百有二載, 而退溪李子生於東方, 以斯道爲己任, 講明朱子之學. 平日著述之富, 門弟記錄之多, 自有東方以來, 所未有也. 顧其書浩博, 使人有望洋之歎, 星湖李先生爲是之懼, 講學之暇, 尤用力於先生之書, 於禮有類編, 於四七論有條辨, 又節其要語, 爲道東錄. 他書已完, 而惟道東一書, 未及修正, 先生每以爲恨. 不知余不敏, 託以校訂, 於是取原本而刪增, 篇目依近思定例. 與尹丈東奎氏往復參校, 凡三易稿而書成. 書成而先生復命之曰, 『李子粹語』, 稱子者, 是後人尊慕之辭. 東人之尊慕, 莫過於退溪, 則李子之稱, 宜東人之無異辭也. 或疑此書兼收言行, 而只稱粹語爲未安, 是則不然矣. 『國語』語而事載其間, 『論語』語而行在其中, 至若『二程粹言』, 『朱子語類』之類, 皆錯擧行事之實, 古人之例, 已有如此者, 而況此書旣節其諸書粹美之語而成編, 則固何所妨而有偏枯之嫌耶. 噫, 仲尼歿而微言絶, 七十子散而大義乖, 奚獨古時然也. 先生之歿, 今百八十四年矣, 其書雖存, 而無有能繼先生而興者, 可勝歎哉. 不佞嘗聞之曰, 孔孟之言, 如王朝之法令, 程朱之言, 如嚴師之勅厲, 退溪之言, 如慈父之訓戒. 夫聖賢之敎, 孰非學者之藥石, 而矧李子則其地同, 其世近, 其興感爲尤切矣. 誠讀是書而服膺體行, 如受慈父之訓戒, 則是李子所望於後人, 而後人尊師李子之實事也. 夫然後庶無負我先生命名之義, 而吾儕編摩之役, 不徒爲汗漫事矣. 吾黨君子盍相與勉之哉.

時癸酉臘月朔朝, 後學漢山安鼎福, 再拜謹書.

—윤동규의 발문

퇴옹退翁은 주자를 잘 배웠다. 주자를 배우고 싶으면 먼저 퇴옹을 배워야 한다. 퇴옹을 배우려고 한다면 유훈遺訓에서 찾지 않고 어떻게 하겠는가! 이것이 이 책을 편찬하게 된 이유이다. 성호 이선생이 이 책을 편찬한 것은 퇴옹이 『주자서절요』를 편찬한 것과 마찬가지이다. 그러나 일찍 초고를 이루었으나 바로잡을 시간이 없어 상자 안에 넣어두고 몇 년이 지나갔다. 경오(1750)에 내가 그 책을 받아 읽었는데 선생은 수정과 윤문을 부탁하셨다. 나는 마땅한 사람에게 맡기기를 부탁하였다. 그래서 백순百順이 이 일을 하게 되었고, 빼고 더하며 왕복할 때 나도 참여하게 되었다. 백순은 『근사록』의 예에 따라 편차를 정하고, 여러 번 원고를 바꾸며 거칠게나마 온전한 책을 이루게 되었다. 선생도 물을 때마다 기꺼이 응하여 주시고 조금이라도 인색한 뜻이 없었다. 이 책은 『주자서절요』와 같은 생각에서 지은 것이다. 퇴옹은 "지금 이 책(『주자서절요』)을 읽는 자가 마음을 비우고 뜻을 겸손하게 지니며, 번거로움을 참고 이해한다면 이락伊洛[2])을 거슬러 올라가 수사洙泗에까지 도달할 것이니, 어떤 경지엔들 이르지 않겠는가!"라고 말씀하셨다. 나는 이 책에 대해서도 그렇게 말할 수 있다. 독자가 과연 선생의 교훈에 따라 찾는다면, 아름다움을 드날리던 화락한 기상을 아침저녁으로 시냇가에서 뵙는 듯하여 점차 무이武夷 구곡九谷의 근원에까지 소급할 수 있을 것이다. 이것은 나와 백순이 함께 힘써 노력한 일이다.

갑술(1754) 정월 입춘에, 후학인 윤동규가 손을 씻고 공경스럽게 쓴다.

---

2) 伊水와 洛水는 중국 하남성에 있는 물 이름으로 이수가 낙수로 흘러들어 합쳐진다. 정호와 정이 형제가 이곳에 살았다. 이락은 곧 그들의 학문을 가리킨다.

退翁善學朱子也, 欲學朱子當先學退翁, 欲學退翁不求之遺訓何以哉! 此是編之所由述也. 星湖李先生之有是編, 亦猶退翁之編『朱子書節要』而然. 早歲草定, 未遑刊正, 藏之篋笥, 殆有年所. 庚午奎受而讀之, 先生以修潤爲託. 奎請附諸其人, 此百順之所以有功於是役, 而其刪增往復之際, 奎亦與有聞焉. 百順又倣『近思』定例, 屢易稿而粗就完書. 先生亦隨稟肯許, 無容絲毫吝意. 是視於朱子之『節要』, 其揆一也. 退翁之言曰, "今讀是書者, 苟能虛心遜志耐煩理會, 則將泝伊洛而達洙泗, 無往不可?" 奎於是編, 亦云. 讀者果能依其訓而求之, 則其於揚休雍容之氣象, 若將朝暮於濯纓之上, 而漸可泝於武夷九曲之源矣. 此則奎與百順, 所當共事而勉力者也.

歲甲戌元月立春日後學尹東奎盥手敬識

-이충호의 발문

성호星湖 이선생은 도산陶山의 격언을 뽑아 분류하여 책으로 만들고 『이자수어』라고 하니, 도에 들어가고 덕을 쌓으며 마음을 다스리고 몸을 닦는 학문의 커다란 요체이다. 이선생이 유학의 도를 위하고 후학들을 가상嘉尙하게 여기는 뜻이 간절하다. 그런데 침랑도주寢郞道州 김용희金容禧가 편지로 나에게 부탁하였다. "요즈음 자계서당[3]에서 선조인 탁영[4]의 문집을 중간重刊하려고 한다. 이번에 『이자수어』도 함께 간행하려고 한다. 그

---

3) 紫溪書堂은 경상북도 청도군 상북면 자천리에 있다. 金克一 · 金馹孫 · 金大有를 봉안하고 있다.

4) 濯纓은 金馹孫(1464~1498)의 호이다. 자는 季雲, 본관은 김해, 金宗直의 문인이다. 김종직이 쓴 「弔義帝文」을 『성종실록』의 史草에 실었다가 戊午史禍를 당하였다.

책은 그대 집안의 돌아가신 어른이 정정訂正한 일이 있으니, 그대가 책 뒤에 한 마디 하여 달라." 나는 그 말을 듣고 "얼마나 좋은 일인가, 이 책이 반포된다면 유학의 다행이다"라고 생각하였다. 다만 나 충호는 옛날에 이 일에 힘쓰고 싶었으나, 세상일에 구애되어 결국은 능력 있는 사람에게 먼저 행하게 하여 마음이 조심스러움을 피할 수 없다. 하물며 어찌 부탁한 것을 보잘 것 없는 사람이 감당할 수 있겠는가? 그러나 사양할 수도 없어 그 대강의 내력을 간단히 적을 뿐이다.

경신(1920) 중춘월에 도산의 후인 이충호李忠鎬가 조심스럽게 쓰다.

星湖先生李公, 摭取陶山格言, 彙分類編, 名之曰『李子粹語』, 實入道積德治心修身爲學之大要也. 其爲斯道, 嘉後學之意, 亦懇切焉. 迺者道州金寢郎容禧, 以書屬忠鎬曰, "近自紫溪書堂重刋濯纓先祖文集, 就次竊欲致力於『李子粹語』, 其本則尊門先父老, 蓋嘗訂正, 子其一言於卷後." 余聞之, 歎曰, "不亦善哉! 此書若行, 則斯文之幸也." 顧忠鎬夙昔拳拳於此事, 而世故拘掣, 竟使能者先之, 於心已不勝踧踖. 何況所命者, 區區所敢當乎? 雖然辭之亦不敢, 遂略叙其槩云爾. 上章涒灘仲春陶山後人李忠鎬謹書.

-김용희의 발문

선배들은 "퇴도退陶의 말은 자애로운 아버지의 훈계와 같다"고 하였다. 이 책을 읽으면 자애로운 아버지가 자리에 앉아, 나의 등 뒤에서 나의 입 언저리 가까이에 얼굴을 대고 일러주시는 것 같다. 아, 동방 학자의 소원은 이자李子를 배우는 것이다. 이자를 배우려면 이 책만큼 정밀하게 요약되어 있으면서도 고루 다 갖추고 있어 익히기에 좋은 책이 없다. 이 책은 성호星湖·순암順庵 두 선생에 의하여 이루어졌지만, 여전히 상자 안에 머물러 있어 학자들이 볼 수 없는 것을 걱정하였다. 그런데 내가 이자의 명성이 있는 후손인 세 어른이 교감하여 정리한 책을 한 권 얻고, 또 사문斯文 노상직盧相稷에게서 한 권을 얻어 서로 참고하고 바로잡아 판각하는 사람에게 맡겨 석 달이 지난 뒤에 일을 마치게 되었다. 아침저녁으로 읽으며 자애로운 아버지처럼 우러러보고, 또 나라 안의 동지들과 함께 읽어서 사자四子를 읽는 사다리로 삼고자 할 뿐이다.

책이 이루어진 후 167년째 되는 기미(1919) 12월 을축일에, 후학 김해 김용희金容禧가 조심스럽게 쓴다.

前輩有言, "退陶之言, 如慈父之訓戒." 讀此書便如慈父在座, 負我而辟我也. 噫, 東方學者所願, 學李子也. 欲學李子, 精約備至而便於服習者, 莫此書若也. 此書成於星湖·順庵兩先生, 而尙寄篋衍, 學者患其未得見. 容禧乃得李子聞孫三丈老所勘整之本, 又得一本於盧斯文相稷, 而互爲參訂, 附之剞人三閱月而收功. 蓋欲朝夕奉讀, 仰之如慈父, 且將與海內同志共之, 圖爲讀四子之階梯云爾. 書成後一百六十七年己未十二月乙丑後學金海金容禧謹書.

색인

• 서명 •

• 인명 · 지명 등 고유명사 •

• 개념어 •

지은이 **퇴계退溪 이황李滉**

조선 중기의 대표적인 성리학자로 자는 경호景浩, 호는 퇴계退溪, 시호는 문순文純이다. 경북 예안 사람으로 주희를 사숙하였으며, 이를 더욱 발전시켜 독자적인 퇴계학의 학풍을 열었다. 도산서원을 중심으로 많은 제자를 배출하였다.

퇴계가 주장한 독자적인 리기호발설理氣互發說은 한국성리학의 독창성을 보여주는 대표적인 예라고 할 수 있으며, 그의 사상은 이후 일본 근대 유학의 발달에도 커다란 영향을 끼쳤다.

대표적인 저서로는 『성학십도』, 『송계원명리학통록』, 『자성록』 등이 있다.

엮은이 **성호星湖 이익李瀷**

18세기 실학의 대표 인물로 자는 자신自新, 호는 성호星湖이다. 항상 퇴계 이황을 존경하였으며 그에 대한 존경심에서 『사칠신편』을 저술하고 『이선생예설』과 『이자수어』를 편집하여 저술하였다. 대표 저서로는 『성호사설』, 『성호집』 등이 있다.

엮은이 **순암順庵 안정복安鼎福**

조선 후기의 실학자로 자는 백순百順, 호는 순암順庵이다. 충북 제천 사람으로 성호에게 사사하면서 그의 학풍을 계승하였다. 대표 저서로는 『순암집』, 『상헌수필』, 『홍범연의』, 『가례집해』 등이 있다.

옮긴이 **이광호李光虎**

서울대학교 철학과에서 학사, 석사, 박사 학위를 취득하고, 민족문화추진회와 태동고전연구소에서 다년간 한학을 수학하였다. 태동고전연구소의 연구교수와 한림대학교에서 철학과 부교수를 거쳐 현재 연세대학교 철학과 교수로 재직 중이다.

박사논문인 「이퇴계 학문론의 체용적 구조에 관한 연구」 외에 퇴계 이황, 성호 이익, 다산 정약용과 관련된 여러 편의 논문이 있다. 대표 번역서로는 『근사록집해』 1 · 2(아카넷), 『성학십도』(홍익출판사) 등이 있다.

예문서원의 책들

원전총서

박세당의 노자(新註道德經) 박세당 지음, 김학목 옮김, 312쪽, 13,000원
율곡 이이의 노자(醇言) 이이 지음, 김학목 옮김, 152쪽, 8,000원
홍석주의 노자(訂老) 홍석주 지음, 김학목 옮김, 320쪽, 14,000원
북계자의(北溪字義) 陳淳 지음, 김충열 감수, 김영민 옮김, 295쪽, 12,000원
주자가례(朱子家禮) 朱熹 지음, 임민혁 옮김, 496쪽, 20,000원
서경잡기(西京雜記) 劉歆 지음, 葛洪 엮음, 김장환 옮김, 416쪽, 18,000원
고사전(高士傳) 皇甫謐 지음, 김장환 옮김, 368쪽, 16,000원
열선전(列仙傳) 劉向 지음, 김장환 옮김, 392쪽, 15,000원
열녀전(列女傳) 劉向 지음, 이숙인 옮김, 447쪽, 16,000원
선가귀감(禪家龜鑑) 청허휴정 지음, 박재양・배규범 옮김, 584쪽, 23,000원
공자성적도(孔子聖蹟圖) 김기주・황지원・이기훈 역주, 254쪽, 10,000원
공자세가・중니제자열전(孔子世家・仲尼弟子列傳) 司馬遷 지음, 김기주・황지원・이기훈 역주, 224쪽, 12,000원
천지서상지(天地瑞祥志) 김용천・최현화 역주, 384쪽, 20,000원
도덕지귀(道德指歸) 徐命庸 지음, 조민환・장원목・김경수 역주, 544쪽, 27,000원
참동고(參同攷) 徐命庸 지음, 이봉호 역주, 384쪽, 23,000원

성리총서

범주로 보는 주자학(朱子の哲學) 오하마 아키라 지음, 이형성 옮김, 546쪽, 17,000원
송명성리학(宋明理學) 陳來 지음, 안재호 옮김, 590쪽, 17,000원
주희의 철학(朱熹哲學研究) 陳來 지음, 이종란 외 옮김, 544쪽, 22,000원
양명 철학(有無之境－王陽明哲學的精神) 陳來 지음, 전병욱 옮김, 752쪽, 30,000원
주자와 기 그리고 몸(朱子と氣と身體) 미우라 구니오 지음, 이승연 옮김, 416쪽, 20,000원
정명도의 철학(程明道思想研究) 張德麟 지음, 박상리・이경남・정성희 옮김, 272쪽, 15,000원
주희의 자연철학 김영식 지음, 576쪽, 29,000원
송명유학사상사(宋明時代儒學思想の研究) 구스모토 마사쓰구(楠本正繼) 지음, 김병화・이혜경 옮김, 602쪽, 30,000원
북송도학사(道學の形成) 쓰치다 겐지로(土田健次郎) 지음, 성현창 옮김, 640쪽, 3,2000원
성리학의 개념들(理學範疇系統) 蒙培元 지음, 홍원식・황지원・이기훈・이상호 옮김, 880쪽, 45,000원

불교(카르마)총서

학파로 보는 인도 사상 S. C. Chatterjee・D. M. Datta 지음, 김형준 옮김, 424쪽, 13,000원
불교와 유교 — 성리학, 유교의 옷을 입은 불교 아라키 겐고 지음, 심경호 옮김, 526쪽, 18,000원
유식무경, 유식 불교에서의 인식과 존재 한자경 지음, 208쪽, 7,000원
박성배 교수의 불교철학강의: 깨침과 깨달음 박성배 지음, 윤원철 옮김, 313쪽, 9,800원
불교 철학의 전개, 인도에서 한국까지 한자경 지음, 252쪽, 9,000원
인물로 보는 한국의 불교사상 한국불교원전연구회 지음, 388쪽, 20,000원
한국 비구니의 수행과 삶 전국비구니회 엮음, 400쪽, 18,000원
은정희 교수의 대승기신론 강의 은정희 지음, 184쪽, 10,000원
비구니와 한국 문학 이향순 지음, 320쪽, 16,000원
불교철학과 현대윤리의 만남 한자경 지음, 304쪽, 18,000원
현대예술 속의 불교 동국대학교 불교문화연구원 엮음, 296쪽, 18,000원
유식삼십송과 유식불교 김명우 지음, 280쪽, 17,000원
한국 비구니의 수행과 삶2 전국비구니회 엮음, 368쪽, 18,000원

노장총서

유학자들이 보는 노장 철학 조민환 지음, 407쪽, 12,000원
노자에서 데리다까지 — 도가 철학과 서양 철학의 만남 한국도가철학회 엮음, 440쪽, 15,000원
不二 사상으로 읽는 노자 — 서양철학자의 노자 읽기 이찬훈 지음, 304쪽, 12,000원
김항배 교수의 노자철학 이해 김항배 지음, 280쪽, 15,000원

역학총서

주역철학사(周易研究史) 廖名春・康學偉・梁韋弦 지음, 심경호 옮김, 944쪽, 30,000원
주역, 유가의 사상인가 도가의 사상인가(易傳與道家思想) 陳鼓應 지음, 최진석・김갑수・이석명 옮김, 366쪽, 10,000원
송재국 교수의 주역 풀이 송재국 지음, 380쪽, 10,000원

한국철학총서

조선 유학의 학파들 한국사상사연구회 편저, 688쪽, 24,000원
실학의 철학 한국사상사연구회 편저, 576쪽, 17,000원
윤사순 교수의 한국유학사상론 윤사순 지음, 528쪽, 15,000원
한국유학사 1 김충열 지음, 372쪽, 15,000원
퇴계의 생애와 학문 이상은 지음, 248쪽, 7,800원
율곡학의 선구와 후예 황의동 지음, 480쪽, 16,000원
다카하시 도루의 조선유학사 — 일제 황국사관의 빛과 그림자 다카하시 도루 지음, 이형성 편역, 416쪽, 15,000원
퇴계 이황, 예 잇고 뒤를 열어 고금을 꿰뚫으셨소 — 어느 서양철학자의 퇴계연구 30년 신귀현 지음, 328쪽, 12,000원
조선유학의 개념들 한국사상사연구회 지음, 648쪽, 26,000원
성리학자 기대승, 프로이트를 만나다 김용신 지음, 188쪽, 7,000원
유교개혁사상과 이병헌 금장태 지음, 336쪽, 17,000원
남명학파와 영남우도의 사림 박병련 외 지음, 464쪽, 23,000원
쉽게 읽는 퇴계의 성학십도 최재목 지음, 152쪽, 7,000원
홍대용의 실학과 18세기 북학사상 김문용 지음, 288쪽, 12,000원
남명 조식의 학문과 선비정신 김충열 지음, 512쪽, 26,000원
명재 윤증의 학문연원과 가학 충남대학교 유학연구소 편, 320쪽, 17,000원
조선유학의 주역사상 금장태 지음, 320쪽, 16,000원
율곡학과 한국유학 충남대학교 유학연구소 편, 464쪽, 23,000원
한국유학의 악론 금장태 지음, 240쪽, 13,000원
심경부주와 조선유학 홍원식 외 지음, 328쪽, 20,000원

연구총서

논쟁으로 보는 중국철학 중국철학연구회 지음, 352쪽, 8,000원
김충열 교수의 중국철학사 1 — 중국철학의 원류 김충열 지음, 360쪽, 9,000원
논쟁으로 보는 한국철학 한국철학사상연구회 지음, 326쪽, 10,000원
반논어(論語新探) 趙紀彬 지음, 조남호·신정근 옮김, 768쪽, 25,000원
중국철학과 인식의 문제(中國古代哲學問題發展史) 方立天 지음, 이기훈 옮김, 208쪽, 6,000원
중국철학과 인성의 문제(中國古代哲學問題發展史) 方立天 지음, 박경환 옮김, 191쪽, 6,800원
현대의 위기 동양 철학의 모색 중국철학회 지음, 340쪽, 10,000원
역사 속의 중국철학 중국철학회 지음, 448쪽, 15,000원
일곱 주제로 만나는 동서비교철학(中西哲學比較面面觀) 陳衛平 편저, 고재욱·김철운·유성선 옮김, 320쪽, 11,000원
중국철학의 이단자들 중국철학회 지음, 240쪽, 8,200원
공자의 철학(孔孟荀哲學) 蔡仁厚 지음, 천병돈 옮김, 240쪽, 8,500원
맹자의 철학(孔孟荀哲學) 蔡仁厚 지음, 천병돈 옮김, 224쪽, 8,000원
순자의 철학(孔孟荀哲學) 蔡仁厚 지음, 천병돈 옮김, 272쪽, 10,000원
서양문학에 비친 동양의 사상 한림대학교 인문학연구소 엮음, 360쪽, 12,000원
유학은 어떻게 현실과 만났는가 — 선진 유학과 한대 경학 박원재 지음, 218쪽, 7,500원
유교와 현대의 대화 황의동 지음, 236쪽, 7,500원
동아시아의 사상 오이환 지음, 200쪽, 7,000원
역사 속에 살아있는 중국 사상(中國歷史に生きる思想) 시게자와 도시로 지음, 이혜경 옮김, 272쪽, 10,000원
덕치, 인치, 법치 — 노자, 공자, 한비자의 정치 사상 신동준 지음, 488쪽, 20,000원
육경과 공자 인학 남상호 지음, 312쪽, 15,000원
리의 철학(中國哲學範疇精髓叢書—理) 張立文 주편, 안유경 옮김, 524쪽, 25,000원
기의 철학(中國哲學範疇精髓叢書—氣) 張立文 주편, 김교빈 외 옮김, 572쪽, 27,000원
동양 천문사상, 하늘의 역사 김일권 지음, 480쪽, 24,000원
동양 천문사상, 인간의 역사 김일권 지음, 544쪽, 27,000원
공부론 임수무 외 지음, 544쪽, 27,000원

강의총서

김충열교수의 노자강의 김충열 지음, 434쪽, 20,000원
김충열교수의 중용대학강의 김충열 지음, 448쪽, 23,000원

퇴계원전총서

고경중마방古鏡重磨方 — 퇴계 선생의 마음공부 이황 편저, 박상주 역해, 204쪽, 12,000원
활인심방活人心方 — 퇴계 선생의 마음으로 하는 몸공부 이황 편저, 이윤희 역해, 308쪽, 16,000원

인물사상총서

한주 이진상의 생애와 사상 홍원식 지음, 288쪽, 15,000원

일본사상총서

일본 신도사(神道史) 무라오카 츠네츠구 지음, 박규태 옮김, 312쪽, 10,000원
도쿠가와 시대의 철학사상(德川思想小史) 미나모토 료엔 지음, 박규태·이용수 옮김, 260쪽, 8,500원
일본인은 왜 종교가 없다고 말하는가(日本人はなぜ 無宗教のか) 아마 도시마로 지음, 정형 옮김, 208쪽, 6,500원
일본사상이야기 40(日本がわかる思想入門) 나가오 다케시 지음, 박규태 옮김, 312쪽, 9,500원
사상으로 보는 일본문화사(日本文化の歷史) 비토 마사히데 지음, 엄석인 옮김, 252쪽, 10,000원
일본도덕사상사(日本道德思想史) 이에나가 사부로 지음, 세키네 히데유키·윤종갑 옮김, 328쪽, 13,000원
천황의 나라 일본 — 일본의 역사와 천황제(天皇制と民衆) 고토 야스시 지음, 이남희 옮김, 312쪽, 13,000원
주자학과 근세일본사회(近世日本社會と宋學) 와타나베 히로시 지음, 박홍규 옮김, 304쪽, 16,000원

예술철학총서

중국철학과 예술정신 조민환 지음, 464쪽, 17,000원
풍류정신으로 보는 중국문학사 최병규 지음, 400쪽, 15,000원
율려와 동양사상 김병훈 지음, 272쪽, 15,000원
한국 고대 음악사상 한흥섭 지음, 392쪽, 20,000원

동양문화산책

공자와 노자, 그들은 물에서 무엇을 보았는가 사라 알란 지음, 오만종 옮김, 248쪽, 8,000원
주역산책(易學漫步) 朱伯崑 외 지음, 김학권 옮김, 260쪽, 7,800원
동양을 위하여, 동양을 넘어서 홍원식 외 지음, 264쪽, 8,000원
서원, 한국사상의 숨결을 찾아서 안동대학교 안동문화연구소 지음, 344쪽, 10,000원
녹차문화 홍차문화 츠노야마 사가에 지음, 서은미 옮김, 232쪽, 7,000원
류짜이푸의 얼굴 찌푸리게 하는 25가지 인간유형 류짜이푸(劉再復) 지음, 이기면·문성자 옮김, 320쪽, 10,000원
안동 금계마을 — 천년불패의 땅 안동대학교 안동문화연구소 지음, 272쪽, 8,500원
안동 풍수 기행, 와혈의 땅과 인물 이완규 지음, 256쪽, 7,500원
안동 풍수 기행, 돌혈의 땅과 인물 이완규 지음, 328쪽, 9,500원
영양 주실마을 안동대학교 안동문화연구소 지음, 332쪽, 9,800원
예천 금당실·맛질 마을 — 정감록이 꼽은 길지 안동대학교 안동문화연구소 지음, 284쪽, 10,000원
터를 안고 仁을 펴다 — 퇴계가 굽어보는 하계마을 안동대학교 안동문화연구소 지음, 360쪽, 13,000원
안동 가일 마을 — 풍산들가에 의연히 서다 안동대학교 안동문화연구소 지음, 344쪽, 13,000원
중국 속에 일떠서는 한민족 — 한겨레신문 차한필 기자의 중국 동포사회 리포트 차한필 지음, 336쪽, 15,000원
신간도견문록 박진관 글·사진, 504쪽, 20,000원
안동 무실 마을 — 문헌의 향기로 남다 안동대학교 안동문화연구소 지음, 464쪽, 18,000원
선양과 세습 사라 알란 지음, 오만종 옮김, 318쪽, 17,000원
문경 산북의 마을들 — 서중리, 대상리, 대하리, 김룡리 안동대학교 안동문화연구소 지음, 376쪽, 18,000원

민연총서 — 한국사상

자료와 해설, 한국의 철학사상 고려대 민족문화연구원 한국사상연구소 편, 880쪽, 34,000원
여헌 장현광의 학문 세계, 우주와 인간 고려대 민족문화연구원 한국사상연구소 편, 424쪽, 20,000원
퇴옹 성철의 깨달음과 수행 — 성철의 선사상과 불교사적 위치 조성택 편, 432쪽, 23,000원
여헌 장현광의 학문 세계 2, 자연과 인간 고려대 민족문화연구원 한국사상연구소 편, 432쪽, 25,000원
여헌 장현광의 학문 세계 3, 태극론의 전개 고려대 민족문화연구원 한국사상연구소 편, 400쪽, 24,000원
역주와 해설 성학십도 고려대 민족문화연구원 한국사상연구소 편, 328쪽, 20,000원

예문동양사상연구원총서

한국의 사상가 10人 — 원효 예문동양사상연구원/고영섭 편저, 572쪽, 23,000원
한국의 사상가 10人 — 의천 예문동양사상연구원/이병욱 편저, 464쪽, 20,000원
한국의 사상가 10人 — 지눌 예문동양사상연구원/이덕진 편저, 644쪽, 26,000원
한국의 사상가 10人 — 퇴계 이황 예문동양사상연구원/윤사순 편저, 464쪽, 20,000원
한국의 사상가 10人 — 남명 조식 예문동양사상연구원/오이환 편저, 576쪽, 23,000원
한국의 사상가 10人 — 율곡 이이 예문동양사상연구원/황의동 편저, 600쪽, 25,000원
한국의 사상가 10人 — 하곡 정제두 예문동양사상연구원/김교빈 편저, 432쪽, 22,000원
한국의 사상가 10人 — 다산 정약용 예문동양사상연구원/박홍식 편저, 572쪽, 29,000원
한국의 사상가 10人 — 혜강 최한기 예문동양사상연구원/김용헌 편저, 520쪽, 26,000원
한국의 사상가 10人 — 수운 최제우 예문동양사상연구원/오문환 편저, 464쪽, 23,000원